JN440104

학대와 폭력 예방을 위한

사회복지실천

이미진 · 양호정 공저

Social Work Practice

to Prevent Abuse and Violence

학지사

이 저서는 2025년도 건국대학교 교내연구비 지원에 의한 결과임.

머리말

1990년대 말 이후 한국 사회에서도 학대와 폭력 문제에 대한 사회적 인식이 높아지면서 가정폭력상담소, 아동보호전문기관, 노인보호전문기관, 장애인권익옹호기관 등 관련 대응 기관의 수도 지속적으로 증가하고 있습니다. 그러나 그에 비해 대학 교육과정에서 학대와 폭력에 대한 이론 및 실천기술을 전문적으로 학습할 기회는 매우 제한적이며, 현장의 실무자들이 참고할 수 있는 기초 서적 또한 부족한 실정입니다.

이에 이 책은 사회복지사의 관점에서 학대 및 폭력 예방을 위한 통합적 실천 지침서로 기획되었습니다.

제1부에서는 학대와 폭력의 개념, 예방의 중요성, 주요 이론을 다룹니다.

제2부에서는 배우자폭력, 아동학대, 노인학대, 장애인학대 등 인구집단별 특성과 학대 현황, 관련 법제에 대해 체계적으로 설명합니다.

제3부에서는 효과적인 사례개입을 위한 개입모델과 기술, 사례관리의 실제를 제시하여 독자의 현장 역량 강화를 돕고자 하였습니다.

제4부에서는 특히 초고령사회 진입과 함께 증가하고 있는 노인학대의 주요 쟁점들에 집중합니다. 시설 내 학대, 노인 1인 가구의 자기방임 등 새로운 문제들을 조명하고, 저자들이 실제 현장에서 개발 · 운영한 노인학대 피해자 및 가해자 프로그램, 거주자 간 학대에 대응한 다감각 프로그램, 종사자 대상 거주자 간 학대 예방 교육 프로그램인 다정다감 프로그램을 소개합니다.

이 책은 단순히 학대와 폭력 문제를 다루는 데 그치지 않고, 사회복지실천의 고유한 역할과 관점을 기반으로 한 '예방 중심' 접근법을 제안합니다. 많은 사례가 사법적 개입만으로는 해결되기 어려운 현실에서 사회복지적 접근이야말로 문제의 뿌리를 줄이고 예방할 수 있는 효과적인 길이라 믿습니다.

그 과정에서 우리는 인간에 대한 따뜻한 관심과 라포 형성, 피해자에 대한 심층적 이해가 핵심이라 보았습니다. 실제 우리가 개발한 거주자 간 학대 예방 프로그램 명칭인 '다정다감(多情多感)'에는 이러한 철학이 담겨 있습니다. '다정(多情)'은 피해자에 대한 진심 어린 애정과 관심을, '다감(多感)'은 전문적 지식과 감수성, 그리고 인간중심돌봄(Person-centerd Care)의 실천 감각을 의미합니다. 마지막으로, 문제를 다각도로 바라보고 개입할 수 있는 협업 능력, 즉 '다각(多角)'의 시각이 요구됩니다. 다학제 전문가 및 다기관과의 협력 능력은 학대와 폭력 예방에 반드시 필요한 역량입니다.

이 책은 이러한 다정(多情), 다감(多感), 다각(多角) 접근법을 바탕으로, 학대 및 폭력 문제에 대한 이해와 실천을 돕기 위한 이론, 개입모델, 실천기술을 체계적으로 정리하였습니다. 특히 제4부의 내용은 학대대응기관뿐만 아니라 장기요양기관 사회복지사, 간호(조무)사, 요양보호사, 통합사례관리사 등 다양한 직종의 실무자들에게 도움이 될 것이라 기대합니다.

학대와 폭력의 심각성에 비해 이 분야의 연구는 아직 충분히 진전되지 못했으며, 체계적인 논의 또한 미흡한 실정입니다. 이 책이 사회복지 현장의 실천가와 예비 사회복지사인 학생들에게 이 분야를 이해하고 탐구하는 데 의미 있는 길잡이가 되고, 나아가 관련 연구의 발전에도 작은 밑거름이 되기를 바랍니다.

차례

제2부
인구집단별 학대 및 폭력

제3부 학대 및 폭력 예방을 위한 개입모델 및 프로그램

제4부 노인학대 관련 쟁점 및 프로그램

제 1 부

학대 및 폭력에 대한 이해

제1장

학대 및 폭력 예방

이 장에서는 '학대'와 '폭력'이라는 용어가 역사적으로 어떻게 등장하였는지를 살펴보고, 두 개념이 관례적으로 어떻게 정의되어 왔는지, 그리고 어떠한 차이점을 가지는지를 비교한다. 또한 학대와 폭력을 수단, 발생 장소, 피해자 집단, 의도성 등의 기준에 따라 구분하고, 연령, 의존성, 행위자와의 관계와 같은 요소들을 교차적으로 분석함으로써, 학대 및 폭력에 대한 접근을 보다 체계화한다.

아울러, 행위자가 학대와 폭력을 사용하는 이유, 이러한 행위가 피해자에게 미치는 영향, 그리고 학대와 폭력을 예방하는 것이 왜 중요한지에 대해서도 심층적으로 다룬다.

1. 학대 및 폭력에 대한 용어의 등장

가족 내에서 발생하는 학대 및 폭력이 가족 내 사적인 문제가 아닌 사회문제라는 인식이 태동한 것은 1960년대 이후이다. 학대 및 폭력은 신체적 측면에 초점을 맞추어 개념이 정의되었고, 사회적 관심 역시 매 맞는 피해자, 즉 신체적 폭력의 피해자에 대한 접근으로부터 출발하였다.

처음으로 학대 및 폭력을 사회문제로 이슈화한 것은 아동학대 분야이다. 미국 소아과 의사인 켐프(Kempe)가 1962년에 '매 맞는 아동 증후군(Battered Child Syndrome)'이라는 용어를 최초로 사용하였는데, 그는 '매 맞는 아동 증후군'을 "부모나 부모에 준하는 보호자의 행위 또는 태만으로 인하여 초래되는 비우발적인 신체적 상처"로 정의하였다(Kempe et al., 1985: 1).

1975년에 영국 정신건강의학과 의사 베이커(Baker, 1975)가 처음으로 '할머니 폭행(Granny Battering)'이란 용어를 사용하였으며, 1979년에는 미국 심리학자인 워커(Walker, 1979)가 '매 맞는 여성 증후군(Battered Woman Syndrome)'이란 용어를 제안하였다.[1)]

2. 학대 및 폭력의 정의

『표준국어대사전』에는 학대(虐待)가 "몹시 괴롭히거나 가혹하게 대우함. 또는 그런 대우"를 뜻하는 것으로 정의되어 있다. 신체적으로 때리는 행위를 넘어서서 다른 사람을 괴롭히는 정서적 · 언어적 측면까지 포괄하는 것으로 이해할 수 있다.

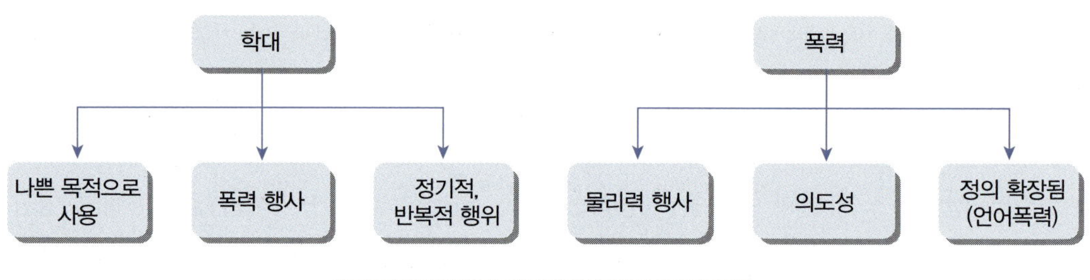

[그림 1-1] 학대와 폭력의 사전적 의미

학대의 영어 표현인 abuse의 정의를 살펴보면 다음과 같다. "① (무엇을) 나쁜 영향이나 나쁜 목적으로 사용하다; 남용하다[use (something) to bad effect or for a bad purpose; misuse], ② (사람이나 동물을) 잔인하게 대우하거나 폭력을 행하다. 특히 정기적이거나 반복적으로[treat (a person or an animal) with cruelty or violence, especially regularly or repeatedly]"(옥스퍼드 사전). 즉, 학대는 다른 사람에게 나쁜 영향을 미치는 것뿐만 아니라 폭력적인 행위까지 포괄하고 있음을 알 수 있다. 초기에는 '신체적 폭력' 중심의 '매 맞음' 개념으로 이해되던 학대는, 이후 정서적 학대(Mental Abuse), 성적 학대(Sexual Abuse), 교육

---

1) 이 개념은 "여성이 친밀한 관계에서 신체적, 성적, 그리고/또는 심리적으로 학대를 받은 후에 나타나는 징후와 증상의 양식으로, 남성 파트너(일반적으로 남성이지만 항상은 아님)가 여성에게 힘과 통제를 행사하여 그 여성을 자신이 원하는 대로 강요할 때, 여성의 권리나 감정을 고려하지 않고 행동한 것"으로 정의되었다.

적 방임(Educational Neglect), 의료적 방임(Medical Neglect) 등을 아우르며 그 정의와 범위가 점차 확대되었다(Gelles, 1985).

국립국어원의 『표준국어대사전』을 보면 폭력(暴力)은 "남을 거칠고 사납게 제압할 때 쓰는, 주먹이나 발 또는 몽둥이 따위의 수단이나 힘. 넓은 뜻으로는 무기로 억누르는 힘을 이르기도 한다."로 정의되어 있다. 폭력의 영어 표현인 violence는 "사람이나 사물을 다치게 하거나 손상시키거나, 죽이기 위해 의도적으로 물리적인 힘을 사용하는 행동(behavior involving physical force intended to hurt, damage, or kill someone or something)"을 의미한다(옥스퍼드 사전). 즉, 폭력은 물리력의 행사, 의도성의 개념을 내포하는 것으로 이해할 수 있다. 그러나 손상은 신체뿐만 아니라 정서(Emotion), 물질적 박탈(Material Deprivation)에도 적용 가능하므로 정서적 폭력, 경제적 폭력으로 확장이 가능하다(Gelles, 1985). 폭력과 같이 물리력을 행사하지 않는 경우도 폭력 개념에 포섭되고 있으며, 폭력의 정의는 점차 확장되고 있다.

폭력과 학대 중 어느 개념이 더 포괄적인지에 대해서는 전문가 간 견해가 다르다(양호정, 이미진, 2023). 학대를 폭력의 상위 개념으로 이해하는 전문가들이 있다. 이들은 폭력을 '가학적인 힘'으로 간주하며, 신체적 · 성적 학대를 폭력의 일종으로 본다. 따라서 학대 중에서도 폭력성이 강한 유형이 존재한다고 인식한다.

반면, 폭력을 보다 넓은 개념으로 바라보는 전문가들이 있다. 폭력은 신체적 · 정신적 · 경제적 피해를 유발하는 모든 행위로, 개인 간의 폭력뿐 아니라 국가 폭력(예: 독재, 학살, 전쟁)이나 사회 구조적 폭력(예: 차별, 직장 내 괴롭힘 등)까지 포함된다. 반대로, 학대는 행위자와 피해자 간의 관계에 주목하며, 아동학대나 노인학대처럼 보호 의무가 있는 관계 내에서 발생하는 행위로 정의된다.

또한 '폭력'은 일반적으로 상호의존이나 돌봄 관계가 없는 상황에서도 사용되지만, '학대'는 돌봄이 필요한 취약한 대상이 피해자일 때 주로 사용된다. 예컨대, 배우자폭력이나 학교폭력은 관계성에 돌봄이 전제되지 않기 때문에 '폭력'으로 분류되며, 아동학대나 노인학대는 아동과 노인이 돌봄이 필요한 존재로 간주되기 때문에 '학대'라는 개념이 적용된다. 이로 인해 노인이나 아동이 피해자이고, 가해자는 성인이라는 전제가 암묵적으로 깔려 있다.

그러나 노인이 다른 노인을 학대하는 경우처럼, 실제 상황은 이러한 틀에 들어맞지 않을 수 있다. 이러한 현실은 학대 개념을 보다 다양하게 해석하고 정교하게 정의할 필요성을 보여 준다.

현재로서는 학대와 폭력을 정밀히 구분하기 어렵다는 점에서 두 용어를 유사하고 대체가능한 용어로 보고 사용할 수 있다. 다만, 그동안 사회적으로 사용되는 관행에 따라 배우자폭력, 노인학대, 아동학대 등으로 명명하고 필요시에는 두 가지 용어를 병행하여 표기한다. 이 책에서는 학대 또는 폭력을 '신체적 · 정신적 · 경제적 피해를 초래할 수 있는 행위, 당사자의 의사에 반하는 성적 행위, 보호 책임이 있는 사람이 보호가 필요한 이에게 기본적인 돌봄을 제공하지 않는 것'을 모두 포함하는 개념으로 정의한다.

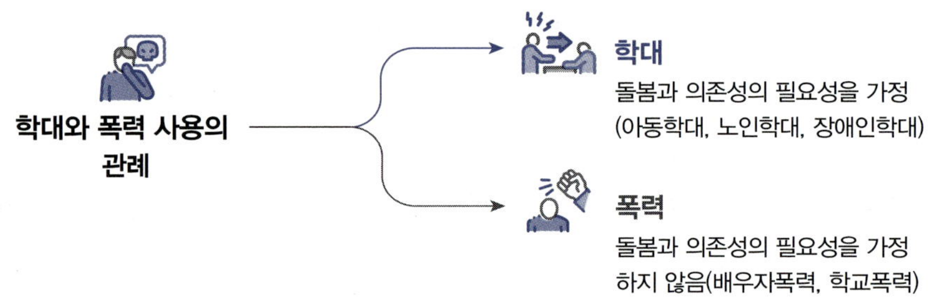

[그림 1-2] 학대와 폭력 사용의 관례

3. 학대 및 폭력의 구분 및 접근

학대가 발생하는 장소에 따라 가정 (내) 학대(Domestic Abuse)와 시설학대(Institutional Abuse)로 구분할 수 있다. 여기서 가정 (내) 학대는 가정이라는 생활환경에서 발생하는 폭력인 가정폭력(Domestic Violence)을 뜻하는 것으로 가정에서 발생한 배우자폭력, 노인학대, 아동학대를 아우른다. 그런데 가정 내 학대는 가족폭력(Family Violence)과는 다른 개념이다. 가족폭력의 좁은 개념으로는 배우자폭력만으로 한정되며, 넓은 개념으로는 가해자와 피해자가 가족 관계이며 이들 관계에서 발생한 폭력을 뜻한다. 만약 가정 내에서 노인이 가족이 아닌 타인에 의해 신체적인 공격을 받아 피해를 받았다면 가정폭력에는 해당하지만 가족폭력은 아닌 것이다.

시설학대의 경우, 시설에서 발생한 학대를 의미하는데 피해자가 누구인가에 따라 노인학대, 아동학대, 장애인학대 등으로 구분할 수 있다. 이때 가해자가 누구인가에 따라 그 원인과 개입의 방법이 달라질 수 있다. 예를 들면, 시설에 입소해 있는 노인의 가족이 노인에게 학대를 가하는 것과, 시설에 근무하는 종사자가 노인에게 학대를 가하는 것은 동일한 노인학대라고 하더라도 행위가 발생하는 원인, 개입방법에서 다르다는 점을 유의할 필요가 있다.

[그림 1-3] 학대 및 폭력의 구분 및 유형

학대 및 폭력은 그 수단에 따라 신체적 학대, 정서적 학대, 성적 학대, 경제적 학대, 방임으로 구분할 수 있다. 신체적 학대는 때리기, 물건 던지기, 꼬집기, 물어뜯기, 강제로 신체를 구속하는 행위 등을 포함한다. 정서적 학대는 욕설, 비난, 위협 등의 언어적 또는 비언어적 행위를 말하며, 예를 들어 몸짓을 통해 위협하는 것도 여기에 해당한다. 성적 학대는 피해자의 의사에 반해 강제로 이루어지는 모든 성적 행위를 의미한다. 경제적 학대는 피해자의 동의 없이 재산이나 권리를 빼앗는 행위를 말한다. 종종 '경제적 착취'와 혼용되기도 하나, 경제적 착취는 자산, 자원, 노동력 등을 정당한 대가 없이 이용하는 것으로, 엄밀히 구분하여 사용하는 것이 바람직하다. 특히 경제적 착취는 장애인학대에서 흔하게 나타나는 유형이다. 방임은 돌봄의 책임이 있는 사람이 그 책임을 거부하거나 불이행함으로써 돌봄이 필요한 대상자의 기본적인 욕구(의식주, 의료 등)를 충족시키지 못하는 경우를 말한다.

또한 피해자 집단에 따라 학대는 아동학대, 배우자폭력, 노인학대, 장애인학대로 구분된다. 한편, 학대의 의도성에 따라 의도적 학대와 비의도적 학대로 나눌 수 있다. 다만, 현실에서는 학대의 의도성이 명확하지 않은 경우도 많아, 의도 여부를 판단하기 어려운 경우가 자주 발생한다.

〈표 1-1〉 학대 및 폭력의 수단에 따른 구분

구분	대표적 행위
신체(적) 학대/폭력	때림, 물건을 던짐, 꼬집거나 물어뜯음, 신체의 강압적 구속 등
정서(적) 학대/폭력	욕설, 비난, 위협 등의 언어적 또는 비언어적 행위(예: 몸짓으로 위협하기)
성(적) 학대/폭력	본인 의사에 반하여 강제적으로 행해지는 모든 성적 행위
경제(적) 학대/폭력	본인 의사에 반하여 본인으로부터 재산 또는 권리를 빼앗는 행위
방임	돌봄에 대한 책임이 있는 자가 돌봄을 필요로 하는 대상자에 대한 책임이나 의무를 거부, 불이행 혹은 포기하여 대상자의 의식주 및 의료 등의 기본적 돌봄욕구를 충족시키지 못하는 행위

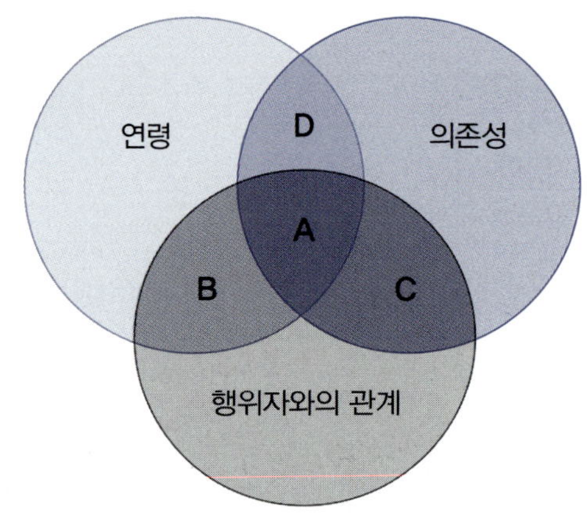

[그림 1-4] 학대 및 폭력에 대한 접근: 연령, 의존성, 행위자와의 관계의 교차

학대와 폭력의 개념을 구분하고자, 이 책에서는 National Research Council(2003)의 연구 결과를 이론적 토대로 삼는다. 이 연구는 노인학대를 설명하기 위한 틀로 세 가지 조건인 연령(고령), 취약성(의존성), 신뢰관계를 제시하였다. 그러나 '신뢰관계'라는 개념은 개인에 따라 해석이 달라질 수 있으며, 실제로 연구에서는 처음 만난 타인에게 학대를 당한 경우에도 피해자가 그 인물을 '신뢰했다'고 진술하는 사례가 보고되었다. 이러한 점에서 볼 때, 신뢰관계보다는 행위자와 피해자 간의 구체적 관계(예: 가족, 종사자, 타인 등)를 중심으로 접근하는 것이 더 명확할 수 있다.

이에 이 책에서는 연령, 의존성, 행위자와의 관계라는 세 가지 요소를 교차하여 학대와 폭력에 대해 접근해 보고자 한다. 이러한 틀은 각각의 조건이 내포하고 있는 사회적 가정을 드러내고, 학대 개입 시 어떤 차별적 접근이 필요한지를 이해하는 기초적인 맥락을 제공한다.

예를 들어, 노년기 부부 간의 폭력은 '배우자폭력'인가, 아니면 '노인학대'인가에 대한 물음이 제기될 수 있다. 배우자폭력은 '성인'이라는 연령 조건과 '배우자'라는 관계 조건을 충족하므로, 이 두 조건이 교차하는 B영역으로 분류할 수 있다. 반면, 노인학대로 간주할 경우에는 '노인'이라는 연령 기준, '배우자'라는 행위자 조건, 그리고 '의존적인 존재'로서의 노인을 전제한다면, 세 가지 요소가 모두 교차하는 A영역으로 보아 접근하는 방식이다. 한편, 자기방임은 행위자가 존재하지 않기 때문에, '연령'과 '의존성'의 두 가지 조건만이 교차하는 상황(D영역)으로 분석할 수 있다. 이 경우 행위자와의 관계는 고려 대상이 아니다.

이러한 분류와 접근 방식에 대해 비판할 수 있다. 특히 노인을 일반적으로 의존적인 존재로 간주하는 전제는 자율성과 자기결정권을 제한할 수 있다는 점에서 주의가 필요하다. 다만, 시설에 거주하는 노인의 경우에는 돌봄 제공자에 대한 의존성이 크다는 점을 고려할 때, 의존성에 대한 전제가 유용하게 작용할 수 있다는 점을 간과해서는 안 된다. 또한 학대의 행위자 유형—가족, 돌봄 종사자, 낯선 타인 등—에 따라 학대의 동기와 특성이 달라지므로, 개입 시에도 유형별로 구분된 접근이 요구된다.

본서가 제안하는 세 가지 분석 기준은 학대 및 폭력에 대한 통상적 접근이 내포한 가정을 재검토하고, 조건 간의 교차를 고려한 정교한 개입 전략의 필요성을 강조하기 위함이다. 예를 들면, 배우자폭력은 성인이라는 연령 조건과 배우자라는 관계 조건이 교차하는 B영역의 사례로, 피해자의 의사를 존중하는 접근이 중심이 된다. 반면, 아동학대는 아동이라는 연령 조건, 부모라는 관계 조건, 그리고 아동이 의존적인 존재라는 전제를 토대로 하여 A영역으로 분류되며, '아동의 최선의 이익(Best interests)' 원칙이 개입의 핵심이 된다.

장애인학대는 장애로 인해 발생하는 의존성과 행위자와의 관계를 중심으로 접근한다. 단, 장애의 유형에 따라 의존성의 정도는 상이하므로 이를 세심하게 고려해야 한다. 예컨대, 발달장애인은 자기결정권 행사에 있어 타인의 도움이 필요한 반면, 신체장애인에게 일반적인 의존성을 가정하는 것은 자기결정권 침해가 될 수 있다. 또한 장애인의 연령대(아동, 성인, 노인)에 따라서도 개입 방식에는 차별적 접근이 요구된다.

4. 학대 및 폭력 사용의 이유

학대와 폭력의 사용 이유는 바우마이스터와 보스(Baumeister & Vohs, 2004)가 제안한 '악(Evil)의 네 가지 뿌리'에 근거하여 다음 네 가지로 정리할 수 있다. 이는 ① 목적 달성을 위한 수단, ② 위협받은 자아에 대한 대응, ③ 옳은 일을 한다는 잘못된 신념, ④ 가학적 즐거움을 위한 수단으로 구분된다.

[그림 1-5] 학대 및 폭력 사용의 이유

첫째, 목적 달성을 위한 수단은 자원, 권력, 성적 욕구, 영향력 등을 충족하기 위해 학대나 폭력을 사용하는 경우를 말한다. 둘째, 위협받은 자아에 대한 대응은 자존심이나 명예가 손상되었다고 느낄 때 이를 회복하기 위한 반응으로 폭력이 사용되는 경우이다. 자아존중감(Self-Esteem)이 높지만 불안정할 경우, 자아가 위협을 받았다고 인식하면 더욱 공격적인 행동을 보일 수 있다. 셋째, 옳은 일을 한다는 잘못된 신념은 행위자가 자신이 도덕적으로 정당한 행동을 하고 있다고 믿는 경우로, 목적이 수단을 정당화한다고 생각하면서 학대나 폭력을 정당화하게 된다. 넷째, 가학적 즐거움을 위한 수단은 고통을 가함으로써 쾌감을 얻는 경우로, 매우 잔혹하고 극단적인 폭력 사례에 해당한다.

5. 학대 및 폭력이 피해자에게 미치는 영향

학대 및 폭력은 피해자에게 다양하고 복합적인 영향을 미친다. 이는 신체 건강과 정신 건강에 해를 끼칠 뿐만 아니라, 행동 문제와 사회적 관계의 약화로도 이어질 수 있다.

먼저, 신체 건강 측면에서는 조기 사망, 영양결핍, 수면장애, 탈수, 질병 감염, 골절, 출혈, 고막 파열, 시력 상실, 집중력 저하, 신체화 증상 등이 나타날 수 있다(정경희 외, 2010; 주소희, 2012; 하숙정, 2021; Nerenberg, 2006). 특히 피해아동의 경우, 신체적 성장 지연이 동반되기도 한다(장현아, 2008). 세계보건기구(WHO, n.d.)의 메타분석 결과에 의하면, 배우자폭력을 경험한 여성은 일상적인 기능이 저하될 위험이 2.9배, 유산할 위험이 2.3배 증가한다.

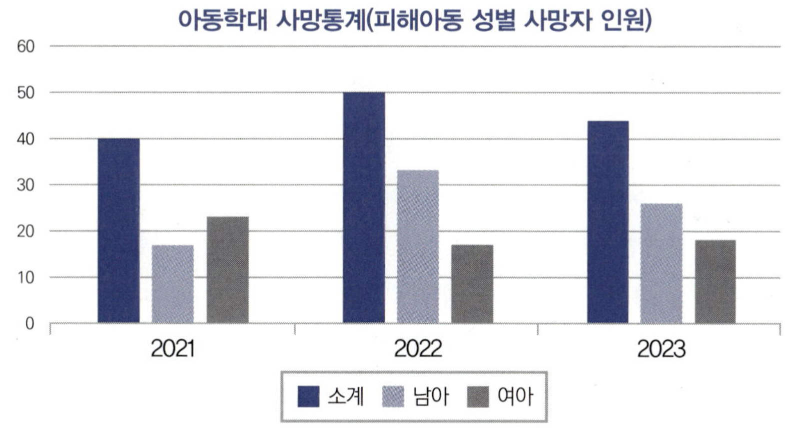

[그림 1-6] 성별 아동학대 사망통계

출처: 보건복지부, 각 연도 아동학대 주요 통계.

[그림 1-6]에서 보듯이 국내에서 아동학대로 매해 40~50명이 사망하는 것으로 보고되고 있으며, 연령별로 보면 1세 미만이 압도적으로 큰 비중을 차지한다([그림 1-7] 참조). 예를 들면, 2022년 아동학대 사망자 50명 중 1세 미만은 21명으로 42%를 차지하는 것으로 나타났다.

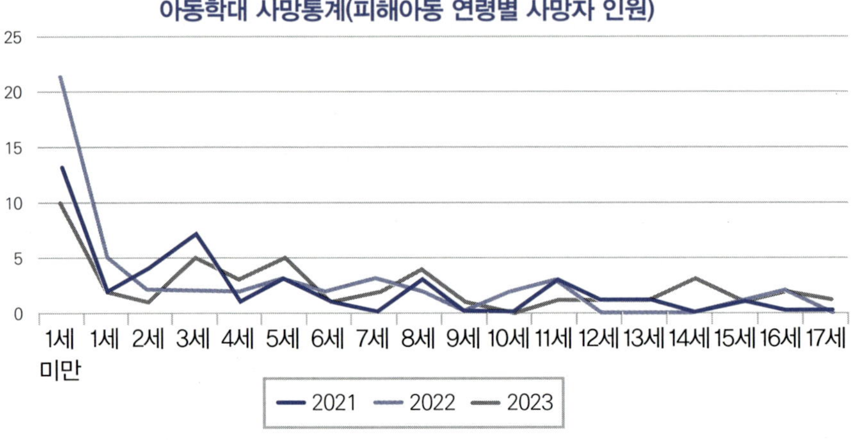

[그림 1-7] 연령별 아동학대 사망통계

출처: 보건복지부, 각 연도 아동학대 주요 통계.

정신 건강 면에서는 우울증, 공포, 분노, 외상 후 스트레스 장애 등의 증상이 나타날 수 있다(김민철, 2024; 김재엽, 김희수, 2003; 김정혜 외, 2022; 류재형, 고은, 김정현, 2022; 류정희 외, 2017; 백윤영 외, 2021; 백종림, 정익중, 2013; 정호영, 노승현, 2007; 조자영, 이경민, 2015; 하숙정, 2021; Hyde-Nolan & Juliao, 2012: 8-9; WHO, n.d.). 예를 들면, 부부폭력을 목격하거나 부모로부터 학대를 경험한 아동·청소년의 경우, 우울을 경험할 확률이 높았다. 특히 부모로부터 학대를 경험한 아동·청소년의 경우, 그렇지 않은 경우에 비해 고등학생은 22.2%, 중학생은 19.4%, 초등학생은 19.5%가 우울할 확률이 높았다(백종림, 정익중, 2013). 더 나아가, 아동학대를 경험한 아동은 애착 형성에 문제가 있을 위험이 41배 증가하는 것으로 나타난 점 역시 주목할 필요가 있다(WHO, n.d.).

배우자폭력을 경험한 경우, 정신장애 또는 자살을 생각할 확률이 2.7배 높았다(WHO, n.d.). 극심한 스트레스는 자살이나 가해자에 대한 살해로 이어지는 극단적인 결과를 초래할 수도 있다(김정혜 외, 2022; 이미진, 2013; 정경희 외, 2010). 또한 정서 조절의 어려움이나 자아존중감의 저하 역시 흔히 관찰된다(장현아, 2008).

행동 문제로는 약물 남용, 알코올 중독, 공격성(신선인, 2008; 조자영, 이경민, 2015) 등이 나타나며, 피해아동의 경우 거짓말, 도벽, 가출, 비행, 학교폭력, 학교 부적응, 스마트폰 중독경향(백윤영 외, 2021; 신선인, 2008; 장현아, 2008; 하숙정, 2021) 등의 문제 행동이 발생할 수 있다. 마지막으로, 사회적 관계 측면에서는 타인에 대한 불신이 심화되며 가족이나 친척

등 가까운 사람들로부터 고립되거나(백윤영 외, 2021; 하숙정, 2021), 아동의 경우 사회적 유능감이 부족하고 친구들과 잘 어울리지 못하는 경향(이주연, 박성연, 1996)을 보일 수 있다.

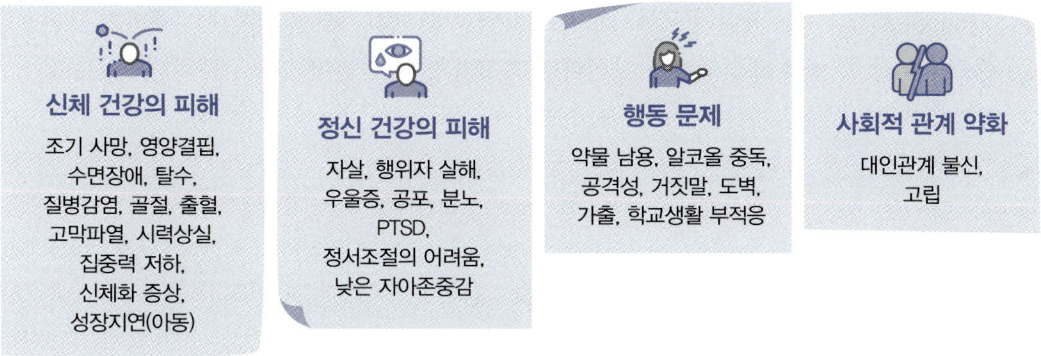

신체 건강의 피해

조기 사망, 영양결핍, 수면장애, 탈수, 질병감염, 골절, 출혈, 고막파열, 시력상실, 집중력 저하, 신체화 증상, 성장지연(아동)

정신 건강의 피해

자살, 행위자 살해, 우울증, 공포, 분노, PTSD, 정서조절의 어려움, 낮은 자아존중감

행동 문제

약물 남용, 알코올 중독, 공격성, 거짓말, 도벽, 가출, 학교생활 부적응

사회적 관계 약화

대인관계 불신, 고립

[그림 1-8] 학대 및 폭력의 다면적 영향

글상자 1-1 학대, 폭력, 트라우마

트라우마(Trauma)는 우리말로 '외상'이라고 번역되며, 미국정신의학회에서 발간한 DSM-5에서는 외상을 "죽음, 심각한 상해, 성폭력 등을 실제로 경험하거나 그러한 위협을 느낀 경우"로 정의하고 있다(최윤경, 2017).

외상에는 직접적인 외상 경험뿐만 아니라, 가까운 가족이나 친한 친구에게 외상 사건이 발생한 사실을 알게 되는 경우, 또는 외상 사건의 혐오스러운 세부 내용에 반복적 혹은 극단적으로 노출되는 간접 외상(또는 대리 외상)도 포함된다.

외상을 경험하면 신체적 · 정신적으로 큰 고통을 겪게 되며, 우울감, 불안, 사회적 기능 저하 등의 심리적 스트레스 반응이 나타날 수 있다. 이러한 스트레스가 심화되면 수면장애, 섭식장애 등 신체적 증상으로 이어지거나, 심각한 경우 자살 시도로까지 발전할 수 있다(김민철, 2024).

외상 후 스트레스는 시간이 지나면서 일부 회복될 수 있지만, 신체적 · 심리적 증상이 1개월 이상 지속되며, 사회적, 직업적 또는 기타 중요한 영역에서 임상적으로 심각한 고통이나 기능 손상이 나타날 경우, DSM-5에서는 이를 외상 후 스트레스장애(Post-Traumatic Stress Disorder: PTSD)로 진단한다(김민철, 2024; 최윤경, 2017).

DSM-5에 따르면, 외상 후 스트레스장애는 네 가지 주요 증상 범주로 구성되는데, 침습 증상(트라우마의 재경험), 지속적인 회피 행동, 인지 및 기분의 부정적 변화, 각성과 반응성의 변화 등이다.

학대나 폭력은 트라우마 사건으로 간주되며, 폭력 피해자들은 외상 후 스트레스장애(PTSD) 또는 이에 준하는 유사한 심리적 반응을 보일 수 있다고 설명된다(Hyde-Nolan & Juliao, 2012: 8-9). 국내 연구에서도 가정폭력 여성 피해자와 노인학대 피해자가 높은 수준의 외상 후 스트레스 증상을 보인다는 보고가 있다(김민철, 2024; 류재형, 고은, 김정현, 2022).

6. 학대 및 폭력 예방의 중요성

학대와 폭력은 그 자체로 심각한 인권 침해이며, 극단적인 경우 자살이나 살해와도 연결될 수 있다는 점에서 예방의 중요성이 매우 크다(Paek et al., 2022). 예를 들어, 세계보건기구 유럽지역의 노인학대 관련 보고서에 따르면, 매년 약 2,500명의 노인(전체 살해된 노인의 약 30%)이 학대를 받은 후 살해되는 것으로 추정된다(Sethi et al., 2011).

국내 노인을 대상으로 한 연구에서도, 한 가지 유형의 학대를 경험한 노인은 학대를 경험하지 않은 노인보다 자살 생각의 위험도(Odds ratio)가 2.4배 높았고, 두 가지 유형의 학대를 경험한 경우에는 그 수치가 3.19배에 이르렀다(Paek et al., 2022). 또한 가벼운 상처나 타박상부터 골절, 실명에 이르는 중상에 이르기까지, 학대로 인해 발생한 건강 문제는 통원, 입원, 응급실 이용 등 의료서비스 이용 증가로 이어진다. 이는 학대가 없었다면 발생하지 않았을 의료 자원의 비효율적 소비를 초래하며, 건강보장을 위해 쓰이는 재정의 낭비를 유발한다(Dong & Simon, 2013a, 2013b; Pengpid & Peltzer, 2021).

학대 대응체계는 피해자 중심의 서비스와 예방을 위한 효과적인 지원체계 구축을 목표로 해야 하며(윤정숙 외, 2017; 이미진 외, 2018), 이는 다음과 같은 원칙에 기반한다. 즉, "피해자 중심의 서비스가 제공되어야 하며, 개입은 사건이나 처벌 중심이 아니라 폭력이 야기한 피해의 총체성(Totality)에 대응해야 한다."(Groves & Thomas, 2014: 윤정숙 외, 2017에서 재인용)

학대와 폭력의 피해자는 생애 전반에 걸쳐 반복적이고 누적적인 피해를 경험할 위험이 증가하며(류정희 외, 2017; WHO, n.d.), 학대 피해자가 가해자가 될 가능성 또한 존재함을 인식할 필요가 있다. 특히 아동기에 학대를 경험한 경우, 성인이 되어 자녀, 배우자, 노부모에게 폭력을 행사할 수 있다는 국내외 연구 결과는 아동기 학대 예방의 중요성을 강하게 시사한다.

즉, 학대 피해자는 생애 전반에 걸쳐 반복적으로 피해를 경험할 가능성이 높다는 점에서, 학대는 일회성이 아니라 재발 가능성이 매우 높은 문제로 이해되어야 한다(류정희 외, 2019; Paek & Lee, 2024; Rosen et al., 2021). 실제로 2024년 노인보호전문기관에 접수된 사례 중 재학대 사례의 비율은 11.3%에 달한다(중앙노인보호전문기관, 2025). 따라서 학대 예방은 단지 학대 행위를 중단시키는 것을 넘어, 재발 방지까지 포괄하는 개념으로 접근해야 한다.

1. 학대 및 폭력과 관련하여 떠오르는 이미지를 토론해 보시오.
2. 본인이 생각하는 학대와 폭력의 개념에 대해 토론해 보시오.
3. 학대 및 폭력을 예방하기 위해 필요한 정책, 실천, 개입 방안에는 어떤 것이 있을까? 개인, 가족, 집단, 지역사회, 정부, 민간 영역으로 구분하여 토론해 보시오.
4. 본인이 알고 있거나 언론 매체 등을 통해 접한 학대 및 폭력 사례를 소개하고, 해당 사례에서 학대와 폭력이 발생하게 된 원인이 무엇이라고 생각하는지 토론해 보시오.

제1장 • 요약

1 학대 및 폭력 개념의 등장 배경

- 1960년대 이후, 학대 · 폭력이 가정 내 사적 문제가 아닌 사회문제로 인식되기 시작함.
- 켐프(1962)의 '매 맞는 아동 증후군' 개념 등장 이후, 아동 · 여성 · 노인 학대 관련 용어들이 사용됨.
- 학대 개념은 신체적 학대 중심에서 출발해 정서적 · 성적 · 방임 · 경제적 학대 등으로 확대됨.

2 학대와 폭력의 정의 및 차이점

- **학대(Abuse)**: 반복적이고 의도적인 가혹한 행위로 정서적 · 언어적 측면까지 포함됨.
- **폭력(Violence)**: 신체적 힘을 동반한 의도적 해악 행위. 사회 구조적 폭력도 포함 가능함.
- **차이**: 학대는 관계성(돌봄 관계)이 전제된 행위, 폭력은 관계 유무와 상관없이 발생 가능함.
- **공통점**: 신체적 · 정서적 · 경제적 피해를 포함하며 상호 교환적 의미로 사용됨.

3 학대 · 폭력의 유형 및 구분 기준

- **장소 기준**: 가정 내 학대(Domestic Abuse), 시설학대(Institutional Abuse)
- **수단 기준**: 신체적 학대, 정서적 학대, 성적 학대, 경제적 학대, 방임
- **피해자 집단**: 아동, 배우자, 노인, 장애인
- **의도성 기준**: 의도적/비의도적 학대
- **학대 및 폭력에 대한 접근**: 학대는 연령, 의존성, 행위자와의 관계 3요소가 교차할 때 발생
  → 예: 배우자폭력 vs 노인학대, 자기방임은 행위자 없음.

4 학대 및 폭력 사용의 이유(Baumeister & Vohs, 2004)

- **목적 달성 수단**: 자원, 권력, 성적 욕구 충족
- **자아 위협에 대한 반응**: 명예 · 자존심 보호를 위한 폭력
- **도덕적 정당화**: '옳은 일'이라는 착각
- **가학적 즐거움**: 타인의 고통에서 쾌감 추구

5 피해자에게 미치는 영향

- 신체 건강
  - 조기 사망, 수면장애, 탈수, 감염, 골절, 집중력 저하, 성장지연 등
  - WHO: 배우자폭력 → 일상 기능 저하 2.9배, 유산 위험 2.3배 증가
- 정신 건강
  - 우울, 불안, PTSD, 정서 조절 문제, 자살 생각 증가
  - 아동: 우울 위험이 19~22% 높음, 애착 문제 위험 41배 증가
  - 피해여성: 정신장애, 자살 생각 확률 2.7배
- 행동 문제
  - 약물 · 알코올 남용, 거짓말, 가출, 비행, 스마트폰 중독 등
- 사회적 관계
  - 불신, 고립, 사회적 유능감 저하, 또래 관계 어려움.

6 학대 및 폭력 예방의 중요성

- 인권 침해이자 생명 위협 요소
  - WHO 보고: 유럽지역 매년 2,500명의 노인이 학대 후 살해됨.
  - 국내: 학대 경험 노인 → 자살 위험 2.4배 ↑
- 학대는 의료비 지출 증가, 사회적 비용 낭비 유발
- 학대는 반복될 가능성이 높고, 아동기 학대는 성인기의 가해 행동으로 이어질 수 있음.
- 피해자 중심 접근, 사건 중심이 아닌 총체적 피해 회복 접근 필요

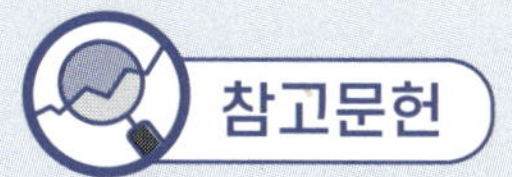

참고문헌

김민철(2024). 학대피해노인의 외상 후 스트레스 장애(PTSD) 실태 - 인구학적 요인분석을 중심으로. **한국위기관리논집**, 20, 121-134.

김정혜, 황정임, 주재선, 정수연, 송란희(2022). 2022년 가정폭력실태조사 결과. 한국여성정책연구원.

류재형, 고은, 김정현(2022). 가정폭력피해 여성의 외상 후 스트레스, 불안, 우울 지수 변화에 수용 전념 치료(ACT) Matrix 기반 프로그램 효과. **정서 · 행동장애연구**, 38(3), 153-167.

류정희, 이상정, 임성은, 임정미, 김경희, 민소영 외(2019). 생애주기별 학대 및 폭력 연구 - 생애주기별 학대 및 폭력 예방을 위한 사회적 보호 체계의 통합과 연계. 한국보건사회연구원.

류정희, 이주연, 정익중, 송아영, 이미진(2017). 생애주기별 학대경험의 상호관계성 연구. 한국보건사회연구원.

보건복지부(2023). 2021 아동학대 주요 통계.

보건복지부(2023). 2022 아동학대 주요 통계.

보건복지부(2024). 2023 아동학대 주요 통계.

백윤영, 홍지선, 김순영, 박성지(2021). 국내 가정폭력 연구 동향 분석: 주요 상담학회지를 중심으로(2011-2020). **상담심리교육복지**, 8(3), 41-75.

백종림, 정익중(2013). 부부폭력목격경험과 학대경험이 아동청소년 우울에 미치는 영향에 대한 메타분석. **사회과학연구**, 29(1), 121-142.

신선인(2008). 가정폭력 노출경험이 아동, 청소년 비행에 미치는 영향에 대한 메타분석. **한국가족복지학**, 23, 153-182.

양호정, 이미진(2023). 노인요양시설 거주자간 학대에 대한 탐색적 연구: 종사자 및 전문가가 인식하는 개념 중심으로. **사회복지정책과실천**, 9(1), 187-236.

윤정숙, 김미숙, 박미랑, 이승현, 김유정, 김지민(2017). 가정 내 폭력범죄 감소 및 예방을 위한 사회안전망 강화에 관한 연구. 한국형사정책연구원.

이미진(2013). 노인학대사례 종결지표 개발. 보건복지부, 중앙노인보호전문기관.

이주연, 박성연(1996). 아동학대 유형에 따른 또래 수용과 인성특성. **대한가정학회지**, 34(3), 21-34.

장현아(2008). 학대아동에 대한 상담 모델의 개관. **청소년상담연구**, 16(2), 1-15.

정경희, 이윤경, 오영희, 손창균, 윤지은, 이은진, 권중돈, 김경호(2010). 2009년도 전국 노인학대 실태조사. 서울: 보건복지부, 한국보건사회연구원.

조자영, 이경민(2015). 노인의 배우자폭력 피해경험이 문제음주에 미치는 영향: 우울의 매개효과를 중심으로. **노인복지연구**, 67, 227-247.

주소희(2012). 가정폭력 피해자와 행위자에 대한 사회복지실천과 개입. **복음과 실천**, 49(1), 361-390.

중앙노인보호전문기관(2025). 2025 노인학대 현황보고서.

최윤경(2017). 외상 후 스트레스 장애의 근거기반치료. *Korean Journal of Clinical Psychology*, *36*(4), 526-549.

하숙정(2021). 가정폭력 피해 경험이 아동과 청소년의 심리사회적 적응에 미치는 영향에 관한 메타분석. 경상대학교 교육대학원 석사학위논문.

Baker, A. (1975). Granny battering. *Modern Geriatric, 8*, 20-24.

Baumeister, R. F., & Vohs, K. D. (2004). Four roots of evil. In A. Miller (Ed.), *The Social Psychology of Good and Evil* (pp. 85-101). Guilford Press.

Dong, X. Q., & Simon, M. A. (2013a). Elder abuse as a risk factor for hospitalization in older persons. *JAMA Intern, Med, 173*, 911-917.

Dong, X. Q., & Simon, M. A. (2013b). Association between elder abuse and use of ED: Findings from the Chicago Health and Aging Project. *American Journal of Emergency Medicine, 31*(4), 693-698.

Gelles, R. J. (1985). Family violence. *Annual Review of Sociology, 11*, 347-367.

Hyde-Nolan, M. E., & Juliao, T. (2012). Theoretical basis for family violence. In R. S. Fife & S. Scharger (Eds.), *Family violence: What health care providers need to know* (pp. 5-16). Jones & Bartlett Learning.

Kempe, C. H., Silverman, F. N., Steele, B. F., Droegemueller, W., & Silver, H. K. (1962). The battered-child syndrome. *Journal of the American Medical Association, 181*(1), 17-24.

National Research Council. (2003). *Elder mistreatment: Abuse, neglect and exploitation in an aging America. Panel to Review Risk and Prevalence of Elder Abuse and Neglect*. R. J. Bonnie & R. B. Wallace. (eds.), Committee on National Statistics and Committee on Law and Justice, Division of Behavioral and Social Sciences and Education.

Nerenberg, L. (2000). Developing a service response to elder abuse. *Generations, 24*(2), 86-92.

Paek, M., & Lee, M. J. (2024). Comparison between initial elder abuse and re-abuse cases of Korean elder protective service agencies. *Journal of Family Violence, 39*, 497-508.

Paek, M., Lee, M. J., & Shin, Y. (2022). Elder mistreatment as a risk factor for depression and suicidal ideation in Korean older adults. *International Journal of Environmental Research and Public Health, 19*(18), 11165.. doi: 10.3390/ijerph191811165.

Pengpid, S., & Peltzer, K. (2021). Elder abuse and health outcomes amongcommunity-dwelling older adults in India: Results of a national survey in 2017-2018. *Journal of Elder Abuse & Neglect, 33*(4), 327-341.

Rosen, T., Bao, Y., Zhang, Y., Clark, S., Wen, K., Elman, A., … Krugman, R. (2021). Identifying patterns of health care utilisation among physical elder abuse victims using Medicare data and legally adjudicated cases: Protocol for case-control study using data linkage and machine learning. *BMJ Open, 11*(2), e044768.

Walker, L. (1979). *The Battered Woman*. Harper and Row.

World Health Organization. [WHO]. (n.d.). *Intimate partner violence*. https://apps.who.int/violence-info/intimate-partner-violence (2025년 7월 1일 인출)

World Health Organization. [WHO]. *Child maltreatment*. https://apps.who.int/violence-info/child-maltreatment (2025년 7월 1일 인출)

제 2 장

학대 및 폭력 관련 이론

이 장에서는 학대 및 폭력과 관련된 주요 이론들을 소개한다. 폭력 행위는 개인의 타고난 성향(Nature) 또는 경험과 양육(Nurture) 환경을 중심으로 설명하는 개인 중심 이론을 비롯하여, 가족 구조나 상호작용 등의 체계적 관점에서 폭력을 해석하는 이론, 그리고 문화, 이념, 사회 구조와 같은 거시적 요인에 주목하는 사회문화적 이론까지 다양한 관점에서 제시된다. 이러한 이론들은 폭력의 원인과 맥락을 다각도로 이해하고, 효과적인 예방 및 개입 방안을 모색하는 데 이론적 토대를 제공한다.

이 장에서는 가정 내 학대와 시설학대에 적용할 수 있는 이론들을 선별하여 소개한다. 대부분의 이론은 가정 내 학대를 설명하는 데 초점을 두고 있지만, 일부는 시설학대에도 적용이 가능하다. 여러 연구자들(Cavanaugh, 2012; Hyde-Nolan & Juliao, 2012; King, 2012) 등이 제시한 이론의 구분을 참고하여, 학대 및 폭력과 관련된 주요 이론들을 선별하고 각 이론의 핵심 내용을 소개하였다. 기본적으로 주요 심리학 및 사회학 이론을 포괄하였으며, 일부 심리학 이론은 사회학적 관점에서도 해석될 수 있기 때문에, 각 이론을 엄격히 심리학 또는 사회학 이론으로 구분하지 않았음을 밝혀 둔다.[1]

1) 이 외에도 학대 및 폭력과 관련하여 문화의 중요성을 강조하는 인류학적 접근과, 정치 · 경제의 구조적 문제와 학대 및 폭력을 연결하여 설명하는 정치경제학적 접근이 있다(Cavanaugh, 2012). 인류학적 접근에서는 원시사회의 경우 폭력, 공격성이 생존을 위해 필요했음을 지적하고 있다. 자연 자원이 부족한 상황에서 자원에 대한 접근, 통제를 위해서는 폭력 사용을 통한 지배가 필요했다고 설명한다. 정치경제적 접근에서는 자본주의의 근본적인 모순, 계급갈등, 인종갈등, 불평등에 주목하는데, 불평등이 심화되면 학대가 보다 빈번하게 일어난다는 것은 여러 경험적 연구에서 근거를 제공해 주고 있다. 예를 들면, 사회적 빈곤과 아동학대와의 관계를 규명한 연구(이봉주, 김세원, 2005), 불평등 완화를 위한 국가의 가족지출지원과 아동학대의 관련성을 검증한 연구(김선숙, 유민상, 2012) 등이 있다. 불평등의 심화는 빈곤층의 자원 제약 문제, 여성을

첫째, 개인의 타고난 성향으로 인해 폭력 행위가 발생한다는 이론적 설명이 있다. 이러한 이론들은 폭력 행위의 결정 요인으로 심리생물학적 요인에 초점을 맞춘다. 심리생물학적 요인에는 뇌 기능 장애, 자율신경계 기능(Autonomic functioning), 호르몬의 영향, 신경심리학적 요인, 기질(Temperament) 등이 포함된다. 또한 충동(Drive)에 기반해 폭력을 설명하는 이론들은 진화론적 자연선택의 과정이나 파괴 및 죽음 본능이 폭력의 원인이 된다고 본다.

둘째, 개인의 경험과 양육을 통해 폭력 행위를 설명하는 이론적 접근에서는 자기조절(Self-Regulation), 애착(Attachment), 수치(Shame), 자기개념(Self-Concept), 인지왜곡(Cognitive Distortion)의 개념이 핵심적이다. 이 범주에는 자기조절이론, 애착이론, 수치를 폭력의 원인으로 보는 이론, 자기개념과 관련된 대상관계론, 인지 왜곡과 관련된 인지행동이론, 외상이론, 암묵적 이론 등이 포함된다.

셋째, 가족 및 체계 이론은 가족 간 상호작용, 가족체계 내에서 발생한 사건, 생태체계적 관점 등을 통해 폭력 행위를 설명한다. 대부분의 이론은 가족 내에서 발생하는 폭력에 초점을 맞추고 있지만, 조직이나 지역사회 수준으로의 확장 및 응용도 가능하다. 이 범주에는 가족체계이론, 가족생애주기이론, 생태체계이론, 가족 내부 스트레스 이론, 의존관계이론, 외부체계이론이 포함된다.

넷째, 문화 및 이념을 기반으로 폭력 행위를 설명하는 이론들도 있다. 여성주의 이론과 차별주의 이론(예: 연령주의, 능력주의)이 이에 해당한다.

다섯째, 폭력을 사회적 변수로 설명하는 이론들로, 일반적으로 사회학 이론으로 분류된다. 여기에 해당하는 이론으로는 통제이론, 자원이론, 사회적 고립이론, 사회교환이론, 생애경로관점 등이 있다.

여기에 제시된 이론들은 상호 배타적으로 적용하기보다는 상호 보완적으로 활용될 수 있다(Fundinho et al., 2021). 또한 학대의 하위 유형에 따라 각 이론의 설명력이 달라질 수 있으며(이미진, 김혜련, 2016), 인구집단에 따라 이론의 적합성에도 차이가 있을 수 있다.

포함한 취약층의 경제적 의존성을 심화시키고, 경제적 고립, 스트레스의 양과 강도의 증가, 치열한 경쟁으로 인한 차별주의의 심화 등으로 이어질 수 있으므로 학대 및 폭력의 발생 가능성을 증폭시키게 된다. 한편, 사회에서 '가지지 못한 자들(Have Nots)'이 폭동에 참여하지만 이에 대한 비용이 모두에게 공평히 분담되지 않기 때문에 처벌 위험이 폭동 참여를 억제하지 못하여 폭동이 지속된다고 설명된다(Cavanaugh, 2012).

1. 개인의 성향

1) 심리생물학적 요인

폭력에 영향을 미치는 심리생물학적 요인에는 뇌 기능 장애, 자율신경계 기능, 호르몬의 영향, 신경심리학적 요인, 기질 등이 포함된다. 이 장에서는 연구자 킹(King, 2012: 558-561)의 연구 결과를 요약하여 소개한다.

뇌 기능 장애는 두부 외상 및 손상, 뇌종양, 유기적 뇌 기능 장애, 출생 전후 또는 분만 과정에서의 이상 등 다양한 원인에 의해 발생할 수 있으며, 미국의 폭력 범죄자 중 최대 75%가 심각한 두부 손상을 경험한 것으로 보고되었다. 공격성과 폭력적 행동을 조절하고 통제하는 기능은 중뇌의 변연계 및 준변연계 구조, 측두엽과 전두엽, 그리고 시상(Thalamus)과 밀접하게 관련되어 있으므로, 뇌 기능의 이상은 폭력 발생 위험을 높일 수 있다.

다음으로, 기존 연구에서 반복적으로 확인된 결과는 폭력적 성향을 지닌 개인들이 자율신경계의 저각성(Under-Arousal)을 경험한다는 점이다. 이는 감정 반응성의 결핍, 두려움 감소, 충동적인 기질, 자극 추구 행동 경향 등과 관련이 있으며, 혐오스럽거나 처벌적인 자극에 노출되더라도 심박수가 증가하지 않는 것으로 나타났다.

공격성과 폭력성의 발달에 가장 큰 영향을 미치는 호르몬은 테스토스테론과 코르티솔이다. 테스토스테론은 안드로겐으로 알려진 남성 성호르몬 중 하나로, 성범죄 및 폭력범죄, 지배적 행동과 강하게 연관되어 있다. 반면, 기존 연구에 따르면 코르티솔 수치가 낮을수록 공격적인 행동을 보일 가능성이 높은 것으로 나타났다.

신경심리학적 요인 중 중요한 측면은 도파민과 세로토닌과 같은 신경화학적 물질이 폭력 행위에 어떤 영향을 미치는가에 있다. 일반적으로 도파민은 쾌락과 보상 감각과 관련된 신경전달물질로, 그 조절에 이상이 생길 경우 공격성이 증가하는 것으로 알려져 있다. 또한 기분 조절과 밀접하게 연관된 세로토닌은 반응적 공격성(Reactive Aggression)을 조절하는 데 중요한 역할을 한다.

기질이란 개인이 특정한 성격 스타일을 바탕으로 스트레스나 새로운 경험에 어떻게 반응하고 대처하는지를 설명하는 개념으로, 특정 행동을 보일 가능성을 높이는 요인이다(King, 2012: 561). 그러나 기질은 개인의 행동을 고정적으로 결정하지 않으며, 환경과 상황에 따라 다양한 방식으로 작용한다. 어떤 상황에서는 기질이 폭력성을 예측할 수 있는 지표가 되기도 하지만, 다른 상황에서는 그렇지 않을 수 있다.

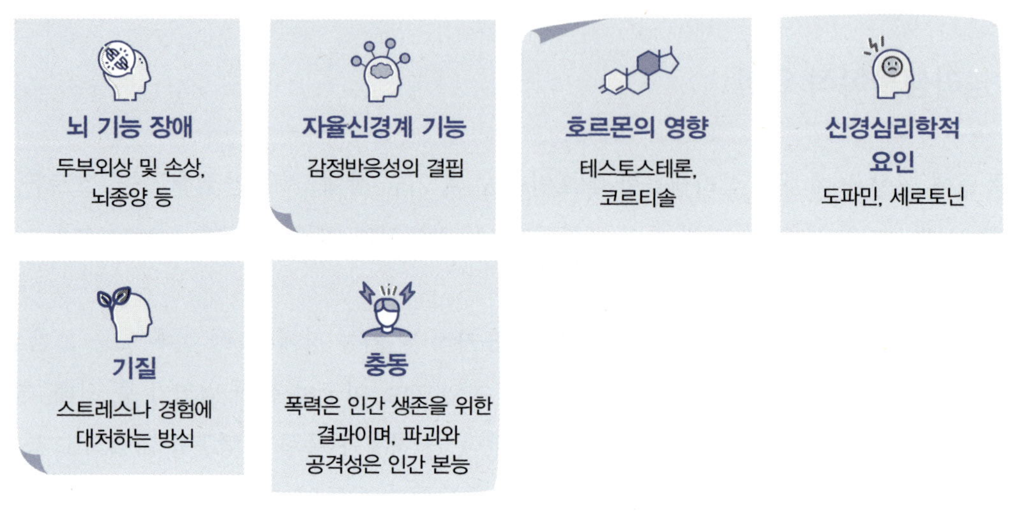

[그림 2-1] 폭력을 개인의 성향으로 설명하는 이론

2) 충동

(1) 진화심리학적 관점

폭력을 진화심리학적 관점(Evolutionary Psychology)에서 설명한 대표적인 학자는 버스와 던틀리(Buss & Duntley, 2006)이다. 이들에 따르면, 폭력은 인간 생존을 위한 진화 과정의 결과로, 인간의 보편적인 본성 중 하나로 이해된다(King, 2012).

공격심리학 이론에서는 타인의 위협에 대응하여 자신을 보호하기 위한 방어기제로서 폭력보다는 '공격(Aggression)'이라는 용어를 주로 사용하며, 이러한 공격 전략은 인류 진화와 함께 발달해 왔다. 폭력성과 방어 행동은 자연 선택(Natural Selection)에 의해 형성된 적응 전략으로 간주되지만, 이와 같은 폭력적 본성이 실제로 표현되는지는 가족이나 사회적 요인 등 외부 환경에 따라 달라질 수 있다.

(2) 파괴/죽음 본능

정신분석 이론을 체계화한 지그문트 프로이트(Sigmund Freud, 1856~1939)에 따르면, 공격성은 인간의 본질적인 충동이며, 이러한 충동은 방어기제에 의해 조절된다(King, 2012). 그러나 방어기제가 과도하게 사용되거나 제대로 발달되지 않은 경우, 그 결과로 공격적 행동이 나타날 수 있다.

프로이트는 파괴적 충동인 죽음 본능(Death Instinct)이 생명 본능(Life Instinct)과 끊임없이 대립한다고 보았다. 이 두 가지 상반된 무의식적 힘은 서로를 방해하는 방식으로 작용하며, 죽음 본능은 욕망의 소멸, 긴장 · 고통 · 불안이 없는 상태를 지향하는 반면, 생명 본능은 성적 본능(Sexual Instinct)을 통해 삶을 추구하는 방향으로 표출된다. 특히 성적 본능이 파괴적 충동과 결합될 경우, 그 에너지가 타인을 향한 공격성으로 전환될 수 있다.

이처럼 전통적인 정신분석 이론은 공격성의 개념화를 발전시키는 데 기여했지만, 트라우마, 양육 방식, 환경적 요인 등 외부 요인이 공격적 행동에 미치는 영향을 충분히 반영하지 못했다는 점에서 비판을 받아 왔다.

2. 개인의 경험과 양육

1) 자기조절

이 이론에 따르면 자기조절에 실패하거나 결함이 있을 경우, 스트레스를 해소하기 위한 수단으로 폭력적인 행동이 나타날 수 있다고 설명한다. 성범죄자에게 적용된 다중 양식 자기조절이론(Multi-Modal Self-Regulation Theory)이 대표적인 예로, 이 이론은 감정 및 기분 조절, 행동 조절, 인지 조절, 대인관계 조절 등 다양한 영역에서의 자기조절 결함이 성범죄의 발생이나 재발로 이어진다고 본다(Stinson, Becker, & Sales, 2008: King, 2012에서 재인용). 또한 이 이론은 생물학적 또는 기질적 성향이 자기조절 결함에 영향을 미치며, 공격적이거나 처벌 중심의 양육 방식, 혹은 일관성이 부족한 자녀 양육 또한 감정 조절 능력에 부정적인 영향을 준다고 설명한다.

2) 애착이론

존 볼비(John Bowlby, 1907~1990)가 개발한 애착이론(Attachment Theory)은 대인관계에서의 상호작용 방식을 중시한다(Hyde-Nolan & Juliao, 2012: 7-8). 애착이란 유아와 주양육자 간에 상호적이며 지속되는 감정적 유대를 의미한다. 유아가 주양육자와 안정적인 애착

관계를 형성하면 정서적 안정감을 느끼게 된다. 반면, 불안정한 애착관계를 경험한 유아는 성인이 된 이후 학대와 같은 반사회적 행동을 보일 가능성이 높아진다. 특히 아동이 주양육자로부터 학대를 받을 경우, 불안한 애착(Anxious Attachment)을 형성할 위험이 크며, 이는 사회심리적 문제, 나아가 학대나 폭력으로 이어질 수 있다. 불안한 애착을 형성한 사람은 감정 조절 능력이 낮고, 자아가 위협받는 상황에서 공격적인 행동을 할 수 있기 때문이다(King, 2012).

이러한 측면에서 애착이론은 세대 간 폭력의 전이뿐 아니라 레즈비언 간 학대(Dutton & Nicholls, 2005)와 같은 특수한 상황을 설명하는 데에도 유용하게 적용된다. 애착관계와 학대 간의 관련성을 입증하려는 실증 연구는, 애착을 대리적으로 나타내는 친밀감 변수를 통해 이를 분석하였다. 국내 아동학대에 관한 연구에 따르면, 부모 모두와 친밀감을 느끼지 않는 아동은 부모 모두와 친밀감을 느끼는 아동에 비해 더 높은 수준의 신체적 학대를 경험하는 것으로 나타나, 애착이론의 설명을 뒷받침한다(박우철 외, 2017).

그러나 같은 연구에서는 부모와의 친밀감 여부가 정서적 학대 수준에는 영향을 미치지 않는 것으로 나타났으며, 이는 가족체계이론에서 주장하는 바와 같이 부모와의 친밀감이 오히려 부모-자녀 간 갈등으로 이어질 가능성도 있음을 시사한다. 이러한 결과는 애착이론과 가족체계이론을 통합적으로 고려한 개입이 필요함을 보여 준다(박우철 외, 2017).

3) 수치

수치는 넓은 의미에서 사랑의 근본적인 결핍으로 정의될 수 있다(Gilligan, 1997: King, 2012에서 재인용). 내적 수치는 자기 자신에 대한 부정적인 평가에서 비롯되며, 외적 수치는 타인의 시선 속에서 거부, 조롱, 판단, 모욕 등을 경험할 때 발생한다(Walker & Bright, 2009: King, 2012에서 재인용). 이러한 수치는 매우 깊고 은밀할 수 있으며, 때로는 무의식적인 형태로 존재하기도 한다.

길리건(Gilligan, 1997)은 수치를 단순히 공격성을 유발하는 하나의 요인이 아니라, 폭력의 근본적인 원인으로 본다. 그는 폭력이라는 행위를 단순한 신체적 공격이 아닌 상징적 언어로 해석해야 하며, 폭력이 갖는 상징적 논리를 이해하는 것이 중요하다고 주장한다. 사소한 수치심일수록 개인은 이를 해소하려는 욕구가 더욱 절박해지며, 이 과정에서 폭력 외에는 다른 대안이 없다고 인식하게 된다. 이러한 상태에서는 감정 조절 능력이 저하되고, 타인에 대한 사랑이나 의존에 대한 갈망은 더욱 커지게 된다. 이처럼, ① 폭력 외 대안의 부재

인식, ② 감정 조절의 어려움, ③ 강한 애정 및 의존 욕구, ④ 해소되지 않은 수치심이라는 네 가지 조건이 충족되면, 결국 폭력적인 행동으로 이어질 수 있다는 것이다.

4) 자기개념

자기개념과 폭력 간의 관계를 설명하는 대표적인 이론은 정신분석학자인 멜라니 클라인(Melanie Klein, 1882~1960)이 개발한 대상관계론(Object Relations Theory)이다. 대상관계론은 인간이 유아기와 아동기 시절, 의미 있는 타인과 어떻게 관계를 맺었는지가 심리적 발달과 자아 형성, 그리고 타인에 대한 정신적 표상(Mental Representation)에 결정적인 영향을 미친다고 본다(Hyde-Nolan & Juliao, 2012: 6-7). 이 이론에서 '대상(Object)'은 자기(Self)를 제외한 타인을 의미한다.

유년기와 아동기에 주양육자로부터 충분한 돌봄을 받지 못한 경우, 아동은 자신에 대해 긍정적이고 안정적인 이미지를 형성하기 어려우며, 이는 낮은 자아존중감으로 이어질 수 있다. 또한 아동의 욕구에 민감하게 반응하지 못하는 부모의 태도는 내면화되어, 아동은 타인의 감정에 공감하는 능력이 저하되고, 자신의 감정을 조절하는 데에도 어려움을 겪게 된다(김숙희, 2011). 이러한 경험은 성인이 된 이후에도 영향을 미쳐, 대인관계에서 돌봄의 욕구가 충족되지 않을 때 절망감을 느끼거나 타인에게 과도한 요구를 하게 되며, 그 결과 폭력적 또는 학대적 행동으로 이어질 수 있다.

한편, 청소년기나 청년기에 반복적으로 폭력 피해를 경험하는 경우도 이와 무관하지 않다. 어린 시절 주양육자로부터 충분한 돌봄을 받지 못한 경험이, 폭력 피해자로서의 취약성을 높이는 원인이 될 수 있기 때문이다(Hyde-Nolan & Juliao, 2012: 6-7). 폭력 피해를 경험한 아동은 양육자에게 분노나 비난의 감정을 직접 표출하기 어려운데, 이는 그들에게 무력감과 통제력 상실이라는 극심한 심리적 고통을 야기할 수 있기 때문이다(King, 2012). 더 나아가, 신뢰해야 할 인물들에게 반복적으로 위험에 노출되고 있는 현실을 받아들여야 하는 부담도 함께 따른다.

결국 이들은 학대의 경험을 재구성하며, '자신이 학대를 받을 만한 존재'라는 왜곡된 결론에 도달하게 된다. 이러한 인식은 '나는 결함 있고, 취약한 존재'라는 고통스럽고 부정적인 자기개념으로 이어지며, 이는 다시금 폭력이나 학대에 노출될 위험을 높이는 악순환을 초래한다.

5) 인지왜곡

(1) 사회학습이론

앨버트 밴듀라(Albert Bandura, 1925~2021)의 사회학습이론(Social Learning Theory)은 개인의 행동이 학습된 결과라는 전제에서 출발하며 개인은 타인의 행동을 관찰하고 모방함으로써 새로운 행동을 습득하게 된다고 설명한다(Hyde-Nolan & Juliao, 2012). 개인이 관찰하여 모방하는 행동은 그 결과가 보상인지 처벌인지에 따라 지속 여부가 결정되며, 이는 행동에 대한 강화 또는 억제 효과를 미친다.

사회학습이론에 따르면 폭력은 조작적 조건형성(Operant Conditioning)과 역할모델의 행동 관찰을 통해 학습된다. 조작적 조건형성이란, 어떤 행동이 그 결과에 따라 강화되거나 약화되는 학습 과정을 의미하며, 처벌을 통해 특정 행동을 억제하는 과정도 포함된다. 이 이론은 학습이 직접적 강화뿐만 아니라 대리적 경험(Vicarious Experience)을 통해서도 이루어진다고 본다. 예를 들어, 타인이 특정 행동을 통해 보상을 받는 모습을 관찰하는 것만으로도, 관찰자에게 동일한 행동을 강화시키는 효과를 줄 수 있다.

다시 말해, 개인은 타인의 행동과 그에 따른 결과를 반복적으로 관찰함으로써 특정 행위의 옳고 그름, 혹은 불법성에 대한 태도를 내면화하게 되고, 이러한 학습과 보상의 누적 과정을 통해 범죄나 일탈과 같은 행동이 습득된다고 본다. 사회학습이론을 지지하는 연구자들은, 보상이 수반되는 폭력적 행동이 가정 내에서 학습되며, 이는 아동학대나 배우자폭력으로 전이될 수 있다고 설명한다.

실제로 아동기에 부모로부터 학대를 경험한 성인으로 인해 성장 후 노부모를 학대하는 역학대(Reverse Abuse)를 가하는 경우가 관찰되어, 사회학습이론을 지지하는 근거로 활용되었다(Gordon & Brill, 2001; Lee et al., 2022). 그러나 2000년 이전의 연구들은 노인학대 행위자의 상당수가 아동기 학대 경험이 아닌 부양 스트레스로 인해 학대를 시작했다고 보고하였다. 또한 일부 연구에서는 아동기 학대 피해자가 성장 후 노인을 학대하기보다는 자신들의 자녀를 학대하는 경향이 더 높다고 보았다(Payne, 2002).

하지만 2000년대 이후 수행된 연구에서는 아동기 학대 경험이 대인관계에서 폭력을 유발하는 잠재적 위험요인이라는 점에 주목하며, 이에 대한 면밀한 조사와 분석이 필요하다는 주장이 제기되고 있다(Fundinho et al., 2021; Lachs & Pillemer, 2004; National Research Council, 2003). 최근 국내 연구에 따르면 아동기 폭력 피해 경험은 성인이 된 이후 노부모뿐 아니라 배우자의 부모에 대한 학대에도 영향을 미치는 것으로 나타났다(Lee et al., 2022).

(2) 외상이론

개인이 외상을 경험하면, 압도적인 정서 반응이나 해리(Dissociation)로 인해 정보처리 과정이 방해받고, 외상 경험이 기존의 기억망과 통합되지 않은 채 단절된 형태로 저장될 수 있다(최윤경, 2017). 즉, 학대와 같은 외상 사건에 대한 기억이 온전히 회상되지 않거나 인지가 왜곡되어 피해자가 그 경험을 명확히 인식하지 못할 수 있다. 이와 함께 정서 조절의 어려움이나 신경전달물질의 변화 등 신체적 변화가 동반될 수 있다. 외상 후 스트레스 장애(PTSD)의 주요 특징 중 하나는 외상 경험의 반복적 재현인데, 이는 반복적인 폭력 경험을 겪는 이들이 외상을 지속적으로 재경험하고 있다고 해석할 수 있다(Hyde-Nolan & Juliao, 2012: 8-9).

외상이론(Trauma Theory)은 이러한 경험이 왜 특정 개인에게서 폭력이나 학대와 같은 행동으로 나타나는지를 설명하는 데도 활용된다. 물론 외상을 경험한 모든 사람이 폭력적인 행동을 하게 되는 것은 아니지만, 외상이 학습되거나 생리적 반응을 통해 폭력 행위로 이어질 가능성이 있다(Neller & Fabian, 2008). 예를 들어, 장기간 스트레스를 받을 경우 세로토닌 분비가 감소하는데, 세로토닌은 행동 억제와 관련된 신경전달물질이므로 지속적으로 수치가 낮을 경우 공격성이 증가하여 폭력적인 행동으로 이어질 수 있다. 더불어, 외상 경험자는 약물 남용과 성격장애를 경험할 가능성이 높아지며, 이러한 요소들은 타인에게 가하는 폭력 행위의 위험요인으로 작용할 수 있다(Neller & Fabian, 2008).

(3) 암묵적 이론

암묵적 이론 접근법(Implicit Theory Approach)은 가해자가 폭력 행위를 정당화하는 인지적 과정을 설명하는 이론 중 하나로, 가해자의 내면에 형성된 신념 체계를 중심으로 폭력의 심리적 정당화를 이해한다(Polaschek et al., 2009: King, 2012에서 재인용). 이 접근에 따르면, 가해자는 자신의 폭력적 행동을 비정상적이거나 잘못된 것으로 인식하지 않고, 오히려 통제 가능한 정상적 행위로 받아들인다.

이 이론은 폭력 정당화를 위한 네 가지 주요 가설을 제시한다.

① 폭력의 정상화(Normalization of Violence)

가해자는 폭력을 개인의 필요나 목표를 달성하기 위한 효과적이고 정당한 수단으로 인식한다. 이 신념은 폭력의 사용을 일상적이고 용인 가능한 행위로 바라보게 만든다.

② 때리거나 맞거나(Beating or Beaten)

세상을 본질적으로 적대적이고 폭력적인 공간으로 인식하며, 자신의 지위, 자율성, 영향력을 지키기 위해 폭력이 불가피하다고 믿는다. 이 가설은 두 가지 하위 유형으로 나뉜다.

- **자기향상**(Self-Enhancement): 사회적 우월성과 성공을 과시하는 수단으로 폭력을 사용하며, 폭력이 개인의 긍정적 자기 이미지를 강화한다고 믿는다.
- **자기보존**(Self-Preservation): 타인이 자신을 착취하거나 위협한다고 인식하여, 폭력을 자기 보호의 유일한 수단으로 정당화한다.

③ 내가 법이다(I Am the Law)

가해자는 도덕적 관점에서 자신의 폭력 행위를 사회 질서 유지 또는 타인의 보호를 위한 정당한 행동으로 간주한다. 이들은 폭력을 공익을 위한 정의로운 수단으로 해석하며 스스로를 규범의 수호자라고 여긴다.

④ 나는 통제할 수 없다(I Can't Control Myself)

폭력은 자신이 통제할 수 없는 충동이나 정서의 조절 실패로 인해 발생한 것이라고 믿으며, 결과에 대한 책임을 외부 환경이나 개인의 생리적 한계로 전가한다. 이들은 자신의 행동을 불가피한 결과로 인식함으로써 책임을 회피한다.

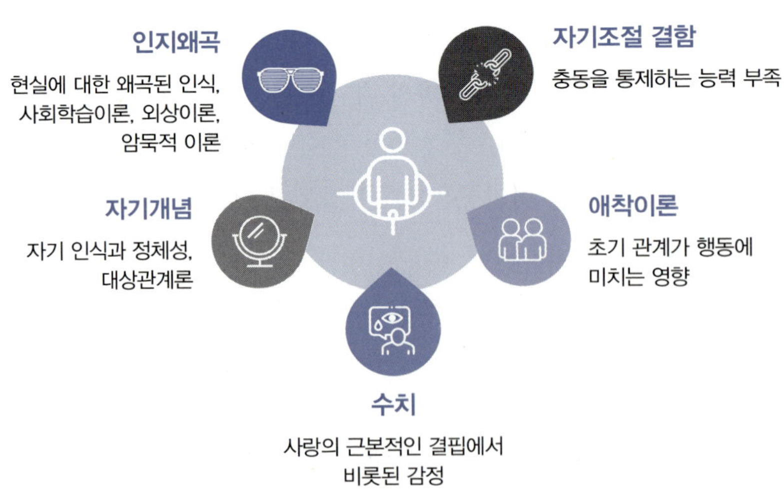

[그림 2-2] 폭력을 개인의 경험과 양육으로 설명하는 이론

3. 가족 및 체계 이론

1) 가족체계이론

머레이 스트라우스(Murray Straus, 1926~2016)는 가족폭력을 처음으로 가족체계이론의 관점에서 설명하였다(Lawson, 2012). 가족체계이론(Family Systems Theory)은 여성주의 이론과는 상반된 관점을 지니고 있어, 이론 간 오랜 논쟁이 지속되어 왔다(Cavanaugh, 2012).

가족체계이론에 따르면, 가족 내에서 발생하는 폭력은 예외적인 사건이 아니라, 가족 갈등의 결과로 흔히 나타날 수 있는 자연스러운 현상으로 간주된다(Straus, 1973). 이 이론은 가족체계 내에서 폭력이 발생했을 때, 그에 대한 피드백의 성격에 따라 폭력의 지속 여부가 달라진다고 본다. 즉, 폭력적 행동이 긍정적 피드백(예: 원하는 결과 도달, 저항 없음)을 받으면 강화되어 반복될 가능성이 높아지고, 부정적 피드백(예: 거부, 저항, 처벌 등)을 받으면 약화된다고 설명한다.

가족폭력은 개인의 병리적인 특성에서 비롯된 결과라기보다는 가족 구성원 간의 복합적인 상호작용, 관계 구조, 사회화 양식, 스트레스 수준, 함께 보내는 시간의 질과 양 등 가족체계 전체의 역동적 요인에 의해 영향을 받는 것으로 본다. 특히 정서적인 문제는 단절되지 않고 다음 세대로 전이(Transmission)되며, 특정한 행동 패턴이 다세대에 걸쳐 반복적으로 재생산될 수 있다는 점을 강조한다(Hyde-Nolan & Juliao, 2012).

[그림 2-3] 가족 및 체계이론 관점에서 본 폭력 이론

2) 가족생애주기이론

가족생애주기이론(Family Life Cycle Theory)은 가족의 발달을 몇 개의 생애주기 또는 단계로 구분하며, 각 단계마다 수행해야 할 특정한 발달 과업이 존재한다고 본다. 이러한 생애주기는 일반적으로 가족이 경험하는 생활상의 전이(Transitions), 즉 중요한 변화와 사건과 밀접하게 연관된다.

예를 들어, 카터와 맥골드릭(Carter & McGoldrick, 1999)은 가족의 발달 주기를 다음과 같이 구분한다.

① 미혼 성인기
② 가족 형성기
③ 어린 자녀를 둔 시기
④ 사춘기 자녀를 둔 시기
⑤ 자녀 자립기
⑥ 노년기

이 구분은 개인의 결혼, 자녀 출생 및 입학, 자녀의 결혼, 은퇴 등 삶의 전이 사건을 기준으로 한다. 이러한 전이 과정은 때로 심리적 · 정서적 스트레스를 유발할 수 있으며, 가족체계가 이러한 변화에 제대로 적응하지 못할 경우, 갈등이 심화되고 폭력으로 이어질 가능성도 존재한다(Hyde-Nolan & Juliao, 2012).

예를 들어, '자녀의 출생'이라는 전이는 부모에게 육아에 대한 지식, 기술, 그리고 스트레스 대처 능력을 요구한다. 만약 부모가 이러한 전이에 효과적으로 적응하지 못하고 육아 스트레스에 제대로 대응하지 못할 경우, 그 결과로 가정 내 아동학대 위험이 증가할 수 있다.

3) 생태체계이론

유리 브론펜브레너(Uri Bronfenbrenner, 1979)의 인간발달에 대한 생태체계적 관점을 활용하여 가족폭력에 영향을 미치는 요인을 미시체계(Microsystem), 거시체계(Macrosystem), 외부체계(Exosystem), 개체 발생 요인(Ontogenic Factors)으로 설명할 수 있다(Lawson, 2012). 가족폭력은 미시체계, 거시체계, 외부체계, 그리고 개인의 신체 · 심리 · 도덕적 발달과 상호작용한 결과로 발생하는 것으로 볼 수 있다.

- **미시체계**: 개인을 둘러싼 직접적인 환경 속에서의 활동, 대인관계 유형
- **중간체계**: 개인이 참여하는 환경과의 상호관계
- **외부체계**: 개인이 의도하거나 직접적으로 참여하지는 않지만 개인에게 영향을 주는 구조나 사회기관, 대중매체, 정부기관
- **거시체계**: 민족이나 집단체계와 같이 특정 문화에 내재화되어 있는 믿음이나 이데올로기 등
- **개체 발생 요인**: 신체 · 심리 · 도덕적 발달

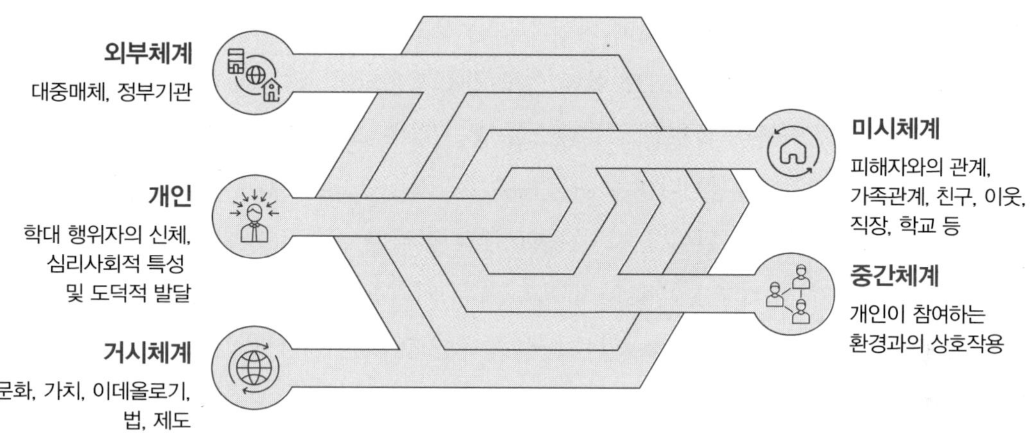

[그림 2-4] 학대 및 폭력에 영향을 미치는 요인에 대한 생태체계적 접근

학대 및 폭력에 영향을 미치는 요인(이하 위험요인, Risk factors)은 학대 피해자의 특성, 학대가해자의 특성, 학대가 발생한 맥락 등의 사례에 따라 이질적일 수 있다. 학대 및 폭력이론에 따라 학대가 발생한 원인에 대해 다른 접근이 가능하지만, 다양한 위험요인을 아우를 수 있는 생태체계적 접근에 따르면 피해자 개인을 중심으로 미시체계, 중간체계, 거시체계, 외부체계별로 위험요인을 정리할 수 있다. 그러나 학대 피해자의 특성보다는 학대가해자의 특성이 학대 발생에 더 영향을 미치는 점을 감안할 때, 가해자 개인을 중심으로 미시체계, 중간체계, 거시체계, 외부 체계로 위험요인을 체계화한 후 가해자와 피해자 간의 상호작용 등을 고려하여 위험요인을 파악할 필요가 있다.

폭력과 학대에 대한 생태체계적 접근은 다양한 체계의 요인을 포섭한다는 점에서 이론적

접근의 유연성, 포괄성이라는 장점이 있다. 다만, 체계 요인 중 어떤 요인이 더 중요한지, 핵심적인 기제가 무엇인지에 대한 설명을 하는 데에는 한계가 있다.

4) 가족내부 스트레스이론

가족내부 스트레스이론(Intrafamilial Stress Theory)은 돌봄 부담에 초점을 맞추어, 이러한 부담이 폭력과 어떤 관련이 있는지를 설명하고자 한다. 돌봄 부담은 부모가 감당할 수 있는 자녀 수를 초과하거나, 주거 환경이 과밀하거나, 장애아동을 양육해야 하거나, 허약한 노부모를 부양해야 하는 상황에서 발생한다(Hyde-Nolan & Juliao, 2012). 이러한 돌봄은 시간과 자원의 제약을 초래하며, 이로 인해 스트레스가 유발된다. 부모의 스트레스와 아동학대 사이의 관계는 부모가 체벌에 대해 어떤 신념을 갖고 있는가에 따라 달라질 수 있다.

이 이론은 노인학대의 맥락에서도 여러 연구에서 적용되어 왔다. 노인을 부양하는 성인 자녀나 배우자 등의 가족이 과도한 스트레스를 받는 경우, 노인에게 신체적 또는 정서적 학대 행위를 할 수 있다는 가정이다(Kosberg, 1988; Gordon & Brill, 2001). 특히 허약한 노인을 부양하면서 다른 가족 구성원이나 지역사회로부터 적절한 지원을 받지 못하는 경우, 부양자가 학대 행위자가 될 가능성이 높아진다고 본다. 이러한 관점에서 노인학대를 설명하는 가설을 스트레스 부양자 가설(Stressed Caregiver Hypothesis)이라 하며, 상황모델(Situational Model)이라고도 불린다.

그러나 돌봄 스트레스가 학대의 직접적인 원인인지에 대해서는 학문적 논쟁이 존재한다. 고든과 브릴(Gordon & Brill, 2001)은 스트레스가 노인학대 발생의 주된 원인이라고 주장하는 반면, 다른 연구자들은 이에 대한 경험적 근거가 충분하지 않다고 지적한다(Lachs & Pillemer, 2004).

그럼에도 불구하고 일반적으로 합의된 바는, 부양의 지속 기간, 학대 행위자와 피해노인 간의 상호작용, 가족력 등이 반드시 위험요인은 아니더라도 학대 발생에 중요한 역할을 할 수 있다는 점이다(Erlingsson, Carlson, & Saveman, 2003: McDonald, 2011에서 재인용). 또한 스트레스는 매개변수에 영향을 미침으로써 학대 발생에 간접적인 역할을 수행하는 변수로 작동할 수 있다(Fundinho et al., 2021).

5) 의존관계이론

의존관계이론(Dependency Relations Theory)은 학대 피해자가 학대 가해자에게 의존하고 있다는 전제를 바탕으로 학대를 설명한다(Gordon & Brill, 2001). 이 이론은 아동학대, 노인학대, 배우자폭력 등 다양한 유형의 가족 내 폭력에 적용될 수 있다.

아동의 경우, 신체적 · 심리적으로 미성숙하며 부모나 보호자의 양육이 필요하므로 자연스럽게 보호자에게 의존하게 된다. 이러한 구조 속에서 학대가 발생하더라도, 양육자인 가해자로부터 분리되기 어려운 현실적인 제약이 존재한다. 노인의 경우, 연령이 증가할수록 건강이 쇠퇴하고 일상생활 수행 능력이 감소하여 타인의 돌봄이 필수적이 된다. 이로 인해 돌봄 제공자에게 의존하는 구조가 형성된다. 특히 노인 돌봄은 아동 돌봄보다 더 어렵고 부정적으로 인식되기 쉬워 부양자의 스트레스를 유발하고, 이는 노인학대로 이어질 위험을 높인다. 배우자폭력 피해자의 경우, 가해자에게 경제적으로 의존하고 있는 경우가 많아 관계를 쉽게 단절하지 못하고, 반복적으로 폭력에 노출되는 상황이 발생한다.

그러나 의존관계이론에 대한 비판적 시각도 존재하며, 특히 노인학대 연구에서 이러한 비판이 두드러진다. 이 이론은 피해자가 일방적으로 가해자에게 의존한다고 가정하지만, 실제로는 가해자 또한 피해자에게 의존하는 경우가 적지 않다. 예를 들어, 노인학대 가해자(주로 이혼 또는 미혼의 아들)는 피해자인 부모의 집에 거주하며 경제적으로 의존하는 경우가 많고, 돌봄 제공이라는 역할을 통해 상호의존적인 관계를 형성한다는 연구 결과가 있다(Gordon & Brill, 2001; Jones et al., 1997).

또한 피해자인 노인은 가해자와 분리될 경우 요양시설 입소 등의 상황을 두려워하며, 자녀의 안녕(예: 식사 문제, 알코올 중독 심화 등)을 걱정하여 관계 단절을 주저하게 된다. 그 결과, 피해자는 지속적으로 학대에 노출되는 악순환 속에 놓이게 된다.

6) 외부체계이론

외부체계이론에 따르면, 개인이 겪는 생활 스트레스가 그가 보유한 자원(Resources)으로 감당할 수 없는 수준에 이르면, 폭력적 행동이 나타날 가능성이 높아진다고 본다(Hyde-Nolan & Juliao, 2012).

생활 스트레스에는 실직, 이혼, 주거 환경의 변화(예: 이사), 공과금 납부, 교통 문제와 같은 일상적 불편, 그리고 부정적인 생애 사건들이 포함된다. 이와 같은 스트레스 상황이 반드시 폭력으로 이어지는 것은 아니며, 폭력으로 연결되기 위해서는 몇 가지 특정한 요건이 수반되어야 한다고 설명한다.

이러한 요건에는 다음과 같은 요소들이 포함된다.

- 폭력적인 가정환경에서 성장한 경험
- 낮은 결혼생활 만족도
- 사회적 고립 등

즉, 생활 스트레스는 폭력 발생에 있어 중요한 촉발 요인이 될 수 있으나, 폭력을 반드시 예측하는 결정적 요건은 아니다.

4. 문화 및 이념

여성주의이론

여성의 권리와 성 평등을 옹호하는 이론적 틀

노인차별주의

나이 때문에 개인에 대한 차별적 태도와 행동

능력주의

건강한 이성애 남성을 완전한 인간으로 설정

[그림 2-5] 폭력에 영향을 미치는 문화 및 이념

1) 여성주의이론

여성주의이론(Feminist theory)은 1970년대에 등장하였으며, 아내 학대를 이론적으로 설명한 선구적 학자는 러셀 도바시와 레베카 도바시(Dobash & Dobash, 1979)이다. 이 이론은 폭력을 남성이 여성에게 가하는 강압적인 지배 수단으로 이해하며(Lawson, 2012; Sunitha, 2016: 208), 가정 내 폭력이 만연한 원인을 가족과 사회 전반의 권력 불균형, 즉 남성이 여성보다 더 많은 권력을 갖고 있는 가부장적 구조에서 찾는다.

여성주의이론의 핵심 개념은 가부장제(Patriarchy)로, 이는 남성 중심적인 사회 구조를 유지하는 제도적 장치로 이해된다. 이 이론에 따르면, 폭력은 가족 내에서 남성이 자신의 지배적 지위를 유지하기 위한 수단으로 사용되며, 남성은 사회화 과정 속에서 우월한 위치에 있는 자신이 여성을 통제할 권리가 있다고 내면화하게 된다.

러셀 도바시와 레베카 도바시는 배우자폭력의 주요 원인으로 가부장적 사회 구조를 지목하였다. 사회적 · 경제적 규범은 이러한 구조를 직간접적으로 지지하며, 성별에 따라 권력의 비대칭을 고착화하고 여성에게 차별적인 지위를 부여한다고 주장한다. 그들은 가해자와 피해자를 명확히 구분하며, 폭력의 주요 원인이 남성 가해자에게 있다고 보았다.

여성주의이론의 주요 한계는 남성이 피해자인 경우를 설명하기 어렵다는 점이다. 비판론자들은 이 이론이 주로 쉼터를 이용하는 여성 피해자들의 사례에 기반해 연구되었기 때문에, 극단적인 표본에 치우쳤다고 지적한다. 그러나 미국의 전국 범죄 피해 조사(National Crime Victimization Survey) 결과에 따르면, 여성보다 남성이 가해자인 경우가 13배 더 많았다는 통계가 있다(Dutton & Nicholls, 2005). 따라서 경미한 폭력까지 포함한 대규모 조사와, 심각한 피해를 중심으로 한 조사 간에는 결과의 차이가 있을 수 있음을 인식해야 한다.

이와 관련하여 존슨(Johnson, 1995)은 배우자폭력을 '가부장제 테러리즘(Patriarchal Terrorism)'과 '일반적 부부폭력(Common Couple Violence)'으로 구분할 것을 제안하였다. 전자는 가부장제 기반의 지속적이고 심각한 폭력을 말하며, 남성이 가해자인 경우가 압도적으로 많다. 반면, 후자는 부부간 갈등에서 발생하는 폭력으로, 성별 차이가 거의 없다는 연구 결과도 있다(Lawson, 2012).

또한 북미 지역에서 지역사회에 거주하는 성인 대상 대규모 연구들에서는 성별 차이가 거의 없었으며, 폭력을 시작한 주체에도 차이가 없었다는 결과도 제시되었다(Dutton & Nicholls, 2005). 이에 따라 일부 학자들은 파트너 간의 학대 원인을 성별이 아니라 친밀감에서 비롯된 불안으로 해석할 필요가 있다고 주장한다.

그러나 폭력의 신체적 상해 정도를 고려하면 여전히 여성이 피해자인 비율이 더 높게 나타난다. 메타분석 결과를 보면, 목을 조르거나(Strangle), 두들겨 패는(Beat Up) 심각한 폭력은 남성이 가해자인 경우가 훨씬 많았다(Dutton & Nicholls, 2005).

한국의 연구에서도 여성 노인이 신체적 폭력을 더 자주 경험하는 반면, 정서적 학대는 남녀 차이가 없었다는 결과가 보고되었다(최정혜, 2000). 또한 국내외 연구 공통으로 남성 피해자들은 고정된 성역할 인식으로 인해 수치심을 느끼고 폭력 피해를 신고하지 않는 경향이 있음이 밝혀졌다(이미정 외, 2017). 한국 사회에서 가부장제가 약화되면서 여성에 대한 폭력이 감소하고 있는지, 혹은 총기와 같은 치명적 수단의 접근성 차이가 서구와 한국 간 폭력의 양상을 다르게 만드는 것인지에 대한 심층적이고 비교문화적인 연구가 필요하다. 아울러, 지역사회에 거주하는 일반 성인 표본을 대상으로 한 폭력 실태와, 쉼터에 입소한 피해자들을 중심으로 한 실태는 크게 다를 수 있으며, 이들의 폭력 경험 및 원인도 서로 상이할 수 있다는 점을 인식할 필요가 있다.

2) 연령주의/노인차별주의

로버트 버틀러(Robert Butler, 1927~2010)가 1969년에 처음 사용한 용어인 연령주의(Ageism)는 우리말로 노인차별주의라고도 번역되며, 노인에 대한 부정적인 선입견, 편견, 고정관념(Stereotype)에 기반한 사회적 차별 현상을 설명하는 개념이다(한동희, 김정옥, 1994; Dow & Joosten, 2012; Wolf, 2000). 이 이론에 따르면, 노인은 사회적으로 열등하고 무력한 존재로 인식되기 쉬우며, 이러한 인식은 노인에 대한 부적절한 대우나 착취를 보다 용이하게 만드는 조건을 형성한다.

예를 들어, 자녀나 요양보호사가 노인을 노쇠하고, 외롭고, 쓸모없으며 죽음을 앞둔 존재로 인식하게 될 경우, 노인에게 적절한 도움이나 의료적 처치를 제공할 필요성을 느끼지 않게 되고, 이로 인해 노인학대 가능성이 증가할 수 있다. 또한 '어차피 곧 죽을 존재'라는 인식은 노인에 대한 방임으로 이어질 수 있으며, 나아가 노인 스스로도 자기에 대한 가치 절

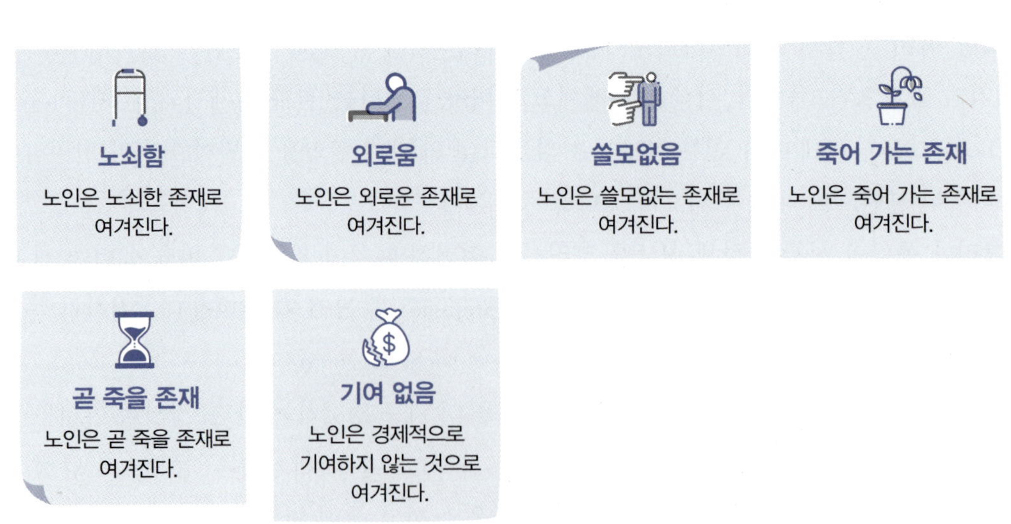

[그림 2-6] 노인에 대한 부정적인 고정관념

하로 인해 자기방임을 초래할 가능성이 있다.

국내 연구에 따르면, 연령차별을 경험한 노인일수록 학대 경험 비율이 높은 것으로 나타났으며, 이는 연령주의가 노인학대의 발생과 유의미한 관련이 있음을 시사한다(고보선, 2005). 즉, 차별적인 사회 환경에 노출될수록 노인학대의 위험이 증가한다는 점에서, 연령주의는 노인학대의 한 원인으로 기능할 수 있다.

3) 능력주의

능력주의(Ableism)는 건강한 이성애 남성을 '정상' 또는 '완전한 인간'의 기준으로 삼고, 이에 미치지 못하는 여성, 노인, 장애인, 성소수자 등을 불완전하거나 열등한 존재로 간주하는 이념적 체계를 의미한다(Campbell, 2014). 장애차별주의(Disablism)가 장애인에 대한 차별적 태도나 행동을 지칭하는 데 반해, 능력주의는 보다 포괄적 개념으로, 자본주의 사회가 강조하는 생산성, 자립성, 신체적 완전성 등의 기준에 따라 개인의 가치를 판단하는 구조적 이념을 의미한다. 이러한 관점은 '능력선호주의'로 번역되기도 한다.

이 이론은 단순히 장애인에 대한 부정적 태도를 넘어서, 신체적 완전성과 생산성에 대한 철학적 기준이 어떻게 사회적 차별을 정당화하는지를 설명한다. 예컨대, 아리스토텔레스가 여성의 몸을 '비정상적인' 것으로 간주했던 것처럼, 능력주의는 신체 기준을 중심으로 인간의 가치를 평가한다. 따라서 이는 성차별, 인종차별, 연령차별 등 다양한 차별 형태에 적용 가능한 비판적 이론이다.

능력주의는 사회 전반에 깊이 내재되어 있으며, 대부분의 사람들이 이를 의식하지 못한 채 공유하고 있기 때문에, 특정 집단에 대한 차별이 '의도적'이었다는 사실을 입증하기 어렵다(Campbell, 2014). 장애인에 한정할 경우, 능력주의는 '장애인은 열등하고, 건강하지 않다'는 믿음에 기반한다. 이러한 인식은 장애인의 건강과 생명을 덜 중요하게 여기게 만들며, 실제로 코로나19 팬데믹 초기에 젊고 건강한 사람을 우선 치료 대상으로 삼았던 국가들의 의료정책에서 드러난 바 있다(Thorneycroft & Asquity, 2021). 이는 기존에 존재하던 장애인에 대한 차별이 심화된 것일 뿐, 새로운 현상은 아니다.

이러한 차별적 인식은 장애인의 죽음을 '자연스러운 일'로 간주하고, 슬퍼하거나 애도할 가치가 없다고 보는 태도로 이어진다. 이는 주디스 버틀러(Judith Butler, 2016)가 제시한 애도 가능성(Grievability) 개념으로 설명될 수 있다. 즉, 어떤 존재는 사회적으로 죽음을 애도받을 가치가 없다고 여겨지는 것이다.

장애인에 대한 방치, 학대, 심지어 사망에 이르게 하는 사회적 구조는 이들이 '완전하지 못한 존재'이므로 존엄한 삶을 누릴 자격이 없다는 능력주의적 사고에서 비롯된다. 장애인 차별은 개인적 수준뿐만 아니라 구조적·집합적 수준에서 나타날 수 있으며, 이에 맞서기 위해서는 단순히 장애인 차별을 거부하는 것에 그치지 않고, 모든 인간이 본질적으로 지닌 취약성과 (상호)의존성을 인정하는 방향의 인식 전환이 필요하다. 이는 버틀러(2016)의 이론에 기반한 윤리적 저항의 방식으로 해석될 수 있다.[2)]

5. 사회적 변수

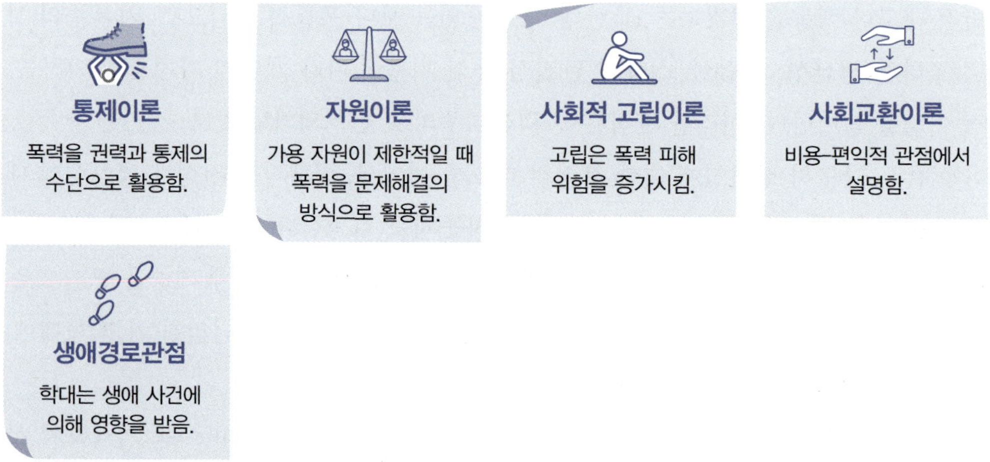

통제이론

폭력을 권력과 통제의 수단으로 활용함.

자원이론

가용 자원이 제한적일 때 폭력을 문제해결의 방식으로 활용함.

사회적 고립이론

고립은 폭력 피해 위험을 증가시킴.

사회교환이론

비용-편익적 관점에서 설명함.

생애경로관점

학대는 생애 사건에 의해 영향을 받음.

[그림 2-7] 사회적 변수로 폭력을 설명하는 이론

1) 통제이론

통제이론(Control Theory)에 따르면, 학대는 행위자가 피해자에게 권력을 행사하고 통제하기 위한 수단으로 이해되며(Hyde-Nolan & Juliao, 2012: 9-10) 이는 사회학자인 존 헤이건(John Hagan, 1946~)의 Power and Control 개념에 기초해 있다. 힘이 우위에 있는 행위자

2) 차별적 사고와 행동을 제거하기 위해 차별금지법 제정과 같은 사법적 수단을 활용하는 데에는 분명한 한계가 존재한다는 점을 인식할 필요가 있다.

는 신체적 · 심리적으로 약자인 피해자(예: 아동, 배우자, 노인, 장애인 등)에게 위협, 강압, 폭력 등을 가해 피해자를 순응하게 만든다.

행위자는 다음과 같은 다양한 통제 수단을 사용한다.

- 강압(언어적 · 신체적 위협)
- 사회적 고립(외부와의 접촉 차단)
- 경제적 착취(경제적 자율성 박탈)

이러한 상황 속에서 피해자는 생존을 위해 행위자에게 순종할 수밖에 없는 위치에 놓이게 되며, 반항을 두려워하게 된다.

국외 연구에 따르면, 아내를 구타하는 남편들의 경우 권력을 행사하고자 하는 욕구는 존재하지만, 주변의 사회적 비난이나 법적 처벌에 대한 두려움이 있는 경우 폭력 행위 빈도가 낮게 나타났다. 이는 통제 욕구와 외부 억제 요인 간의 상호작용을 보여 준다.

스트라우스와 겔러스(Straus & Gelles, 1980)는 가족 내 권력관계를 이해하기 위해 의사결정 구조에 주목하였다. 그 결과, 가족 의사결정이 민주적으로 이루어지며, 아내가 남편과 평등하게 의사결정에 참여하는 가족일수록 배우자폭력 발생 가능성이 낮아졌다는 연구 결과를 제시하였다. 이는 가정 내 권력의 불균형이 폭력 발생의 주요 요인이 될 수 있음을 시사한다.

2) 자원이론

자원이론(Resource Theory)은 폭력을 대인 간 갈등 해결의 한 수단(자원)으로 간주하며, 개인이 보유한 자원과 폭력 사이의 관계에 주목한다(최정혜, 2000; Hyde-Nolan & Juliao, 2012; Sunitha, 2016). 이 이론을 1971년에 폭력에 처음 적용한 학자는 윌리엄 조사이어 구드(William Josiah Goode, 1917~2003)이다(Sunitha, 2016).

구드(1971)에 따르면, 모든 사회 체계나 구성원은 일정 수준의 무력 또는 폭력의 위협에 의존하게 되며, 자신이 추구하는 이해관계를 유지하거나 강화하기 위해 갖고 있는 자원을 소진하게 될 경우, 최종적으로 폭력에 의존할 가능성이 높아진다.

이러한 관점에서 사회경제적 지위가 높은 남편, 즉 고소득자는 아내를 통제하거나 영향력을 행사할 수 있는 다양한 자원(경제력, 사회적 권위 등)을 보유하고 있으므로, 갈등 상황에서 폭력을 사용할 필요성이 낮다. 반대로, 사회경제적 지위가 낮고 자원이 제한된 남편은 아내를 통제할 수단이 부족하므로, 폭력에 의존하게 될 가능성이 높다(Hyde-Nolan & Juliao, 2012: 10).

그러나 이 이론에는 다음과 같은 비판적 시각도 존재한다. 가정폭력은 반드시 저소득층에서만 발생하지 않으며, 남편이 아내에게만 폭력을 행사하는 것도 아니다(이미진, 2013). 즉, 폭력이 자원 부족의 문제뿐만 아니라 성별 권력, 문화적 요인, 심리적 요인 등 다층적인 원인에 의해 발생할 수 있다는 점에서, 자원이론은 설명의 폭이 제한적일 수 있다.

3) 사회적 고립이론

사회적 고립이론(Social Isolation Theory)은 학대가 사회적 지지체계로부터 고립된 부모-자녀 관계에서 발생한다고 가정한다(Hyde-Nolan & Juliao, 2012: 10). 예를 들면, 부모가 지역사회와 단절되어 있고, 정서적 · 사회적 지원을 받지 못하는 경우, 양육 스트레스를 적절히 해소하지 못하게 되며, 그 결과로 아동에게 폭력을 행사할 가능성이 높아진다는 것이다.

이 이론을 뒷받침하는 경험적 근거로는 가르바리노와 셔먼(Garbarino & Sherman, 1980)이 시카고 지역을 대상으로 실시한 연구가 있다. 이들은 아동학대 발생 비율이 높은 지역일수록 범죄율과 같은 사회문제가 심각하고, 동시에 사회서비스 및 사회적 지지체계가 부족하다는 사실을 밝혀내었다(Hyde-Nolan & Juliao, 2012: 11).

사회적 고립이론은 폭력과 학대를 개인 또는 가족 내부의 문제로만 보지 않고, 그것이 발생하는 사회적 · 지역사회적 맥락을 함께 고려한다는 점에서 의미가 크다. 이에 따라 해결 방안 또한 지역사회 기반의 지지체계 강화에 초점을 맞춘다. 예를 들어, 부모를 위한 상담, 지역사회 연계 프로그램, 육아지원서비스 등을 통해 사회적 지지망을 회복시킴으로써 학대 예방이 가능하다고 본다.

또한 이 이론은 외부체계이론(External Systems Theory) 등 다른 이론들과 결합하여 적용될 때, 학대 및 폭력의 발생 원인에 대해 더욱 정교하고 다층적인 설명을 가능하게 해 준다. 개인의 심리적 요인뿐 아니라, 사회적 환경과 구조적 요인을 함께 고려함으로써 보다 현실적이고 효과적인 개입 방안을 도출할 수 있다.

4) 사회교환이론

조지 호먼스(George Homans, 1961), 피터 블라우(Peter Blau, 1964)가 개발한 사회교환이론(Social Exchange Theory)을 학대에 적용하면, 학대가 발생하는 이유는 가해자가 해당 행위를 통해 얻는 이득이 그로 인한 비용보다 크기 때문으로 설명된다(이미진, 2013; Lawson, 2012). 이때의 '이득'과 '비용'은 단순히 경제적인 측면에 국한되지 않으며, 신체적 · 심리적 차원까지 포괄하는 개념이다. 예를 들어, 비용에는 체포, 배우자 및 가족의 상실, 직업 상실 등이 포함될 수 있다(Cavanaugh, 2012).

사회교환이론은 노인학대의 발생 원인을, 노인을 부양하는 데 드는 신체적 · 물질적 · 심리적 비용이 부양을 통해 얻는 이득보다 클 때 발생한다고 본다. 또한 학대에 대한 사회적 처벌 수준이 낮아, 가해자가 느끼는 비용보다 이득이 더 크다고 판단될 경우 학대가 지속될 수 있다고 설명한다.

따라서 폭력과 학대를 줄이기 위해서는 폭력 행위에서 얻는 이득(예: 사회적 인정)의 감소와 함께, 법적 처벌과 같은 비용의 증대가 필요하다. 그러나 사회교환이론은 처벌을 효용적 관점에서 접근한다는 점에서 비판을 받는다. 즉, 잘못된 행위에 대한 처벌은 행위의 비도덕성과 그 심각성에 비례해 정해져야 하며, 단순히 이득과 비용의 비교를 통해 결정하는 것은 타당하지 않다는 지적이다. 더불어, 이득과 비용을 어떻게 조작적 정의를 통해 측정할 수 있는가에 대한 논의도 여전히 쟁점으로 남아 있다(Fundinho et al., 2021).

5) 생애경로관점

글렌 엘더(Glen Elder, 1998)가 주창한 생애경로관점(Life Course Perspective)에 따르면, 학대 피해자와 가해자의 생애 과정이 현재의 학대 상황에 미치는 영향을 종합적으로 고려해야 한다. 예를 들어, 단순히 부양자가 노인을 돌보는 과정에서 느끼는 스트레스나, 노인과 부양자 간의 현재 의존관계에만 주목하는 것이 아니라, 학대가 발생하기 이전부터 형성된 관계의 역사와 맥락이 중요하게 다루어져야 한다(Wolf, 2000).

실제 노인학대 사례를 살펴보면, 과거 피해 노인이 가족을 충분히 부양하지 않았거나(예: 외도, 이혼 등), 가족 간의 정서적 유대가 약했던 경우 성인 자녀가 노인을 돌볼 책임감을 느끼지 않아 방임하는 사례가 다수 존재한다(류정희 외, 2016). 또한 김재엽(1998)의 연구에 따르면, 노인의 가정폭력 실태를 분석한 결과, 연령, 학력, 월평균 소득, 직업 유무 등은 아내

구타와 유의미한 관련이 없는 반면, 과거에 아내를 구타한 경험이 있는 남성 노인은 그렇지 않은 노인에 비해 노년기에도 가정폭력을 행사할 가능성이 높았다. 이는 가정폭력이 노년기에 갑작스럽게 발생하는 것이 아니라, 이전 생애에서의 폭력 경험이 이어지는 경향이 있음을 시사하며, 노인학대를 이해할 때 현재 상황뿐 아니라 가족력과 생애 전반의 과정을 함께 고려할 필요성을 보여 준다.

또한 과거 생애에서 겪은 부정적 사건(예: 자녀의 갑작스러운 죽음 등)은 노년기의 의존성과 심리적 취약성을 심화시킬 수 있으며, 이는 타인으로부터의 학대나 자기방임으로 이어질 가능성을 높이는 요인으로 작용할 수 있다.

1. 본인이 알고 있거나 언론 매체 등을 통해 접한 학대 또는 폭력 사례 중 하나를 선택하고, 해당 사례를 학대 및 폭력 관련 이론에 근거하여 분석하시오. 해당 사례에서 학대 또는 폭력이 발생하게 된 원인을 중심으로 설명하시오.
2. 학대 및 폭력 관련 이론은 관련 정책 수립과 사회복지 실천에 어떤 방식으로 기여하는가? 또한 이러한 이론들을 학습하는 것이 어떤 측면에서 유용한지 서술하시오.
3. 학대 및 폭력 관련 이론을 활용하여 특정 인구집단을 대상으로 한 학대 및 폭력 예방 프로그램을 어떻게 기획할 수 있을지 구체적인 방안을 제시하시오.

제2장 • 요약

1 개인중심이론

- 심리생물학적 이론: 뇌 손상, 호르몬(테스토스테론, 코르티솔), 신경전달물질(도파민, 세로토닌), 자율신경계 기능 저하 등이 폭력에 영향을 줌.
- 진화심리학: 폭력은 생존 전략으로 진화한 인간 본성이라고 가정함.
- 정신분석 이론: 죽음 본능(Thanatos), 파괴 충동이 통제되지 못할 때 폭력이 발생한다고 설명함.

2 경험 및 양육 기반 이론

- 자기조절이론: 감정 · 행동 · 대인관계 조절 능력 결핍 → 폭력 가능성 증가

- **애착이론**: 불안정한 애착 형성 → 성인기 폭력 행동과 연결
- **수치이론**: 내외적 수치가 폭력으로 전환될 수 있음.
- **자기개념이론**: 낮은 자아존중감과 왜곡된 자기개념이 폭력과 학대로 이어짐.
- **사회학습이론**: 폭력은 관찰과 모방, 보상에 의해 학습됨.
- **외상이론**: 트라우마 경험이 PTSD나 공격성 증가로 이어질 수 있음.
- **암묵적 이론**: 가해자가 폭력을 정당화하는 인지적 신념 구조를 설명함(예: '나는 법이다' '나는 통제할 수 없다' 등)

3 가족 및 체계 이론

- **가족체계이론**: 가족 갈등과 구조가 폭력 반복에 영향을 줌.
- **가족생애주기이론**: 가족 발달 단계의 전환 시기에 스트레스로 폭력이 발생할 수 있음.
- **생태체계이론**: 미시~거시 체계 요인이 복합적으로 폭력에 영향을 미침.
- **가족 내부 스트레스 이론**: 돌봄 부담 등의 가족 내부 스트레스 요인이 학대 요인이 될 수 있음.
- **의존관계이론**: 피해자가 가해자에게 경제적 · 정서적으로 의존함으로써 학대 지속
- **외부체계이론**: 외적 스트레스(실직, 이혼 등)가 자원 부족과 결합할 때 폭력 증가

4 문화 및 이념 이론

- **여성주의이론**: 가부장제가 폭력의 구조적 원인. 남성이 여성에게 권력행사 수단으로 폭력 사용
- **연령주의(Ageism)**: 노인을 열등하고 무력한 존재로 간주하는 사회 인식 → 노인학대 증가
- **능력주의(Ableism)**: 생산성과 신체 기준 중심 사회 → 장애인 등 취약자에 대한 방임 · 차별 정당화

5 사회적 변수중심이론

- **통제이론**: 폭력은 피해자 통제 수단(신체적 · 정서적 · 경제적 폭력 및 통제 포함)
- **자원이론**: 자원이 부족한 사람이 폭력에 더 의존
- **사회적 고립이론**: 외부 지지체계 단절이 폭력 발생 가능성 증가
- **사회교환이론**: 가해자가 비용보다 이득이 클 때 폭력을 선택
- **생애경로이론**: 과거 경험(예: 부모로부터 폭력 경험)이 현재 학대 행위에 영향

〈정리〉

- 학대와 폭력은 단일 원인이 아닌, 다차원적 원인(심리적, 생물학적, 관계적, 구조적)에 의해 발생
- 이론들은 상호 배타적이기보다는 상호 보완적으로 활용 가능
- 피해자뿐 아니라 가해자의 생애사와 사회적 맥락도 함께 고려할 필요 있음.
- 이론적 틀은 정책 수립, 실천적 개입, 예방 프로그램 설계에 유용한 근거를 제공함.

참고문헌

고보선(2005). 노인학대 위험요인이 학대 심각성 인지 및 학대경험 정도에 미치는 영향에 관한 연구. **노인복지연구**, 29, 91-121.

김민철(2024). 학대피해노인의 외상 후 스트레스 장애(PTSD) 실태 - 인구학적 요인분석을 중심으로-. **한국위기관리논집**, 20(7), 121-134.

김선숙, 유민상(2012). OECD 국가의 사회경제적 특성과 아동학대 발생과의 관계에 관한 연구: 아동학대로 인한 사망률 비교를 중심으로. **한국아동권리학회지**, 16(4), 527-553.

김숙희(2011). 시설입소 피학대아동에게 시행된 대상관계이론 기반 놀이치료 프로그램의 사회기술 향상 효과. **놀이치료연구**, 15(1), 77-92.

김재엽(1998). 한국노인부부의 부부폭력실태와 사회인구학적 변인과의 관계 연구. **한국노년학**, 18(1), 170-183.

류재형, 고은, 김정현(2024). 가정폭력피해 여성의 외상 후 스트레스, 불안, 우울지수 변화에 수용 전념 치료(ACT) Matrix 기반 프로그램 효과. **정서 · 행동장애연구**, 38(3), 153-167.

류정희, 이주연, 송아영, 이근영, 이미진(2016). 생애주기별 학대 · 폭력에 대한 통합적 접근과 정책대응. 한국보건사회연구원.

박우철, 유지연, 오은정(2017). 부부폭력가족에서 부모자녀친밀유형에 따른 아동학대의 차이. **가족과 가족치료**, 25(2), 211-225.

이미정, 정수연, 양혜린(2017). 성폭력 · 가정폭력 남성피해자 지원현황 및 정책과제. 한국여성정책연구원.

이미진(2013). 노인학대사례 종결지표 개발. 서울: 보건복지부, 중앙노인보호전문기관.

이미진, 김혜련(2016). 노인학대유형별 노인 및 학대행위자 특성 비교: 노인보호전문기관의 노인학대사례 분석. **노인복지연구**, 71(3), 53-89.

이봉주, 김세원(2005). 아동학대와 방임의 사회구조적 요인: 빈곤과의 상관관계를 중심으로. **아동과 권리**, 9(3), 347-373.

최윤경(2017). 외상 후 스트레스 장애의 근거기반치료. *Korean Journal of Clinical Psychology, 36*(4), 526-549.

최정혜(2000). 성별에 따른 노인부부폭력 차이연구. **한국노년학**, 20(3), 17-35.

한동희, 김정옥(1994). 노인학대에 관한 이론적 고찰. **대한가정학회지**, 32(4), 45-56.

Blau, P. (1964). *Exchange and Power in Social Life*. Routledge.

Buss, D. M., & Duntley, J. D. (2006). The evolution of aggression. In J. Forgas, M. Haselton, & W. von Hippel (Eds.), *Evolution and social psychology* (pp. 263-285). Psychology Press.

Bronfenbrenner, U. (1979). *The ecology of human development: Experiments by nature and design*. Harvard University Press.

Butler, J. (2016). *Frames of war: When is life grievable?* Verso.

Campbell, F. K. (2014). Ableism as transformative practice. In C. Cocker & T. H. Letchfield (Eds.), *Rethinking anti-discriminatory and anti-oppressive theories for social work* (pp. 78-92). Palgrave Macmillan.

Cavanaugh, M. M. (2012). Theories of violence: Social science perspectives. *Journal of Human Behavior in the Social Environment, 22*(5), 607-618.

Carter, E. A., & McGoldrick, M. (Eds.). (1999). *The expanded family life cycle: Individual, family, and social perspectives* (3rd ed.). Allyn & Bacon.

Dobash, R. P., & Dobash, R. E. (1979). *Violence against wives: A case against the patriarchy*. Free Press.

Dow, B., & Joosten, M. (2012). Understanding elder abuse: A social rights perspective. *International Psychogeriatrics, 24*(6), 853-855.

Dutton, D. G., & Nicholls, T. L. (2005). The gender paradigm in domestic violence research and theory: Part 1- the conflict of theory and data. *Aggression and Violent Behavior, 10*, 680-714.

Elder, G. H. (1988). The life course as developmental theory. *Child Development, 69*(1), 1-12.

Erlingsson, C. L., Carlson, S. L., & Saveman, B. L. (2003). Elder abuse risk indicators and screening questions: Results from a literature search and a panel of experts from developed and developing countries. *Journal of Elder Abuse and Neglect, 15*(3/4), 185-203.

Fundinho, J., Pereira, D. C., & Ferreira-Alves, J. (2021). Theoretical approaches to elder abuse: A systematic review of the empirical evidence. *Journal of Adult Protection, 23*(6), 370-383.

Garbarino, J., & Sherman, D. (1980). High-risk neighborhoods and high-risk families: The human ecology of child maltreatment. *Child Development, 51*(1), 188-198.

Gilligan, J. (1997). *Violence: Reflections on a national epidemic*. Vintage Books.

Goode, W. J. (1971). Force and violence in the family. *Journal of Marriage and Family, 33*(4), 624-636.

Gordon, R., & Brill, D. (2001). The abuse and neglect of the elderly. *International Journal of Law and Psychiatry, 24*, 183-197.

Homans, G. C. (1961). *Social Behavior: Its Elementary Forms*. Harcourt, Brace & World.

Hyde-Nolan, M. E., & Juliao, T. (2012). Theoretical basis for family violence. In R. S. Fife & S. Scharger (Eds.), *Family violence: What health care providers need to know* (pp. 5-16). Jones & Bartlett Learning.

Johnson, M. P. (1995). Patriarchal terrorism and common couple violence: Two forms of violence against women. *Journal of Marriage and the Family, 57*, 283-294.

Jones, J. S., Holstege, C., & Holstege, H. (1997). Elder abuse and neglect: Understanding the causes and potential risk factors. *American Journal of Emergency Medicine, 15*, 579-583.

King, B. (2012). Psychological theories of violence. *Journal of Human Behavior in the Social Environment, 22*(5), 553-571.

Kosberg, J. I. (1988). Preventing elder abuse: Identification of high risk actors prior to placement decisions.

Gerontologist, 28(1), 43-50.

Lachs, M. S., & Pillemer, K. (2004). Elder abuse. *Lancet, 364*, 1263-1272.

Lawson, J. (2012). Sociological theories of intimate partner violence. *Journal of Human Behavior in the Social Envionment, 22*(5), 572-590.

Lee, M. J., Ryu, J.-H., & Lee, J. (2022). Psychological mistreatment by married children in Korea: Using the contextual theory to explain mistreatment of aging parents and parents-in-law. *Journal of Elder Abuse & Neglect, 34*(2), 174-197.

McDonald, L. (2011). Elder abuse and neglect in Canada: The glass is still half full. *Canadian Journal on Aging, 30*(3), 437-465.

National Research Council. (2003). *Elder mistreatment: Abuse, neglect and exploitation in an aging America*. Panel to Review Risk and Prevalence of Elder Abuse and Neglect. R. J. Bonnie & R. B. Wallace (eds.), Committee on National Statistics and Committee on Law and Justice, Division of Behavioral and Social Sciences and Education. The National Academics Press.

Neller, D. J., & Fabian, J. M. (2008). Trauma and its contribution to violent behaviour. *Journal of Forensic Psychiatry & Psychology, 17*(1), 6-7.

Payne, B. K. (2002). An integrated understanding of elder abuse and neglect. *Journal of Criminal Justice, 30*(6), 535-547.

Polaschek, D. L. L., Calvert, S. W., & Gannon, T. A. (2009). Linking violent thinking: Implicit theory-based research with violent offenders. *Journal of Interpersonal Violence, 24*(1), 75-96.

Stinson, J. D., Sales, B. D., & Becker, J. V. (2008). *Sex offending: Causal theories to inform research, prevention, and treatment*. American Psychological Association.

Straus, M. A. (1973). A general systems theory approach to a theory of violence between family members. *Social Science Information, 12*(3), 105-125.

Straus, M. A., & Gelles, R. J. (1980). *Behind closed doors: Violence in the American family*. Anchor Books.

Sunitha, P. (2016). Domestic violence and theories. *International Journal of Research in Economics and Social Sciences, 6*(12), 206-214.

Thorneycroft, R., & Asquity, N. L. (2021). Unexceptional violence in exceptional times: Disablist and ableist violence during the COVID-19 pandemic. *International Journal for Crime, Justice and Social Democracy, 10*(2), 140-155.

Walker, J. S., & Bright, J. A. (2009). False inflated self-esteem and violence: A systematic review and cognitive model. *Journal of Forensic Psychiatry and Psychology, 20*(1), 1-32.

Wolf, R. S. (2000). The nature and scope of elder abuse. *Generations, 24*(2), 6-12.

제 2 부

인구집단별 학대 및 폭력

제 3 장

배우자폭력

이 장에서는 배우자폭력의 개념과 유형, 배우자폭력의 실태 및 통계, 법적 대응체계, 그리고 폭력 피해자에 대한 지원 방안에 대해 살펴본다. 이러한 고찰을 통해 폭력 피해자 및 행위자의 특성에 대한 이해를 증진시키고, 배우자폭력 대응의 중심축인 「가정폭력범죄의 처벌 등에 관한 특례법」과 「가정폭력방지 및 피해자보호에 관한 법률」에 대한 이해를 넓힐 수 있을 것으로 기대된다.

1. 배우자폭력의 개념과 유형

1) 배우자폭력의 정의

배우자폭력은 가정폭력의 하위 유형에 속하므로 가정폭력의 정의를 먼저 살펴보고자 한다. 「가정폭력범죄의 처벌 등에 관한 특례법」(이하 「가정폭력처벌법」)에서는 가정폭력을 "가정구성원 사이의 신체적, 정신적 또는 재산상 피해를 수반하는 행위"로 정의하였다. 여기에서 가정구성원은 다음 중 어느 하나에 해당하는 사람을 말한다.

- 배우자(사실상 혼인관계에 있는 사람을 포함한다. 이하 같다) 또는 배우자였던 사람
- 자기 또는 배우자와 직계존비속관계(사실상의 양친자관계를 포함한다. 이하 같다)에 있거나 있었던 사람

- 계부모와 자녀의 관계 또는 적모(嫡母)와 서자(庶子)의 관계에 있거나 있었던 사람
- 동거하는 친족

배우자폭력은 "법률혼 또는 사실혼 관계의 배우자에 의한 폭력"으로 정의되었으나, 2022년 가정폭력실태조사에서 배우자폭력의 개념은 확대되었다(김정혜 외, 2022). "법률혼 또는 사실혼 관계의 배우자에 의한 폭력"으로 정의된 배우자폭력(협의의 배우자폭력)에 친밀한(Intimate) 관계에 있는 파트너 간 폭력(광의의 배우자폭력)까지 포함하였다. 법률혼 또는 사실혼 관계의 배우자폭력은 이성 배우자를 전제로 한 것인데 반해, 친밀한 파트너는 비혼동거 파트너까지 포함한다. 다만, 이 책에 서술된 통계는 2019년도 가정폭력실태조사 자료와의 비교, 경찰통계에서는 법률혼 또는 사실혼 관계에 기초하여 가정폭력을 접근하고 있기 때문에 협의의 배우자폭력에 기초한 것임을 일러 둔다.

배우자폭력의 개념이 협의에서 광의로 확대된 것은 친밀한 관계에 있는 파트너 간 폭력(Intimate Partner Violence: IPV) 개념이 널리 사용되는 것에 영향을 받았다. 세계보건기구(WHO, n.d.)는 친밀한 관계에 있는 파트너 간 폭력을 다음과 같이 정의하였다. "신체적·성적·심리적 피해를 유발하는 친밀한 관계 내의 행동을 의미하며, 여기에는 신체적 폭행, 성적 강요, 심리적 학대, 통제적 행동 등이 포함된다. 이 정의는 현재 혹은 과거의 배우자 및 파트너에 의한 폭력을 모두 포함한다." 2021년에 수행된 연구에 따르면 세계적으로 친밀한 관계에 있는 파트너로부터 폭력을 생애 동안 경험한 여성은 26%인 것으로 나타났다(WHO, n.d.). 이 정의는 통상적으로 배우자폭력을 의미하는 것으로 사용된다(송아영, 2017).

한편, 모든 가정폭력 행위가 가정폭력범죄에 해당하는 것은 아니다. 「가정폭력범죄의 처벌 등에 관한 법률」에서는 형법의 상해·폭행죄, 유기·학대죄, 체포·감금죄, 협박죄, 강간·추행죄, 명예훼손 관련 죄, 주거침입죄, 권리행사 방해죄, 사기·공갈죄, 재물손괴죄, 카메라 등을 이용한 불법촬영죄, 불법정보 유통 관련 죄, 그리고 이 외에도 앞에 열거된 죄 중 다른 법률에 따라 가중처벌되는 죄 등을 가정폭력범죄로 규정하고 있다.

가정폭력은 배우자폭력 외에도 아동학대, 노인학대 등을 포함하는 개념이지만, 각각의 학대 유형은 서로 다른 법률에 근거하고 있다는 점에서 차이가 있다. 실제로 가정폭력이라는 용어는 실무나 사회적 담론에서 통상적으로 배우자폭력에 한정되어 사용되는 경향이 있다. 가정폭력의 주요 피해자가 여성이라는 특성으로 인해, 법률적 대응과 지원서비스는 여성폭력 정책과 밀접하게 연결되어 운영되고 있다.

글상자 3-1 「가정폭력범죄의 처벌 등에 관한 특례법」 제2조(정의)

이 법에서 사용하는 용어의 뜻은 다음과 같다.

1. "가정폭력"이란 가정구성원 사이의 신체적, 정신적 또는 재산상 피해를 수반하는 행위를 말한다.
2. "가정구성원"이란 다음 각 목의 어느 하나에 해당하는 사람을 말한다.
   가. 배우자(사실상 혼인관계에 있는 사람을 포함한다. 이하 같다) 또는 배우자였던 사람
   나. 자기 또는 배우자와 직계존비속관계(사실상의 양친자관계를 포함한다. 이하 같다)에 있거나 있었던 사람
   다. 계부모와 자녀의 관계 또는 적모(嫡母)와 서자(庶子)의 관계에 있거나 있었던 사람
   라. 동거하는 친족
3. "가정폭력범죄"란 가정폭력으로서 다음 각 목의 어느 하나에 해당하는 죄를 말한다.
   가. 「형법」 제2편 제25장 상해와 폭행의 죄 중 제257조(상해, 존속상해), 제258조(중상해, 존속중상해), 제258조의2(특수상해), 제260조(폭행, 존속폭행) 제1항 · 제2항, 제261조(특수폭행) 및 제264조(상습범)의 죄
   나. 「형법」 제2편 제28장 유기와 학대의 죄 중 제271조(유기, 존속유기) 제1항 · 제2항, 제272조(영아유기), 제273조(학대, 존속학대) 및 제274조(아동혹사)의 죄
   다. 「형법」 제2편 제29장 체포와 감금의 죄 중 제276조(체포, 감금, 존속체포, 존속감금), 제277조(중체포, 중감금, 존속중체포, 존속중감금), 제278조(특수체포, 특수감금), 제279조(상습범) 및 제280조(미수범)의 죄
   라. 「형법」 제2편 제30장 협박의 죄 중 제283조(협박, 존속협박) 제1항 · 제2항, 제284조(특수협박), 제285조(상습범)(제283조의 죄에만 해당한다) 및 제286조(미수범)의 죄
   마. 「형법」 제2편 제32장 강간과 추행의 죄 중 제297조(강간), 제297조의2(유사강간), 제298조(강제추행), 제299조(준강간, 준강제추행), 제300조(미수범), 제301조(강간등 상해 · 치상), 제301조의2(강간등 살인 · 치사), 제302조(미성년자등에 대한 간음), 제305조(미성년자에 대한 간음, 추행), 제305조의2(상습범)(제297조, 제297조의2, 제298조부터 제300조까지의 죄에 한한다)의 죄
   바. 「형법」 제2편 제33장 명예에 관한 죄 중 제307조(명예훼손), 제308조(사자의 명예훼손), 제309조(출판물등에 의한 명예훼손) 및 제311조(모욕)의 죄
   사. 「형법」 제2편 제36장 주거침입의 죄
   아. 「형법」 제2편 제37장 권리행사를 방해하는 죄 중 제324조(강요) 및 제324조의5(미수범)(제324조의 죄에만 해당한다)의 죄

자. 「형법」 제2편 제39장 사기와 공갈의 죄 중 제350조(공갈), 제350조의2(특수공갈) 및 제352조(미수범)(제350조, 제350조의2의 죄에만 해당한다)의 죄
차. 「형법」 제2편 제42장 손괴의 죄 중 제366조(재물손괴등) 및 제369조(특수손괴) 제1항의 죄
카. 「성폭력범죄의 처벌 등에 관한 특례법」 제14조(카메라 등을 이용한 촬영) 및 제15조(미수범)(제14조의 죄에만 해당한다)의 죄
타. 「정보통신망 이용촉진 및 정보보호 등에 관한 법률」 제74조 제1항 제3호의 죄
파. 가목부터 타목까지의 죄로서 다른 법률에 따라 가중처벌되는 죄

4. "가정폭력행위자"란 가정폭력범죄를 범한 사람 및 가정구성원인 공범을 말한다.
5. "피해자"란 가정폭력범죄로 인하여 직접적으로 피해를 입은 사람을 말한다.
6. "가정보호사건"이란 가정폭력범죄로 인하여 이 법에 따른 보호처분의 대상이 되는 사건을 말한다.
7. "보호처분"이란 법원이 가정보호사건에 대하여 심리를 거쳐 가정폭력행위자에게 하는 제40조에 따른 처분을 말한다.

7의2. "피해자보호명령사건"이란 가정폭력범죄로 인하여 제55조의2에 따른 피해자보호명령의 대상이 되는 사건을 말한다.

8. "아동"이란 「아동복지법」 제3조 제1호에 따른 아동을 말한다.

2) 배우자폭력의 유형

배우자폭력은 신체적 폭력, 정서적 폭력, 성적 폭력, 경제적 폭력, 통제로 구분할 수 있다. 여러 유형의 폭력이 중복적으로 발생할 수 있으며, 폭력 유형별로 원인과 결과는 이질적일 수 있다.

(1) 신체적 폭력

신체적 폭력에는 물건을 던지거나, 밀치기, 때리기, 목 조르기, 고의적인 화상 입히기, 칼이나 흉기 등으로 위협하거나 상해를 입히는 행위 등이 포함된다. 이는 폭력으로 가장 쉽게 인식되는 형태이지만, 가학적이고 계획적인 가해자의 경우 눈에 잘 띄지 않는 신체 부위에 폭력을 가함으로써 외부에 드러나지 않도록 하기도 한다.

〈표 3-1〉 배우자폭력의 주요 유형 및 행동

유형	행동
신체적 폭력	• 나를 다치게 할 수 있는 물건을 던졌다. • 밀치거나 팔, 어깨, 머리 등을 움켜잡았다. • 손바닥으로 빰이나 머리, 몸을 때렸다. • 목을 조르거나 코와 입을 막는 등 숨을 쉬지 못하게 하거나 고의로 화상을 입혔다. • 칼이나 흉기 등으로 위협하거나 다치게 하였다. • 허리띠, 몽둥이 등 다칠 수 있는 물건으로 때렸다. • 주먹이나 발로 때리거나 사정없이 마구 때렸다.
정서적 폭력	• 모욕하거나 욕을 했다. • 때리려고 위협하였다. • 나의 물건을 부쉈다. • 내가 아끼는 사람이나 반려동물을 해치거나 해치겠다고 위협하였다. • 내 앞에서 자해를 하거나 자해, 자살하겠다고 위협했다. • 잠을 못 자게 괴롭혔다.
성적 폭력	• 무력을 사용하여, 내가 원하지 않을 때 성관계를 강요하거나 내가 원하지 않는 형태의 성관계를 강요하였다. • 무력을 사용하지 않았지만, 내가 원하지 않을 때 성관계를 강요하거나 내가 원하지 않는 형태의 성관계를 강요하였다. • 내가 원하지 않는 신체적 접촉(만지기, 키스, 포옹 등)을 하였다. • 나의 신체 일부 또는 성행위를 촬영한 사진, 동영상, 나의 이미지를 이용한 성적 합성물 등을 나의 동의 없이 온라인에 올리거나 올리겠다고 협박하였다.
경제적 폭력	• 상대방이 생활비를 부담해야 하지만 일부러 생활비를 주지 않았다. • 나의 재산 또는 나에게 지분이 있는 재산을 동의 없이 처분했다. • 수입과 지출을 독점하였다. • 나의 돈이나 재산을 빼앗거나 빚을 지게 하였다.
통제	• 친구, 가족 등 가까운 사람들과 연락하거나 만나지 못하게 했다. • 온라인, 오프라인에서 누구와 연락을 주고 받는지 감시했다. • 어디에서 무엇을 하는지 꼭 알려고 했다. • 무시하거나 냉담하게 대했다. • 다른 남성/여성(배우자/파트너와 같은 성별)과 이야기를 하면 화를 냈다. • 바람을 피운다고 자꾸 의심하고 화를 냈다. • 아파서 병원에 가야 할 때에도 허락을 받도록 하였다. • 사회활동(직업 갖기, 교육 받기, 사회적 성취 등)을 못하게 하거나 허락을 받도록 하였다. • 외출 시간, 귀가 시간 등을 간섭하거나 허락을 받도록 하였다. • 피임을 거부하거나 성관계 도중 합의 없이 피임기구를 제거하였다.

출처: 김정혜 외(2022).

(2) 정서적 폭력

정서적 폭력을 대표하는 행위에는 모욕이나 욕설, 때릴 듯이 위협하기, 물건을 부수기, 해치겠다고 협박하기, 자해 또는 자살을 암시하거나 위협하기, 잠을 자지 못하게 방해하는 행위 등이 포함된다. 정서적 폭력은 신체적 폭력에 앞서 발생하거나, 신체적 폭력과 함께 동반되어 나타나는 경우가 많다.

(3) 성적 폭력

성적 폭력에는 성관계 강요, 원하지 않는 신체 접촉, 신체 일부나 성행위를 당사자의 동의 없이 촬영하거나, 온라인에 게시하거나, 게시하겠다고 협박하는 행위 등이 포함된다. 최근에는 페이크 기술의 발달로 인해 성적 합성물의 유포 및 유포 협박이 성적 폭력의 새로운 형태로 대두되고 있다(김정혜 외, 2022).

(4) 경제적 폭력

경제적 폭력에는 생활비를 제공하지 않기, 재산을 당사자의 동의 없이 처분하기, 수입과 지출을 일방적으로 통제하기, 돈이나 재산을 빼앗거나 고의로 빚을 지게 하는 행위 등이 포함된다. 특히 피해자의 자립을 방해하기 위한 고용 활동 방해, 낮은 신용등급, 떠안은 채무 등은 피해자가 가해자와의 관계를 단절하지 못하고 폭력적인 관계를 지속하게 되는 주요 원인이 된다(한설아, 박언주, 2020).

(5) 통제

통제에는 친구나 가족 등 가까운 사람과의 연락이나 만남을 제한하는 행위, 일상적인 감시, 외도에 대한 의심과 분노 표출, 병원방문 · 사회활동 · 외출 등에 대해 허락을 받도록 강요하는 행위, 피임을 거부하거나 방해하는 행위 등이 포함된다. 이러한 행위는 피해자를 고립시키고 자유를 제한함으로써, 결국 가해자로부터 벗어나지 못하게 하는 결과를 초래할 수 있다.

2. 배우자폭력의 실태 및 통계

1) 국내 실태조사

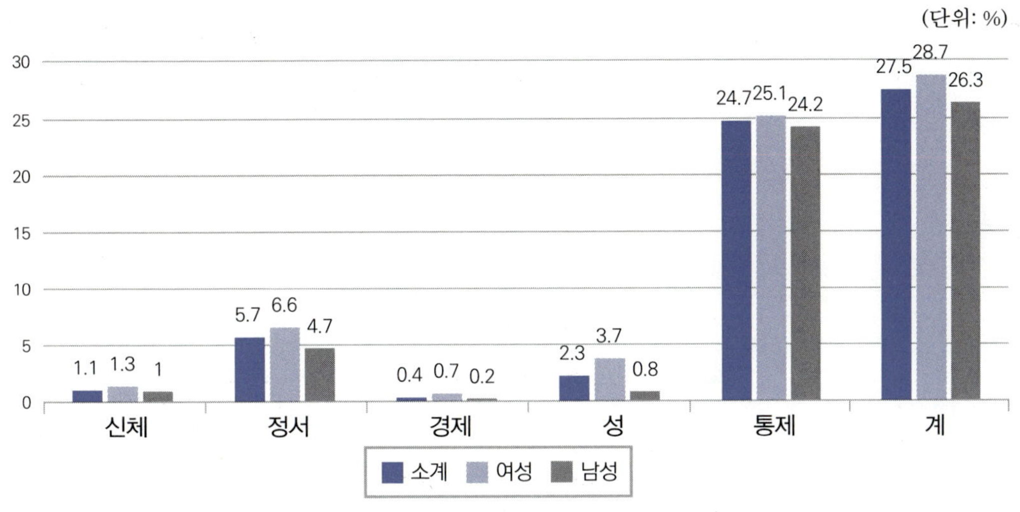

[그림 3-1] 성인(65세 이상 포함)의 지난 1년간 배우자폭력 피해를 경험한 비율

출처: 김정혜 외(2022).

한국여성정책연구원에서 수행된 2022년 가정폭력실태조사 보고서를 보면(김정혜 외, 2022), 지난 1년간 배우자로부터 폭력 피해를 경험한 비율은 성인 중 27.5%에 달하였다. 여성은 28.7%, 남성은 26.3%로 나타나 성별 격차는 2.4%p인 것으로 나타났다. 연령별로 구분해 보면, 만 65세 미만은 27.9%, 만 65세 이상은 25.8%이며, 특이한 점은 3년 전에 비해 만 65세 미만은 배우자폭력 피해율이 0.4%p가 감소한 반면, 만 65세 이상은 4.3%p가 증가하였다.

폭력 유형별로 구분해서 보면, 통제를 경험한 비율이 가장 높았으며(전체 24.7%), 그다음으로 정서적 폭력(5.7%), 성적 폭력(2.3%), 신체적 폭력(1.1%), 경제적 폭력(0.4%)의 순서로 피해율이 높았다. 특히 성적 폭력의 경우 여성의 피해율은 3.7%인 데 반해, 남성은 0.8%로 나타나 성별 차이를 보였다.

2) 경찰통계

경찰(112)에 신고된 가정폭력사건은 2024년 236,647건이다. 가정폭력사건은 2017년 이후 감소하는 추세를 보였다가 2021년 이후부터 조금씩 상승하는 추세를 보인다([그림 3–2] 참조). 가정폭력 신고자의 성별을 살펴보면, 남성에 비해 여성이 압도적으로 많다. 2024년의 경우 남성 신고자는 70,523명이었으나 여성 신고자는 141,581명으로 약 2배 이상 많았다(경찰청, n.d.).

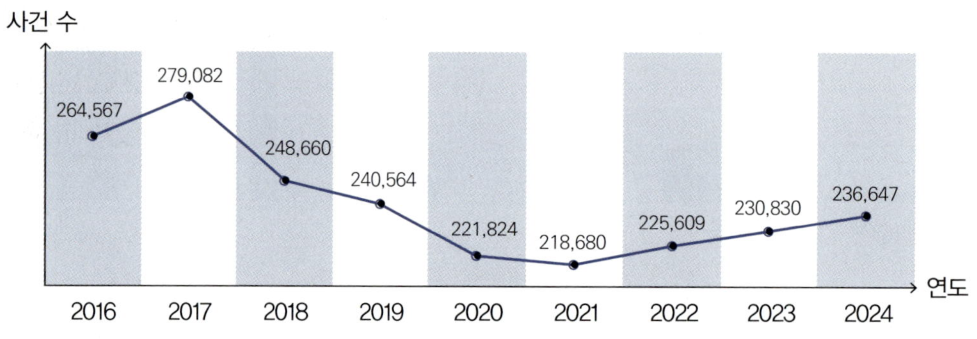

[그림 3–2] 경찰에 신고된 가정폭력사건 추세(2016~2024년)

주: 경찰청(2022), 경찰청(n.d.)을 토대로 재구성함.

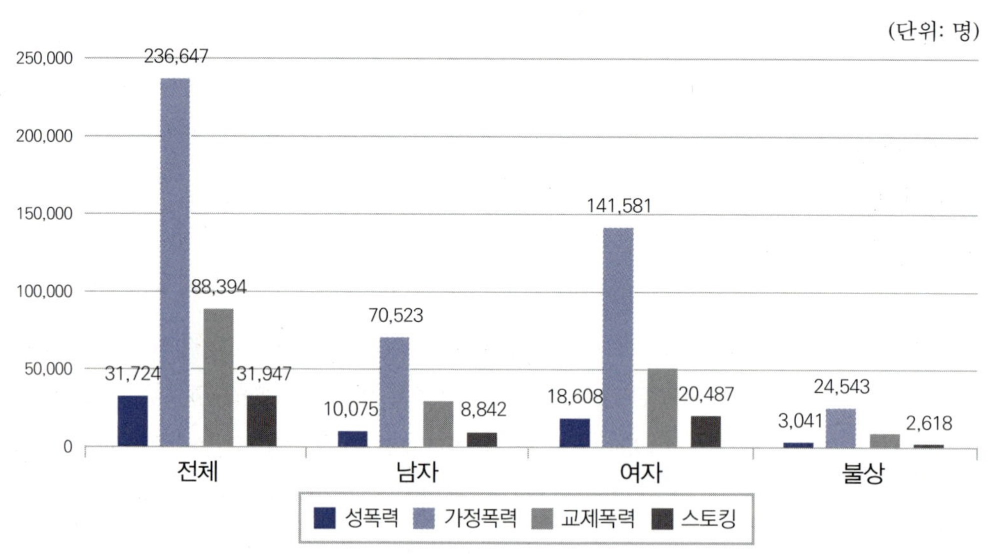

[그림 3–3] 2024년 주요 젠더폭력범죄 신고자 성별 현황

주: 경찰청(2022), 경찰청(n.d.)을 토대로 재구성함.

가정폭력범죄의 가해자를 성별로 살펴보면 남성이 가해자인 비율이 압도적으로 높다. 2021년 가해자가 남성인 경우(〈표 3-2〉 참조)는 40,515명(75.5%), 여성은 13,128명(24.5%)에 달하였다(경찰청, 2022). 가해자의 연령을 보면 41~50세(27.8%), 51~60세(22.7%)가 큰 비중을 차지하였는데, 이는 40대와 50대의 비중이 큰 인구구조를 반영할 것일 수 있다(〈표 3-3〉 참조). 특히 19세 미만의 미성년자(전년 대비 23.3% 증가), 30세 이하(전년 대비 8.9% 증가), 61세 이상(전년 대비 7.3% 증가)의 비중이 증가하는 추세를 보이는 점에 주목할 필요가 있다.

〈표 3-2〉 가정폭력 가해자 성별 검거 현황 (단위: 명)

	남성	여성	계
2020	40,479	11,952	52,431
2021	40,515	13,128	53,643

출처: 경찰청(2022).

〈표 3-3〉 가정폭력 가해자 연령별 검거 현황 (단위: 명)

	미성년	30세 이하	31~40세	41~50세	51~60세	61세 이상	계
2020	877	5,825	11,621	14,797	12,223	7,075	52,418
2021	1,081	6,345	11,540	14,923	12,151	7,589	53,629

출처: 경찰청(2022).

3) 피해자 및 가해자의 일반적 특성

(1) 피해자의 특징

배우자폭력의 주된 피해자는 여성이나, 남성 피해자 역시 존재하며 이들 역시 지원이 필요한 대상임을 인식할 필요가 있다(류정희 외, 2016). 남성 피해자의 경우, 수치심이나 사회적 낙인, 아내에 대한 연민, 자녀 존재로 인해 피해 사실을 외부에 드러내는 데 어려움을 겪으며, 이로 인해 정신 건강에 부정적인 영향을 받을 수 있다(이미정 외, 2017).

일반적으로 배우자폭력 피해자들은 자아존중감이 낮고 우울감이 높으며, 폭력에 대한 허용도가 높은 경향을 보이기도 한다(류정희 외, 2016; 백윤영 외, 2021). 또한 배우자폭력 피해자들은 종종 가부장적인 가족관이나 성역할에 대한 고정관념을 내면화하기도 한다. 가해자에게 경제적으로 의존하거나 사회적으로 고립된 경우가 많아 폭력 상황에서 쉽게 벗어나기 어렵다(한설아, 박언주, 2020). 자녀 양육에 대한 책임감 역시 폭력적 관계를 유지하게 만드는 요인으로 작용한다. 더불어, 피해자들 중 상당수는 아동기 학대 피해 경험이나 부모의 가정폭력을 목격한 경험을 가진 경우가 많아, 이러한 생애사적 배경도 개입 시 함께 고려되어야 한다(류정희 외, 2017).

결혼이민자의 경우 학대 피해 위험이 높은 집단이다. 국가인권위원회의 조사에 따르면 결혼이주민의 42.1%가 가정폭력 피해를 경험한 것으로 나타났으며(김은정 외, 2017), 이들이 겪는 언어 장벽과 체류의 불안정성 등을 고려할 때, 결혼이주민을 위한 특화된 지원서비스의 마련이 시급하다.

배우자 또는 파트너로부터 신체적 · 성적 · 정서적 · 경제적 폭력을 경험한 피해자 중 절반 이상(53.3%)은 '별다른 대응을 한 적이 없다'고 응답하였다(김정혜 외, 2022). 대응하지 않은 이유로는 '폭력이 심각하지 않다고 생각해서'(46.1%) '그 순간만 넘기면 될 것이라고 생각해서'(40.7%)라는 응답이 가장 많았다. 이러한 대응 회피의 이유는 성별에 따라 차이를 보였는데, 남성의 경우 '폭력이 심각하지 않다고 생각해서' 대응하지 않았다는 응답이 절반 이상(56.1%)으로 가장 많았던 반면, 여성은 같은 이유로 응답한 비율이 40.6%로 남성보다 15.5%p 낮았다.

(2) 가해자의 특징

배우자폭력 가해자는 가정 내에서 모든 권력과 통제권을 가지고 있다고 인식하며, 자신이 정한 규칙이나 기준에 어긋날 경우 이를 응징하기 위해 폭력을 행사하는 경향이 있다(김경신, 김정란, 2002). 이들은 전통적인 성역할에 대한 고정관념을 강하게 지니고 있어 피해자가 '맞을 만한 행동'을 했다고 정당화하는 태도를 보이기도 한다(장희숙, 허인영, 2018). 감정 기복이 심하고 우울 증상을 보이는 경우가 많으며(류정희 외, 2017; 장희숙, 허인영, 2018), 분노나 충동을 적절하게 조절하지 못하는 특성을 지닌다(김도희, 2007). 또한 알코올 사용에 문제가 있거나(박태영, 박진영, 2011), 자신의 분노를 다른 대상에게 전가하거나 투사하는 경향도 관찰된다(김도희, 2007). 자아존중감이 낮고, 의사소통 능력이나 문제해결 능력이 부족한 점도 공통적으로 나타난다(김도희, 2007; 류정희 외, 2017; 장희숙, 허인영, 2018). 아울러, 이들 중 상당수는 아동기에 학대를 경험했거나 가정 내 폭력을 목격한 이력이 있으며(류정희 외, 2017; 박태영, 박진영, 2011), 이러한 경험이 성인기 폭력 가해 행동과 연결될 수 있음을 시사한다. 또한 가해자에게는 가정폭력이 지속될 경우 자녀의 건전한 발달을 저해할 수 있음을 강조하는 것이, 개입의 필요성을 이해시키는 데 도움이 될 수 있다(김도희, 2007).

3. 배우자폭력의 법적 대응체계

1) 관련 법률

1987년 민주화 이후 여성 인권에 대한 사회적 관심이 고조되었고, 그 결과 가정폭력 가해자를 처벌하기 위한 「가정폭력처벌법」이 1997년 12월 13일 제정되어 1998년 7월 1일부터 시행되었다. 이 법은 가정폭력에 대한 처벌에 중점을 두고 있으며, 주관 부서는 법무부이다. 또한 같은 날, 가정폭력 피해자를 보호하기 위한 「가정폭력방지 및 피해자보호에 관한 법률」(이하 「가정폭력방지법」)도 제정되어 동일한 날짜에 시행되었으며, 이 법의 주관 부서는 여성가족부이다. 즉, 배우자폭력을 포함한 가정폭력은 「가정폭력처벌법」과 「가정폭력방지법」 등 두 개 법률에 기초하여 대응이 이루어지고 있다.

「가정폭력처벌법」에는 가정폭력 및 가정폭력범죄의 정의를 비롯하여, 가정보호사건에 대한 절차(응급조치, 임시조치, 긴급임시조치, 상담조건부 기소유예, 조사 · 심리, 보호처분), 피해자보호명령, 민사처리의 특례(배상명령) 등이 규정되어 있다. 또한 가정폭력범죄에 대한 고소 및 신고와 관련하여 법적 대응체계의 근거를 제공하고 있다.

「가정폭력방지법」에는 가정폭력의 예방과 방지, 피해자 보호 및 지원을 위한 국가의 책무 등이 포함되어 있다. 구체적으로 아동의 취학 지원, 피해자에 대한 불이익 처분의 금지, 긴급전화센터 · 상담소 · 보호시설 등의 설치 및 운영, 피해자 의사의 존중 의무, 치료보호의 실시 등에 대해 규정하고 있다. 「가정폭력방지법」은 민간기관이 중심이 되어 상담과 보호 지원을 수행하는 구조에 법적 근거를 제공하며, 상담 중심의 대응체계를 주요한 틀로 하고 있다.

가정폭력에 대한 법률적 대응은 '피해자의 의사'를 존중하는 원칙에 기초하여 이루어진다. 예를 들어, 신고 의무와 관련하여 「가정폭력처벌법」 제4조는 "누구든지 가정폭력범죄를 알게 된 경우 수사기관에 신고할 수 있으며, 특히 신고의무자에 해당하는 직군은 피해자의 명시적인 반대 의견이 없는 한 즉시 신고할 의무가 있다"고 규정하고 있다. 또한 사법처리 절차에서도 피해자의 의견이 반영되도록 하고 있다. 「가정폭력처벌법」 제9조에서는 "피해자가 처벌을 희망하지 않는다는 명시적 의사표시가 있거나, 처벌을 희망하는 의사표시가 철회된 경우, 가정보호사건으로 처리하는 경우에는 검사는 피해자의 의사를 존중해야 한다"고 명시되어 있다. 또한 「가정폭력방지법」 제9조에서는 "상담소나 보호시설의 장은 피해자 등의 명시한 의사에 반하여 제8조 제1항 및 제18조에 따른 보호를 할 수 없다"고 하여 피해자의 의사를 존중해야 할 법적 의무를 명확히 하고 있다. 그러나 이러한 원칙이 가해자가 피해자에게 처벌을 원하지 않는다는 의사표시를 강요하거나 압박하는 수단으로 악용되는 사례가 발생하고 있어, 이에 대한 비판도 제기되고 있다.

2) 가정폭력 사건 처리 절차

배우자폭력과 같은 가정폭력 사건이 발생했을 때, 신고 또는 고소부터 시작하여 경찰의 현장 출입, 조사, 응급조치, 긴급임시조치, 임시조치 신청, 검찰의 임시조치 청구, 조사 후 송치, 그리고 최종적으로 불기소 처분, 가정보호사건 회부, 형사처리 등의 순서로 진행된다. 특히 가정폭력 사건의 초기 대응에 있어 경찰은 중요한 권한을 가지며, 피해자 보호에 있어 핵심적인 역할을 담당한다. 사건 처리를 단계별로 설명하면 다음과 같다.

(1) 가정폭력 사건 발생 및 신고/고소

가정폭력 사건은 피해자의 신고 또는 고소를 통해 수사기관에 알려지게 된다.

- 신고: 피해자 또는 제3자가 112 또는 가까운 경찰서에 신고할 수 있다. 신고는 익명으로도 가능하며, 신고자의 신변은 보호된다.
- 고소: 피해자가 직접 수사기관에 가해자를 처벌해 달라는 의사표시를 하는 것이다. 고소는 서면 또는 구두로 가능하며, 고소장에는 피해 사실, 가해자의 인적 사항, 증거 자료 등을 기재해야 한다.

(2) 경찰의 현장 출입 및 조사

신고 또는 고소를 접수한 경찰은 즉시 현장에 출동하여 다음과 같은 조치를 취한다.

- 현장 출입: 경찰은 가정폭력 발생 현장에 출입하여 폭력 행위를 제지하고, 피해자를 보호한다.
- 피해자 및 가해자 분리: 경찰은 피해자와 가해자를 분리하여 추가적인 폭력 행위를 예방한다.
- 현장 조사: 경찰은 현장 상황을 파악하고, 피해자 및 가해자를 조사하여 사건의 경위를 파악한다.

- **증거 확보**: 경찰은 폭력 행위의 증거를 확보하기 위해 사진 촬영, 진술 확보, 상해 진단서 확보 등의 조치를 취한다.

(3) 응급조치 및 긴급임시조치

경찰은 가정폭력 재발 우려가 있다고 판단되는 경우, 피해자 보호를 위해 다음과 같은 응급조치 및 긴급임시조치를 취할 수 있다.

- **응급조치**: 경찰은 폭력 행위 제지, 피해자 및 가해자 분리, 피해자 보호시설 인도(피해자 동의 시), 치료기관 인도, 피해자 보호명령 및 신변안전조치 청구가 가능함을 고지 등의 응급조치를 취할 수 있다. 또한 폭력 행위 재발 시 임시조치 신청이 가능함을 가해자에게 통보한다.
- **긴급임시조치**: 경찰은 법원의 결정 없이도 가해자에게 퇴거 등 격리, 피해자 주거지 또는 직장 등으로부터 100미터 이내 접근 금지, 피해자에 대한 전화 · 문자 · 이메일 등을 이용한 연락 금지의 긴급임시조치를 할 수 있다. 긴급임시조치는 48시간 동안 유효하며, 법원의 임시조치 결정이 내려지면 그 효력이 상실된다.

(4) 임시조치 신청 및 검찰의 임시조치 청구

경찰은 가정폭력 재발 우려가 높다고 판단되는 경우, 법원에 임시조치를 신청할 수 있다. 검찰은 경찰의 신청을 검토하여 법원에 임시조치를 청구한다.

- **임시조치**: 법원은 가해자에게 퇴거 등 격리, 피해자 주거지 또는 직장 등으로부터 100미터 이내 접근 금지, 피해자에 대한 전화, 문자, 이메일 등을 이용한 연락 금지, 의료기관 위탁, 유치장/구치소 유치, 상담위탁의 임시조치를 내릴 수 있다. 임시조치는 1~2개월까지 가능하며, 필요에 따라 연장될 수 있다.

(5) 조사 후 송치

경찰은 가정폭력 사건에 대한 조사를 완료한 후, 사건을 검찰에 송치한다. 송치 시에는 수사 결과, 증거 자료, 피해자 및 가해자의 진술 등을 첨부한다. 응급조치나 임시조치를 하지 않고 사건 송치가 이루어지기도 한다.

(6) 불기소 처분, 가정보호사건 회부, 형사처리

검찰은 경찰로부터 송치받은 사건을 검토하여 다음과 같은 처분을 내린다.

- **불기소 처분**: 검찰은 증거 불충분, 가해자의 반성, 피해자와의 합의 등의 사유로 가해자를 기소하지 않을 수 있다. 불기소 처분에는 혐의 없음, 죄가 안 됨, 상담조건부 기소유예 등이 있다.
- **가정보호사건 회부**: 검찰은 가정폭력의 정도가 경미하고, 가해자의 개선 가능성이 있다고 판단되는 경우, 법원에 가정보호사건으로 회부할 수 있다. 법원은 가정보호사건으로 회부된 사건에 대해 가해자에게 보호처분을 내릴 수 있다. 보호처분에는 접근행위의 제한, 전기통신 이용 접근 행위의 제한, 피해자에 대한 친권행사 제한, 사회봉사 · 수강명령, 보호관찰, 보호시설에 감호 위탁, 의료기관에 치료 위탁, 상담소 등에의 상담위탁이 있다. 다만, 보호처분을 할 수 없거나 불필요한 경우 등에는 불처분할 수 있다.
- **형사처리(공소 제기)**: 검찰은 가정폭력의 정도가 심각하고, 가해자의 재범 우려가 높다고 판단되는 경우, 가해자를 형사 기소한다. 형사 기소된 가해자는 법원에서 형사 재판을 받게 되며, 유죄 판결을 받을 경우 징역, 벌금 등의 형벌을 받게 된다.

글상자 3-2 피해자 보호명령

법원은 가정폭력 피해자(이하 "피해자"라 함)의 보호를 위해 필요한 경우에는 피해자, 그 법정대리인 또는 검사의 청구에 따라 결정으로 가정폭력 행위자(이하 "가해자"라 함)에게 다음 중 어느 하나에 해당하는 피해자 보호명령을 할 수 있다(「가정폭력범죄의 처벌 등에 관한 특례법」 제55조의2 제1항).

① 피해자 또는 가정구성원의 주거 또는 점유하는 방실로부터의 퇴거 등 격리
② 피해자 또는 가정구성원이나 그 주거 · 직장 등에서 100미터 이내의 접근금지
③ 피해자 또는 가정구성원에 대한 전기통신을 이용한 접근금지
④ 친권자인 가해자의 피해자에 대한 친권행사의 제한
⑤ 가해자의 피해자에 대한 면접교섭권행사의 제한

- 피해자 보호명령은 중복하여 결정될 수 있다(「가정폭력범죄의 처벌 등에 관한 특례법」 제55조의2 제2항).

※임시조치와 피해자 보호명령은 모두 가해자에 대한 피해자와의 격리 또는 접근금지 등이 주된 내용으로 피해자 보호에 있어서는 유사하다. 그러나 이 둘은 별개의 심리 절차에 따른 것으로서 가정보호사건으로 처리할 경우에는 임시조치를, 그렇지 않은 경우에는 피해자 보호명령을 하게 된다.

출처: 찾기 쉬운 생활법령 정보 홈페이지(n.d.).

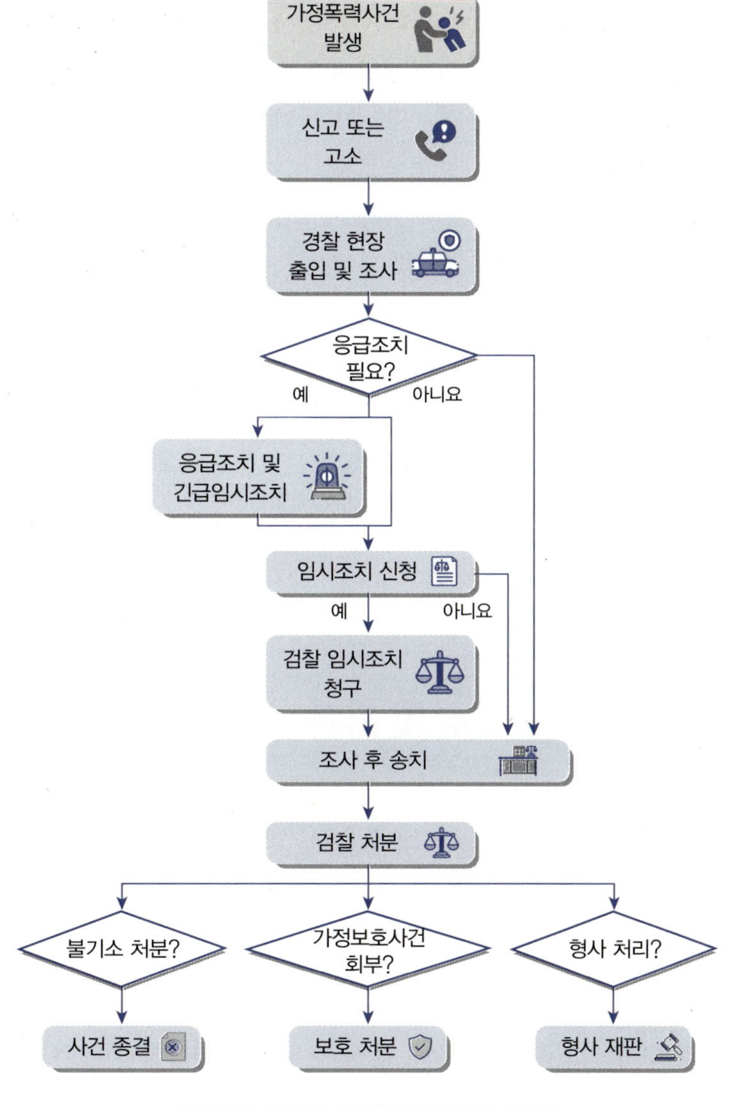

[그림 3-4] 가정폭력사건의 처리 절차

주: 여성긴급전화 1366 서울센터〉피해여성가이드〉가정폭력〉가정폭력 처리절차를 재구성함.

글상자 3-3 신변 안전조치

법원은 피해자의 보호를 위하여 필요하다고 인정되는 경우에는 직권으로 또는 피해자나 그 법정대리인의 청구에 따라 일정 기간 동안 피해자에게 다음 중 어느 하나에 해당하는 신변안전조치를 하도록 검사에게 요청할 수 있다(「가정폭력범죄의 처벌 등에 관한 특례법」 제55조의2 제5항 전단 및 「가정폭력범죄의 처벌 등에 관한 특례법 시행령」 제3조).

① 가정폭력행위자를 상대방 당사자로 하는 가정보호사건, 피해자보호명령사건 및 그 밖의 가사소송 절차에 참석하기 위하여 법원에 출석하는 피해자에 대한 신변 안전조치
② 자녀에 대한 면접교섭권을 행사하는 피해자에 대한 신변 안전조치
③ 피해자를 보호시설이나 치료시설 등으로 인도
④ 참고인 또는 증인 등으로 법원 출석 귀가 시 또는 면접교섭권 행사 시 동행
⑤ 피해자의 주거에 대한 주기적 순찰 및 폐쇄회로 텔레비전의 설치
⑥ 그 밖에 피해자의 신변 안전에 필요하다고 인정되는 조치

검사는 피해자의 주거지 또는 현재지를 관할하는 경찰서장에게 신변 안전조치를 하도록 요청할 수 있으며, 해당 경찰서장은 특별한 사유가 없으면 이에 따라야 한다(「가정폭력범죄의 처벌 등에 관한 특례법」 제55조의2 제5항 후단).

4. 배우자폭력 피해자 보호 및 지원

1) 주요 대응기관

(1) 성폭력피해자통합지원센터(해바라기센터)

해바라기센터는 성폭력, 가정폭력, 성매매 피해자를 대상으로 365일 24시간 상담 지원, 의료 지원, 법률 및 수사 지원, 심리치료 지원 등 다양한 서비스를 통합적으로 제공하는 기관이다. 이를 통해 피해자가 폭력으로 인한 위기 상황에 효과적으로 대처하고, 2차 피해를 예방할 수 있도록 돕는다.

해바라기센터는 위기지원형, 아동형, 통합형으로 구분되며, 2025년 기준으로 각각 16개소, 7개소, 16개소가 있다. 각 유형에 따라 대상, 이용시간, 지원 내용이 상이하다. 공통적으로 제공되는 서비스는 상담 지원, 의료 지원, 수사 · 법률 지원, 심리치료 지원 등이다.

〈표 3-4〉 해바라기센터의 유형별 대상, 이용시간, 지원 내용

	대상	이용시간	지원 내용
위기지원형 (17개소)	성폭력 · 가정폭력 · 성매매 피해자	365일 24시간	상담, 의료, 수사, 법률 지원
아동형 (7개소)	19세 미만 아동 · 청소년 및 지적장애인 성폭력 피해자	월~금 9:00~18:00	상담, 의료, 법률, 심리 지원 및 출장 수사 지원서비스
통합형 (16개소)	성폭력 · 가정폭력 · 성매매 피해자	365일 24시간	상담, 의료, 수사, 법률, 심리 지원

출처: 여성가족부(n.d.).

〈표 3-5〉 해바라기센터의 서비스 지원 내용

구분	주요 지원 내용
상담 지원	피해자 및 가족에 대한 상담, 피해자 치유 프로그램 운영, 유관기관과의 연계
의료 지원	성폭력 증거채취를 위한 응급키트 조치, 산부인과 · 정신건강의학과 · 응급의학과 등 다양한 진료과목에 대한 전문의 진료, 피해자 진료 및 진단서 발급
수사 · 법률 지원	수사 및 소송 절차에 대한 정보제공, 피해자 진술서 작성, 진술녹화 실시, 무료법률 지원사업, 국선변호사 연계 등
심리치료 지원	피해자에 대한 심리 상담 및 심리치료, 정신과적 치료 등

출처: 여성가족부(n.d.).

(2) 여성긴급전화 1366센터

여성긴급전화 1366센터는 가정폭력, 성폭력, 성매매 등으로 인해 긴급한 구조 · 보호 또는 상담이 필요한 여성들이 365일 24시간, 언제든지 전화로 피해 상담을 받을 수 있도록 지원하는 위기 대응 기관이다. 전국 어디서나 통일된 국번 없는 특수전화 '1366'을 통해 이용할 수 있으며, 피해자에게 1차 긴급상담, 의료기관 · 상담기관 · 법률구조기관 · 보호시설 등과의 서비스 연계를 포함한 위기개입 서비스를 제공한다.

2024년 기준, 여성긴급전화 1366센터는 전국 17개 시 · 도에 총 19개소가 설치되어 있으며, 서울과 경기는 각 2개소씩 운영되고 있다.

(3) 가정폭력상담소

가정폭력상담소는 가정폭력 피해에 대한 신고를 접수하거나 관련 상담을 수행하는 기관이다. 또한 가정폭력으로 인해 정상적인 가정생활이나 사회생활이 어려운 경우, 또는 긴급하게 보호가 필요한 피해자에 대해서는 임시 보호를 제공하거나 의료기관 또는 가정폭력 피해자 보호시설로 연계하는 기능도 수행한다. 2025년 1월 기준으로, 국비 지원을 받는 가정폭력상담소는 전국에 총 124개소가 설치되어 있다.

〈표 3-6〉 지역별 가정폭력 국비지원 상담소 설치 현황(2025년 1월 기준) (단위: 개)

계	서울	부산	대구	인천	광주	대전	울산	경기	강원	충북	충남	전북	전남	경북	경남	제주	세종
124 (55)	11 (2)	11 (6)	4 (3)	6 (4)	4 (2)	3 (3)	3 (3)	20 (6)	8 (5)	5 (2)	7 (4)	8 (3)	8 (4)	9 (3)	13 (2)	3 (2)	1 (1)

출처: 여성가족부(n.d.). https://www.mogef.go.kr/sp/hrp/sp_hrp_f004.do
주: ( )는 통합상담소 개소 수, 통합상담소는 전체 가정폭력상담소 개소 수에 포함됨.

2) 보호시설

(1) 가정폭력 피해자 보호시설

가정폭력 피해자 보호시설은 가정폭력 피해자에게 일시적인 숙식 제공(일시보호)과 함께 신체적 · 정신적 안정, 가정 복귀를 위한 지원, 자활 지원 등의 서비스를 제공하는 시설이다. 퇴소 시 조건에 따라 월세, 임대보증금 등을 위한 자립지원금을 신청할 수 있는데, 1인당 최대 500만 원까지 가능하다.

시설은 긴급피난처(3일), 단기쉼터(최대 6개월), 장기쉼터(2년 이내), 가족보호시설(2년 이내)의 형태로 운영된다(한국여성인권진흥원, 2022). 그러나 일부 대도시를 제외하면 보호시설에 대한 접근성이 낮은 실정이며, 예를 들어 경상북도는 도 단위에서 단 1개소의 가정폭력 피해자 보호시설만 운영되고 있다. 쉼터가 지역사회와 가까운 곳에 위치하지 않은 경우가 많아, 아동의 통학 문제 등 실질적인 생활상의 어려움이 발생하고 있다(류정희 외, 2019). 피해아동에 대한 취학 지원이 보다 보완될 필요가 있다. 또한 정신장애인 피해자가 증가하고 있으나 이들이 입주할 보호시설은 매우 부족한 실정이다.

〈표 3-7〉 지역별 가정폭력 피해자 보호시설 설치 현황(2025년 1월 기준) (단위: 개)

계	서울	부산	대구	인천	광주	대전	울산	경기	강원	충북	충남	전북	전남	경북	경남	제주
63	12	3	3	1	4	1	1	10	5	3	3	4	4	1	6	2

(2) 폭력피해 이주여성 보호시설

폭력피해 이주여성 보호시설은 가정폭력, 성폭력, 성매매 등의 피해를 입은 이주여성과 그 동반 아동을 일시적으로 보호하며, 의료 및 법률 지원, 치료 · 회복 프로그램, 주거 제공, 직업훈련 등을 통해 인권 보호 및 자립을 지원하는 시설이다.

- 신청 절차 및 방법: 피해자는 여성긴급전화 1366을 통해 문의 및 신청할 수 있으며, 이주여성의 경우 다누리콜센터(1577-1366)로 문의하면 된다.
- 사업 수행 기관: 여성긴급전화 1366센터, 가정폭력상담소, 가정폭력 피해자 보호시설, 폭력피해 이주여성 보호시설 등이 해당 사업을 수행하고 있다.

〈표 3-8〉 지역별 폭력피해 이주여성 보호시설(쉼터) 설치 현황(2024년 6월 기준) (단위: 개)

계	서울	부산	대구	인천	광주	대전	울산	경기	강원	충북	충남	전북	전남	경북	경남	제주
33	7	1	2	2	1	1	1	4	1	1	2	2	3	3	1	1

3) 지원 서비스

(1) 여성폭력 피해자 주거지원시설

여성폭력 피해자 주거지원시설은 가정폭력 피해 여성의 자립을 지원하고, 안정적인 사회 적응을 돕기 위해 마련된 공간으로, 피해자와 그 가족이 함께 생활할 수 있는 주거 공간을 제공한다. 지원 형태로는 임대형 그룹홈이나 임대주택 우선 공급 등이 있으며, 생활 안정과 자활을 위한 기반을 마련하는 데 중점을 두고 있다. 2024년 6월 기준, 전국에 총 350개의 여성폭력 피해자 주거지원시설이 설치되어 운영 중이다.

〈표 3-9〉 지역별 여성폭력 피해자 주거지원시설 공급현황(2024년 6월 기준) (단위: 개)

계	서울	부산	대구	인천	광주	대전	울산	경기	강원	충북	충남	전북	전남	경북	경남	제주
350	30	32	30	18	20	20	28	24	17	11	19	10	20	20	42	9

(2) 가정폭력 피해자 치료 회복 및 의료비 지원

가정폭력 피해자는 폭력으로 인한 신체적 · 정신적 손상으로 치료가 필요한 경우가 많다. 이에 정부는 가정폭력 피해자와 동반 아동을 대상으로 치료 및 회복 프로그램과 의료비 지원을 통해 심신 회복을 돕고 있다. 의료비 지원의 범위는 〈표 3-10〉과 같다.

〈표 3-10〉 가정폭력 피해자의 의료비 지원 범위

- 보건에 관한 상담 및 지도
- 신체적 · 정신적 피해에 대한 치료
- 임산부의 심리적 안정을 위한 각종 치료 프로그램의 시행 등 정신치료
- 임산부 및 태아보호를 위한 검사 및 치료
- 가정폭력 피해자 가정의 신생아에 관한 의료

(3) 가정폭력 피해자 무료 법률지원

가정폭력 피해자에게는 민사 · 가사 · 형사 사건과 관련한 법률구조 등을 무료로 지원하고 있으며, 이를 통해 피해자의 권익 보호와 법적 대응 능력 향상을 도모하고 있다. 이러한 법률지원을 제공하는 주요 수행기관으로는 대한법률구조공단(132), 한국가정법률상담소(1644-7077), 대한변협 법률구조재단(02-3476-6515) 등이 있다.

(4) 직업훈련 및 취업지원

가정폭력 피해 여성의 자립을 지원하기 위해 직업훈련 및 취업지원 서비스가 제공되고 있다. 보호시설에서는 피해자를 대상으로 일정 직업에 대한 훈련비를 지원한다(한국여성인권진흥원, 2022). 여성새로일하기센터(새일센터), 지역자활센터, 지역별 여성인력개발센터, 국민내일배움카드 등에서 관련한 서비스를 지원해 주고 있다.

(5) 기타 보호지원 서비스

이 외에도 주민등록 열람 및 등 · 초본 교부 제한, 아동의 취학지원 및 비밀유지, 한부모가족지원 등의 서비스를 이용할 수 있다. 주민등록 열람 및 등 · 초본 교부 제한은 피해자가 가족 중 대상자를 지정해 본인과 세대원의 주민등록표 열람 또는 등 · 초본 교부를 받지 못하도록 신청하는 제도이다. 아동의 취학지원 및 비밀유지는 가정폭력 및 성폭력으로부터 피해아동을 보호하기 위하여 학교장이 전 · 입학을 추천하고 교육감이 학교를 지정하여 전

학이 가능하도록 하는 제도이다. 또한 가정폭력 피해자가 가해자와의 혼인관계를 중단하고 한부모로 자녀를 양육하는 경우 한부모가족지원 신청이 가능하다.

1. 가정폭력 피해자가 쉼터 퇴소 후 지역사회에 안정적으로 정착하기 위해 필요한 지원은 무엇인가?
2. 지적장애 여성인 A 씨는 중학교 2학년 아들과 남편으로부터 폭력을 당하고 있으며, 동네 주민들로부터도 무시당하고 있다. 피해자의 지인의 신고로 경찰이 현장에 출동하였고, A씨는 온몸에 멍이 들어 긴급피난처 입소가 필요한 상황이지만 이를 거부하고 있다. 이와 같은 상황에서 지역사회기관과 행정기관은 어떤 역할과 지원을 해야 하는가?
3. 배우자폭력 피해자의 신변 보호를 위해 스마트워치가 제공되고 있다. 그런데 스마트워치 사용과 관련해 어떤 문제점들이 있을 수 있는지 함께 이야기해 보자.

제3장 • 요약

1 개념 및 유형

배우자폭력은 법률혼 또는 사실혼 관계에서 발생하는 신체적 · 정서적 · 성적 · 경제적 폭력 및 통제 행위를 의미하며, 최근에는 친밀한 관계에 있는 파트너 간 폭력(Intimate Partner Violence: IPV)까지 포함하는 개념으로 확대됨.

〈주요 유형〉

- **신체적 폭력**: 밀치기, 때리기, 위협 등
- **정서적 폭력**: 욕설, 위협, 자해 협박 등
- **성적 폭력**: 강간, 비동의 촬영 · 유포 협박 등
- **경제적 폭력**: 생활비 통제, 고용 방해, 채무 강요
- **통제**: 감시, 외출 제한, 피임 방해 등

2 실태 및 통계

- **2022년 실태조사**: 성인의 27.5%가 지난 1년간 배우자폭력 경험(여성 28.7%, 남성 26.3%)
- **가장 흔한 유형**: 통제(24.7%) > 정서적 폭력(5.7%) > 성적 폭력(2.3%) > 신체(1.1%) > 경제(0.4%)

- 신고 데이터(경찰청): 2024년 23만여 건 신고, 피해자 대부분 여성/가해자 대부분 남성(40~60대 중심)

3 피해자 · 가해자 특성

- 피해자
  - 낮은 자아존중감, 높은 우울감, 사회적 고립
  - 경제적 의존, 자녀 양육 책임으로 관계 지속
  - 다수는 아동기 학대 경험이 있음.
  - 결혼이주민 여성은 언어 장벽, 체류 불안 등으로 고위험군
- 가해자
  - 통제 욕구 강하고 성역할 고정관념 내면화
  - 충동 조절 어려움, 분노 전가, 알코올 문제
  - 학대 경험 있는 경우가 많음.

4 법적 대응체계

- 관련 법률
  - 「가정폭력범죄의 처벌 등에 관한 특례법」(법무부 관할)
  - 「가정폭력방지 및 피해자보호에 관한 법률」(여성가족부 관할)
- 주요 절차
  - 신고 및 고소
  - 경찰 출동 및 조사
  - 응급조치 및 긴급임시조치
  - 임시조치 신청 및 검찰 청구
  - 사건 송치 → 불기소 / 가정보호사건 / 형사처벌

5 피해자 보호 및 지원

- 주요 기관
  - **해바라기센터**: 24시간 상담, 의료, 수사, 법률, 심리 지원 제공
  - **여성긴급전화 1366**: 24시간 전화상담, 긴급 연계
  - **가정폭력상담소**: 상담 및 임시보호, 연계
- 보호시설
  - 일시/단기/장기 쉼터, 가족보호시설, 이주여성 쉼터
  - 접근성, 지역 편차, 정신장애인 대상 시설 부족
- 서비스 유형
  - 주거지원시설(350개소)
  - 의료비 및 치료 회복 지원
  - **무료 법률지원**: 대한법률구조공단, 한국가정법률상담소 등

- 직업훈련 및 취업지원
- 기타: 주민등록 열람 제한, 아동 취학 지원, 한부모가족 지원 등

〈정리〉
- 배우자폭력은 단일한 형태가 아닌 복합적 · 반복적인 통제 구조로 작동하며, 피해자는 다양한 요인으로 인해 관계에서 벗어나기 어려움.
- 실태조사와 경찰통계는 폭력 피해가 여전히 높은 비율로 존재함을 보여 주며, 특히 통제형 폭력과 여성 중심의 피해가 두드러짐.
- 제도적 대응은 법률 · 보호 · 회복 · 자립 지원이 통합되어야 하며, 피해자 중심의 개입 원칙, 다양한 취약집단에 대한 특화된 접근이 요구됨.

참고문헌

경찰청(2022). 사회적 약자보호 치안백서.

경찰청(n.d.). https://www.police.go.kr/www/open/publice/publice0203.jsp (2025년 7월 1일 인출)

김경신, 김정란(2002). 가정폭력 가해자 개입 프로그램 효과분석: 아내학대 행위를 중심으로. **한국가족관계학회지**, 7(1), 137-158.

김도희(2007). 가정폭력가해자를 위한 사회복지 서비스 한국형 임상개입실천: 효과연구 중심으로. **사회복지개발연구**, 13(2), 97-112.

김은정, 장명선, 정순둘, 조숙현, 허영숙(2017). 결혼이주민의 안정적 체류보장을 위한 실태조사. 국가인권위원회.

김정혜, 황정임, 주재선, 정수연, 송란희(2022). 2022년 가정폭력실태조사 결과. 한국여성정책연구원.

류정희, 이상정, 임성은, 임정미, 김경희, 민소영 외(2019). 생애주기별 학대 및 폭력 연구-생애주기별 학대 및 폭력 예방을 위한 사회적 보호체계의 통합과 연계. 한국보건사회연구원.

류정희, 이주연, 송아영, 이근영, 이미진(2016). 생애주기별 학대 · 폭력에 대한 통합적 접근과 정책대응. 한국보건사회연구원.

류정희, 이주연, 정익중, 송아영, 이미진(2017). 생애주기별 학대경험의 상호관계성 연구. 한국보건사회연구원.

박태영, 박진영(2011). 알콜문제로 인해 갈등을 겪고 있는 부부의 가족치료 사례연구. **한국가족복지학**, 33, 95-129.

백윤영, 홍지선, 김순영, 박성지(2021). 국내 가정폭력 연구 동향 분석: 주요 상담학회지를 중심으로(2011-2020). **상담심리교육복지**, 8(3), 41-75.

세계보건기구(WHO) (n.d.). *Intimate partner violence*. https://apps.who.int/violence-info/intimate-partner-violence (2025년 7월 1일 인출)

송아영(2017). 가정폭력 현황과 정책과제. **보건복지포럼**, 247, 50-59.

여성가족부(n.d.). https://www.mogef.go.kr/sp/hrp/sp_hrp_f011.do (2025년 7월 1일 인출)

여성긴급전화 1366 서울센터. https://seoul1366.or.kr/bbs/board.php?bo_table=B06

이미정, 정수연, 양혜린(2017). 성폭력 · 가정폭력 남성피해자 지원현황 및 정책과제. 한국여성정책연구원.

장희숙, 허인영(2018). 부부폭력 가해자프로그램의 효과에 대한 메타분석. **사회복지연구, 49**(4), 101-129.

찾기 쉬운 생활법령 정보 홈페이지(n.d.). https://www.easylaw.go.kr/CSP/CnpClsMain.laf?csmSeq=685&ccfNo=2&cciNo=3&cnpClsNo=5

한국여성인권진흥원(2022). 2022 가정폭력 피해자 통합 지원 매뉴얼.

한설아, 박언주(2020). 경제적 폭력에 관한 가정폭력 연구의 동향과 함의: 미국의 사례를 중심으로. **비판사회정책, 68**, 307-336.

제4장

아동학대

스스로를 지키기 어려운 아동의 안전과 존엄성을 보호하는 것은 사회복지의 근본적인 책무 중 하나이다. 제4장은 아동학대에 대응하기 위한 구체적이고 실천적인 사회복지 역량 함양을 목표로 한다. 이 장을 통해 국내법과 국제 기준의 아동학대 개념과 정의 차이를 이해하며, 국내 아동학대 실태와 재학대 문제의 심각성을 구체적으로 파악하게 된다. 이어서 아동학대 발생 시 어떻게 법적 · 제도적 대응이 이루어지는지, 피해아동을 보호하기 위한 기관 및 지원 프로그램이 어떤 방식으로 운영되는지 실제적 이해를 높이도록 구성하였다. 마지막으로, 실제 사례 토론을 통해 다양한 사회복지기관과 지역사회가 아동학대 문제에 효과적으로 개입하기 위해 어떻게 협력해야 하는지 실천적으로 이해할 수 있도록 하였다.

1. 아동학대의 개념과 유형

1) 아동학대의 개념 및 정의

아동학대 개념은 다음의 세 가지 사항을 포함해야 한다(정익중, 오정수, 2021: 275).

첫째, 아동에 대한 다소 명백한 학대 행위자(부모)의 어떤 행위가 존재하여야 한다. 예를 들어, 부모가 여러 번 1세 유아를 혼자 내버려 둔 채 다른 일을 한다면 아동방임이라고 할 수 있지만, 부모가 단순히 아동에게 관심을 두지 않았다고 해서 아동방임이 될 수는 없다.

둘째, 학대로 인한 아동의 두드러진 손상이 있어야 한다. 손상은 신체적인 것이 될 수도 있고 정신적인 것이 될 수도 있다.

셋째, 학대 행위자(부모)의 행위와 아동의 손상 간에 인과관계가 있어야 한다. 두드러진 손상이 있으나 학대 행위자(부모)의 행위가 그 원인이 아닌 경우는 학대가 아니다.

한편, 「아동복지법」 제3조 제7항은 아동학대를 "보호자를 포함한 성인이 아동의 건강이나 복지를 해치거나 정상적인 발달을 저해할 수 있는 신체적 · 정신적 · 성적 폭력 및 가혹 행위를 행하는 것, 또는 보호자가 아동을 유기하거나 방임하는 행위"로 정의하고 있다. 같은 조 제8항에서는 피해아동을 "아동학대로 인해 피해를 입은 아동"으로 규정하고 있다. 이에 따라 학대 피해아동에는 보호자를 포함한 성인에 의한 신체적 · 정서적 · 성적 학대 및 가혹행위를 당한 아동은 물론, 보호자로부터 유기나 방임을 당한 아동까지 포함된다.

「아동학대범죄의 처벌 등에 관한 특례법」(이하 「아동학대처벌법」)에서도 아동학대의 정의를 "「아동복지법」 제3조 제7항에서 정한 아동학대"와 동일하게 규정(제2조 제3항)하고 있어 두 법률 간 아동학대 정의는 같다.

〈표 4-1〉 「아동복지법」과 「아동학대처벌법」 주요 조항

「아동복지법」 제3조(정의)

1. "아동"이란 18세 미만인 사람을 말한다.
2. "아동복지"란 아동이 행복한 삶을 누릴 수 있는 기본적인 여건을 조성하고 조화롭게 성장 · 발달할 수 있도록 하기 위한 경제적 · 사회적 · 정서적 지원을 말한다.
3. "보호자"란 친권자, 후견인, 아동을 보호 · 양육 · 교육하거나 그러한 의무가 있는 자 또는 업무 · 고용 등의 관계로 사실상 아동을 보호 · 감독하는 자를 말한다.
7. "아동학대"란 보호자를 포함한 성인이 아동의 건강 또는 복지를 해치거나 정상적 발달을 저해할 수 있는 신체적 · 정신적 · 성적 폭력이나 가혹행위를 하는 것과 아동의 보호자가 아동을 유기하거나 방임하는 것을 말한다.

7의2. "아동학대관련범죄"란 다음 각 목의 어느 하나에 해당하는 죄를 말한다.
  가. 「아동학대범죄의 처벌 등에 관한 특례법」 제2조 제4호에 따른 아동학대범죄
  나. 아동에 대한 「형법」 제2편 제24장 살인의 죄 중 제250조부터 제255조까지의 죄

8. "피해아동"이란 아동학대로 인하여 피해를 입은 아동을 말한다.

「아동학대처벌법」 제2조

3. "아동학대"란 「아동복지법」 제3조 제7호에 따른 아동학대를 말한다. 다만, 「유아교육법」과 「초중등교육법」에 따른 교원의 정당한 교육활동과 학생생활지도는 아동학대로 보지 아니한다.

4. “아동학대범죄”란 보호자에 의한 아동학대로서 다음 각 목의 어느 하나에 해당하는 죄를 말한다.
   가. 「형법」 제2편 제25장 상해와 폭행의 죄 중 제257조(상해) 제1항 · 제3항, 제258조의2(특수상해) 제1항(제257조 제1항의 죄에만 해당한다) · 제3항(제1항 중 제257조 제1항의 죄에만 해당한다), 제260조(폭행) 제1항, 제261조(특수폭행) 및 제262조(폭행치사상)(상해에 이르게 한 때에만 해당한다)의 죄
   나. 「형법」 제2편 제28장 유기와 학대의 죄 중 제271조(유기) 제1항, 제272조(영아유기), 제273조(학대) 제1항, 제274조(아동혹사) 및 제275조(유기등 치사상)(상해에 이르게 한 때에만 해당한다)의 죄
   다. 「형법」 제2편 제29장 체포와 감금의 죄 중 제276조(체포, 감금) 제1항, 제277조(중체포, 중감금) 제1항, 제278조(특수체포, 특수감금), 제280조(미수범) 및 제281조(체포 · 감금등의 치사상)(상해에 이르게 한 때에만 해당한다)의 죄
   라. 「형법」 제2편 제30장 협박의 죄 중 제283조(협박) 제1항, 제284조(특수협박) 및 제286조(미수범)의 죄
   마. 「형법」 제2편 제31장 약취, 유인 및 인신매매의 죄 중 제287조(미성년자 약취, 유인), 제288조(추행 등 목적 약취, 유인 등), 제289조(인신매매) 및 제290조(약취, 유인, 매매, 이송 등 상해 · 치상)의 죄
   바. 「형법」 제2편 제32장 강간과 추행의 죄 중 제297조(강간), 제297조의2(유사강간), 제298조(강제추행), 제299조(준강간, 준강제추행), 제300조(미수범), 제301조(강간등 상해 · 치상), 제301조의2(강간등 살인 · 치사), 제302조(미성년자등에 대한 간음), 제303조(업무상위력 등에 의한 간음) 및 제305조(미성년자에 대한 간음, 추행)의 죄
   사. 「형법」 제2편 제33장 명예에 관한 죄 중 제307조(명예훼손), 제309조(출판물등에 의한 명예훼손) 및 제311조(모욕)의 죄
   아. 「형법」 제2편 제36장 주거침입의 죄 중 제321조(주거 · 신체 수색)의 죄
   자. 「형법」 제2편 제37장 권리행사를 방해하는 죄 중 제324조(강요) 및 제324조의5(미수범)(제324조의 죄에만 해당한다)의 죄
   차. 「형법」 제2편 제39장 사기와 공갈의 죄 중 제350조(공갈), 제350조의2(특수공갈) 및 제352조(미수범)(제350조, 제350조의2의 죄에만 해당한다)의 죄
   카. 「형법」 제2편 제42장 손괴의 죄 중 제366조(재물손괴등)의 죄
   타. 「아동복지법」 제71조 제1항 각 호의 죄(제3호의 죄는 제외한다)
   파. 가목부터 타목까지의 죄로서 다른 법률에 따라 가중처벌되는 죄
   하. 제4조(아동학대살해 · 치사), 제5조(아동학대중상해) 및 제6조(상습범)의 죄
6. “피해아동”이란 아동학대 범죄로 인하여 직접적으로 피해를 입은 아동을 말한다.

그러나 적용 범위에서는 두 법률의 차이가 존재한다. 「아동학대처벌법」은 아동학대 중 형사처벌이 가능한 행위를 대상으로 한다. 「아동학대처벌법」에서 ‘아동학대범죄’는 “보호자에 의한 아동학대 중 형법 또는 「아동복지법」에 해당하는 범죄행위”를 말하며(제2조 제4항 가~하), 이 법에서의 ‘피해아동’은 “해당 범죄로 직접적인 피해를 입은 아동”(제2조 제6항)으로 정의된

다. 이와 같은 차이는 가해자의 범위에서도 드러난다. 「아동복지법」은 가해자를 "보호자를 포함한 성인"으로 규정하지만, 「아동학대처벌법」은 "보호자"에 의한 범죄에 한정하고 있다. 또한 「아동복지법」상 아동학대에는 비범죄적 행위도 포함되나, 「아동학대처벌법」은 범죄로 성립 가능한 행위만을 대상으로 하므로 적용 범위에서 차이가 존재한다(장영인, 2022).

〈표 4-2〉 아동학대와 아동학대범죄 범위

학대 피해아동 범위	아동학대 피해아동(「아동복지법」)	
	아동학대범죄 피해아동 (「아동학대처벌법」)	비범죄 아동학대 피해아동
가해자 범위	보호자	보호자를 포함한 성인

출처: 이주연 외(2025), p. 21.

아동학대에 대해 세계보건기구는 아동학대를 "18세 미만 아동에게 가해지는 신체적 또는 정서적 학대, 성적 학대, 방임 또는 태만, 상업적 또는 기타 형태의 착취 등 모든 유형을 포함하며, 이러한 행위는 책임 · 신뢰 · 권력의 관계 속에서 발생하고 아동의 건강, 생존, 발달 또는 존엄성에 실제적 또는 잠재적 해를 끼치는 것을 말한다."(WHO, n.d.)로 정의한다. 이 정의는 세계보건기구와 UNICEF 모두에서 공통으로 사용하는 핵심 기준으로, 아동의 권리를 침해하거나 위협하는 모든 형태의 해로운 행위를 포괄하며, 특히 권력이나 책임 관계에 있는 성인의 의무를 강조한다.

아동학대에 대한 세계보건기구와 국내법의 개념 차이를 살펴보면, 우리나라 「아동복지법」은 아동학대를 보호자를 포함한 성인에 의한 구체적인 폭력과 방임 행위로 정의하며, 학대의 범주를 신체적 · 정신적 · 성적 폭력과 유기 · 방임으로 규정하고 있다. 이는 주로 행위 자체의 명확성을 통해 법적 판단 기준을 제공하는 데 초점이 있다.

반면, 세계보건기구는 아동학대를 보다 넓은 시각에서 접근한다. 세계보건기구의 정의는 신체적 · 정서적 · 성적 학대, 방임뿐 아니라 태만, 상업적 · 기타 착취까지 포함하며, 특히 이러한 학대가 '책임, 신뢰, 권력의 관계' 속에서 발생한다는 맥락을 강조한다. 또한 세계보건기구는 아동에게 실제적이거나 잠재적인 해가 미칠 가능성까지 포함하여 학대의 개념을 규정한다.

특히 「아동학대처벌법」 제2조 제3호는 "아동학대란 「아동복지법」 제3조 제7호에 따른 아동학대를 말한다. 다만, 「유아교육법」과 「초 · 중등교육법」에 따른 교원의 정당한 교육활동과 학생생활지도는 아동학대로 보지 아니한다."고 명시하고 있다. 이는 아동학대의 가해자를 보호자에 한정하지 않고 아동이 신뢰하는 모든 성인으로 확장하여 정의한 세계보건기구의 정의와 대별된다.

2) 아동학대의 유형

아동학대 유형은 크게 신체학대, 정서학대, 성학대, 방임의 네 가지로 구분된다. 각 유형은 상호 중복되어 나타날 수 있으며, 반복적일수록 아동의 성장과 삶에 미치는 영향이 크다.

(1) 신체학대

신체학대는 아동에게 고의적으로 물리적 손상을 가하는 행위를 말한다. 구타, 꼬집기, 흔들기, 물에 빠뜨리기, 화상 입히기, 도구를 사용한 타격 등이 이에 해당하며, 그 정도와 관계없이 아동에게 상처나 통증, 두려움을 유발한다면 학대에 해당한다.

(2) 정서학대

정서학대는 아동의 자존감과 정서 발달을 해치는 언어나 행위로, 위협, 조롱, 모욕, 무시, 차별, 애정 철회 등이 포함된다. 예를 들어, "너는 왜 그렇게 못하니."와 같은 지속적인 비난이나 비교, 가족 내에서의 고립, 거부적인 태도 등은 아동에게 심리적 상처를 남기며 불안, 우울, 위축, 공격성 등의 행동 문제를 유발할 수 있다. 신체적 상처가 보이지 않아 인식되지 못하는 경우가 많아 특히 주의가 요구된다.

(3) 성학대

성학대는 아동을 성적 대상으로 삼아 성적 만족을 취하거나 성적 행위를 강요하는 모든 형태의 행위를 포함한다. 성기 접촉, 음란물 노출, 성적 언행, 강제적인 신체 접촉뿐만 아니라 성매매나 포르노 제작에 아동을 이용하는 행위도 해당한다. 성학대는 신체적 손상뿐 아니라 장기적인 정신적 외상을 남기며, 피해아동은 죄책감, 수치심, 성 정체성 혼란 등을 겪을 수 있다.

(4) 방임

방임은 아동에게 필요한 기본적인 보호와 지원을 의도적으로 제공하지 않는 것을 말한다. 이는 크게 신체적 방임, 의료 방임, 교육 방임, 정서적 방임 등으로 세분화할 수 있다.

예를 들어, 음식이나 의복을 제공하지 않거나, 치료가 필요한 아동을 병원에 데려가지 않는 행위, 무단결석을 방치하거나 교육 기회를 차단하는 경우 등이 해당한다. 보호자의 무관심과 무책임한 양육은 아동의 생존 자체를 위협할 수 있는 심각한 학대이다.

아동학대의 유형은 각각 독립적일 수도 있지만, 많은 경우 두 가지 이상의 형태가 동시에 나타나기도 한다. 따라서 아동과 접촉하는 모든 성인(부모, 교사, 보호자, 전문가 등)은 이러한 학대 유형을 정확히 이해하고, 학대의 징후를 조기에 인지하여 적극적인 개입과 예방을 실천해야 한다.

2. 아동학대의 실태 및 통계[1)]

1) 국내 아동학대 현황

2022년 가정폭력실태조사(김정혜 외, 2022)에서는 부모인지 여부와 상관없이 만 18세 미만의 아동을 양육하고 있는 응답자를 대상으로 지난 1년 동안 가정 내에서 아동을 양육하면서 아동에게 행사한 폭력 가해 경험을 조사하였다. 그 결과, 지난 1년간 아동을 양육하는 응답자의 아동 대상 폭력 가해 경험은 11.7%이었다. 유형별로는 정서적 폭력 10.2%, 신체적 폭력 4.0%, 방임 0.5%의 순이었으며, 성별로는 여성 응답자의 아동폭력 가해 경험은 15.2%, 남성은 7.9%로 아동을 대상으로 여성의 폭력 가해 경험이 남성보다 2배가량 높게 나타났지만, 여성이 상대적으로 아동을 돌보는 역할을 수행할 가능성이 높고 아동과 함께 하는 시간이 남성보다 많다는 점을 고려하여 결과를 해석할 필요가 있다.

〈표 4-3〉 지난 1년간 양육자의 아동폭력 가해 경험 (단위: 명, %)

구분	응답자 수	신체적 폭력	정서적 폭력	방임	가해율
여성	1,460	5.2	12.9	0.7	15.2
남성	626	2.8	7.3	0.3	7.9
전체	2,086	4.0	12.2	0.5	11.7

출처: 김정혜 외(2022).

1) 김정혜 외(2022)와 보건복지부(2023) 내용을 요약 정리함.

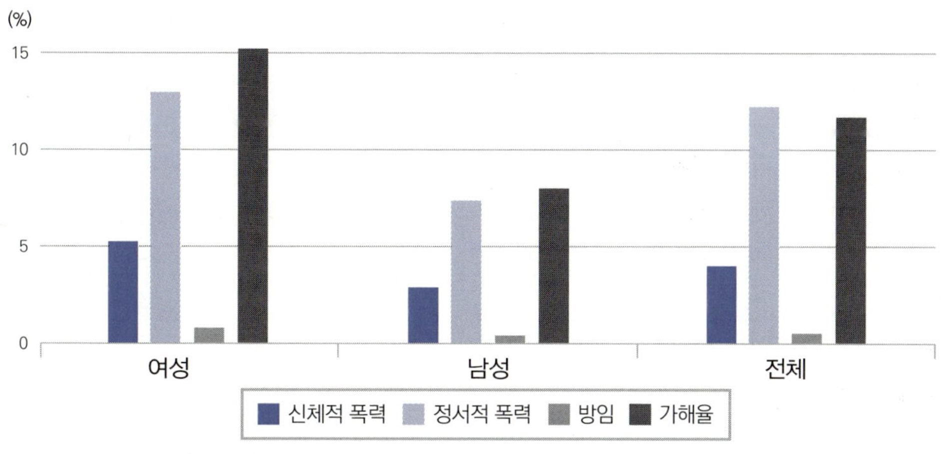

[그림 4-1] 지난 1년간 양육자의 아동폭력 가해 경험

출처: 김정혜 외(2022)를 토대로 재구성함.

또한 배우자/파트너에 의한 폭력 피해 경험에 따라 아동폭력 가해 경험이 달리 나타나는지 살펴본 결과, 배우자/파트너에 의한 폭력 피해 경험이 있는 응답자는 그렇지 않은 응답자에 비해 아동폭력 가해 경험률이 높은 것으로 확인되었다. 배우자/파트너 폭력 피해 경험이 있는 집단은 그렇지 않은 집단보다 전체 아동폭력 가해율에서 15.2%p 차이를 보였는데, 배우자나 파트너에 의한 폭력 피해와 아동폭력 가해 사이 연관성이 높음을 유추해 볼 수 있다.

〈표 4-4〉 지난 1년간 배우자/파트너에 의한 폭력 피해 경험별 아동폭력 가해 경험 (단위: 건, %)

배우자/파트너에 의한 폭력 피해 경험	아동폭력 가해 경험			
	신체적 폭력	정서적 폭력	방임	가해율
없음	3.2	9.1	0.4	10.5
있음	13.7	23.3	1.2	25.7

출처: 김정혜 외(2022).

2023년 아동보호전문기관에 접수된 아동학대 신고접수 건수는 2022년을 제외하면 최근 5년간 신고접수 건수는 지속 증가 추세인 것으로 볼 수 있다.

〈표 4-5〉 연도별 신고접수 건수 (단위: 건, %)

연도	아동학대 의심사례		동일 신고		일반 상담		해외발생사례		전체		전년 대비 증가율
2019년	38,380	92.7	449	1.1	2,560	6.2	0	0.0	41,389	100.0	13.7
2020년	38,929	92.1	557	1.3	2,761	6.5	4	0.0	42,251	100.0	2.1
2021년	52,083	96.6	768	1.4	1,077	2.0	4	0.0	53,932	100.0	27.6
2022년	44,531	96.6	711	1.5	861	1.9	0	0.0	46,103	100.0	-14.5
2023년	45,771	94.3	753	1.6	1,997	4.1	1	0.0	48,522	100.0	5.2

출처: 보건복지부(2023).

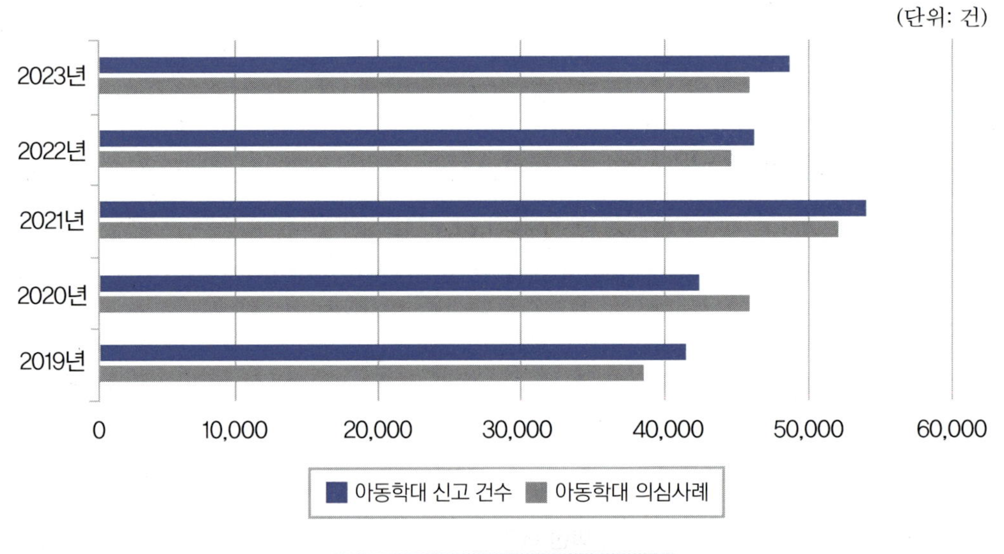

[그림 4-2] 연도별 신고접수 건수

출처: 보건복지부(2023).

2023년 한 해 동안 접수된 아동학대 관련 신고 건수는 총 48,522건으로 집계되었다. 이 중 아동학대 의심사례는 45,771건(94.3%)에 달했으며, 그 외 동일 신고는 753건(1.6%), 일반 상담은 1,997건(4.1%)이었다.

아동학대 의심사례 45,771건 중 실제 아동학대 사례로 판단된 건수는 25,739건으로 전체의 56.2%를 차지하였고, 학대가 아닌 일반 사례로 분류된 건수는 19,530건(42.7%), 조사 진행 중인 사례는 502건(1.1%)으로 나타났다.

〈표 4-6〉 2023년 아동학대 신고접수 건수 (단위: 건, %)

아동학대 의심사례	동일 신고	일반 상담	해외발생사례	전체
45,771	753	1,997	1	48,522
94.3	1.6	4.1	0.0	100.0

출처: 보건복지부(2023).

〈표 4-7〉 2023년 아동학대 의심사례 판단 결과 (단위: 건, %)

아동학대 사례	일반 사례	조사 진행 중 사례	전체
25,739	19,530	502	45,771
56.2	42.7	1.1	100.0

출처: 보건복지부(2023).

2023년 아동학대 신고접수 건수(아동학대 의심사례 기준)를 시·도별로 살펴보면, 경기도가 12,990건(28.4%)으로 가장 많았으며, 서울특별시가 6,397건(14.0%)으로 그 뒤를 이었다. 반면, 세종특별자치시는 321건(0.7%), 광주광역시는 842건(1.8%)으로 상대적으로 낮은 수치를 기록하였다.

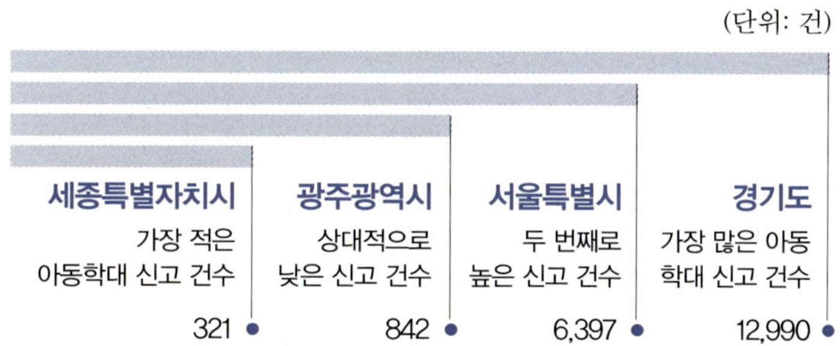

[그림 4-3] 2023년 아동학대 신고접수 건수–지역별

출처: 보건복지부(2023)를 토대로 재구성함.

한편, 추계 아동 인구(0~17세) 기준 천 명당(‰) 연도별 피해아동 발견율을 살펴보면 2019년 3.81‰, 2020년 4.02‰, 2021년 5.02‰, 2022년 3.85‰, 2023년 3.64‰로 나타났다.

〈표 4-8〉 연도별 피해아동 발견율 (단위: 명, 건, ‰)

구분	2019년	2020년	2021년	2022년	2023년
추계 아동 인구(0~17세)	7,888,218	7,678,893	7,487,738	7,256,021	7,069,296
아동학대사례	30,045	30,905	37,605	27,971	25,739
피해아동 발견율	3.81	4.02	5.02	3.85	3.64

출처: 보건복지부(2023).

2023년 피해아동 발견율은 전국 평균 3.64‰로 나타났다. 지역별로는 울산광역시가 8.06‰로 가장 높았으며, 전라남도(5.34‰), 강원특별자치도(4.75‰)가 그 뒤를 이었다. 반면, 발견율이 낮은 지역으로는 광주광역시(2.13‰), 세종특별자치시(2.22‰), 서울특별시(2.59‰) 순으로 확인되었다.

〈표 4-9〉 2023년 시 · 도별 아동학대 신고접수 건수 및 피해아동 발견율 (단위: 건, %, ‰)

시 · 도	아동학대 의심사례		아동학대사례	
서울	6,391	12.0%	2,766	2.59‰
부산	2,641	5.8%	1,309	3.26‰
대구	1,801	3.9%	1,133	3.54‰
인천	3,376	7.4%	1,875	4.43‰
광주	842	1.8%	470	2.13‰
대전	1,603	3.5%	731	3.54‰
울산	2,082	4.6%	1,369	8.06‰
세종	321	0.7%	190	2.22‰
경기	12,990	28.4%	7,612	3.70‰
강원	1,417	3.1%	919	4.75‰
충북	1,304	2.9%	764	3.45‰
충남	2,148	4.7%	1,363	4.36‰
전북	1,597	3.5%	1,035	4.41‰
전남	1,922	4.2%	1,254	5.34‰
경북	1,933	4.2%	1,099	3.31‰
경남	2,553	5.6%	1,351	2.86‰
제주	844	1.8%	499	4.54‰
전체	45,771	100.0%	25,739	3.64‰

출처: 보건복지부(2023).

〈표 4-10〉 신고자 유형별 아동학대 신고통계 (단위: 명, %)

전체			45,771		
신고의무자			비신고의무자		
초 · 중 · 고교 직원	5,307	11.6	아동 본인	11,399	24.9
의료인 의료기사	447	1.0	부모	13,946	30.5
아동복지시설 종사자	577	1.3	형제, 자매	782	1.7
장애인복지시설 종사자	48	0.1	친인척	688	1.5
보육교직원	160	0.4	이웃 친구	3,079	6.7
유치원교직원 강사	178	0.4	경찰	276	0.6
학원 및 교습소 종사자	46	0.1	종교인	11	0.0
소방구급대원	42	0.1	사회복지 관련 종사자	355	0.8
성매매피해시설 상담종사자	2	0.0	의료사회복지사	6	0.0
한부모가족복지시설 종사자	10	0.0	낯선 사람	962	2.1
가정폭력피해자보호시설 및 상담소 종사자	84	0.2	익명	252	0.6
			법원	55	0.1
사회복지시설종사자	158	0.4	기타	1,407	3.1
아동권리보장원 가정위탁지원센터 종사자	22	0.1	소계	33,218	72.6
사회복지전담공무원	2,330	5.1			
아동복지전담공무원	2,103	4.6			
아동보호전문기관장과 종사자	621	1.4			
건강가정지원센터 종사자	29	0.1			
다문화가족지원센터 종사자	24	0.1			
정신건강복지센터 종사자	30	0.1			
성폭력피해자보호시설 성폭력 피해자통합지원센터 종사자	25	0.1			
응급구조사	1	0.0			
청소년시설 및 단체 종사자	109	0.2			
청소년보호센터 및 재활센터 종사자	112	0.2			
아이돌보미	20	0.0			
취약계층아동 통합서비스 지원인력	65	0.1			
육아종합지원센터 종사자	2	0.0			
입양기관 종사자	1	0.0			
소계	12,553	27.4			

출처: 보건복지부(2023).

2023년 아동학대 의심사례로 접수된 총 45,771건의 신고 중, 신고의무자에 의한 신고는 12,553건(27.4%)으로 나타났다.

신고의무자 중에서는 초 · 중 · 고등학교 교직원에 의한 신고가 5,307건(11.6%)으로 가장 높은 비율을 차지하였다.

반면, 비신고의무자에 의한 신고는 33,218건(72.6%)으로 전체의 약 3/4을 차지하였으며, 그중에서도 부모에 의한 신고가 13,946건(30.5%), 아동 본인에 의한 신고가 11,399건(24.9%)으로 높게 나타났다.

이는 아동 본인이나 보호자 등 가까운 관계자가 학대를 인식하고 직접적으로 신고한 비율이 높았음을 보여 주며, 아동 스스로의 보호 역량과 사회적 인식 변화의 중요성을 시사한다.

2) 피해자 및 학대 행위자 통계

2023년 아동학대로 최종 판단된 25,739건 가운데, 남아는 12,878건(50.0%), 여아는 12,861건(50.0%)으로 성별 간 차이가 거의 없는 것으로 나타났다.

피해아동의 연령대를 살펴보면, 13~15세 연령층이 6,328건(24.6%)으로 가장 큰 비중을 차지하였으며, 이어서 10~12세가 6,141건(23.9%), 7~9세가 4,713건(18.3%) 순으로 나타나 초등학교 고학년 이상에서 피해 사례가 특히 많은 경향을 보였다.

〈표 4-11〉 피해아동 성별 (단위: 건, 명, %)

구분	남아		여아		전체	
건수	12,878	50.0	12,861	50.0	25,739	100.0
명수	10,051	50.0	9,896	50.0	19,947	100.0

출처: 보건복지부(2023).

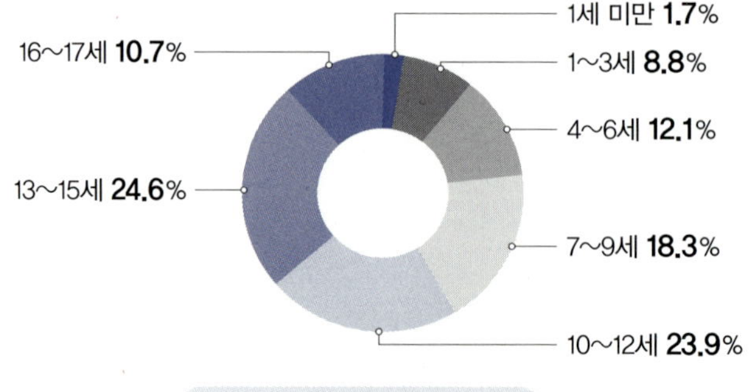

[그림 4-4] 피해아동 연령

출처: 보건복지부(2023)를 토대로 재구성함.

아동학대사례로 판단된 피해아동 가족 유형의 경우, 친부모가정 17,218건(66.9%), 모자가정 3,171건(12.3%), 부자가정 2,168건(8.4%), 재혼가정 1,298건(5.0%) 순으로 나타났다.

〈표 4-12〉 피해아동 가족 유형 (단위: 건, %)

친부모 가정	부자 가정	모자 가정	미혼 부모 가정	재혼 가정	친인척 보호	동거	가정 위탁	입양 가정	시설 보호	기타	전체
17,218	2,168	3,171	383	1,298	232	296	43	46	122	762	25,739
66.9	8.4	12.3	1.5	5.0	0.9	1.2	0.2	0.2	0.5	3.0	100

- 친부모가정: 혼인절차에 의한 부모와 부모 사이의 자녀로 구성된 가족 형태
- 부자·모자 가정: 부모의 이혼 및 사별 등의 사유로 부와 자녀 또는 모와 자녀로 구성된 가족 형태
- 미혼부·모 가정: 혼인절차 없이 자녀를 출산하여 부와 자녀 또는 모와 자녀로 구성된 가족 형태
- 재혼가정: 이혼 혹은 사별 이후 혼인관계를 통해 재구성된 가족 형태
- 친인척보호가정: 8촌 이내의 혈족, 4촌 이내의 인척에게 보호되는 가족 형태
- 동거(사실혼 포함): 혼인신고 없이 동일한 주거지에서 생활하는 가족 형태
- 가정위탁: 가정위탁절차를 통해 보호가 필요한 아동을 보호하기에 적합한 가정에 일정기간 위탁하여 보호하는 형태
- 입양가정: 입양절차를 통해 양부모-양자의 관례를 맺은 가족 형태
- 시설보호: 보호조치를 통해 아동복지시설 등에서 보호하는 형태

출처: 보건복지부(2023).

2023년 아동학대로 최종 판단된 25,739건 중, 학대 행위자의 성별은 남성이 15,107건(58.7%), 여성이 10,632건(41.3%)으로, 남성이 여성보다 더 높은 비율을 차지한 것으로 나타났다.

학대 행위자의 연령을 살펴보면, 40대가 12,574건(48.9%)으로 가장 높은 비율을 보였으며, 30대가 6,561건(25.5%), 50대 3,937건(15.3%), 20대 1,681건(6.5%), 60대 693건(2.7%), 70세 이상 219건(0.9%), 20세 미만 61건(0.2%) 순으로 조사되었다. 이는 초등학교 고학년 이상 아동과 일상적으로 밀접한 관계에 있는 중년 보호자 세대에서 학대 발생 비율이 높다는 점을 시사한다.

학대 행위자와 피해아동 간의 관계를 분석한 결과, 부모에 의한 학대가 22,106건(85.9%)으로 압도적으로 높았고, 대리양육자에 의한 학대는 1,874건(7.3%), 그 외 타인에 의한 학대는 846건(3.3%)으로 나타났다.

부모에 의한 학대 사례 중에서는 친부가 12,414건(48.2%), 친모가 8,921건(34.7%)으로 각각 높은 비율을 차지하였으며, 이는 가정 내 친권자에 의한 학대가 가장 주요한 사례임을 보여 준다.

〈표 4-13〉 학대 행위자 연령 (단위: 건, 명, %)

연령	건수		명수	
20대 미만	61	0.2	53	0.3
20대(20~29세)	1,681	6.5	1,172	6.6
30대(30~39세)	6,561	25.5	4,098	23.1
40대(40~49세)	12,574	48.9	8,739	49.4
50대(50~59세)	3,937	15.3	2,957	16.7
60대(60~69세)	693	2.7	499	2.8
70세 이상	219	0.9	174	1.0
파악불가	13	0.1	13	0.1
전체	25,739	100.0	17,705	100.0

출처: 보건복지부(2023).

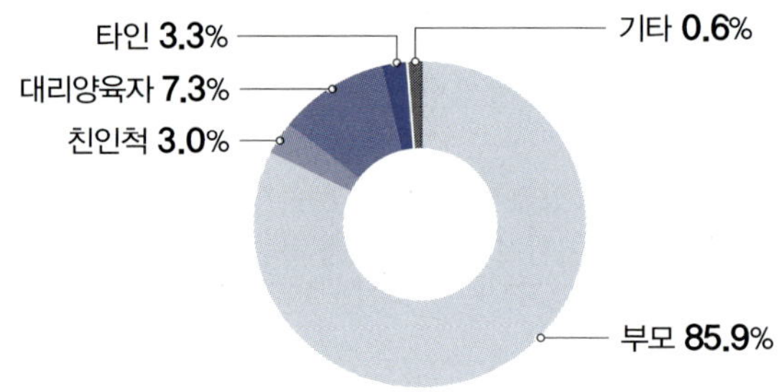

[그림 4-5] 학대 행위자와 피해아동의 관계

출처: 보건복지부(2023)를 토대로 재구성함.

2023년 아동학대 사례 중 가정 내에서 발생한 사례는 21,336건(82.9%)으로 전체의 대부분을 차지하였다. 특히 피해아동의 가정 내에서 발생한 사례는 20,659건(80.3%)으로 확인되어, 아동학대가 주로 가정이라는 사적 공간에서 이루어지고 있음을 보여 준다.

반면, 아동을 돌보고 교육하는 공적 기관에서 발생한 학대는 상대적으로 적은 비율을 보였다. 구체적으로 어린이집에서 382건(1.5%), 유치원에서 62건(0.2%), 학교에서 889건(3.5%)의 사례가 보고되었으며, 이는 전체 학대 사례 중 소수에 해당한다.

또한 아동복지시설에서 발생한 학대는 154건(0.6%), 기타 복지시설에서는 55건(0.2%)으로, 전체 학대 사례 중 복지시설에서 발생한 학대는 0.8%의 비중을 차지하였다.

아동학대의 유형별 분포를 살펴보면, 정서학대가 11,094건(43.1%)으로 가장 높은 비율을 차지했으며, 그다음으로는 중복학대 7,383건(28.7%), 신체학대 4,698건(18.3%), 방임 1,979건(7.7%), 성학대 585건(2.3%) 순으로 나타났다.

중복학대의 세부 유형으로는 신체학대와 정서학대가 동시에 발생한 경우가 6,330건(24.6%)으로 가장 많았으며, 이어서 정서학대와 방임이 중복된 사례 456건(1.8%), 신체학대 · 정서학대 · 방임이 모두 중첩된 사례 251건(1.0%) 순이었다.

3) 재학대 발생 실태

최근 5년간 아동학대로 판단된 사례 중, 2023년에 신고 접수되어 아동학대 사례로 최종 판단된 재학대 건수는 총 4,048건이었다. 이 중 재학대 피해아동 인원은 3,121명으로 집계되었으며, 이는 2023년 전체 아동학대 사례 25,739건 중 15.7%에 해당하는 수치로, 10건 중 1.5건 이상이 재학대 사례임을 의미한다.

재학대 피해아동의 성별을 살펴보면, 남아가 2,003명(49.5%), 여아가 2,045명(50.5%)으로 성별 간 큰 차이는 나타나지 않았다.

연령대별로는 10~12세가 1,042건(25.7%)으로 가장 높았으며, 이어서 13~15세 978건(24.2%), 7~9세 734건(18.1%) 순으로 조사되었다. 이는 초등학교 고학년에서 중학생 시기에 해당하는 연령에서 재학대 발생 위험이 상대적으로 높다는 점을 시사한다.

〈표 4-14〉 재학대 사례 피해아동 성별 (단위: 건, 명, %)

연도	재학대 사례 건수	재학대 아동수	아동학대 사례 중 재학대 사례 비율
2021	5,517	4,176	14.7
2022	4,475	3,469	16.0
2023	4,048	3,121	15.7

출처: 보건복지부(2023).

〈표 4-15〉 재학대 사례 피해아동 연령 (단위: 건, 명, %)

연령	건수		명수	
1세 미만	29	0.7	18	0.6
1~3세	291	7.2	179	5.7
4~6세	518	12.8	350	11.2
7~9세	734	18.1	564	18.1
10~12세	1,042	25.7	805	25.8
13~15세	978	24.2	810	26.0
16~17세	456	11.3	395	12.7
전체	4,048	100.0	3,121	100.0

출처: 보건복지부(2023).

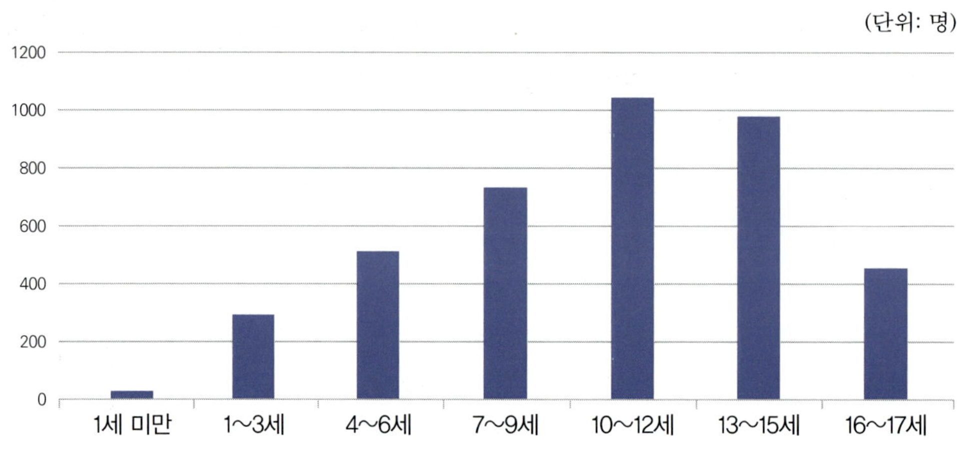

[그림 4-6] 재학대 사례 피해아동 연령

출처: 보건복지부(2023)를 토대로 재구성함.

2023년 재학대 사례에서 학대 행위자의 성별 분포를 살펴보면, 남성이 2,245건(55.5%)으로, 여성 1,803건(44.5%)보다 높게 나타났다.

연령별로는 40대가 1,998건(49.4%)으로 가장 많았으며, 다음으로 30대 1,055건(26.1%), 50대 692건(17.1%) 순이었다. 이는 재학대의 상당수가 중년층 부모에 의해 반복적으로 발생하고 있음을 시사한다.

〈표 4-16〉 재학대 사례 학대 행위자 연령 (단위: 건, 명, %)

연령	건수		명수	
20대 미만	0	0.0	0	0.0
20대(20~29세)	222	5.5	156	5.7
30대(30~39세)	1,055	26.1	644	23.7
40대(40~49세)	1,998	49.4	1,345	49.5
50대(50~59세)	692	17.1	505	18.6
60대(60~69세)	71	1.8	56	2.1
70세 이상	10	0.3	10	0.4
파악 불가	0	0.0	0	0.0
전체	4,048	100.0	2,716	100.0

출처: 보건복지부(2023).

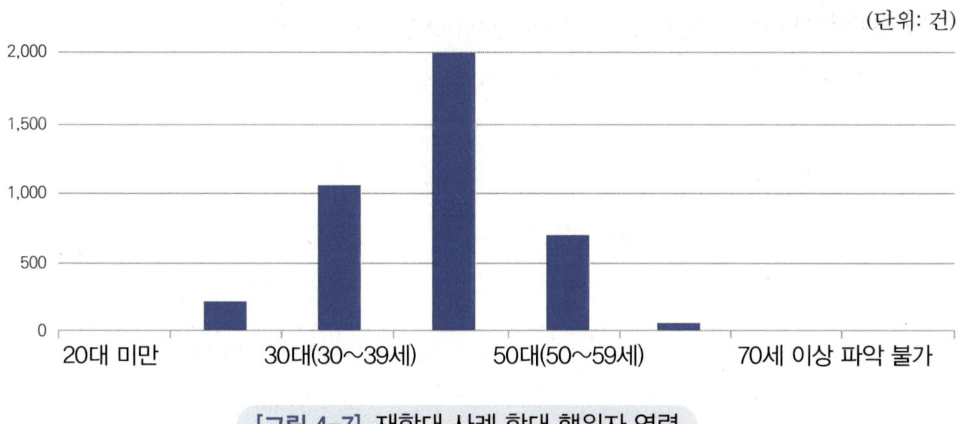

[그림 4-7] 재학대 사례 학대 행위자 연령

출처: 보건복지부(2023)를 토대로 재구성함.

학대 행위자와 피해아동 간 관계를 분석한 결과, 부모에 의한 재학대가 3,943건(97.4%)으로 절대 다수를 차지하였다.

재학대 사례의 학대 유형별 분포는 정서학대가 1,831건(45.2%)으로 가장 많았고, 이어서 중복학대 1,123건(27.7%), 신체학대 621건(15.3%), 방임 451건(11.1%), 성학대 22건(0.5%) 순으로 나타났다.

〈표 4-17〉 재학대 사례 학대 행위자와 피해아동과의 관계 (단위: 건, %)

관계		건수	
부모	친부	2,086	51.5
	친모	1,708	42.2
	계부	99	2.5
	계모	37	0.9
	양부	6	0.2
	양모	7	0.2
	소계	3,943	97.4
친인척	친조부	5	0.1
	친조모	12	0.3
	외조부	5	0.1
	외조모	18	0.4
	친인척	18	0.4
	형제, 자매	6	0.2
	소계	64	1.6

관계		건수	
대리양육자	부, 모의 동거인	20	0.5
	유치원 교직원	1	0.0
	초·중·고 교직원	2	0.1
	학원 및 교습소 종사자	0	0.0
	보육 교직원	8	0.2
	아동복지시설 종사자	4	0.1
	기타 시설 종사자	1	0.0
	청소년 관련 시설 종사자	0	0.0
	위탁부	0	0.0
	위탁모	0	0.0
	아이돌보미	0	0.0
	소계	36	0.9
타인	이웃	0	0.0
	낯선 사람	2	0.1
	소계	2	0.1
기타		3	0.1
전체		4,048	100.0

출처: 보건복지부(2023).

〈표 4-18〉 재학대 사례 피해아동 상황-분리 보호 후 보호 상황 (단위: 건, %)

분리 보호 후 보호상황		건수	
분리 보호 후 가정복귀		90	13.6
분리 보호 (지속)	친족보호	65	9.8
	가정위탁	12	1.8
	시설입소	484	73.1
	입양	0	0.0
	의료기관 또는 요양소 입원 입소	11	1.7
	소계	572	86.4
전체		662	100.0

출처: 보건복지부(2023).

재학대 피해아동에 대한 분리 보호 조치 현황도 주목할 만하다.

한 번 이상 분리된 경험이 있는 재학대 피해아동을 대상으로 최초 분리 유형을 살펴보면, 시설입소 보호가 87.8%로 가장 높았고, 친족 보호가 9.4%, 가정위탁은 1.5%로 나타났다(표로 제시되지 않았음). 또한 이들 분리 보호 아동 중 최종 조치 상황을 보면, 총 662건 중 90건(13.6%)은 가정으로 복귀하였고, 572건(86.4%)은 여전히 분리 보호 중인 것으로 조사되었다(〈표 4-18〉 참조). 이는 재학대 아동의 상당수가 장기적 보호가 필요한 고위험군에 속함을 보여 주는 결과이다.

4) 피해자 및 행위자의 일반적 특성

아동학대는 개인적 · 사회적 요인과 가족 요인들이 복합적으로 상호작용하면서 발생한다. 여러 문헌을 통해 다층적 요인들을 포함한 아동학대 피해자와 행위자의 특성을 정리하면 다음과 같다.

(1) 아동학대 피해자 특성

첫째, 영유아일수록 신체적 · 정서적 방어능력이 낮아 심각한 피해에 노출될 가능성이 높다. 아동학대 주요통계에서는, 특히 0~3세 미만 아동의 학대 피해 비율이 가장 높은 것으로 나타난다(보건복지부, 2023).

둘째, 영유아 대상 학대 발생 가능성이 높은 것과 마찬가지로, 의사표현이 어렵고 돌봄 의존도가 높은 장애 아동에게 학대 피해 가능성이 증가한다. 신(Shin, 2011)의 연구에서는 장애 아동은 일반 아동보다 1.7배 더 학대를 경험할 확률이 높은 것으로 나타났으며 설리반과 넛슨(Sullivan & Knutson, 2000)은 장애 아동이나 행동 문제가 있는 아동의 경우 학대 표적이 될 가능성이 높다고 하였다.

셋째, 여아가 성학대 피해에 더 취약하다는 보고 결과도 찾아볼 수 있다. 한국형사, 법무정책연구원(2022)의 2022년 아동 · 청소년 성범죄 피해 실태 보고서에 따르면, 성학대의 경우 여아의 피해 비율이 80% 이상을 차지한다. 그러나 이러한 결과는 신고된 사건에 기초한 수치임에 주의할 필요가 있다. 그 외에도 아동의 까다로운 기질 등도 언급된다(정익중, 오정수, 2021).

(2) 아동학대 행위자 특성

첫째, 정신 건강에 문제가 있는 부모는 아동학대 및 방임의 주요 위험요인이다. 부모가 정신질환을 가지고 있는 경우 자녀의 학대 및 방임 위험이 높으며 부모의 우울증이나 불안장애는 자녀에게 부정적 정서 전달과 공격적 양육행동으로 이어지며 학대 가능성을 높인다(김경민 외, 2018; Choi & Oh, 2021). 특히 어머니의 정신질환과 성격장애는 자녀 방임 위험을 5.4배, 신체학대 위험을 2.5배 증가시키는 것으로 나타났다(Lev-Wiesel & Shulamit, 2021).

둘째, 알코올 및 약물 남용이 있는 부모는 충동 조절이 어렵고, 정서적으로 불안정하여 아동에 대한 신체적 또는 정서적 학대를 가할 위험이 높다(이소희, 2015; Dubowitz et al., 2002).

셋째, 자신이 아동기에 학대를 경험한 부모는 동일한 양육 패턴을 반복할 가능성이 높으며, 이를 '세대 간 전이'라 한다(유영주, 2012; Berlin et al., 2011; CDC, 2024).

넷째, 가계의 소득 수준과 부모의 학력은 아동학대 발생과 유의미한 상관관계를 보인다(정익중, 오정수, 2021). 즉, 경제적 빈곤, 실업, 낮은 학력 등은 부모의 양육 스트레스를 증가시키며, 이로 인해 아동에게 공격적 행동이 나타날 가능성이 커진다(Slack et al., 2011).

다섯째, 사회적 고립이나 양육에 대한 지지 부족은 부모의 스트레스를 더욱 증폭시키거나 스트레스 해소 경로를 차단하여(이명신, 오정수, 2018; Stith et al., 2009), 아동학대로 이어질 가능성이 있다.

3. 아동학대의 법적 대응체계

1) 관련 법률

우리나라는 아동학대가 발생하였을 때 그 처리절차 등을 규정하고 있는 법으로 「아동복지법」과 「아동학대범죄의 처벌 등에 관한 특례법」(이하 「아동학대처벌법」)이 있다.

(1) 「아동복지법」

「아동복지법」은 아동학대 대상자를 18세 미만의 모든 사람(아동)으로 규정하고, 아동학대 행위를 정의하며(제3조), 국가와 지방자치단체가 아동학대의 예방과 방지를 위하여 각종 정책을 수립하고 시행할 것을 규정하고 있다(제29조). 본래 이 법에는 아동학대 신고 의무와 절차(제25조), 현장 출동 및 격리조치(제27조) 규정이 포함되어 있었으나, 동 조항이 「아동학대처벌법」에 포함되면서 「아동복지법」에서는 삭제되었다.

「아동복지법」은 아동학대 예방 및 방지 중심의 법으로 국가와 지방자치단체의 의무 및 지원을 명시하고 있다. 더불어, 아동학대 예방 교육 의무화, 아동보호전문기관 및 쉼터의 설치와 운영, 아동학대 전담의료기관 지정 및 역할, 현장조사 및 응급조치 권한 등을 규정하고 있으며 아동학대범죄자에 대한 취업제한, 해임요구에 대한 내용도 포함하고 있다.

(2)「아동학대범죄의 처벌 등에 관한 특례법」

「아동학대처벌법」은 아동학대범죄의 처벌 및 그 절차에 관한 특례와 피해아동에 대한 보호 절차 및 아동학대 행위자에 대한 보호처분을 규정함으로써 아동을 보호하는 데 목적이 있다.

「아동학대처벌법」은 아동학대를 하나의 범죄행위로 간주하며 아동학대범죄 신고의무와 절차, 신고자 불이익 조치 금지, 사법경찰관리나 아동학대전담공무원의 현장출동 의무 및 역할 등을 제시하고 있다.

글상자 4-1 「아동학대처벌법」 제11조 현장출동

「아동학대처벌법」 제11조(현장출동)에서는 아동학대범죄 신고를 접수한 사법경찰관리나 아동학대전담공무원은 아동학대범죄가 행하여지고 있는 것으로 신고된 현장 또는 피해아동을 보호하기 위하여 필요한 장소에 출입하여 아동 또는 아동학대 행위자 등 관계인에 대하여 조사를 하거나 질문을 할 수 있다고 명시하고 있다. 다만, 아동학대전담공무원은 피해아동의 보호 및 사례관리를 위한 범위에서만 아동학대 행위자 등 관계인에 대하여 조사 또는 질문을 할 수 있다. 조사 또는 질문을 하는 사법경찰관리 또는 아동학대전담공무원은 피해아동, 아동학대범죄신고자, 목격자 등이 자유롭게 진술할 수 있도록 아동학대 행위자로부터 분리된 곳에서 조사하는 등 필요한 조치를 해야 하며 현장에 출동한 사법경찰관리, 아동학대전담공무원 또는 아동보호전문기관의 직원이 업무를 수행할 때에 누구든지 폭행·협박이나 현장조사를 거부하는 등 그 업무 수행을 방해하는 행위를 해서는 안 된다고 규정한다.

또한 피해아동 보호를 위한 응급조치, 긴급임시조치, 임시조치(접근금지, 격리 등), 피해아동에 대한 변호사 선임, 증인의 신변 안전조치, 조건부 기소유예, 아동학대범죄자에 대한 보호처분의 결정, 피해아동 보호명령 등의 절차 및 벌칙 적용도 규정하고 있으며, 특히 학대 행위자가 보호자인 경우 법원이 친권/후견권의 일시 정지 또는 상실 선고도 가능하도록 하고 있다.

글상자 4-2 「아동학대처벌법」 제36조(보호처분의 결정 등)

「아동학대처벌법」 제36조(보호처분의 결정 등)에 따르면 판사는 심리의 결과, 보호처분이 필요하다고 인정하는 경우에는 다음 각 호의 어느 하나에 해당하는 보호처분을 할 수 있다.

1. 아동학대 행위자가 피해아동 또는 가정구성원에게 접근하는 행위의 제한
2. 아동학대 행위자가 피해아동 또는 가정구성원에게 「전기통신기본법」 제2조 제1호의 전기통신을 이용하여 접근하는 행위의 제한
3. 피해아동에 대한 친권 또는 후견인 권한 행사의 제한 또는 정지
4. 「보호관찰 등에 관한 법률」에 따른 사회봉사 · 수강명령
5. 「보호관찰 등에 관한 법률」에 따른 보호관찰
6. 법무부장관 소속으로 설치한 감호위탁시설 또는 법무부장관이 정하는 보호시설에의 감호위탁
7. 의료기관에의 치료위탁
8. 아동보호전문기관, 상담소 등에의 상담위탁

「아동학대처벌법」 제47조(가정법원의 피해아동에 대한 보호명령)에 따르면, 판사는 직권 또는 피해아동, 그 법정대리인, 검사, 변호사, 시 · 도지사 또는 시장 · 군수 · 구청장의 청구에 따라 피해아동의 보호를 위하여 다음 각 호의 피해아동 보호명령을 할 수 있다.

1. 아동학대 행위자를 피해아동의 주거지 또는 점유하는 방실(房室)로부터의 퇴거 등 격리
2. 아동학대 행위자가 피해아동 또는 가정구성원에게 접근하는 행위의 제한
3. 아동학대 행위자가 피해아동 또는 가정구성원에게 「전기통신기본법」 제2조 제1호의 전기통신을 이용하여 접근하는 행위의 제한
4. 피해아동을 아동복지시설 또는 장애인복지시설로의 보호위탁
5. 피해아동을 의료기관으로의 치료위탁

5의2. 피해아동을 아동보호전문기관, 상담소 등으로의 상담·치료위탁
6. 피해아동을 연고자 등에게 가정위탁
7. 친권자인 아동학대 행위자의 피해아동에 대한 친권 행사의 제한 또는 정지
8. 후견인인 아동학대 행위자의 피해아동에 대한 후견인 권한의 제한 또는 정지
9. 친권자 또는 후견인의 의사표시를 갈음하는 결정

아동학대범죄에 대하여는 「아동학대처벌법」을 우선 적용하는데 「성폭력범죄의 처벌 등에 관한 특례법」, 「아동·청소년의 성보호에 관한 법률」에서 가중처벌되는 경우에는 그 법에서 정한 바에 따른다. 이와 같이 「아동학대처벌법」은 아동학대에 대한 사법적 개입의 핵심 법률로, 수사기관의 개입 기준과 형벌 부과 근거를 명확히 제시한다는 점에서 중요한 역할을 한다.

(3) 「형법」

「형법」은 아동학대행위 중 일부를 일반 범죄로 처벌하는 근거가 된다. 예를 들어, 상해, 폭행, 유기, 아동 혹사, 감금, 협박, 미성년자 약취, 유인, 인신매매, 간음, 추행, 강간, 모욕, 강요 등에 해당될 경우, 해당 조항에 따라 형사처벌이 가능하다.

다만, 아동학대범죄에 대하여는 「아동학대처벌법」을 우선 적용한다.

2) 수사 및 사법 절차

아동학대가 의심되거나 신고되었을 때, 국가와 지방자치단체는 아동의 안전과 권리를 최우선으로 보장하기 위해 단계별 절차를 통해 대응한다. 이는 크게 현장 대응(응급조치), 법원 중심 개입(임시조치), 보호조치 및 사후관리(분리 보호, 치료 등)의 흐름으로 이어지며, 각각의 조치는 「아동복지법」, 「아동학대처벌법」에 따라 시행된다.

(1) 응급조치(현장 1차 개입)

응급조치는 아동의 생명이나 신체에 긴급한 위험이 발생했거나 발생할 우려가 있는 경우, 경찰이나 아동학대 전담공무원이 현장에서 즉각적으로 취할 수 있는 조치이다. 「아동학대처벌법」 제12조(피해아동 등에 대한 응급조치)에 근거하며, 다음과 같은 조치가 가능하다.

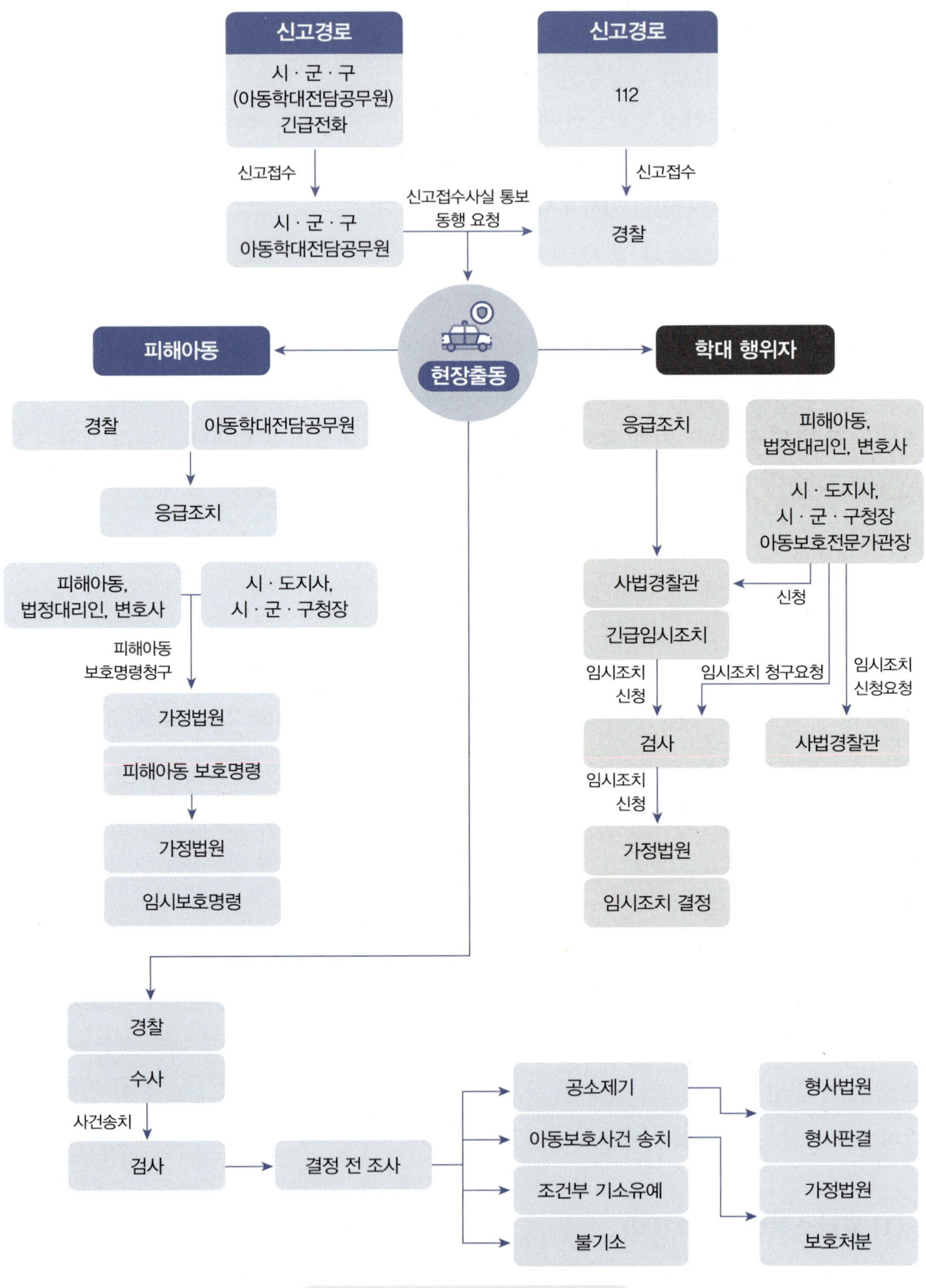

[그림 4-8] 수사 및 사법처리 절차

출처: 아동권리보장원 홈페이지(n.d.).

- 아동학대범죄 행위의 제지
- 아동학대 행위자를 피해아동 등으로부터 격리
- 피해아동 등을 아동학대 관련 보호시설로 인도
- 긴급치료가 필요한 피해아동을 의료기관으로 인도
- 피해아동 등을 연고자 등에게 인도

단, 피해아동 등을 아동학대 관련 보호시설로 인도 또는 피해아동 등을 연고자 등에게 인도의 조치를 하는 때에는 피해아동 등의 이익을 최우선으로 고려해야 하며, 피해아동 등을 보호하여야 할 필요가 있는 등 특별한 사정이 있는 경우를 제외하고는 피해아동 등의 의사를 존중해야 한다.

응급조치는 피해 발생 직후 72시간 내 이뤄지는 가장 신속한 대응으로, 이후 사법적 판단을 위한 근거로도 활용된다.

한편, 사법경찰관은 응급조치에도 불구하고 아동학대범죄가 재발될 우려가 있고, 긴급하며 아동학대 행위자의 퇴거 등 격리에 대한 법원의 임시조치 결정을 받을 수 없을 때는 직권이나 피해아동 등, 그 법정대리인(아동학대 행위자 제외), 변호사, 시장・도지사, 시장・군수・구청장 또는 아동보호전문기관의 장의 신청에 따라 격리, 접근금지(전기통신을 이용한 접근 포함) 중 어느 하나에 해당하는 긴급임시조치를 할 수 있다.

(2) 임시조치(법원의 개입)

응급조치 이후, 보다 안정적이고 지속적인 피해아동 보호를 위해 검사는 아동학대범죄가 재발될 우려가 있다고 인정하는 경우에 직권으로 또는 사법경찰관이나 보호관찰관의 신청에 따라 법원에 임시조치를 청구할 수 있다. 이는 「아동학대처벌법」 제14조(임시조치의 청구), 제15조(응급조치・긴급임시조치 후 임시조치의 청구) 및 제19조(아동학대 행위자에 대한 임시조치)를 기반으로 한다.

임시조치는 법원의 판단하에 일정 기간 아동을 보호하고 학대 행위자에 대한 사법적 개입을 가능하게 하며, 이후 최종 처분(형사판결, 보호처분 등)으로 이어진다.

(3) 피해아동 보호조치(명령)

아동학대 피해아동에 대해서는 분리 보호가 중요한 대응 수단으로 활용된다. 「아동복지법」 제15조(보호조치) 및 「아동학대처벌법」 제47조(가정법원의 피해아동에 대한 보호명령)에 따라, 피해아동은 다음과 같은 방식으로 분리 보호될 수 있다.

- 피해아동을 아동복지시설 또는 장애인복지시설로의 보호위탁
- 피해아동을 의료기관으로의 치료위탁
- 피해아동을 아동보호전문기관, 상담소 등으로의 상담 · 치료위탁
- 피해아동을 연고자 등에게 가정위탁

단, 피해아동 보호명령의 기간은 1년을 초과할 수 없으나 관할 법원의 판사는 피해아동의 보호를 위하여 그 기간의 연장이 필요하다고 인정하는 경우 직권 또는 피해아동, 그 법정대리인, 검사, 변호사, 시 · 도지사 또는 시장 · 군수 · 구청장의 청구에 따른 결정으로 6개월 단위로 그 기간을 연장할 수 있다. 연장된 보호명령 기간은 피해아동이 성년에 도달하는 때를 초과할 수 없다.

더불어, 관할 법원의 판사는 피해아동 보호명령의 청구 후 결정 시까지 피해아동 보호가 필요하다고 인정하는 때에는 임시보호명령을 할 수 있다.

(4) 사법처리 절차

아동학대는 「아동학대처벌법」에 따라 형사범죄로 규정되며, 다음과 같은 절차로 진행된다([그림 4-8] 일부 발췌).

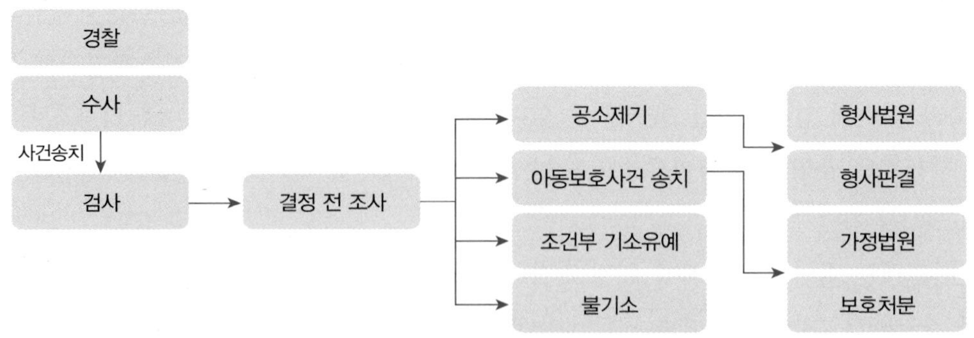

출처: 아동권리보장원 홈페이지(n.d.).

112나 시 · 군 · 구 긴급전화를 통해 아동학대로 신고된 사례에 대해 사법경찰관과 아동학대전담공무원[2]은 현장조사를 실시하고 응급조치, 긴급임시조치 등을 취한다.

이후 경찰의 수사, 검사의 결정 전 조사가 진행된다. 이때 검사는 아동학대범죄에 대하여 아동보호사건 송치, 공소제기 또는 기소유예 등의 처분을 결정하기 위해 필요하다고 인정하면 아동학대 행위자의 주거지 또는 검찰청 소재지를 관할하는 보호관찰소의 장에게 아동학대 행위자의 경력, 생활환경, 양육능력이나 그 밖에 필요한 사항에 관한 조사를 요구할 수 있다.

검사는 아동학대범죄를 수사한 결과 혐의가 없다고 인정하는 경우, 불기소할 수 있다. 또는 다음 사유를 고려하여 필요하다고 인정하는 경우에는 아동학대 행위자에 대하여 상담, 치료 또는 교육받는 것을 조건으로 기소유예를 할 수 있다.

- 사건의 성질 · 동기 및 결과
- 아동학대 행위자와 피해아동과의 관계
- 아동학대 행위자의 성행(性行: 성품과 행실) 및 개선 가능성
- 원가정보호의 필요성
- 피해아동 또는 그 법정대리인의 의사

혹은 다음 사유를 고려하여 보호처분을 하는 것이 적절하다고 인정하는 경우에는 아동보호사건으로 송치할 수 있다. 이후 관할 가정법원에서 보호처분을 받을 수 있다.

- 피해자의 고소가 있어야 공소를 제기할 수 있는 아동학대범죄에서 고소가 없거나 취소된 경우
- 피해자의 명시적인 의사에 반하여 공소를 제기할 수 없는 아동학대범죄에서 피해자가 처벌을 희망하지 아니한다는 명시적 의사표시를 하였거나 처벌을 희망하는 의사표시를 철회한 경우

---

2) 시장 · 도지사 또는 시장 · 군수 · 구청장은 아동학대 현장출동 시 아동보호 및 사례관리를 위하여 필요한 경우 아동보호전문기관의 장에게 아동보호전문기관의 직원이 동행할 것을 요청할 수 있다. 이 경우 아동보호전문기관의 직원은 피해아동의 보호 및 사례관리를 위한 범위에서 아동학대전담공무원의 조사에 참여할 수 있다.

또는 조사 결과, 아동학대범죄 혐의가 있고 처벌할 필요가 있다고 판단하여 공소를 제기하고 형사법원에서 형사판결을 받을 수 있다.

한편, 「아동복지법」 제29조의3(아동관련기관의 취업제한 등)은 아동학대범죄로 형이나 치료감호를 선고받은 사람에 대해, 법원이 판결과 동시에 일정 기간 동안 아동 · 청소년 관련 기관에서 근무하거나 운영하거나 사실상 노무를 제공하지 못하도록 취업을 제한하는 내용을 규정하고 있다. 이때 취업제한 기간은 최대 10년까지 정할 수 있으며, 재범의 위험성이 뚜렷하게 낮다고 판단되거나 특별한 사정이 있는 경우에는 예외적으로 제한하지 않을 수도 있다.

취업이 제한되는 기관의 범위는 매우 넓다. 대표적으로 아동보호전문기관, 아동복지시설, 어린이집, 유치원, 학교, 학원 · 교습소, 청소년시설, 청소년쉼터, 장애인복지시설, 의료기관, 정신건강복지시설 등이 있다. 또한 다문화가족지원센터, 한부모가족복지시설, 아이돌봄서비스 기관, 산후조리원 및 산후도우미 제공기관 등 아동과 가족을 지원하는 다양한 기관도 포함된다. 즉, 아동이나 청소년을 직접 대면하거나 아동 보호와 관련된 기능을 수행하는 대부분의 기관이 모두 취업제한 대상이라고 할 수 있다.

법원은 이러한 취업제한명령을 내리기 전, 필요하다면 정신건강의학과 의사, 심리학자, 사회복지학자, 아동학대 관련 전문가 등으로부터 해당 범죄자의 재범 위험성에 대한 의견을 들을 수 있다.

또한 아동 관련기관을 설립하거나 운영하려는 사람, 혹은 해당 기관에 취업하려는 사람에 대해서는 반드시 아동학대 전력이 있는지를 확인해야 한다. 이를 위해 본인의 동의를 받아 관계 기관에 범죄경력 조회를 요청하도록 하고 있으며, 만약 본인이 직접 범죄경력 조회 회신서를 제출할 경우에도 조회 절차를 거친 것으로 인정한다. 관계 기관의 장은 이러한 요청을 받으면 반드시 회신서를 발급해야 하는 의무가 있다.

4. 아동학대 피해자 보호 및 지원

1) 아동학대 피해자의 보호 및 지원 기관 · 인력

아동학대 피해자를 보호하고 지원하는 업무를 수행하는 기관 및 인력을 소개하기 위해

아동권리보장원, 아동보호전문기관 그리고 아동학대전담공무원과 아동보호전담요원에 대해 살펴보도록 하겠다.

(1) 아동권리보장원

아동권리보장원은 아동정책에 대한 종합적인 수행과 아동복지 관련 사업의 효과적인 추진을 위해 별개의 기관으로 운영되고 있는 아동복지서비스 지원업무를 통합한 기관이다. 통합된 기관은 총 8개 기관으로 중앙아동보호전문기관, 드림스타트사업지원단, 지역아동센터중앙지원단, 중앙가정위탁지원센터, 아동자립지원단, 디딤씨앗사업지원단, 중앙입양원 그리고 실종아동전문기관이다.

아동권리보장원은 아동보호전문기관에 대한 지원뿐 아니라 아동학대예방사업과 관련된 연구, 아동학대 통계 및 관련 자료 발간, 프로그램 개발, 평가, 정보기반 구축 및 정보제공, 국가아동학대정보시스템 운영지원 및 정보제공 등을 수행한다. 이를 통해 체계적인 공적 아동보호시스템을 구축하고 요보호아동에 대한 국가책임을 강화하며 촘촘한 아동보호체계를 구축함으로써 아동학대 예방 및 지원에 노력을 지속하고 있다(정익중, 오정수, 2021).

〈표 4-19〉 아동권리보장원 통합대상기관

구분	통합대상기관	근거		
학대 예방	중앙아동보호전문기관	「아동복지법」 제10조	➡	아동 권리 보장원
아동보호 전달체계 지원	드림스타트사업지원단	시행령 제56조		
	지역아동센터중앙지원단	「아동복지법」 제10조		
	중앙가정위탁지원센터	「아동복지법」 제10조		
요보호아동 자립지원	아동자립지원단	시행령 제56조		
	디딤씨앗사업지원단			
입양	중앙입양원	「아동복지법」 제10조		
실종아동보호	실종아동전문기관	「실종아동 등의 보호 및 지원에 관한 법률」 제5조		

출처: 관계부처합동(2019).

(2) 아동보호전문기관

아동보호전문기관은 아동학대 발생 시 피해아동의 안전을 확보하고, 회복을 지원하며, 재학대를 예방하는 기관이다. 「아동복지법」 제45조에 근거하며 2025년 6월 기준 101개소가 전국 시 · 군 · 구에 설치되어 있다. 아동보호전문기관은 경찰, 아동학대전담공무원, 지자체 등과 협력하여 아동학대 대응의 실무 중심 역할을 수행하고 있다.

기존 아동보호전문기관은 조사와 사례관리를 모두 담당했었으나 조사는 아동학대전담공무원의 역할로 이양되고 아동보호전문기관은 심층 사례관리 전문기관으로 전환되었다.

이에 따른 아동보호전문기관의 주요 사업은 지역사회에서 발생하는 아동학대와 방임 문제 개입, 학대받은 아동과 관련된 부모 또는 그 가족 대상의 정기적 가정상담 및 치료, 신고된 아동학대나 방임에 대한 현장조사 등 사례관리, 지역사회 주민, 신고의무자, 아동학대 행위자 등을 대상으로 하는 아동학대 예방교육 등이 있다.

(3) 아동학대전담공무원

아동학대전담공무원은 아동학대 의심 신고접수 시 현장조사, 응급 및 분리 조치, 시설 인계 등을 담당한다. 2024년 기준 229개 시 · 군 · 구 등에 901명의 아동학대전담공무원이 배치되어 있다. 아동학대전담공무원의 주 업무는 학대 현장조사와 아동분리 등 보호조치이다. 더불어, 아동학대 사건 발생부터 종결까지 전 과정에 관여하며, 전문성이 요구되는 업무를 수행해야 함에도 불구하고 잦은 순환보직 및 낮은 근속기간으로 전문성 및 경험 부족, 업무 연속성의 단절 등의 어려움이 있다.

아동학대전담공무원 채용 조건을 살펴보면, 사회복지사 또는 정신건강사회복지사 자격증을 취득한 사람으로 학사학위 취득 후 1년 이상 관련 분야 실무경력이 있는 자, 혹은 3년 이상 관련 분야 실무경력이 있는 사람, 또는 8급이나 8급 상당 이상의 공무원으로 2년 이상 관련 분야 실무경력이 있는 사람으로, 실무경력 인정범위는 국가 및 지방자치단체, 공공기관 또는 아동보호전문기관에서 아동보호 관련 사회복지 근무경력이다.

(4) 아동보호전담요원

아동보호전담요원은 2020년 16개월 아동학대 사망사건이 발생하고 아동학대 대응체계 강화방안 발표('21.1.)에 따라 배치되었다. 아동보호전담요원은 아동학대 피해자 분리 보호 및 아동양육상황 점검, 보호대상아동 발생 시 원가정 복귀 등 보호 종료 후 사후관리까지 전 과정을 모니터링한다.

아동보호전담요원 채용 조건을 살펴보면, 사회복지사 1급 자격 취득 후 사회복지분야 근무경력 2년 이상, 또는 사회복지사 2급 취득 후 사회복지분야 근무경력 4년 이상, 혹은 정신건강사회복지사 2급 이상 자격 취득 후 사회복지분야 근무경력 2년 이상으로 실무경력 인정범위는 국가 및 지방자치단체, 공공기관 또는 아동보호전문기관에서 아동보호 관련 사회복지 근무경력이다.

2) 아동학대 피해아동의 보호 및 지원 업무[3)]

아동학대 피해아동의 보호 및 지원에서 아동학대전담공무원과 아동보호전문기관 역할을 중심으로 구분하자면, 아동학대전담공무원은 신고접수, 현장출동 및 조사, 응급조치, 즉각분리(일시보호조치), 피해아동보호계획, 사례 연계를 수행한다. 아동보호전문기관은 사례관리 계획, 서비스 제공 계획, 사례관리, 양육 상황 및 원가족 점검, 사례종결을 수행한다.

3) 보호시설 및 지원 프로그램

우리나라에서는 아동학대 피해아동의 안전 보호와 심리적 회복을 위해 다양한 보호시설과 지원 프로그램을 운영하고 있다. 이러한 시설과 프로그램은 단기적인 응급 보호에서부터 중장기적인 심리적 회복 및 자립 지원에 이르기까지 아동의 삶 전반에 개입하여 다각적인 서비스를 제공한다.

(1) 아동학대 피해자쉼터

아동학대 피해자쉼터는 아동학대 신고접수 후 현장조사를 통해 학대 피해로 격리보호가 필요하다고 판단된 아동을 일정 기간 안전하게 보호할 수 있는 시설이다. 아동학대 피해자쉼터는 아동학대 피해자에게 보호와 숙식 제공 등의 쉼터 생활지원, 피해아동의 심리적 안정을 위한 심리상담 · 치료, 피해아동에 대한 학습 및 정서 지원 등(「아동복지법」 제53조의2)을 제공한다.

2024년 12월 기준 전국 151개소가 운영되고 있으며 설치장소는 단독주택 또는 공동주택에 간판이나 표찰을 부착하지 않으며, 몇 개의 아동학대 피해자쉼터를 한 주거(주택)단지 내에 집결하지 않아야 한다. 쉼터에는 전문상담사, 사회복지사, 생활지도원이 상주하며 아동의 정서 안정과 생활지원을 담당한다. 입소 기간 동안 가해자와의 접근 차단이 철저히 유지된다. 일반적으로 아동학대 피해자는 쉼터에서 3~9개월간 집중심리치료 및 생활지도를

---

3) 아동학대 피해아동의 보호 및 지원 업무는 '보건복지부, 아동권리보장원(2025). 2025 아동보호서비스 업무 매뉴얼, pp. 17-21'의 내용을 수정 요약함.

받고 원가정복귀 · 가정위탁 · 일반공동생활가정 등으로 전원 조치된다. 다만, 학대 후유증이 심각하거나 문제 행동이 심한 경우 등 불가피한 경우 연장하여 입소할 수 있다.

(2) 일시보호소

일시보호소는 아동학대 사건 초기에 긴급 분리가 필요한 경우 단기간(1~2주) 머무를 수 있도록 한 시설이다. 경찰이나 아동학대전담공무원의 요청에 따라 신속히 아동을 보호하며, 조사 및 사례판단이 진행되는 동안 안전한 공간을 제공한다. 이후에는 보호연장 여부 또는 쉼터 · 가정위탁 등으로의 전환이 결정된다.

(3) 심리치료 프로그램

아동학대 피해아동은 정서적 외상, 불안, 우울, 분노조절 어려움 등 다양한 심리적 문제를 경험하게 된다. 이에 따라 지역 아동보호전문기관 및 쉼터에서는 상담심리전문가와 임상심리사를 통해 개별상담, 미술치료, 놀이치료, 인지행동치료(Cognitive Behavioral Therapy: CBT) 등의 프로그램을 제공한다. 이는 아동의 정서 안정, 외상회복, 자기표현능력 회복을 돕는다.

(4) 의료지원

신체적 학대나 방임으로 인한 상해, 영양결핍, 성폭력 피해가 발생했을 경우에는 지역 병원, 소아정신건강의학과, 산부인과 등과 연계하여 치료비 지원과 의료서비스가 제공된다. 학대 피해 진단서나 의무기록은 향후 법적 절차에서 중요한 증거자료로 활용되기도 한다.

(5) 법률지원

법적 보호가 필요한 경우, 피해아동에게는 변호사 배정, 법률 상담, 소송 대리 지원 등이 제공된다. 대한법률구조공단, 여성가족부, 민간법률지원단체 등과 연계하여 피해아동의 진술권 보장, 친권 정지 신청, 보호처분 요청 등의 절차를 지원한다. 피해아동이 증인으로 출석해야 하는 경우 진술 조력인 제도를 활용할 수 있다.

(6) 가정위탁 및 자립지원

아동이 원가정 복귀가 어려운 경우, 조부모, 친인척 또는 일반 가정에 위탁하여 양육할 수 있도록 지원한다. 위탁가정에는 일정한 양육비와 상담 · 지도가 제공되며, 아동에게는 지속적인 사례관리와 정기 상담이 함께 이뤄진다. 만 18세 이후 자립을 준비하는 아동에게는 자립정착금, 주거·취업 상담, 기술교육 연계 프로그램이 제공된다.

4) 아동학대 피해자 지원체계의 연계

아동학대는 단일 기관의 대응만으로는 해결하기 어려운 복합적 문제이기 때문에, 학교, 지역사회, 경찰, 병원, 법률기관이 각자의 역할을 수행하면서 상호 연계하는 통합적 지원체계를 구축해야 한다.

(1) 학교

학교는 아동이 가장 많은 시간을 보내는 생활공간으로, 학대 징후를 조기에 발견하고 대응하는 데 중요한 역할을 한다. 교사와 상담교사는 아동의 정서 및 행동 변화를 민감하게 관찰하고, 학대 의심 시 즉시 신고할 의무가 있다. 또한 피해아동에 대한 심리·정서적 안정 지원과 학습권 보호를 위한 특별지도 및 학습지원 프로그램을 제공해야 한다.

(2) 지역사회

지역사회는 아동과 가족이 속한 생활환경으로서, 보호체계의 안전망 역할을 한다. 아동보호전문기관, 사회복지기관, 지역아동센터 등은 피해아동과 가족에 대한 상담, 사례관리, 서비스 연계 등을 통해 회복을 지원한다. 지역 내 민간단체 및 자원봉사자들과 협력하여 돌봄 공백을 메우는 것도 중요하다.

(3) 경찰

경찰은 학대 범죄에 대한 신속한 수사와 가해자에 대한 제재를 담당한다. 또한 피해아동의 진술을 보호하기 위한 아동전담 수사관 배치, 진술녹화실 운영, 응급조치, 임시조치 등을 통해 아동의 2차 피해를 방지하고, 법적 보호를 위한 초기 대응체계를 갖추는 역할을 한다.

(4) 병원(의료기관)

병원은 신체학대, 성학대나 방임으로 인한 아동의 건강 문제를 진단하고 치료하는 전문기관이다. 의사는 의심 징후 발견 시 신고 의무가 있으며, 정밀검사와 함께 피해 기록을 남겨 수사기관과 법원의 판단에 참고가 되도록 한다. 정신건강 전문가와 협력하여 트라우마

회복 치료도 함께 진행한다.

(5) 법률기관

검찰의 주요 역할은 아동학대 사건 발생 시, 경찰과 함께 수사를 진행하고, 기소 여부를 결정한다. 아동학대 재발 우려가 있는 경우 임시조치를 청구하며 아동학대 행위자에 대한 처벌보다는 교육과 개선이 필요하다고 판단될 경우, 아동보호사건으로 송치한다.

법원은 기소된 아동학대 행위자에 대한 처벌(징역, 벌금 등)과 수강명령, 사회봉사 등의 보호처분을 결정한다. 또한 아동학대 피해자의 회복을 위한 치료, 상담, 교육 등의 조치를 명령하며 아동학대 사건 발생 시 재발 방지 및 추가 피해를 막기 위해 가해자와 피해아동의 분리, 접근 금지 등의 임시조치를 결정한다. 그 외 친권자가 아동을 학대하거나 방치하는 경우, 시장·도지사, 시장·군수·구청장 또는 검사의 청구에 따라 친권 상실 여부를 결정 및 선고한다.

1. 재난취약가구에 대한 실태조사 중, 한 동주민센터 복지담당자가 쓰레기가 쌓여 있는 주거지를 방문하였다. 그 집에는 세 명의 형제가 살고 있었고, 주거 환경은 아동의 건강과 안전을 위협할 정도로 열악했다. 이 가정은 3년 전 아버지가 갑작스럽게 사망한 이후, 어머니가 우울증을 앓기 시작하며 자녀 돌봄이 어려운 상태였다. 세 형제 모두 일상적인 보호와 정서적 지원이 부족한 상황이었다. 이러한 상황에서 지역사회복지기관과 동주민센터는 각각 어떤 역할을 통해 이 가정에 개입하고 지원할 수 있을까?
2. 저녁 늦은 시간, 놀이터에 혼자 남아 있던 초등학교 1학년 아동에 대해 인근 주민이 동주민센터에 연락을 취했다. 해당 아동은 지적장애가 있는 아버지와 외국인 어머니 사이에서 태어난 다문화가정 자녀였다. 부모는 모두 양육에 대해 무관심한 태도를 보이고 있었고, 아이는 정서적 지지 없이 홀로 많은 시간을 보내고 있었다. 식사도 거르는 경우가 잦았고, 놀이공간에서도 방치된 상태였다. 해당 가정과 아동의 상황을 고려할 때, 지역사회기관과 동주민센터는 어떻게 협력하여 이 아동을 안전하고 건강하게 성장할 수 있도록 도울 수 있을까?

---

4) 서울시목지재단(2022)의 내용을 수정하여 재구성함.

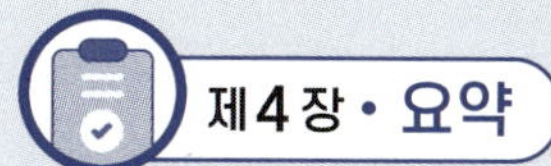

1 아동학대의 개념 및 정의

- 요소: 명백한 행위 + 손상 존재 + 인과관계
- 법적 정의
  - 아동복지법: 신체적 · 정신적 · 성적 폭력 및 유기 · 방임
  - WHO: 책임 · 신뢰 · 권력 관계 내 모든 해로운 행위 포함
  - 차이점: 세계보건기구는 잠재적 해까지 포함/국내법은 명확한 행위 중심

2 아동학대 유형

유형	설명	예시
신체학대	고의적 물리적 손상	구타, 화상, 도구 사용 등
정서학대	심리 · 정서적 손상	모욕, 위협, 고립, 차별 등
성학대	성적 대상화	추행, 포르노, 성매매 이용 등
방임	기본 보호 미제공	의료, 교육, 정서적 방임 포함

3 아동학대 피해자, 행위자 특성

- 피해아동: 연령, 장애 정도 및 유무, 성별, 기질 등
- 행위자: 신체 · 정신 · 정서 건강, 학대 피해 경험, 경제, 학력, 양육 스트레스, 사회적 고립 등

4 2023년 아동학대 실태

- 신고건수: 48,522건(↑5.2%)
- 학대 판정율: 56.2%
- 주요 신고자: 비신고의무자 72.6%(아동 본인 24.9%)
- 피해 유형: 정서학대 43.1% > 중복학대 28.7%
- 발생 장소: 가정 80.3%(시설 0.8%)

5 재학대 실태

- 재학대 비율: 15.7%(총 4,048건)
- 주된 연령: 10~15세 중심
- 가해자: 대부분 친부모(97.4%)
- 재학대 아동 보호조치: 시설입소 73.1%, 가정복귀 13.6%

6 법적 대응체계

- 주요 법령
  - 아동복지법: 예방 중심, 교육 및 보호체계 규정
  - 아동학대처벌법: 형사처벌, 임시조치, 친권정지 등
- 처리절차: 응급조치 → 임시조치 → 피해아동 보호명령 → 사법처리

7 아동학대 대응 기관 및 인력

- 아동권리보장원: 총괄기관, 통계 및 프로그램 개발
- 아동보호전문기관: 사례관리 중심(101개소)
- 아동학대전담공무원: 현장조사 · 보호조치 수행
- 아동보호전담요원: 장기적 사례관리 및 사후관리

8 피해아동 보호 및 지원

- 시설: 쉼터(151개소), 일시보호소
- 프로그램: 심리치료, 법률 · 의료지원, 가정위탁 · 자립지원
- 분리 보호 이후 관리: 심리검사 → 사례회의 → 가정복귀 or 타 보호조치

9 다기관 연계 체계

- 학교: 조기발견 및 학습지원
- 지역사회: 사례관리 및 서비스 연계
- 경찰 · 검찰: 수사, 접근금지 및 처벌
- 의료기관: 신체적 · 정신적 피해 치료
- 법원: 처벌 + 친권 정지 + 피해자 보호명령

참고문헌

경기도거점 아동보호전문기관 홈페이지(n.d.). https://gccpa.co.kr/ (2025년 7월 1일 인출)

관계부처합동(2019). 아동권리보장원 출범에 맞춰 아동권리보장원에서 수행할 사업 등 규정.

김경민, 이지영, 박수진, 장은주(2018). 정신장애 부모의 자녀 양육경험에 대한 질적 연구. **정신보건과 사회사업, 46**(2), 198-229.

김정혜, 황정임, 주재선, 정수연, 송란희(2022). 2022년 가정폭력실태조사. 여성가족부.

보건복지부(2023). 2023 아동학대 주요통계.

보건복지부, 아동권리보장원(2025). 2025 아동보호서비스 업무매뉴얼.

서울시복지재단(2022). 2022 위기사례대응 매뉴얼.

아동권리보장원 홈페이지(n.d.). https://www.ncrc.or.kr/, https://www.who.int/news-room/fact-sheets/detail/child-maltreatment.(2025년 7월 2일 인출)

유영주(2012). 아동학대의 세대 간 전이 연구. **아동복지연구, 33**, 55-73.

이명신, 오정수(2018). 사회적 지지와 부모 스트레스가 아동학대에 미치는 영향. **한국가족복지학, 58**, 21-45.

이소희(2015). 부모의 알코올 중독이 아동학대에 미치는 영향. **한국가족복지학, 50**, 55-78.

이주연, 류정희, 양미연, 백지선, 조휘래, 양은정(2025). 아동학대피해자 보호를 위한 공공의 의사결정 탐색 연구. 한국보건사회연구원.

장영인(2022). 아동학대피해자보호를 위한 지자체 역할 강화: 아동학대처벌법과 아동복지법의 상호연계성을 중심으로. **사회복지법제연구, 13**(3), 51-83.

정익중, 오정수(2021). **아동복지론**. 학지사.

한국형사, 법무정책연구원(2022). 2022년 아동 · 청소년 성범죄 피해 실태 보고서.

Berlin, L. J., Appleyard, K., & Dodge, K. A. (2011). Intergenerational continuity in child maltreatment: Mediating mechanisms and implications for prevention. *Child Development, 82*(1), 162-176.

CDC. (2024). Risk and protective factors for child abuse and neglect. Centers for Disease Control and Prevention.

Choi, M., & Oh, K. (2021). Parental mental health and child maltreatment: A national dataset analysis. *Child Abuse & Neglect, 117*, 105078.

Dubowitz, H., Papas, M. A., Black, M. M., & Starr, R. H., Jr. (2002). Child neglect: Outcomes and risk. *Pediatric Clinics of North America, 49*(1), 67-82.

Lev-Wiesel, R., & Shulamit, L. (2021). Associations between parental mental health and child maltreatment: The importance of family characteristics. *Social Sciences, 10*(6), 190.

Shin, S. H. (2011). Childhood maltreatment and development of chronic pain and depression in adulthood: The role of emotional abuse. *Journal of Health Psychology, 16*(3), 405-413.

Slack, K. S., Berger, L. M., & Noyes, J. L. (2011). Introduction to the special issue on the economic causes and consequences of child maltreatment. *Children and Youth Services Review, 33*(11), 2081-2084.

Stith, S. M., Liu, T., Davies, L. C., Boykin, E. L., Alder, M. C., Harris, J. M., & Dees, J. E. M. E. G. (2009). Risk factors in child maltreatment: A meta-analytic review of the literature. *Aggression and Violent Behavior, 14*(1), 13-29.

Sullivan, P. M., & Knutson, J. F. (2000). Maltreatment and disabilities: A population-based epidemiological study. *Child Abuse & Neglect, 24*(10), 1257-1273.

부록 아동학대 징후[5)]

신체학대

신체학대란?

- 보호자를 포함한 성인이 아동에게 신체적 손상을 입히거나 이를 허용하는 모든 행위
- 직접적으로 신체에 가해하는 행위
- 도구를 사용하여 신체에 가해하는 행위
- 유해한 물질로 신체에 가해하는 행위
- 완력을 사용하여 신체를 위협하는 행위

징후

- 설명하기 어려운 신체적 상흔 발생 및 회복에 시간차가 있는 상처
- 비슷한 크기의 반복적으로 긁힌 상처
- 사용된 도구의 모양이 그대로 나타나는 상처
- 담뱃불 자국, 뜨거운 물에 잠겨 생긴 화상자국, 알고 있는 물체 모양(다리미 등)의 화상자국, 회복 속도가 다양한 화상자국
- 대뇌출혈, 망막출혈, 양쪽 안구 손상, 머리카락이 뜯겨 나간 두피 혈종 등을 동반한 복잡한 두부 손상
- 고막 천공이나 귓불이 찢긴 상처와 같은 귀 손상

정서학대

정서학대란?

- 보호자를 포함한 성인이 아동에게 하는 언어적 · 정서적 위협, 감금 · 억제 · 기타 가학적인 행위
- 언어적 폭력 행위, 정서적 위협
- 아동의 정서 발달 및 연령상 감당하기 어려운 것을 강요하는 행위(감금, 약취 및 유인, 아동 노동착취)
- 형제나 친구 등과 비교 · 차별 · 편애 · 왕따시키는 행위

징후

- 특정 물건을 계속 붙고 있거나 물어뜯음
- 행동장애(반사회적 · 파괴적 행동장애)
- 신경성 기질장애
- 정신신경성 반응(히스테리, 강박, 공포)
- 실수에 대한 과잉 반응

---

5) 출처: 경기도거점 아동보호전문기관 홈페이지(n.d.).

- 부모와의 접촉에 대한 두려움
- 언어장애
- 극단행동, 과잉행동, 자살시도

성학대

성학대란?

- 보호자를 포함한 성인의 성적 만족을 위해 아동의 신체에 접촉하는 행위나 아동과의 모든 성적 행동
- 자신의 성적 만족을 위해 아동을 관찰 · 추행하거나 아동에게 성적 노출을 하는 행위
- 아동에게 유사성행위 · 성교를 하는 행위
- 성매매를 시키거나 성매매를 매개하는 행위

징후

- 나이에 맞지 않는 성적 행동
- 해박하고 조숙한 성지식
- 명백하게 성적인 묘사를 한 그림들
- 위축, 환상, 유아적 행동(퇴행행동)
- 자기 파괴적 또는 위험하고 모험적인 행동
- 충동성, 산만함 및 주의집중장애
- 특정 유형의 사람들 또는 성에 대한 두려움

방임

방임이란?

- 아동의 보호자가 아동을 방임하거나 유기(아동을 보호하지 않고 버림)하는 행위
- 물리적 방임: 기본적인 의식주를 제공하지 않는 행위
- 교육적 방임: 특별한 사유 없이 의무교육에 보내지 않거나 아동의 무단결석을 방치하는 행위
- 의료적 방임: 필요한 의료적 처치를 하지 않는 행위

징후

- 계절에 맞지 않는 부적절한 옷차림
- 음식을 구걸하거나 훔침
- 비행 또는 도벽
- 학교에 일찍 등교하고 집에 늦게 귀가
- 지속적인 피로 또는 불안감 호소
- 잦은 결석

제 5 장

노인학대

이 장에서는 노인학대의 개념과 유형, 노인학대의 실태 및 통계, 법적 대응체계, 그리고 학대 피해자 및 행위자에 대한 지원 방안에 대해 살펴본다. 이러한 고찰을 통해 노인학대 피해자와 행위자의 특성에 대한 이해를 증진시키고, 노인학대 대응의 중심축인 「노인복지법」과 노인보호전문기관의 기능과 역할에 대한 이해를 넓힐 수 있을 것으로 기대된다.

1. 노인학대의 개념과 유형

1) 노인학대의 정의

우리나라 「노인복지법」에서는 노인학대를 "노인에 대하여 신체적 · 정신적 · 성적 폭력 및 경제적 착취 또는 가혹행위를 하거나 유기 또는 방임하는 것"으로 정의하고 있다(「노인복지법」 제1조의2 제4호). 즉, 이 정의에서는 학대의 피해자가 노인임을 명시하고 있지만, 행위자에 대한 구체적인 규정은 포함되어 있지 않다.

또한 「노인복지법」은 보호자에 의해 이루어진 일부 노인학대 행위를 '노인학대관련범죄'로 규정하고, 이에 대해 형법을 적용하도록 하고 있다(「노인복지법」 제1조의2 제5호). 노인학대관련범죄에 해당하는 범죄 유형으로는 상해와 폭행의 죄, 유기와 학대의 죄, 체포와 감금의 죄, 협박의 죄, 강간과 추행의 죄, 명예에 관한 죄, 주거침입의 죄, 권리행사 방해의 죄, 사기와 공갈의 죄, 손괴의 죄 등이 있다. 이는 노인에 대한 학대 행위가 단순한 위법 행위를 넘어 형사처벌 대상이 될 수 있음을 보여 주며, 특히 가해자가 보호자인 경우 법적 책임이 더욱 강조된다는 점에서 중요한 의미를 갖는다.

글상자 5-1 「노인복지법」 제1조의2(정의)

1. “부양의무자”라 함은 배우자(사실상의 혼인관계에 있는 자를 포함한다)와 직계비속 및 그 배우자(사실상의 혼인관계에 있는 자를 포함한다)를 말한다.
2. “보호자”라 함은 부양의무자 또는 업무 · 고용 등의 관계로 사실상 노인을 보호하는 자를 말한다.
3. “치매”란 「치매관리법」 제2조 제1호에 따른 치매를 말한다.
4. “노인학대”라 함은 노인에 대하여 신체적 · 정신적 · 정서적 · 성적 폭력 및 경제적 착취 또는 가혹행위를 하거나 유기 또는 방임을 하는 것을 말한다.
5. “노인학대관련범죄”란 보호자에 의한 65세 이상 노인에 대한 노인학대로서 다음 각 목의 어느 하나에 해당되는 죄를 말한다.
   가. 「형법」 제2편 제25장 상해와 폭행의 죄 중 제257조(상해, 존속상해), 제258조(중상해, 존속중상해), 제260조(폭행, 존속폭행) 제1항 · 제2항, 제261조(특수폭행) 및 제264조(상습범)의 죄
   나. 「형법」 제2편 제28장 유기와 학대의 죄 중 제271조(유기, 존속유기) 제1항 · 제2항, 제273조(학대, 존속학대)의 죄
   다. 「형법」 제2편 제29장 체포와 감금의 죄 중 제276조(체포, 감금, 존속체포, 존속감금), 제277조(중체포, 중감금, 존속중체포, 존속중감금), 제278조(특수체포, 특수감금), 제279조(상습범), 제280조(미수범) 및 제281조(체포 · 감금등의 치사상)(상해에 이르게 한 때에만 해당한다)의 죄
   라. 「형법」 제2편 제30장 협박의 죄 중 제283조(협박, 존속협박) 제1항 · 제2항, 제284조(특수협박), 제285조(상습범)(제283조의 죄에만 해당한다) 및 제286조(미수범)의 죄
   마. 「형법」 제2편 제32장 강간과 추행의 죄 중 제297조(강간), 제297조의2(유사강간), 제298조(강제추행), 제299조(준강간, 준강제추행), 제300조(미수범), 제301조(강간등 상해 · 치상), 제301조의2(강간등 살인 · 치사), 제305조의2(상습범)(제297조, 제297조의2, 제298조부터 제300조까지의 죄에 한정한다)의 죄
   바. 「형법」 제2편 제33장 명예에 관한 죄 중 제307조(명예훼손), 제309조(출판물등에 의한 명예훼손) 및 제311조(모욕)의 죄
   사. 「형법」 제2편 제36장 주거침입의 죄 중 제321조(주거 · 신체 수색)의 죄
   아. 「형법」 제2편 제37장 권리행사를 방해하는 죄 중 제324조(강요) 및 제324조의5(미수범)(제324조의 죄에만 해당한다)의 죄

자. 「형법」 제2편 제39장 사기와 공갈의 죄 중 제350조(공갈) 및 제352조(미수범)(제350조의 죄에만 해당한다)의 죄
차. 「형법」 제2편 제42장 손괴의 죄 중 제366조(재물손괴등)의 죄
카. 제55조의2, 제55조의3 제1항 제2호, 제55조의4 제1호, 제59조의2의 죄
타. 가목부터 차목까지의 죄로서 다른 법률에 따라 가중처벌되는 죄

한편, 「노인복지법」 제39조의9에서는 학대와 관련된 금지행위를 명시하고 있으며, 그 구체적인 내용은 〈표 5-1〉에 제시되어 있다. 주목할 점은, 금지행위 중 방임에 대해서만 '자신의 보호 · 감독을 받는 노인'이라는 행위자 조건이 명확히 규정되어 있다는 것이다. 이는 방임이 단순한 부주의가 아니라, 돌봄 의무가 있는 자가 기본적인 보호를 제공하지 않는 경우에 해당하기 때문에, 다른 학대 유형과 구분되는 특성을 갖는다고 볼 수 있다. 이러한 금지행위에 대해서는 「노인복지법」 제55조의2, 제55조의3, 제55조의4에서 각각 3년 이하의 징역 또는 3천만 원 이하의 벌금에서 최대 7년 이하의 징역 또는 7천만 원 이하의 벌금까지 처벌 규정이 명시되어 있다.

〈표 5-1〉 「노인복지법」에 명시된 노인학대 금지행위 및 벌칙

금지행위(제39조의9)	벌칙(제86조)
노인의 신체에 상해를 입히는 행위	7년 이하의 징역 7천만 원 이하의 벌금
노인의 신체에 폭행을 가하는 행위	5년 이하의 징역 5천만 원 이하의 벌금
노인에게 성적 수치심을 주는 성폭행 · 성희롱 등의 행위	
자신의 보호 · 감독을 받는 노인을 유기하거나 의식주를 포함한 기본적 보호 및 치료를 소홀히 하는 방임행위	
노인에게 구걸을 하게 하거나 노인을 이용하여 구걸하는 행위	
폭언, 협박, 위협 등으로 노인의 정신건강에 해를 끼치는 정서적 학대행위	
노인을 위하여 증여 또는 급여된 금품을 그 목적 외의 용도에 사용하는 행위	3년 이하의 징역 3천만 원 이하의 벌금

노인학대에 대한 정의는 국제적으로 아직 합의되지 않은 상태이다. 세계보건기구(WHO, 2002)는 노인학대(Elder abuse)에 대해 토론토 선언(Toronto Declaration on Elder Abuse)에서 다음과 같이 정의하였다. "노인과 신뢰관계(Trust relationship)에 있는 사람이 노인에게 위

해(Harm)나 스트레스를 유발하는 일회성 행위 또는 반복적인 행위, 혹은 적절한 돌봄의 결핍을 의미한다."

한편, 미국 과학학술원(The U.S. National Academy of Sciences)은 노인에 대한 부당한 처우(Mistreatment)를 학대(Abuse), 방임(Neglect), 경제적 착취(Exploitation)를 포함하는 개념으로 보았다(National Research Council, 2003). 미국 과학학술원에서는 노인학대를 두 가지 유형으로 정의하고 있는데, ① 돌봄제공자(Caregiver) 또는 노인과 신뢰관계에 있는 자가 취약한 노인에게 위해 또는 심각한 위해를 초래할 수 있는 의도적인 행위, ② 돌봄제공자가 노인의 기본적인 욕구를 충족시키지 못하거나, 위해로부터 노인을 보호하지 못한 행위이다.

2) 노인학대의 유형

노인학대의 유형에는 신체적 학대, 정서적 학대, 성적 학대, 경제적 학대, 방임, 유기, 그리고 자기방임이 포함된다. 이 가운데 자기방임은 행위자와 피해자가 동일한 인물, 즉 노인 본인이라는 점에서 학대에 해당하는지에 대한 논란이 존재하지만, 우리나라 중앙노인보호전문기관(2025)은 이를 학대의 한 유형으로 간주하고 사례에 개입하고 있다.

(1) 신체적 학대

신체적 학대는 "물리적인 힘 또는 도구를 이용하여 노인에게 신체적 혹은 정신적 손상, 고통, 장애 등을 유발시키는 행위"를 뜻한다(중앙노인보호전문기관, 2025). 신체적 학대는 일반적으로 반복해서 발생하는 경향이 있으며, 이러한 특성으로 인해 행위자와의 영구적인 분리가 피해노인의 안전 확보에 매우 중요하다. 그러나 독립적인 거주지를 마련하기 위한 정책적 지원이 부족하여, 실제로는 행위자와의 분리가 어려운 경우가 많다.

(2) 정서적 학대

정서적 학대는 "비난, 모욕, 위협 등의 언어 및 비언어적 행위를 통하여 노인에게 정서적으로 고통을 유발시키는 행위"를 의미한다(중앙노인보호전문기관, 2025). 정서적 학대는 가시적인 피해 증거가 부족하고, 현행 법체계에서 실질적인 처벌로 이어지지 않는 경우가 많아 개입을 강제하기 어려운 한계가 있다. 또한 사례관리 담당자가 행위자와 직접 접촉하거나 면담을 시도하는 것 자체가 쉽지 않기 때문에 실제 사례 개입 과정에서도 상당한 제약이 따른다.

(3) 성적 학대

성적 학대는 "성적 불쾌감 유발행위 및 성폭력(성희롱, 성추행, 강간) 등 노인의 의사에 반하여 강제적으로 행하는 모든 성적 행위"를 뜻한다(보건복지부, 2025). 성적 학대는 종종 신체적 학대나 방임과 동시에 발생하거나 은폐되는 경우가 많다. 성적 학대로 판정되기 위해서는 피해노인의 직접적인 진술 확보가 필수적이나, 이는 현실적으로 매우 어렵다. 예를 들어, 여성 노인이 아들과 같은 방을 사용하는 상황처럼 성적 학대가 의심되는 사례는 존재하지만, 명확한 피해 진술 없이는 판단이 어렵다. 설사 노인의 진술이 확보되었다 하더라도, 치매와 같은 인지기능 저하로 인해 해당 진술이 사법적 증거로 인정되지 않거나 신뢰받지 못하는 경우도 발생한다. 이러한 경우, 과거 성관계 이력, 성적 행위에 대한 거부 의사 표현, 그리고 다양한 물적 증거의 수집이 필요하며, 성폭력 피해자 지원기관과의 연계 역시 중요하다(Chihowski & Hughes, 2008).

(4) 경제적 학대

경제적 학대는 "노인의 의사에 반하여 노인으로부터 재산 또는 권리를 빼앗는 행위로서 노인 재산에 관한 법률 권리 위반, 경제적 권리와 관련된 의사결정에서의 통제 등을 하는 행위"로 정의된다(중앙노인보호전문기관, 2025). 예를 들어, 국민기초생활보장 수급비나 기초연금을 제3자가 임의로 사용하는 경우는 공적 개입이 가능하므로 노인보호전문기관을 통해 해결할 수 있다. 반면, 일반적인 부양 갈등이나 가족 간 재산 분쟁과 같은 사안은 법적 소송 절차를 필요로 하므로 기관 차원의 개입에는 한계가 있다. 해외 연구에 따르면, 노인이 신체적 또는 인지적 기능이 저하되어 재산을 스스로 관리할 능력을 상실할 경우, 최근에 친밀해진 이웃이나 친구(소위 new best friend 또는 sweetheart)가 재산 관리를 명목으로 접근해 점진적으로 경제적 학대를 가할 위험이 높은 것으로 나타났다(Rabiner et al., 2004).

(5) 방임

방임은 "부양의무자로서 책임이나 의무를 거부, 불이행 혹은 포기하여 노인의 의식주 및 의료를 적절하게 제공하지 않는 행위(필요한 생활비, 병원비 및 치료, 의식주를 제공하지 않는 행위)"를 의미한다(중앙노인보호전문기관, 2025). 이 개념에는 기본적인 돌봄이 어디까지를 의미하는지에 대한 모호성이 존재하며, 이를 둘러싼 논쟁이 지속되고 있다(Stodolska et al., 2020). 매슬로(Maslow)의 욕구단계이론에 따르면, 생리적 욕구와 안전의 욕구는 기본적인 욕구로 간주되며, 자아실현의 욕구는 가장 상위 수준의 욕구에 해당하여 충족이 어렵다고 본다(이인정, 최해경, 1995). 예를 들어, 거동이 불편한 노인이 매주 교회에 가고 싶어 하는 경우, 이는 자아실현의 욕구에 해당하므로 이를 충족하지 않는다고 해서 방임으로 볼 수 있는가에 대한 판단의 기준이 모호하다. 또한 동일한 행위라고 하더라도, 그것이 가족에 의한 것인지, 혹은 계약을 맺고 돌봄을 제공하는 종사자에 의한 것인지에 따라 방임 여부의 판단이 달라질 수 있다.

방임 문제를 해소하기 위해서는 공식적 자원(예: 의료기관, 관공서, 복지관, 법률기관, 지역사회 단체 등)의 활용이 필수적이며, 장기요양서비스, 노인돌봄서비스, 의료·돌봄 통합지원서비스 등과의 적절한 연계가 필요하다. 더불어, 이웃, 친척, 친구, 자원봉사자 등 비공식적 자원의 파악과 활용도 중요하다.

(6) 유기

유기는 “보호자 또는 부양의무자가 의존 상태에 있는 노인을 의도적으로 버리는 행위”를 의미한다(중앙노인보호전문기관, 2025). 대표적인 예로는 보호자가 노인을 요양시설에 입소시키거나 병원에 입원시킨 후 연락을 끊는 경우가 있다. 가족이 해외여행 중 노인을 현지에 유기하는 사례도 보고되고 있으며, 이러한 경우 외교부와의 협조가 필요하다.

(7) 자기방임

자기방임은 “노인 스스로가 의식주 제공 및 의료 처치 등 최소한의 자기보호 관련 행위를 하지 않아 심신이 위험한 상황이나 사망에 이르게 하는 행위”를 의미한다(중앙노인보호전문기관, 2025). 자기방임에 대한 보다 구체적인 내용은 제12장에서 자세히 다룬다.

2. 노인학대의 실태 및 통계

1) 국내 노인학대 실태조사

한국보건사회연구원이 수행한 2023년 노인실태조사에 따르면, 최근 1년간 노인이 학대 피해를 경험한 비율은 5.9%에 이르렀다(강은나 외, 2023). [그림 5-1]에서 볼 수 있듯, 2011년에는 학대 피해율이 12.7%에 달했으나, 이후 약 절반 수준으로 감소하였다. 다만,

연도별 조사에서 포함된 학대 유형에 차이가 있으므로 직접적인 수치 비교에는 주의가 필요하다.

성별로는 여성이 6.2%, 남성이 5.6%로, 성별 간 격차는 0.6%p로 나타났다. 연령별로 보면, 85~89세 집단의 피해율이 9.0%로 가장 높았으며, 반면 70~74세 집단은 가장 낮은 피해율을 보였다(강은나 외, 2023).

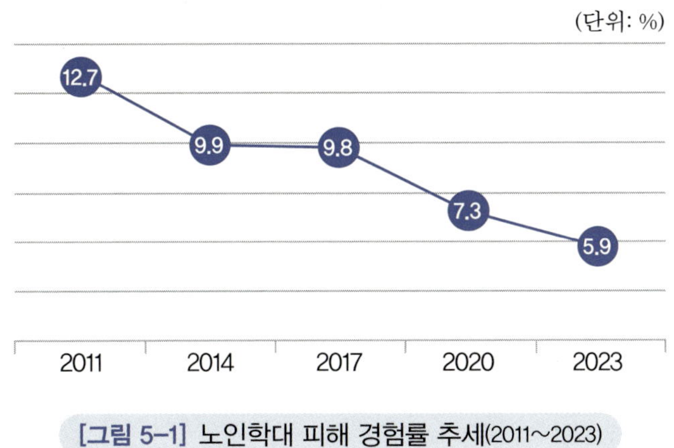

[그림 5-1] 노인학대 피해 경험률 추세(2011~2023)

주: 각 연도의 노인실태조사. 지난 1년간 학대 피해율을 토대로 재구성함.

학대 유형별로 구분해서 보면([그림 5-2] 참조), 정서적 학대를 경험한 비율이 가장 높았으며(4.4%), 그다음으로 방임(0.9%), 자기방임(0.7%) 등의 순서로 피해율이 높았다(강은나 외, 2023). 배우자폭력과 달리 성적 학대의 경우 남성(0.6%)과 여성(0.5%)의 피해율 차이는 미미하였다.

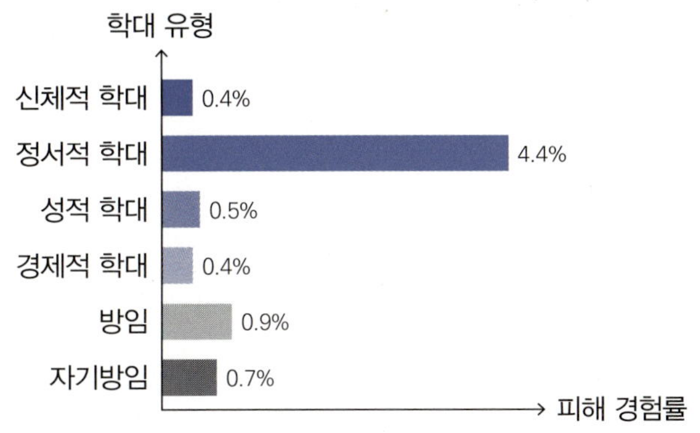

[그림 5-2] 노인학대 유형별 피해 경험율(2023년)

출처: 강은나 외(2023).

학대 행위자의 분포를 살펴보면, 자기방임을 제외한 모든 학대 유형에서 '친구 · 이웃'의 비중이 가장 높게 나타났다. 학대 유형에 따라 행위자의 구성은 차이를 보였다. 예를 들어, 신체적 학대의 경우 친구 · 이웃(36.5%)이 가장 높은 비율을 차지했으며, 그다음은 배우자(25.3%), 기타 친인척(21.1%) 순이었다. 성적 학대는 친구 · 이웃(34.9%)에 이어 아들(32.7%)의 비중이 두 번째로 높게 나타나, 가족 구성원이 주요 행위자로 지목되는 특징을 보였다. 특히 방임의 경우, 친구 · 이웃(32.1%) 외에도 며느리(17.4%), 딸(13.1%), 배우자(11.1%), 아들(7.8%) 등 가족 구성원들이 주요 행위자로 나타났다. 이러한 결과는 학대 유형별로 가해자 관계가 다양하게 분포되어 있으며, 특히 방임에서는 가족 내 돌봄 관계가 학대로 이어질 수 있는 구조적 위험성을 내포하고 있음을 시사한다.

(단위: %)

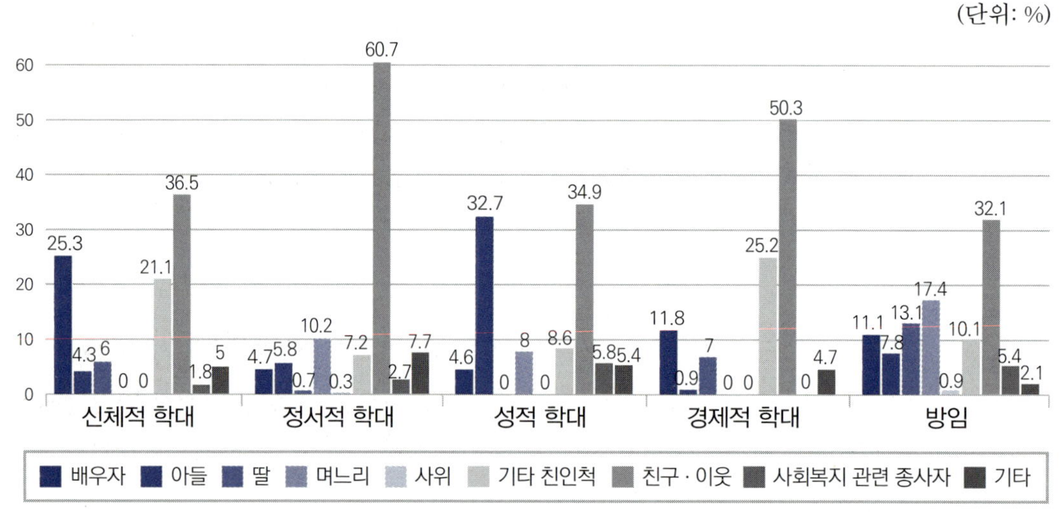

[그림 5-3] 노인학대 유형별 학대 행위자

출처: 강은나 외(2023).

2) 노인보호전문기관 통계

[그림 5-4]에서 보듯이 노인보호전문기관에 접수된 학대 신고 사례는 빠르게 증가하고 있으며, 학대로 판정된 사례 수는 2005년 2,038건에서 2024년 7,167건으로 약 3.5배 증가하였다. 이는 같은 기간 동안 노인 인구가 약 2.3배 증가한 것과 비교할 때, 학대 판정 사례의 증가율이 노인 인구 증가율을 상회하는 수치로, 노인학대 문제가 구조적으로 심화되고 있음을 시사한다.

(단위: 건)

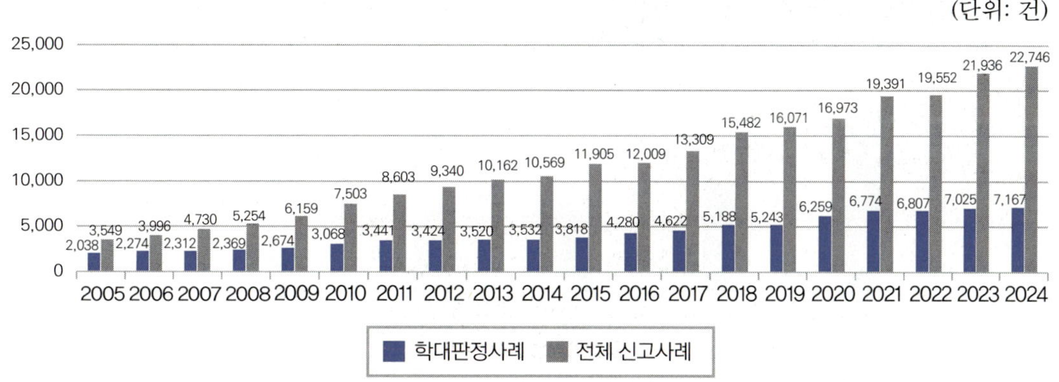

[그림 5-4] 노인보호전문기관의 신고사례와 학대판정사례 건수(2005~2024)

출처: 중앙노인보호전문기관(2025).
주: 통계에 포함된 노인학대는 가정 내 학대와 시설학대 등을 모두 합한 수치임.

2024년 노인보호전문기관에 접수된 10,932건[1)]의 학대 사례를 학대 유형별로 분석한 결과, 신체적 학대가 43.9%로 가장 높은 비율을 차지하였으며, 정서적 학대가 43.8%로 그 뒤를 이었다([그림 5-5] 참조). 이 외의 학대 유형은 모두 10% 미만으로 상대적으로 낮은 비중을 보였다. 또한 학대는 빈번하게 반복되는 경향을 보였는데, 매일 발생한 경우가 7.9%, 주 1회 이상 19.5%, 월 1회 이상 24.7%로 나타나, 이 세 범주를 합치면 전체의 절반 이상이 정기적으로 학대를 경험한 것으로 분석되었다([그림 5-6] 참조). 이는 노인학대가 일회성 사건이 아니라 지속적이고 반복적인 특성을 지닌다는 점을 시사한다.

(단위: 건)

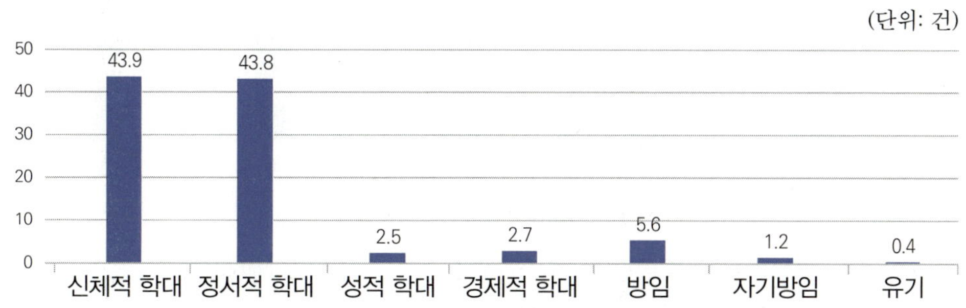

[그림 5-5] 노인보호전문기관에 접수된 노인학대 유형

출처: 중앙노인보호전문기관(2025).

1) 노인학대는 두 가지 이상의 유형이 복합적으로 발생하는 경우가 많아, 전체 학대 건수와 유형별 통계 수치 사이에 차이가 발생할 수 있음. 예를 들어, 노인 1명이 정서적 학대와 신체적 학대를 동시에 경험했다면 학대 사례는 1건이지만, 학대 유형별 집계로는 2건으로 처리됨.

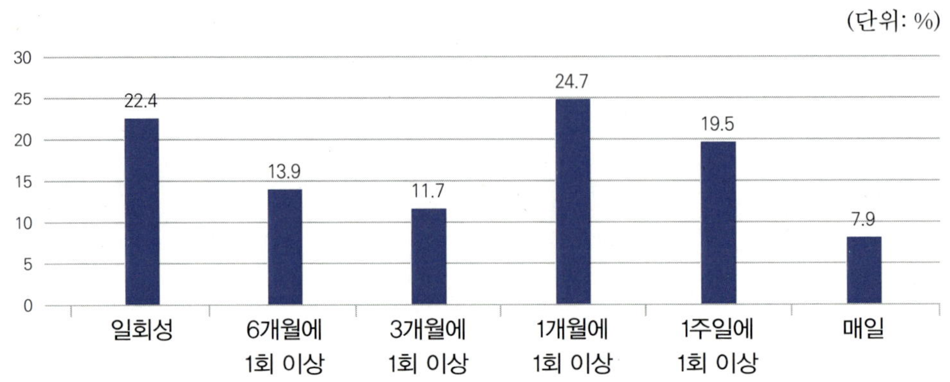

[그림 5-6] 노인보호전문기관에 접수된 노인학대의 발생빈도

출처: 중앙노인보호전문기관(2025).

학대 발생 기간을 분석한 결과, 장기간 지속된 사례가 절반 이상을 차지하는 것으로 나타났다([그림 5-7] 참조). 구체적으로 보면, 1년 이상 5년 미만이 31.5%, 5년 이상이 28.6%로 조사되었으며, 반면 일회성 학대는 21.5%에 그쳤다. 이는 노인학대가 단발적인 사건이라기보다는 장기간 반복적으로 지속되는 특성이 강함을 시사한다.

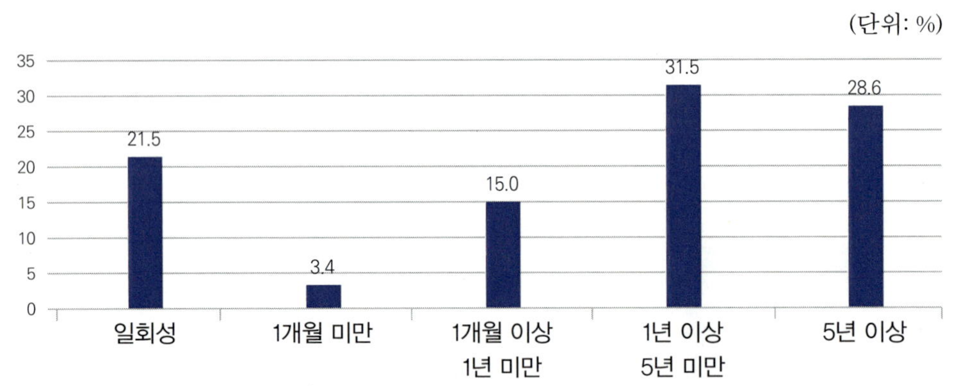

[그림 5-7] 노인보호전문기관에 접수된 노인학대의 발생기간

출처: 중앙노인보호전문기관(2025).

노인보호전문기관에 학대 사례를 신고한 사람들 중 신고의무자 비율은 14.0%에 불과하며, 대부분은 비신고의무자로 나타났다(중앙노인보호전문기관, 2025). 이 가운데 비신고의무자의 다수는 경찰인 것으로 확인되었으며(〈표 5-2〉 참조), 이는 노인학대 유형 중 신체적 학대가 차지하는 비중이 크다는 점([그림 5-5] 참조)과 밀접한 관련이 있다. 즉, 경찰은 식별 가능한 신체적 학대에 주목하는 경향이 있으므로 자연스럽게 경찰이 주요 신고자가 되는 결과로 이어진다고 볼 수 있다.

〈표 5-2〉 노인학대 신고자 유형별 신고통계(2024년) (단위: 건, %)

전체			7,167		
신고의무자			**비신고의무자**		
의료인 및 의료기관의 장	15	0.2	피해노인 본인	289	4.0
방문요양 등 돌봄종사자	11	0.2	행위자 본인	2	0.0
노인복지시설의 장과 종사자 등	283	3.9	친족	448	6.3
장애노인 상담, 치료 등 업무수행자	2	0.0	타인	154	2.1
가정폭력상담소의 장과 종사자 등	40	0.6	경찰	4,950	69.1
사회복지전담공무원	179	2.5	기타 관련기관 종사자	320	4.5
장기요양기관의 장과 종사자	41	0.6	소계	6,163	86.0
119 구급대원	2	0.0			
건강가정지원센터의 장과 종사자	1	0.0			
다문화지원센터의 장과 종사자	0	0.0			
성폭력상담소의 장과 종사자 등	2	0.0			
응급구조사	0	0.0			
의료기사	0	0.0			
건강보험공단 요양직 직원	8	0.1			
지역보건의료기관의 장과 종사자	9	0.1			
노인복지시설 담당공무원	60	0.8			
사회복지시설 장과 종사자	348	4.9			
사회복지시설 사회복무요원	3	0.0			
소계	1004	14.0			

출처: 중앙노인보호전문기관(2025).

노인학대 피해자의 성별을 살펴보면, 여성이 77.7%로 남성에 비해 압도적으로 높은 비율을 차지하였다. 이는 65세 이상 인구 중 여성이 55.6%를 차지하는 점을 고려할 때, 여성 노인이 학대 피해를 더 많이 겪고 있음을 보여 준다. 연령대별로는 고연령층보다 저연령층의 피해 비율이 높았으며, 79세 이하가 전체의 약 3분의 2를 차지하였다.

〈표 5-3〉 노인학대 피해자 성별 및 연령 분포 (단위: 명, %)

성별		연령							
남성	여성	65~69세	70~74세	75~79세	80~84세	85~89세	90~94세	95~99세	100세 이상
1,676	5,491	1,812	1,559	1,425	1,213	759	321	69	9
23.4	76.6	25.3	21.8	19.9	16.9	10.6	4.5	1.0	0.1

출처: 중앙노인보호전문기관(2025).

노인학대 행위자의 성별 분포를 보면 남성이 70%로 여성에 비해 압도적으로 많다. 연령별 분포를 보면 70세 이상과 60~69세를 합한 비율이 약 57%에 달한다. 이런 현상은 〈표 5-4〉에서 보듯이 노인학대 행위자 중 배우자 비중(38.7%)이 높은 것과 관련이 있다.

〈표 5-4〉 노인학대 행위자 성별 및 연령 분포 (단위: 명, %)

성별		연령						
남성	여성	10~19세	20~29세	30~39세	40~49세	50~59세	60~69세	70세 이상
5,523	2,358	78	158	411	1,198	1,559	1,743	2,734
70.1	29.9	1.0	2.0	5.2	15.2	19.8	22.1	34.7

출처: 중앙노인보호전문기관(2025).

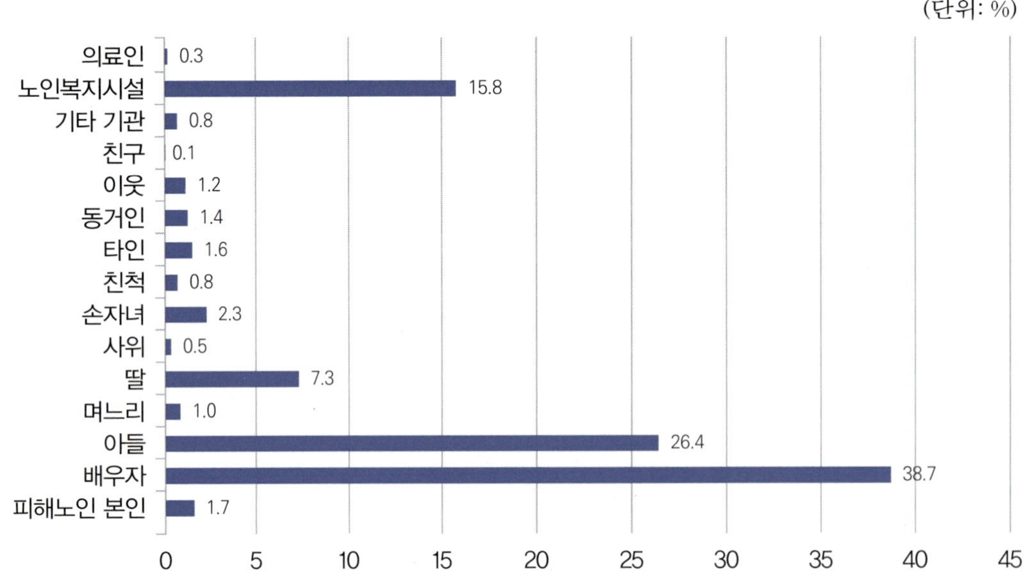

[그림 5-8] 노인보호전문기관 학대 사례를 통해 본 학대 행위자와 노인과의 관계

출처: 중앙노인보호전문기관(2025).

과거에는 성인 자녀가 노부모를 학대하는 사례가 많았지만, 최근에는 노년기 배우자 간의 폭력이 노인학대의 주요 유형으로 떠오르고 있다. 피해노인과 학대 행위자의 관계를 살펴보면, 배우자가 38.7%로 가장 많았고, 그 뒤를 이어 아들(26.4%), 노인복지시설 종사자(15.8%), 딸(7.3%) 등의 순으로 나타났다.

3) 피해자 및 행위자의 일반적 특성

(1) 노인학대 피해자

국외 메타분석 결과, 성별에 따른 피해 경험율은 차이가 없는 것으로 나타났으며(Yon et al., 2017), 국내 노인실태조사의 학대 피해 경험율 역시 성별 차이가 없었다(강은나 외, 2023). 다만, 노인보호전문기관에 접수된 사례 중 대다수는 여성노인으로 나타나 일반적인 지역조사와는 차이를 보인다.

노인학대에 대한 대응을 살펴보면 대부분(90.1%)이 그냥 참는 것으로 나타났다. 노인보호전문기관에 신고하거나(1.8%) 경찰에 신고하는 경우(2.4%)는 소수에 불과하였으며, 주변에 도움을 요청하는 경우도 7.0%에 그쳤다(강은나 외, 2023).

학대의 위험요인은 학대 유형별로 차이를 보인다. 국내외 연구 결과를 종합하여 보면, 노인학대 위험요인은 인지손상, 문제 행동, 정신질환 및 심리적 문제, 신체기능적 의존성, 신체적 쇠약, 저소득층, 과거 학대 및 트라우마 피해 이력, 가족 간 갈등, 낮은 사회적 지지, 타인과의 동거(경제적 학대 제외), 학습된 무기력 등이 포함된다(이미진 외, 2018). 학대 피해자는 학대 행위자에 대한 양가감정을 가질 뿐만 아니라 보복에 대한 두려움도 있다. 또한 고령으로 도움이 필요할 때 가족인 학대 행위자로부터 버림받을 것에 대한 공포가 존재하며, 시설입소에 대한 두려움 때문에 신체적·정서적 학대를 지속적으로 받는 것을 선택하기도 한다(Zink et al., 2003).

(2) 학대 행위자

국내외 연구 결과를 종합하여 보면(이미진 외, 2018), 노인학대 행위자는 부양부담이 크거나 정신질환 등으로 인해 분노 등에 대한 감정 조절능력이 떨어지는 특성을 갖는다. 학대 피해자와 유사하게 학대 행위자 역시 과거 학대 및 트라우마 피해 이력이 있는 경향을 보이며, 학대 피해자에게 경제적으로 의존하는 특성을 보인다. 또한 치매증상을 보이는 경우가 다수 있으며, 국내 노인보호전문기관의 성적 학대 행위자를 분석한 경우, 치매증상이 위험요인으로 분석되었다(이미진 외, 2018). 학대 행위자는 다수일 수 있는데, 동시에 여러 학대 행위자가 존재하기도 하고 순차적으로 학대 행위자가 변경되기도 한다(예를 들면, 남편에서 아들로). 양호정 외(2019)의 연구 결과를 보면, 학대 행위자는 여러 가지 측면(건강, 공격성, 근로능력, 채무상태, 이혼 등)에서 나약하고 고립되어 있다. 뿐만 아니라 피해노인에 대한 양가감정(애정과 혐오)을 가지고 있다.

① 배우자학대 행위자

노년기 배우자폭력은 그 발생 배경에 따라 크게 두 가지 유형으로 나눌 수 있다. 하나는 오랜 기간 지속된 가정폭력의 연장선상에 있는 학대이며, 다른 하나는 노년기에 새롭게 시작된 학대이다. 먼저, 오래된 가정폭력의 역사를 가진 부부의 경우, 신혼 초기부터 노년기까지 학대 행위자가 지속적으로 피해자에게 폭력을 행사하는 경우가 종종 있다. 한편, 시간이 흐르면서 피해자와 가해자의 역할이 교대되는 양상이 나타나기도 한다(장희숙, 황순찬, 2017). 오랜 세월 동안 폭력을 견뎌 온 여성 노인의 생존 또는 방어 차원의 행동이 현재 시점에서는 상호 학대나 가해로 인식되기도 한다. 예를 들어, 젊은 시절 가정폭력의 피해자였던 아내가 노년기에 병든 남편을 돌보면서 의도적으로 방임하거나 정서적 학대를 가하는 사례가 이에 해당된다. 반면, 노년기에 접어들며 처음으로 발생하는 학대도 존재한다. 은퇴, 건강 악화, 돌봄 부담 등 새로운 스트레스 요인이 등장하면서 가정 내 갈등과 긴장이 증가하고, 이는 정서적·신체적 학대로 이어질 수 있다(이미진, 2013). 노인보호전문기관의 자료를 종단적으로 분석한 결과, 재접수 사례를 보면 배우자인 경우가 많은 점에서 보듯이(이미진 외, 2018) 배우자가 행위자인 경우 재학대의 위험이 높다.

② 자녀학대 행위자

자녀에 의한 학대는 다양한 요인과 맥락 속에서 발생한다. 최근에는 돌봄의 의무나 부양의무자에 대한 법적·사회적 규정이 변화하면서, 자녀가 노부모를 돌보아야 할 책임이 과거와는 다르게 해석되고 있다(Lee et al., 2022). 특히 자녀가 자신의 돌봄 책임을 인정한 경우 방임을 행했다면 방임으로 판정하기 용이하지만 그렇지 않은 경우 자녀의 돌봄 책임을 어디까지 볼 것인가가 쟁점이 된다.

노부모가 자녀에게 경제적으로 의존하고 있는 상황 역시 학대 위험을 높이는 요인 중 하나이다. 한편, 일부 (손)자녀들은 유산 상속의 권리를 근거로 노부모의 경제적 자원을 자신들의 뜻에 따라 처분할 수 있다고 인식하며, 이로 인해 경제적 학대가 발생할 수 있다(Roberto,

2017). 또한 자녀의 알코올 중독은 중복학대나 재학대의 위험요인으로 작용할 수 있으며, 이러한 학대는 종종 세대 간 전이 현상으로 반복되기도 한다(이미진, 장고운, 2016). 성별에 따라 돌봄 역할의 분화가 과거에는 뚜렸해지만 성별 차이가 감소하는 경향이 있다(강은나 외, 2023). [그림 5-3]에서 보듯이 신체적 · 정서적 · 성적 학대의 행위자는 아들이 많은 반면, 돌봄의 의무와 관련된 방임의 경우, 며느리, 딸이 행위자에서 차지하는 비율이 높았다.

3. 노인학대의 법적 대응체계

노인학대에 대한 법적 대응체계는 주로 「노인복지법」을 중심으로 구축되어 있다. 이 법에는 노인학대의 신고, 행위자에 대한 조사, 피해자 보호, 그리고 행위자에 대한 처벌 및 제재, 취업제한 등 전반적인 대응 절차가 포함되어 있다.

1) 신고의무제

「노인복지법」에 따라 신고의무제가 운영되고 있다. 누구든지 노인학대를 알게 된 경우에는 노인보호전문기관, 경찰서 등 관련 기관에 신고할 수 있으며, 특히 「노인복지법」 제39조의6에서는 신고의무자 직군을 명시하고 있다. 이들 직군에 해당하는 사람은 65세 이상 노인에 대한 학대를 알게 된 경우, 지체 없이 노인보호전문기관 또는 수사기관에 신고해야 할 법적 의무가 있다. 또한 경찰은 노인 사망 및 상해 사건, 가정폭력 사건 등을 처리하는 과정에서 노인학대가 의심될 경우, 관련 내용을 노인보호전문기관에 통보하도록 규정되어 있다.

2) 학대 행위자 조사 및 피해자 보호

「노인복지법」 제39조의6에 따라 노인학대 신고를 접수한 경우, 노인보호전문기관의 직원이나 사법경찰관리는 지체 없이 현장에 출동해야 한다. 이때 노인보호전문기관의 장이나 수사기관의 장은 서로에게 현장 동행을 요청할 수 있으며, 정당한 사유가 없는 한, 요청을 받은 기관은 직원 또는 경찰관을 현장에 동행시켜야 할 의무가 있다.

현장에 출동한 노인보호전문기관 직원이나 사법경찰관리는 피해자 보호를 위해 현장에 출입하고, 관계인에 대해 조사 또는 질문을 실시할 수 있다. 또한 학대받은 노인을 학대 행위자로부터 분리하거나 치료가 필요하다고 판단되는 경우, 노인보호전문기관 또는 의료기관에 인도하는 응급조치를 시행해야 한다.

필요시 노인학대 피해자를 일정 기간 보호하고 심신 회복을 돕기 위해 마련된 학대피해노인전용쉼터에 입소시키는 조치도 가능하다. 쉼터에서는 기초적인 생활 지원뿐 아니라, 심리 상담 및 치유 프로그램 등도 함께 제공된다.

3) 학대 행위자 처벌 및 제재

노인에 대한 신체적 학대, 유기, 방임, 경제적 착취 등의 행위는 형사처벌 대상이며, 구체적인 처벌 기준은 관련 법률에 따라 결정된다(〈표 5-1〉 참조). 특히 학대 행위자가 보호자인 가족 구성원일 경우, 해당 행위가 「형법」상 범죄에 해당하더라도 「형사소송법」이 아닌 「가정폭력범죄의 처벌 등에 관한 특례법」이 적용되어 절차가 진행된다. 또한 노인학대가 성폭력 요소를 포함할 경우에는 「성폭력범죄의 처벌 등에 관한 특례법」이 우선 적용되어 더 엄격한 처벌이 가능하다. 아울러, 행위자가 상담을 거부하거나 정당한 사유 없이 협조하지 않는 경우, 「노인복지법」에 따라 과태료 등 행정적 제재가 부과될 수 있다. 그러나 노인학대 피해자와 학대 행위자가 동거하는 경우, 과태료 부과에 따른 경제적 부담이 피해자인 노인에게 전가될 수 있다는 점이 문제점으로 지적되고 있다. 이러한 구조는 피해자 보호보다 오히려 이중 피해를 초래할 우려가 있어 제도적 보완이 요구된다.

4) 학대 행위자 취업제한

노인학대 행위자에 대해서는 노인 관련 기관에서의 취업을 제한하는 조치가 적용될 수 있다. 법원에서 노인학대와 관련된 범죄로 형 또는 치료감호를 선고받은 경우, 해당 행위자는 일정 기간 동안 노인복지시설의 운영, 취업 또는 노무 제공이 금지된다. 이 취업제한 조치는 최대 10년까지 부과될 수 있으며, 노인 대상 서비스 현장에서의 재학대 위험을 사전에 방지하기 위한 제도적 장치로 기능한다.

글상자 5-2 **민법의 친족상도례와 경제적 학대**

「민법」의 친족상도례는 강도죄와 손괴죄를 제외한 재산범죄에 대해 적용된다. 가족 구성원에 의한 노인학대가 이들 죄에 해당하면 형이 면제되거나 피해자의 고소가 없으면 공소제기가 불가능하여 형법에 의해 형사처벌할 수 없게 된다. 이로 인해 경제적 학대가 발생하여도 형사처벌이 실제로 이루어지기 어렵다.

4. 노인학대 피해자 보호 및 지원

1) 중앙 및 지역 노인보호전문기관

노인학대를 예방하고 지역 간 연계체계를 구축하기 위해 국가는 중앙노인보호전문기관을 설치·운영할 의무를 가진다. 이러한 중앙기관과 더불어, 지역 단위에서 학대받는 노인의 발견, 보호, 치료 등을 신속히 처리하고 예방하기 위해 각 특별시·광역시·도·특별자치도에 지역노인보호전문기관이 설치된다. 2024년 현재, 전국에는 총 36개소의 지역노인보호전문기관이 운영 중이다. 아동학대에 대해서는 시·군·구별로 대응체계를 구축하도록 한 규정과 대조를 이룬다.

이들 기관에서는 노인학대사례에 대한 판단과 개입을 위한 기구로 지역노인학대사례판정위원회를 운영하고 있다. 위원회는 학계, 법률, 의료, 간호 분야의 전문가를 포함하여 경찰, 국민건강보험공단, 정신건강복지센터 등의 관계자들로 구성되며, 접수된 사례에 대해 학대 여부, 응급성, 학대의 유형 등을 종합적으로 판정한다.

〈표 5-5〉 중앙노인보호전문기관과 지역노인보호전문기관의 역할

중앙노인보호전문기관	지역노인보호전문기관
국가는 지역 간의 연계체계를 구축하고 노인학대를 예방하기 위하여 다음 각 호의 업무를 담당하는 중앙노인보호전문기관을 설치 · 운영하여야 한다.	학대받는 노인의 발견 · 보호 · 치료 등을 신속히 처리하고 노인학대를 예방하기 위하여 다음 각 호의 업무를 담당하는 지역노인보호전문기관을 특별시 · 광역시 · 도 · 특별자치도(이하 "시 · 도"라 한다)에 둔다.
1. 노인인권보호 관련 정책제안 2. 노인인권보호를 위한 연구 및 프로그램의 개발 3. 노인학대 예방의 홍보, 교육자료의 제작 및 보급 4. 노인보호전문사업 관련 실적 취합, 관리 및 대외자료 제공 5. 지역노인보호전문기관의 관리 및 업무지원 6. 지역노인보호전문기관 상담원의 심화교육 7. 관련 기관 협력체계의 구축 및 교류 8. 노인학대 분쟁사례 조정을 위한 중앙노인학대사례판정위원회 운영 9. 그 밖에 노인의 보호를 위하여 대통령령으로 정하는 사항	1. 노인학대 신고전화의 운영 및 사례접수 2. 노인학대 의심사례에 대한 현장조사 3. 피해노인 및 노인학대자에 대한 상담 3의2. 피해노인에 대한 법률지원의 요청 4. 피해노인 가족 관련자와 관련 기관에 대한 상담 5. 상담 및 서비스 제공에 따른 기록과 보관 6. 일반인을 대상으로 한 노인학대 예방교육 7. 노인학대 행위자를 대상으로 한 재발방지 교육 8. 노인학대 사례 판정을 위한 지역노인학대사례판정위원회 운영 및 자체사례회의 운영 9. 그 밖에 노인의 보호를 위하여 보건복지부령으로 정하는 사항

2) 지역노인보호전문기관의 주요 서비스 및 제공 현황

노인보호전문기관은 노인학대 피해자를 대상으로 상담서비스, 복지서비스, 법률서비스, 의료서비스, 보호서비스, 정보제공 등의 다양한 지원을 제공하고 있다. 상담서비스는 주로 개별상담의 형태로 이루어지며, 복지서비스는 국민기초생활보장 수급권 신청, 긴급복지지원 연계, 직접 후원, 지역 자원 연계, 재가서비스 연결 등을 포함한다. 법률서비스에는 법률상담, 소송 지원, 고소 · 고발 절차 지원 등이 포함되지만, 실제 제공률은 매우 낮아 0.2% 수준에 그치고 있다(중앙노인보호전문기관, 2025). 의료서비스는 피해노인의 의료기관 이송 및 동행, 의료기관 연계 등을 통해 필요한 치료를 받을 수 있도록 지원하며, 보호서비스에는 쉼터에서의 일시 보호와 '노인인권지킴이' 연계 등이 포함된다. 이 외에도 피해노인을 위한 정보제공, 재학대 예방교육 등 다양한 형태의 교육과 지원이 병행되고 있다.

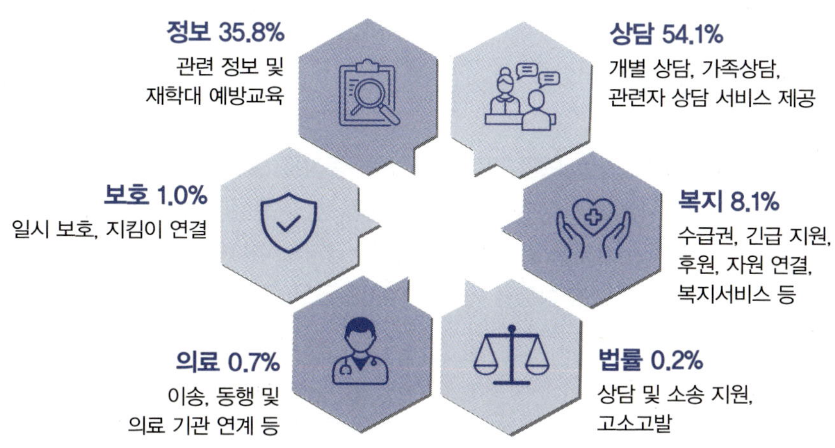

[그림 5-9] 노인보호전문기관이 노인학대 피해자에게 제공하는 서비스(2024년)

출처: 중앙노인보호전문기관(2025).

학대 행위자에게도 보호서비스를 제외한 다양한 서비스가 제공되고 있다. 노인학대 피해자와 마찬가지로, 학대 행위자에게 제공되는 상담서비스는 주로 개별상담의 형태로 이루어지며, 이외에도 복지서비스, 법률서비스, 의료서비스, 정보제공 등이 포함된다. 그러나 정보 제공 서비스 내에 포함된 재학대 예방교육의 제공률은 낮은 수준으로, 전체의 8.9%에 불과하다(중앙노인보호전문기관, 2025).

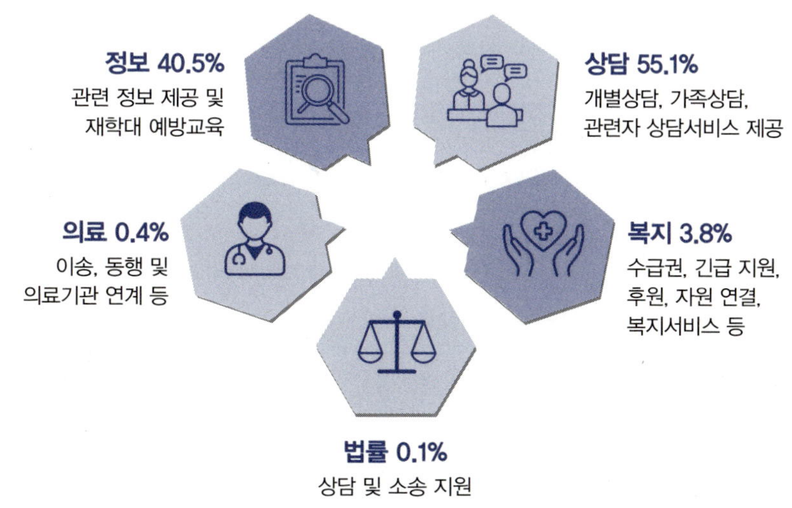

[그림 5-10] 노인보호전문기관이 학대 행위자에게 제공하는 서비스(2024년)

출처: 중앙노인보호전문기관(2025).

1. 고시원에서 홀로 지내고 있는 노인 A는 치매 초기 증상을 보이며 보행에도 어려움을 겪고 있다. 자녀들은 어린 시절 부모로부터 충분한 돌봄을 받지 못했다는 이유로, 노인 A를 돌볼 의무가 없다고 주장한다. 현재 노인 A는 기초생활수급자도 아니며, 장기요양등급 또한 신청하지 않은 상태이다. 이와 같은 상황을 사회복지관에 근무하는 사회복지사가 알게 되었다면, 어떤 조치를 취해야 할까?
2. 매일 밤 남성의 고성과 물건이 부서지는 소리가 들린다는 신고가 접수되었다. 또한 일주일 전부터 노인 B가 외출하는 모습이 보이지 않는다는 이웃 주민의 제보도 있었다. 이에 노인보호전문기관 상담원이 해당 가정을 방문하였으나, 노인 B는 "아무 문제 없다."라며 조사를 거부하였다. 이러한 상황에서 상담원은 어떻게 대응해야 할까?

제5장 · 요약

1 노인학대의 개념과 유형

- **법적 정의**: 「노인복지법」에 따르면, 노인학대란 신체적 · 정신적 · 성적 폭력, 경제적 착취, 유기 · 방임 등을 포함함. 특히 방임은 보호 · 감독 의무가 있는 자에 의한 소홀로 규정됨.
- **세계보건기구의 정의**: 신뢰관계에 있는 자에 의한 위해 또는 돌봄 결핍
- **주요 유형**
  - 신체적 학대
  - 정서적 학대
  - 성적 학대
  - 경제적 학대
  - 방임
  - 유기
  - 자기방임(노인 자신이 생존에 필요한 조치를 하지 않음)

2 노인학대의 실태 및 통계

- **노인실태조사(2023)**: 학대 피해율 5.9%, 정서적 학대(4.4%)가 가장 흔함.
- **행위자**: 자기방임 제외 시, '친구 · 이웃'이 가장 많고, 방임의 경우 며느리, 딸 등 가족 구성원 비중이 큼.

2) 서울시복지재단(2022)의 내용을 수정하여 재구성함.

- **노인보호전문기관 자료(2024)**
  - 연간 신고 사례 2만 건 이상
  - 신체적 학대(43.9%), 정서적 학대(43.8%) 순
  - 학대의 절반 이상이 장기적 · 반복적으로 발생
  - 신고의무자 비율은 14%에 불과하며, 신고자의 다수는 경찰
- **피해자 특성**: 여성 비율 77.7%, 79세 이하 고령층이 전체 ⅔
- **가해자 특성**: 남성 70%, 배우자(38.7%), 아들(26.4%) 순
- **피해노인의 대응**: 90% 이상이 '참음', 신고 · 도움 요청은 극소수

3 법적 대응체계

- **신고의무제**: 복지 · 의료 · 돌봄 종사자 등은 학대 인지 시 즉시 신고의무 있음.
- **현장조사 및 응급조치**: 노인보호전문기관과 경찰이 함께 출동해 조사 및 보호 수행함.
- **행위자 처벌**
  - 신체적 학대 등은 형사처벌 대상
  - 성적 학대 시 「성폭력범죄의 처벌 등에 관한 특례법」 적용
  - 정당한 사유 없이 협조 거부 시 과태료 부과
- **취업제한**: 학대 행위자는 최대 10년간 노인복지시설 종사 금지

4 피해자에 대한 보호 및 지원

피해자 지원

- 전국 36개 지역노인보호전문기관 운영
- 서비스 유형
  - 상담
  - 복지 연계(기초수급, 긴급복지 등)
  - 법률/의료 지원
  - 쉼터 보호
  - 재학대 예방교육

〈정리〉

- 노인학대는 신체적 폭력만이 아닌 정서적 · 성적 · 경제적 폭력, 방임 등 다양한 형태로 나타남.
- 가해자는 가족, 이웃, 돌봄종사자 등 다양함. 많은 학대가 반복적 · 장기적으로 발생하지만, 피해노인의 대부분은 침묵으로 일관하고 있음.
- 법적 대응은 강화되고 있으나, 신고율 및 제재 이행률은 낮음.
- 효과적인 대응을 위해서는 신속한 신고체계, 쉼터 운영, 서비스 연계, 피해자 중심 접근, 행위자 개입 프로그램 등이 통합적으로 운영되어야 함.

참고문헌

강은나, 김혜수, 정찬우, 김세진, 이선희, 주보혜 외(2023). 2023년도 노인실태조사. 한국보건사회연구원.

보건복지부(2025). 2025 노인보건복지 사업안내.

서울시복지재단(2022). 2022 위기사례대응 매뉴얼.

양호정, 송영신, 이미진, 백민소(2019). 노인학대 사례개입과정에서 피해노인의 안전확보에 영향을 미치는 요인: 근거이론 방법 중심으로. **한국사회복지교육, 46**, 1-29.

이미진(2013). 노인학대사례 종결지표 개발. 보건복지부, 중앙노인보호전문기관.

이미진(2018). 노인보호전문기관 상담원의 학대사례 개입경험에 대한 탐색적 연구. **한국노인복지학회 학술대회 자료집**, 378-406.

이미진, 백민소, 양호정, 송영신(2018). 가정내 노인학대 예방대책에 대한 연구. 중앙노인보호전문기관 연구용역 보고서.

이미진, 장고운(2016). 노인보호전문기관의 노인학대 재접수사례와 신규사례의 비교: 노인, 학대행위자, 학대상황 특성을 중심으로. **보건사회연구, 36**(4), 221-255.

이인정, 최해경(1995). **인간행동과 사회환경**. 나남출판사.

장희숙, 황순찬(2017). 부부폭력 가해여성의 체험: 생존폭력의 맥락적 의미. **가족과 가족치료, 25**(4), 883-909.

중앙노인보호전문기관(2025). 2025 노인학대 현황보고서.

Chihowski, K., & Hughes, S. (2008). Clinical issues in responding to alleged elder sexual abuse. *Journal of Elder Abuse & Neglect, 20*(4), 377-400.

Lee, M., J., Ryu, J. H., & Lee, J. (2022). Psychological mistreatment by married children in Korea: Using the contextual theory to explain mistreatment of aging parents and parents-in-law. *Journal of Elder Abuse & Neglect*, DOI: 10.1080/08946566.2022.2079039.

National Research Council. (2003). *Elder mistreatment: Abuse, neglect and exploitation in an aging America*. Panel to Review Risk and Prevalence of Elder Abuse and Neglect. R. J. Bonnie & R. B. Wallace. (eds.), Committee on National Statistics and Committee on Law and Justice, Division of Behavioral and Social Sciences and Education. The National Academics Press.

Rabiner, D. J., Brown, D., & O'Keeffe, J. (2004). Financial exploitation of older persons: Policy issues and recommendations for addressing them. *Journal of Elder Abuse & Neglect, 16*(1), 65-84.

Roberto, K. A. (2017). Perpetrators of late life polyvictimization. *Journal of Elder Abuse & Neglect, 29*(5), 313-326.

Stodolska, A., Parnicka, A., Tobiasz-Adamczyk, B., & Grodzicki, T. (2020). Exploring elder neglect: New theoretical perspectives and diagnostic challenges. *Gerontologist, 60*(6), e438-e448. doi: 10.1093/geront/gnz059.

Yon, Y., Mikton, C. R., Gassoumis, Z. D., & Wilber, K. H. (2017). Elder abuse prevalence in community settings: A systematic review and meta-analysis. *The Lancet Global Health, 5*(2), e147-e156. https://doi.org/10.1016/S2214-109X(17)30006-2.

World Health Organization. (2002). The Toronto declaration on the global prevention of elder abuse.

Zink, T., Regan, S., Jacobson, C. J., & Pabst, S. (2003). Cohort, period, and aging effects: A qualitative study of older women's reasons for remaining in abusive relationships. *Violence Against Women, 9*(12), 1429-1441.

부록 노인학대 예후

노인 신체적 학대 예후

- 설명할 수 없거나 설명과 일치하지 않는 치료받지 못한 상처 및 부상
- 얼굴, 목, 팔, 다리 등 멍이나 할퀸 흔적, 화상 흔적, 묶인 흔적
- 외관상 보이지 않지만 옷이나 신체 일부분에 의해서 가려진 상처
- 머리카락이 뽑힌 흔적이나 머리 부분에 출혈 흔적
- 위축감, 두려움 및 불안증세가 심함.
- 바깥 출입이 거의 없거나 집 주변에서 배회함.

출처: 서울시복지재단(2022).

노인 정서적 학대 예후

- 흥분 또는 화가 난 분노의 모습
- 눈물을 머금거나 우는 모습
- 말하기를 꺼리거나 주저함.
- 무반응, 무표정한 무력감과 근심이 가득한 모습을 보임.
- 가족 또는 보호자 등과 대화가 없거나 눈치를 봄.
- 보호자와 노인의 다툼이나 욕설, 큰 소리가 자주 들림.

출처: 서울시복지재단(2022).

노인 성적 학대 예후

- 걷거나 앉을 때 어려움을 보이거나 성병에 걸림.
- 분노 또는 수치심을 보임.
- 신체의 주요 부분을 노출시킴.
- 특정 유형의 사람들에 대한 두려움을 보임.

출처: 서울시복지재단(2022).

노인 경제적 학대 예후

- 자신의 돈을 마음대로 사용하지 못함.
- 재산관리 결정을 제한하거나 강요함.
- 노인부양을 전제로 재산 증여 후 부양하지 않음.
- 노인의 재산이 타인의 명의로 갑자기 전환됨.
- 친척이나 가족이 도와준 대가로 노인의 연금 일부를 가로챔.

출처: 서울시복지재단(2022).

노인 방임 예후

- 대소변 냄새, 악취, 염증, 욕창 등을 방치함.
- 머리카락, 수염, 목욕, 손톱, 의복 등 신변처리가 안 됨.
- 식사를 거르는 등의 영양실조나 탈수상태
- 기본적 생활비 지원이 거의 없음.
- 생명에 위협이 될 의식주 및 의료적 처치를 노인 스스로 거부함(자기방임).

출처: 서울시복지재단(2022).

노인 유기 예후

- 노인을 시설, 병원 등에 입소시킨 후 연락두절
- 가족 및 보호자가 장기간 동안 연락 및 왕래를 하지 않아 노인 생활에 심각한 위협을 초래하는 경우
- 노인이 자신의 주거지 및 연락처를 알지 못하는 상태로 버려짐.
- 노인이 낯선 장소에서 배회함.

출처: 서울시복지재단(2022).

제6장
장애인학대

장애인의 인권 보장과 존엄성 실현을 위해서는 장애인학대 문제에 대한 명확한 인식과 적극적 대응이 필수적이다. 제6장은 장애인학대 현장에서 실천 가능한 사회복지 역량을 함양하는 것을 목표로 한다. 이 장에서는 국내법과 국제기준에서 제시하는 장애인학대의 개념을 비교하여, 장애인학대가 사회적 맥락과 권리 관점에서 어떻게 이해되고 있는지 살펴본다. 또한 최신 통계를 통해 국내 장애인학대 현황과 심각성을 구체적으로 제시하고 장애인학대 발생 시 법적·제도적 대응절차와 장애인학대 피해자를 위한 보호기관 및 프로그램을 이해할 수 있도록 구성하였다. 마지막으로, 사례 토론을 통해 장애인학대 문제에 효과적으로 대응하기 위한 기관 간의 실천적 협력 방안을 학습할 수 있도록 하였다.

1. 장애인학대의 개념과 유형

1) 장애인학대의 개념

장애는 지속적으로 변화는 개념이며 국가별로 정의와 장애범주가 다르다. 장애의 사전적 의미는 신체기관이 본래의 제 기능을 못하거나 정신능력에 결함이 있는 상태를 말한다. 그러나 우리나라가 2008년 12월에 비준한 UN장애인권리협약에 따르면 "장애는 점진적으로 변화하는 개념이며 손상을 가진 개인과 그 개인을 둘러싼 태도적·환경적 장벽들 사이의 상호작용의 결과"이다(보건복지부, 장애인권익옹호기관, 2022).

장애인학대 역시 국내외 법과 제도적 틀 속에서 다양하게 정의되며, 그 개념은 사회적 맥락과 권리 담론의 발달에 따라 변화하고 있다.

우리나라 「장애인복지법」 제2조 제1항에서는 장애인을 "신체적 · 정신적 장애로 오랫동안 일상생활이나 사회생활에 상당한 제약을 받는 자"로 정의하고 제3항에서 장애인학대를 "장애인에 대하여 신체적 · 정신적 · 정서적 · 언어적 · 성적 폭력이나 가혹행위, 경제적 착취, 유기 또는 방임을 하는 것"으로 정의하고 있다. 이 정의는 학대의 행위 양상을 중심으로 개념화되어 있으며, 물리적 폭력이나 성적 학대뿐 아니라 경제적 착취 및 유기 · 방임도 학대에 포함하고 있다.

한편, UN장애인권리협약(Convention on the Rights of Persons with Disabilities: CRPD)은 장애인을 권리의 주체로 선언하며, 학대를 권리 침해의 하나로 규정하고 있다. 장애인학대 관련 조항인 제16조(학대, 폭력 및 착취로부터의 자유)는 다음과 같다.

글상자 6-1 UN장애인권리협약 제16조(학대, 폭력 및 착취로부터의 자유)

- 당사국은 가정 내외에서 성별을 이유로 한 유형을 포함하여 모든 형태의 착취, 폭력 및 학대로부터 장애인을 보호하기 위하여 모든 적절한 입법적, 행정적, 사회적, 교육적 및 그 밖의 조치를 취한다.
- 당사국은 특히 장애인과 그 가족 및 보호자를 위하여 착취, 폭력 및 학대를 방지하고 인지하며 신고하는 방법에 대한 정보 및 교육의 제공을 포함하여 성별과 연령을 고려하여 적절한 형태의 지원 및 보조를 보장함으로써 모든 형태의 착취, 폭력 및 학대를 방지하기 위한 모든 적절한 조치를 취한다. 당사국은 연령, 성별 및 장애를 고려하여 이러한 보호서비스를 제공한다.
- 당사국은 모든 형태의 착취, 폭력 및 학대의 발생을 방지하기 위하여 독립적인 기관이 장애인에게 제공되도록 고안된 모든 시설과 프로그램을 효과적으로 감시할 것을 보장한다.
- 당사국은 보호서비스의 제공을 포함하여 모든 형태의 착취, 폭력 및 학대의 피해자가 된 장애인의 신체적, 인지적 및 심리적 회복, 재활 및 사회적 재통합을 촉진하기 위한 모든 적절한 조치를 취한다. 그러한 회복 및 재통합은 개인의 건강, 복지, 자아존중, 존엄성 및 자율성을 증진하는 환경에서 이루어지며, 성별과 연령에 따른 특수한 요구를 반영한다.
- 당사국은 장애인에 대한 착취, 폭력 및 학대 사례를 확인하고 조사하며 적절한 경우에는 기소하기 위하여, 여성과 아동에 중점을 둔 입법과 정책을 포함하여 효율적인 입법과 정책을 마련한다.

2) 장애인학대의 유형

「장애인복지법」 제2조 제3항에 따라 장애인학대는 "장애인에 대하여 신체적 · 정신적 · 정서적 · 언어적 · 성적 폭력이나 가혹행위, 경제적 착취, 유기 또는 방임을 하는 것"을 말한다. 장애인학대는 단일한 형태로 발생하지 않으며, 복합적으로 작용하는 경우가 많다. 특히 장애인은 타인에 대한 의존도가 높은 경우가 많아 학대에 더욱 취약하며, 학대 피해가 장기적으로 지속되기 쉬운 특성이 있다. 또한 장애인학대는 피해자 중심의 통합적 관점에서 접근하는 것이 중요하다. 학대를 단순히 '사건'으로 취급하지 않고, 장애인의 삶 전반에서 자율성과 존엄성, 권리 보장을 회복하는 것이 사회복지 실천의 핵심 목표가 되어야 한다.

(1) 신체적 학대

신체적 학대는 장애인에 대한 폭행, 상해, 감금 등 장애인에 대한 신체적 폭력이나 가혹행위를 말한다. 대표적으로는 손이나 발 등 신체나 도구를 사용해 때리거나 상처를 입히는 행위, 처벌이나 기합, 원하지 않는 수술이나 시술을 받게 하는 행위(낙태, 문신, 불임 등) 그리고 장애인이 신체의 일부로 사용하는 휠체어 등의 보조기기를 훼손하거나 임의로 작동시키는 행위를 포함한다. 장애인의 의사 표현 능력이 제한될수록 외부에 드러나기 어렵고, 반복적인 신체 손상이 발생할 가능성도 높다. 특히 시설이나 가정 내에서 일상적으로 발생할 수 있는 체벌, 억제 행위 등이 습관적으로 반복될 경우, 지속적 학대로 이어질 수 있다.

신체적 학대의 징후는 다음과 같다.

- 설명할 수 없는 상처와 멍, 물린 자국, 흉터, 골절, 탈골, 출혈, 화상 등의 상흔
- 반복적으로 발생하는 상처
- 물건이나 도구 형태의 상처, 멍
- 밧줄 자국(묶인 흔적)
- 지나치게 피로해하거나 살이 빠져 말라 있음.
- 두통, 어지럼증, 구토, 설사, 복통 등의 증상이 반복되거나 지속됨.
- 특정 사람에 대한 접촉을 피하거나 두려워함.
- 공격적이거나 위축된 극단적 행동을 보임.
- 집에 가는 것이나 가족(부모, 형제 등)을 두려워함.
- 일상적인 공간(집, 학교, 직장, 이용기관 등)에 가는 것을 두려워함.
- 특정 장소(화장실, 특정한 방, 창고 등)에 가는 것을 거부함.
- 일상적으로 하던 행동에 변화가 생기거나 평소 좋아하던 일을 하지 않음.

- 다른 사람에게 지나치게 순종함.
- 바깥 출입이 거의 없거나 집 주변에서 배회함.
- 외부 위험을 지속적으로 경계함.

출처: 중앙장애인권익옹호기관 홈페이지(n.d.).

(2) 정서적 학대

정서적 학대는 장애인에 대한 협박, 괴롭힘, 모욕 등 장애인에 대한 정서적 폭력이나 가혹행위를 말한다. 대표적으로는 협박, 위협 등으로 장애인에게 공포심을 주는 언어적 표현, 때리려는 등의 행동으로 공포심을 주는 비언어적 표현 그리고 지속적인 비하, 모욕, 조롱 욕설 등이다. 정서적 학대는 외상처럼 드러나지 않지만, 장애인의 전반적인 삶의 질을 저하시킬 뿐 아니라, 자립과 회복을 방해하는 요인이 된다.

정서적 학대의 징후는 다음과 같다.

- 자해, 자기학대로 인한 상처
- 급격한 식욕의 변화 및 일상적이지 않은 체중 변화(급격한 체중 저하 또는 체중 증가)
- 우울증 등 정신질환의 발생
- 다른 사람을 두려워함.
- 평소에는 의사소통이 가능하고 자기 의견을 잘 표현하였으나, 평소와 다르게 말하기를 꺼리거나 주저함.
- 평소와 다르게 악몽을 꾸거나 잠을 잘 못 잠.
- 평소와 다르게 지나치게 위축되거나 소극적임.
- 갑자기 폭언이나 욕설, 공격성을 보임.
- 특정 물건을 계속 빨고 있거나 물어뜯음.
- 과도하게 관심을 유발하는 행동을 보임.
- 우울증이 오거나 자해, 자기학대적 행동을 함.
- 과다수면
- 급격한 식욕의 변화
- 갑작스러운 소리나 큰 소리에 과도하게 놀라거나 예민하게 반응함.

출처: 중앙장애인권익옹호기관 홈페이지(n.d.).

(3) 성적 학대

성적 학대는 장애인에 대한 성희롱, 성추행, 성폭행 등 장애인에 대한 성적 폭력이나 가혹행위를 말한다. 대표적으로는 강간 또는 강제 추행, 장애인의 의사에 반하는 행위로 성적 불쾌감을 주는 행위, 성적 행위나 신체 등을 촬영하거나 유포하는 행위, 생매매 강요 등이 있다. 특히 장애인이 성적 개념이나 자기 보호 능력이 부족할 경우, 피해 사실을 인지하지 못하거나 표현하지 못할 가능성이 크다.

성적 학대의 징후는 다음과 같다.

- 설명할 수 없는 임신
- 성병, 배뇨곤란, 요도염 등 생식기의 증상
- 성기나 항문 주변의 가려움, 통증, 출혈
- 걷거나 앉아 있는 것을 어려워함.
- 속옷이나 잠옷이 찢겨 있거나, 이유를 알 수 없는 얼룩이나 피가 묻어 있음.
- 과도한 성적 묘사나 행위, 신체부위 노출 등 부적절하거나 지나치거나 공격적인 성적 언행을 보임.
- 옷을 완전히 갖춰 입고 잠.
- 일상적인 공간(집, 직장, 학교 등)에 가는 것을 거부함.
- 설명할 수 없는 돈이나 선물을 가지고 있음.
- 어떤 특정한 사람의 이야기를 유독 많이 한다거나, 성적 질문을 받을 때 그렇게 하면 좋은 건지 나쁜 건지 되묻는 등 판단을 필요로 하는 질문을 하는 행동을 보임.
- 온라인 채팅을 과도하게 하고 낯선 사람과 만나는 경우가 있음.
- 예전과 달리 이성을 보면 두려워하는 경향이 있음.

출처: 중앙장애인권익옹호기관 홈페이지(n.d.).

(4) 경제적 학대

경제적 학대는 장애로 인한 취약성을 이용해 재산·노동력의 착취, 재산적 권리의 침해 등 장애인에게 경제적인 손해를 입히는 행위를 말한다. 대표적으로 가족, 보호자를 포함한 타인이 장애인의 명의로 된 급여, 연금, 수당 등을 무단으로 사용하거나 착복하는 경우, 장애인을 속이거나 명의를 도용하여 재산을 가로채거나 채무를 발생시키는 행위가 이에 해당한다. 또한 장애인의 노동력을 착취하거나, 일상적인 소비 결정권을 제한하는 행위도 포함된다. 경제적 학대는 장애인의 경제적 자립을 방해하고 빈곤을 심화시키며, 타 학대와 결합되기 쉬운 특징이 있다.

경제적 학대의 징후는 다음과 같다.

- 금융거래 내용이 갑작스럽게 변경되거나 지불에 문제가 생김.
- 분명한 지출 계획 없이 예금 또는 적금을 해지함.
- 법적 권한이 없는 사람에게 소득이 정기적으로 전달됨.
- 돈을 지출하거나 물건을 구입한 기록이 거의 없음.
- 필요하지 않거나 부적절한 물품을 구입한 기록이 있음.
- 소유한 돈이나 귀중품이 갑자기 사라짐.
- 본인 명의의 휴대폰을 2대 이상 가지고 있거나, 휴대폰 소액결제가 자주 발생함.
- 본인이 사용하지 않은 휴대전화, 정수기, 통신료 등의 요금이 빠져나감.
- 본인이 작성하지 않았거나, 알지 못하는 본인 명의의 계약서가 있음.
- 정기적인 수입이 있는데도 미납된 청구서 등이 있음.
- 일을 하고 있음에도 정당한 대가를 지급받지 않고 있음.
- 매월 지급되는 돈이 있거나 정기적으로 일을 하는데도 기본적인 의식주를 갖추는 데 어려움을 겪음.
- 공과금이나 각종 지출 독촉장 등의 우편물이 있으나 그 이유를 설명하지 못함.
- 휴대전화 요금이 갑자기 증가하였으나 그 이유를 설명하지 못함.
- 과거 관심이 없던 물건이나 서비스에 관심을 가지거나, 고가의 물건이나 서비스를 주변인과 함께 구입함.
- 본인이 받는 임금이나 공적 급여의 금액을 물어보면 대답하지 못함.
- 정기적인 근로를 제공하나 근로계약서를 작성하지 않음.
- 금전관리를 누가 하고 있는지, 어떻게 사용되는지 설명하지 못함.
- 경제적 착취와 관련된 신체적 · 물리적 징후가 확인되는데 보호자, 주변인 등이 그 이유를 설명하지 못함.

출처: 중앙장애인권익옹호기관 홈페이지(n.d.).

(5) 유기 및 방임

유기는 장애인을 보호 · 감독할 의무가 있는 자(친권자, 후견인, 장애인을 보호 · 양육 · 교육하거나 그러한 의무가 있는 사람, 업무 · 고용 등의 관계로 사실상 장애인을 보호 · 감독하는 사람)가 장애인과의 관계를 단절하거나 장애인을 버리는 행위이다. 방임은 장애인을 보호 · 감독의 의무가 있는 자가 장애인의 기본적인 보호나 치료 등을 소홀히 하거나 장애인이 자신에 대한 보호 · 치료 등을 포기 · 거부하는 행위를 말한다.

유기의 대표행위로는 장애인을 고의로 남겨 두고 이사를 가는 행위, 연락을 일방적으로 끊는 행위 등이 있으며 방임의 대표적 행위로는 장애인의 의식주, 신변처리, 의료지원, 교육과 사회서비스 등을 제공하지 않거나 받지 못하게 하는 행위 등이 있다. 즉, 장애인이 생존에 필요한 기본적인 보호와 지원을 받지 못하는 상태 그리고 적절한 식사 제공, 위생 관리, 의료 접근, 외부와의 교류 등 기본적인 생활 조건이 제공되지 않는 경우가 여기에 해당한다.

유기 및 방임의 징후는 다음과 같다.

- 악취, 땀띠, 염증, 욕창 등이 발견됨.
- 머리, 수염, 손 · 발톱, 목욕, 옷의 청결상태 등 신변처리가 안 되어 있음.
- 계절에 맞지 않는 부적절한 옷차림이나 항상 같은 옷차림을 하고 있음.
- 거주지 위생 상태가 불량함.
- 많은 충치 등 구강건강 상태가 불량함.
- 위생관리가 적절하게 제공되지 않아 악취가 남.
- 기운이 없고 잘 걷지 못하는 등 심각한 영양실조가 우려됨.
- 상처, 염증, 욕창, 질병 등이 있으나 적절한 치료 및 관리가 되지 않음.
- 음식을 구걸하거나 훔침.
- 낯선 장소에서 배회하고 있거나 지속적으로 발견됨.
- 지속적인 피로, 배고픔, 불안정감을 호소함.
- 가정이 어려운 상황임에도 보호자 등이 공적 급여나 사회서비스의 연계를 거절함.
- 학령기 학생이 학교에 가지 않음.
- 일정 시간 동안 일정한 장소를 혼자서 배회함.

출처: 중앙장애인권익옹호기관 홈페이지(n.d.).

2. 장애인학대의 실태 및 통계[1)]

1) 장애인권익옹호기관 신고 및 판정 현황

(1) 신고 현황

2023년 장애인권익옹호기관에 접수된 전체 신고는 5,497건으로 전년도 4,958건보다

1) 보건복지부, 중앙장애인권익옹호기관(2023)의 내용을 요약 정리함.

10.9% 증가하였다. 학대의심사례는 2,969건(54.0%)으로 전년도 2,641건보다 12.4% 증가하였다. 일반 사례는 2,528건(46.0%) 접수되었다.

〈표 6-1〉 2023년 장애인학대 신고접수 (단위: 건, %)

학대의심사례		일반 사례		전체	
2,969	54.0	2,528	46.0	5,497	100.0

출처: 보건복지부, 중앙장애인권익옹호기관(2023).

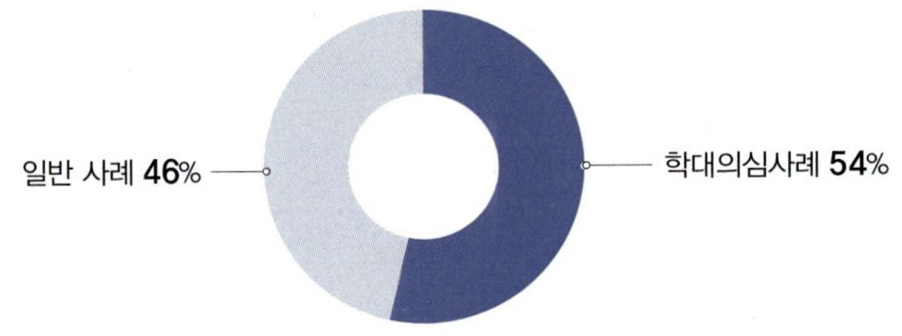

[그림 6-1] 2023년 장애인학대 신고접수

출처: 보건복지부, 중앙장애인권익옹호기관(2023)을 토대로 재구성함.

피해장애인의 주소지를 기준으로 시 · 군 · 구별 학대의심사례 신고접수 현황을 보면 시 · 도 중에서는 경기도가 758건(25.5%)으로 가장 신고가 많았다. 다음으로 충청북도 218건(7.3%), 경상남도 208건(7.0%), 부산광역시 199건(6.7%) 등의 순이었다. 시 · 군 · 구 중에서 단일 시인 세종특별자치시를 제외하면, 경기도 파주시 66건(2.2%), 충청북도 충주시 64건(2.2%), 경기도 양주시 59건(2.0%), 제주특별자치도 제주시 52건(1.8%), 경기도 남양주시 51건(1.7%) 등의 순으로 신고가 많았다.

신고접수 방법을 살펴보면, 2023년 신고자는 주로 전화를 이용하여 신고했으며, 이는 전체 신고의 64.4%에 해당하는 3,541건이었다. 다음으로 온라인 신고 976건(17.8%), 인지 신고 317건(5.8%), 내방 신고 301건(5.5%), 팩스 신고 236건(4.3%) 등의 순이었다.

2023년 신고접수 경로를 보면 일반적인 신고가 4,270건(77.7%)으로 가장 많았다. 다음으로 경찰통보 735건(13.4%), 인지 371건(5.8%), 이관 127건(2.3%), 연계 48건(0.9%) 순이었다. 경찰통보 건수는 전년도(570건)에 비해 28.9% 증가하였다.

신고자 유형을 살펴보면, 학대의심사례 2,969건 중 신고의무가 있는 사람(이하 신고의무자)의 신고는 802건(27.0%)으로 전년도(865건) 대비 7.3% 감소하였다. 신고의무가 없는 사람(이하 비신고의무자)의 신고는 2,167건(73.0%)으로 2022년 1,776건 대비 22.0% 증가하였다.

〈표 6-2〉 신고접수 방법 및 경로 (단위: 건, %)

접수	전화	온라인	문자	팩스	우편	내방	인지	기타	전체
빈도	3,541	976	57	236	11	301	317	58	5,497
%	64.4	17.8	1.0	4.3	0.2	5.5	5.8	1.1	100
경로	신고		인지		이관		연계		경찰통보
빈도	4,270		317		127		48		735
%	77.7		5.8		2.3		0.9		13.4

출처: 보건복지부, 중앙장애인권익옹호기관(2023).

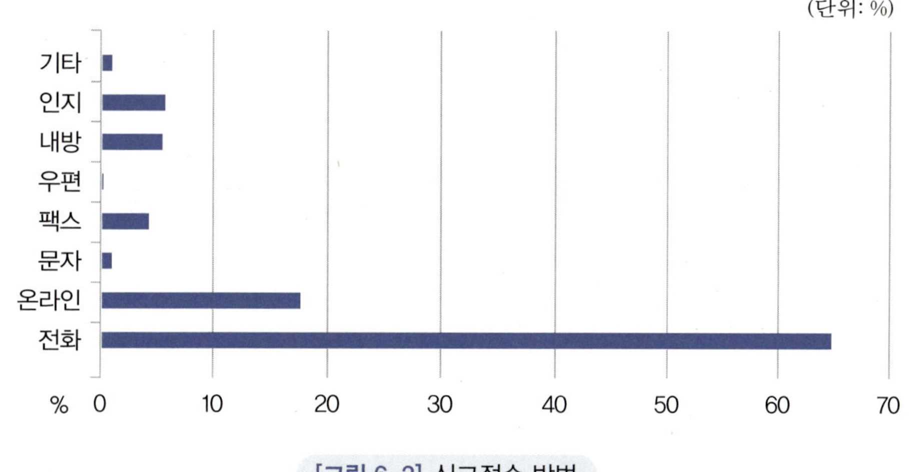

[그림 6-2] 신고접수 방법

출처: 보건복지부, 중앙장애인권익옹호기관(2023)을 토대로 재구성함.

(단위: 건)

연계
연계된 사건 신고
48

이관
이관된 사건 신고
127

인지
사건 세부사항 인지
371

경찰 통보
사건에 대해 경찰에 통보됨
735

일반 신고
가장 일반적인 사건 신고
4,270

[그림 6-3] 신고 경로

출처: 보건복지부, 중앙장애인권익옹호기관(2023)을 토대로 재구성함.

〈표 6-3〉 신고자 유형 (단위: 건, %)

신고의무자		비신고의무자		전체	
802	27.0	2,167	73.0	2,969	100.0

출처: 보건복지부, 중앙장애인권익옹호기관(2023).

신고의무자의 신고는 신고 현황을 보면 사회복지시설 종사자가 46.4%(372건), 사회복지전담공무원 19.5%(156건), 초·중등학교 종사자 10.7%(86건), 장애인활동지원인력 및 활동지원기관 종사자 7.2%(58건), 성폭력피해상담소 및 보호시설 종사자 6.7%(54건) 순으로 나타났다. 신고의무자 중 서비스 지원 종합조사 담당자, 의료기사, 응급구조사, 정신건강증진시설 종사자, 학원 및 교습소 종사자, 건강가정지원센터 종사자, 다문화가족지원센터 종사자에 의한 신고는 접수되지 않았다.

비신고의무자는 피해장애인을 기준으로 본인, 가족 및 친인척, 유관기관 종사자, 타인, '파악 안 됨'으로 분류된다.

〈표 6-4〉 신고의무자, 비신고의무자 유형에 따른 신고 (단위: 건, %)

전체			2,969			
신고의무자			비신고의무자			
유형	건수	비율	유형		건수	비율
사회복지전담공무원	156	19.5	본인		530	24.5
사회복지시설 종사자	372	46.4	가족 및 친인척	배우자	15	0.8
사회복무요원(사회복지시설종사)	15	1.9		부모	211	9.7
서비스 지원 종합조사 담당자	-	-		자녀	40	1.8
장애인활동지원인력 및 활동기관 종사자	58	7.2		형제자매 및 그의 배우자	103	4.8
의료인 및 의료기관의 장	11	1.4		그 외 친척	73	3.4
의료기사	-	-	소계		445	20.5
응급구조사	-	-	유관 기관 종사자	일반공무원	70	3.2
119구급대의 대원	1	0.1		경찰공무원	254	11.7
정신건강복지센터 종사자	5	0.6		공공기관 종사자	13	0.6
정신건강증진시설 종사자	-	-		교육기관 종사자	15	0.7
어린이집 원장 등 보육교직원	1	0.1		의료기관 종사자	10	0.5
유치원 교직원 및 종사자	3	0.4		그 외 장애인지원기관 종사자	421	19.4
초·중등학교 종사자	86	10.7		노인관련기관 종사자	14	0.6
학원 및 교습소 종사자	-	-		아동관련기관 종사자	15	0.7
성폭력피해상담소 및 보호시설 종사자	54	6.7		기타 복지 관련 기관 종사자	59	2.7
성매매피해자지원시설 및 상담소 종사자	1	0.1	소계		871	40.2
가정폭력상담소 및 보호시설 종사자	22	2.7	타인		287	13.2
건강가정지원센터 종사자	-	-	파악 안 됨		34	1.6

신고의무자			비신고의무자		
유형	건수	비율	유형	건수	비율
다문화가족지원센터 종사자	-	-			
아동권리보장원 및 가정위탁지원센터 종사자	1	0.1			
한부모가족복지시설 종사자	2	0.2			
청소년시설 및 단체 종사자	2	0.2			
청소년 보호·재활센터 종사자	2	0.2			
장기요양병원 및 장기요양인정 신청 조사 담당자	5	0.6			
장애인평생교육시설 종사자	5	0.6			
계	802	100	계	2,167	100

출처: 보건복지부, 중앙장애인권익옹호기관(2023).

특히 피해장애인 본인이 직접 장애인권익옹호기관에 신고한 경우는 전체 학대의심사례의 17.9%(530건)에 해당한다. 직접 피해 신고를 한 본인의 장애유형을 보면 지적장애가 50.2%(266건)로 가장 많았고 지체장애 16.8%(89건), 뇌병변장애·정신장애 각각 8.3%(44건) 등의 순이었다. 특히 지적장애인 신고 건수는 2022년 212건보다 25.5% 증가하였다.

〈표 6-5〉 장애유형별 본인 신고 (단위: 건, %)

장애유형	건수	비율
지체장애	89	16.8
뇌병변장애	44	8.3
시각장애	30	5.7
청각장애	17	3.2
언어장애	1	0.2
지적장애	266	50.2
자폐성장애	6	1.1
정신장애	44	8.3
신장장애	5	0.9
심장장애	0	0.0
호흡기장애	0	0.0
뇌전증장애	6	1.1
미등록	22	4.2
전체	530	100.0

출처: 보건복지부, 중앙장애인권익옹호기관(2023).

2) 피해장애인 및 학대 행위자의 일반적 특성

(1) 피해장애인의 일반적 특성

학대로 판정된 1,418건에 대한 피해장애인의 성별은 여성이 54.3%(770명), 남성이 45.7%(648명)로 나타났다. 전년도 대비 여성 피해장애인(611명)은 26.0% 증가하였다.

〈표 6-6〉 피해장애인 성별 (단위: 명, %)

남성		여성		전체	
648	45.7	770	54.3	1,418	100.0

출처: 보건복지부, 중앙장애인권익옹호기관(2023).

피해장애인의 연령은 20대가 24.2%(343명)로 가장 높게 나타났으며 17세 이하 18.5%(263명), 30대 16.1%(228명), 40대 14.2%(201명) 등의 순이었다. 2022년 대비 20대(307명)는 11.7%, 17세 이하(249명)는 5.6% 증가하였다.

〈표 6-7〉 피해장애인 연령 (단위: 명, %)

연령	빈도	비율
17세 이하	263	18.5
18~19세	51	3.6
20대(20~29세)	343	24.2
30대(30~39세)	228	16.1
40대(40~49세)	201	14.2
50대(50~59세)	193	13.6
60~64세	81	5.7
65세 이상	58	4.1
전체	1,418	100.0

출처: 보건복지부, 중앙장애인권익옹호기관(2023).

피해자의 장애유형을 보면 지적장애가 67.3%(955건)로 가장 많았고, 자폐성장애 6.6%(93건), 지체장애 5.9%(84건) 등의 순으로 나타났다. 2022년 대비 정신장애(35건) 80.0%, 지체장애(61건) 37.7%, 자폐성장애(77건) 20.8% 증가하였다.

〈표 6-8〉 피해장애인 주장애유형[2] (단위: 건, %)

장애유형	건수	비율
지체장애	84	5.9
뇌병변장애	66	4.7
시각장애	33	2.3
청각장애	35	2.5
언어장애	11	0.8
지적장애	955	67.3
자폐성장애	93	6.6
정신장애	63	4.4
신장장애	2	0.1
심장장애	-	-
호흡기장애	-	-
간장애	-	-
안면장애	1	0.1
장루 · 요루장애	-	-
뇌전증장애	3	0.2
미등록	72	5.1
전체	1,418	100.0

출처: 보건복지부, 중앙장애인권익옹호기관(2023).

장애인으로 등록된 학대사례 1,346건 중 '장애의 정도가 심한 장애인'은 95.5%(1,286건)로 나타났으며, '장애의 정도가 심하지 않은 장애인'은 4.5%(60건)로 나타났다.

〈표 6-9〉 피해장애인 장애정도[3] (단위: 건, %)

장애정도	건수	비율
장애의 정도가 심한 장애인(중증장애인)	1,286	95.5
장애의 정도가 심하지 않은 장애인(경증장애인)	60	4.5
전체	1,346	100.0

출처: 보건복지부, 중앙장애인권익옹호기관(2023).

2) 장애인권익옹호기관은 피해장애인의 주장애유형과 부장애유형을 모두 확인하며, 이 장에서는 피해장애인의 주장애유형을 기초로 분석함.

3) 「장애인복지법」의 개정으로 2019년 7월부터 기존의 '장애등급'은 '장애정도'로 개편되었음. 기존 1~3등급의 장애는 '장애의 정도가 심한 장애인'(중증장애인), 4~6등급의 장애는 '장애의 정도가 심하지 않은 장애인'(경증장애인)으로 변경되었음.

그 밖에 신고 당시 피해장애인이 재가에서 생활하고 있는 경우는 81.3%(1,153건)이었고, 시설에서 생활하고 있는 경우는 18.7%(265건)이었다.

피해장애인의 국민기초생활보장수급자 여부를 살펴보면, 기초생활보장수급자인 경우는 61.2%(868건), 기초생활보장수급자가 아닌 경우는 36.1%(512건), 차상위수급자인 경우는 2.7%(38건)이었다.

(2) 학대 행위자의 일반적 특성

장애인권익옹호기관은 장애인학대 행위자가 사례에 따라 한 명 이상일 수 있으나 2023년 장애인학대 현황보고는 사례별 행위자가 다수이더라도 주 행위자 한 명에 대한 정보만 통계로 집계하고 있다.

학대 행위자는 성별은 남성 69.9%(991명), 여성 30.1%(427명)였으며, 남성이 여성보다 약 2.3배 많은 것으로 나타났다.

〈표 6-10〉 학대 행위자 성별 (단위: 명, %)

남성		여성		전체	
991	69.9	427	30.1	1,418	100.0

출처: 보건복지부, 중앙장애인권익옹호기관(2023).

학대 행위자의 연령은 60대가 21.1%(299명)로 가장 많았고, 50대 18.1%(257명), 40대 16.7%(237명) 등의 순으로 나타났다. 2022년 대비 60대(208명) 43.8%, 40대(213명) 11.3% 증가하였으며, 50대(264명) 2.7% 감소하였다.

〈표 6-11〉 학대 행위자 연령 (단위: 명, %)

연령	빈도	비율
19세 이하	57	4.0
20대(20~29세)	154	10.9
30대(30~39세)	174	12.3
40대(40~49세)	237	16.7
50대(50~59세)	257	18.1
60대(60~69세)	299	21.1
70대(70~79세)	60	4.2
80세 이상	27	1.9
파악 안 됨	153	10.8
전체	1,418	100.0

출처: 보건복지부, 중앙장애인권익옹호기관(2023).

학대 행위자와 피해장애인과의 관계를 살펴보면, '타인'에 의한 학대가 39.9%(566건)로 가장 높게 나타났으며, '가족 및 친인척' 35.0%(497건), '신고의무자인 기관종사자' 22.3%(316건), '신고의무자가 아닌 유관기관 종사자' 2.2%(31건), '파악 안 됨' 0.4%(6건), '본인' 0.1%(2건) 순이었다.

학대 행위자 유형을 세부적으로 보면, 알고 지내는 사람(지인)에 의한 학대가 20.9%(297건)로 가장 많았고, 사회복지시설 종사자에 의한 학대 16.5%(234건), 부(父)에 의한 학대 10.1%(143건), 모르는 사람에 의한 학대 9.7%(138건), 배우자에 의한 학대 7.1%(100건), 모(母)에 의한 학대 6.5%(92건) 등의 순으로 나타났다.

'가족 및 친인척'에 의한 학대는 2022년 432건 대비 15.0% 증가했으며, '타인'에 의한 학대는 2022년 425건 대비 33.2% 증가하였다. '신고의무자인 기관종사자'에 의한 학대는 2022년 304건 대비 3.9% 증가하였다.

〈표 6-12〉 학대 행위자와 피해장애인과의 관계 (단위: 건, %)

관계		건수	비율
가족 및 친인척	배우자	100	7.1
	부	143	10.1
	모	92	6.5
	조부모	9	0.6
	자녀	41	2.9
	형제자매 및 그의 배우자	72	5.1
	그 외 친척	40	2.8
	소계	497	35.0
타인	동거인	56	3.9
	이웃	46	3.2
	알고 지내는 사람(지인)	297	20.9
	고용주	29	2.0
	모르는 사람	138	9.7
	소계	566	39.9
신고의무자인 기관종사자	사회복지전담 공무원	1	0.1
	사회복지시설 종사자	234	16.5
	(사회복지시설에서 복무하는) 사회복무요원	8	0.6
	장애인활동지원인력 및 활동지원기관 종사자	26	1.8
	의료인 및 의료기관의 장	5	0.4
	어린이집 원장 등 보육교직원	20	1.4

관계		건수	비율
	유치원 교직원 및 강사	1	0.1
	초·중등학교 종사자	16	1.1
	학원 및 교습소 종사자	1	0.1
	성폭력상담소 및 보호시설 종사자	1	0.1
	청소년 보호·재활센터 종사자	1	0.1
	장기요양요원	2	0.1
	소계	316	22.3
신고의무자가 아닌 유관기관 종사자	교육기관 종사자	4	0.3
	의료기관 종사자	6	0.4
	그 외 장애인지원기관 종사자	15	1.1
	아동 관련 기관 종사자	3	0.2
	기타 복지 관련 기관 종사자	2	0.1
	경찰공무원	1	0.1
	소계	31	2.2
본인		2	0.1
파악 안 됨		6	0.4
전체		1,418	100.0

출처: 보건복지부, 중앙장애인권익옹호기관(2023).

그 밖에 학대 행위자와 피해장애인이 동거하지 않는 경우는 65.0%(922건), 동거하는 경우는 30.2%(428건), 파악되지 않은 경우는 4.8%(68건)로 나타났다.

〈표 6-13〉 학대 행위자와 피해장애인과의 동거 여부 (단위: 건, %)

동거		비동거		파악 안 됨		전체	
428	30.2	922	65.0	68	4.8	1,418	100.0

출처: 보건복지부, 중앙장애인권익옹호기관(2023).

3) 그 외 장애인학대 양상

(1) 발생장소

장애인학대가 가장 많이 발생한 장소는 피해장애인 거주지(624건, 44.0%)로 나타났다. 그다음으로는 장애인거주시설 13.2%(187건), 학대 행위자 거주지 7.5%(107건), 기타 6.1%(87건), 상업시설 5.3%(75건), 교육기관 4.9%(69건) 등의 순이었다.

2022년과 비교했을 때 피해장애인의 거주지(486건)는 28.4% 증가한 반면, 장애인거주시설(198건)은 5.6% 감소하였다.

〈표 6-14〉 장애인학대 발생장소 (단위: 건, %)

발생장소		건수	비율
피해장애인 거주지		624	44.0
학대 행위자 거주지		107	7.5
기타 거주지		15	1.1
직장(일하는 곳)		58	4.1
교육기관		69	4.9
일반 의료기관		7	0.5
정신 의료기관		7	0.5
장애인복지시설	장애인거주시설	187	13.2
	장애인지역사회재활시설	33	2.3
	장애인직업재활시설	6	0.4
	장애인생산품판매시설	-	-
	장애인의료재활시설	-	-
	학대피해장애인쉼터	-	-
	소계	226	15.9
그 외 보호시설(쉼터)		1	0.1
그 외 장애인지원기관		29	2.0
정신요양시설		2	0.1
정신재활시설		3	0.2
아동관련시설		13	0.9
노인관련시설		8	0.6
기타 복지관련시설		14	1.0
종교시설		8	0.6
미신고시설		20	1.4
온라인		41	2.9
상업시설		75	5.3
기타		87	6.1
파악 안 됨		4	0.3
전체		1,418	100.0

출처: 보건복지부, 중앙장애인권익옹호기관(2023).

(2) 학대 유형

학대 유형은 신체적 학대가 30.8%(572건)로 가장 높았으며, 정서적 학대 24.8%(460건), 경제적 착취 23.9%(443건), 성적 학대 14.1%(261건), 방임 6.4%(119건) 순이었다. 2022년과 비교하면 경제적 착취(273건)가 62.3% 증가하였고, 방임(133건)은 10.5% 감소하였다.

한편, 중복 학대를 하나의 장애인학대 유형으로 구분지어 분석하면, 전체 학대사례 1,418건 중 중복 학대가 25.3%(359건)로 가장 높게 나타났다. 그다음으로 경제적 착취 23.2%(329건), 신체적 학대 20.5%(291건), 성적 학대 15.2%(216건), 정서적 학대 10.6%(151건), 방임 5.1%(72건) 순이었다.

〈표 6-15〉 장애인학대 유형(중복 학대 미분류) (단위: 건, %)

학대 유형	건수	비율
신체적 학대	572	30.8
정서적 학대	460	24.8
성적 학대	261	14.1
경제적 착취	443	23.9
유기	-	-
방임	119	6.4
전체	1,855	100.0

출처: 보건복지부, 중앙장애인권익옹호기관(2023).

(3) 장애유형별 학대 유형

장애유형별 장애인학대 유형을 보면 지적장애의 경우 경제적 착취(27.9%), 신체적 학대(27.8%), 정서적 학대(22.8%) 등의 순으로 높게 나타났다. 자폐성장애의 경우 신체적 학대(49.6%)가 가장 높았고, 정서적 학대(29.5%)가 그 뒤를 이었다. 지체장애의 경우 정서적 학대(34.2%), 신체적 학대(33.3%), 경제적 착취(13.5%) 등의 순이었으며, 뇌병변장애의 경우 신체적 학대(38.6%), 정서적 학대(32.5%), 경제적 착취(13.3%) 등의 순이었다. 정신장애의 경우 신체적 학대(32.2%), 경제적 착취(27.6%) 등이 높게 나타났으며, 장애등록을 하지 않은 경우에는 정서적 학대(31.2%), 신체적 학대(23.7%), 성적 학대(22.6%) 등의 순이었다.

단, 전체 장애유형별 유기 학대 유형은 발생건수가 0건으로 집계되었다.

〈표 6-16〉 장애유형별 장애인학대 유형 (단위: 건, %)

구분	신체적 학대		정서적 학대		성적 학대		경제적 착취		방임		전체	
지체장애	37	33.3	38	34.2	12	10.8	15	13.5	9	8.1	111	100.0
뇌병변장애	32	38.6	27	32.5	5	6.0	11	13.3	8	9.6	83	100.0
시각장애	19	42.2	14	31.1	3	6.7	5	11.1	4	8.9	45	100.0
청각장애	17	41.5	5	12.2	9	22.0	7	17.1	3	7.3	41	100.0
언어장애	4	30.8	6	46.2	-	-	2	15.4	1	7.7	13	100.0
지적장애	347	27.8	284	22.8	191	15.3	348	27.9	76	6.1	1,246	100.0
자폐성장애	64	49.6	38	29.5	2	1.6	13	10.1	12	9.3	129	100.0
정신장애	28	32.2	16	18.4	17	19.5	24	27.6	2	2.3	87	100.0
신장장애	1	50.0	1	50.0	-	-	-	-	-	-	2	100.0
심장장애	-	-	-	-	-	-	-	-	-	-	-	-
호흡기장애	-	-	-	-	-	-	-	-	-	-	-	-
간장애	-	-	-	-	-	-	-	-	-	-	-	-
안면장애	-	-	1	100	-	-	-	-	-	-	1	100.0
장루 · 요루장애	-	-	-	-	-	-	-	-	-	-	-	-
뇌전증장애	1	25.0	1	25.0	1	25.0	1	25.0	-	-	4	100.0
미등록	22	23.7	29	31.2	21	22.6	17	18.3	4	4.3	93	100.0
전체	572	30.8	460	24.8	261	14.1	443	23.9	119	6.4	1,855	100.0

출처: 보건복지부, 중앙장애인권익옹호기관(2023).

보건복지부와 장애인권익옹호기관(2022)의 신고의무자교육 '장애인학대 예방 및 장애인 대상 성범죄 예방과 신고'에서는 학대 피해 신고에 어려움을 겪는 장애유형에 대해 다음과 같이 설명하고 있다.

지적장애인

- 지적 능력의 발달이 지연되어 자신의 일을 처리하는 것과 사회생활에 지원이 필요
- 전반적인 인지기능과 추론, 문제해결, 추상적 사고, 판단, 경험에 대한 학습 등에 어려움이 있음.
- 장애의 정도가 같아도 개인별 차이가 큼.

자폐성장애인

- 비전형적 자폐증(자폐증이나 전형적인 양상이 아닌 경우, 예를 들면 사회적 상호작용에는 어려움이 있지만 언어 지연은 없는 경우, 유아기에는 증상이 뚜렷하지 않다가 학령

기에 문제가 드러나는 경우 등이 있음)에 따른 언어, 신체표현, 자기조절, 사회적응 기능 등의 장애로 일상생활이나 사회생활에 지원이 필요
- 의사소통 및 상호작용에 어려움을 가지고 있음.
- 행동적 특성은 여러 요인에 따라 다양하게 나타나고 편차가 큼.

정신장애인
- 망상, 환각, 사고나 기분의 장애 등으로 인하여 독립적으로 일상생활을 하는 데 중대한 제약이 있어 지원이 필요

뇌병변장애인
- 뇌성마비, 뇌졸중, 외상성 뇌손상 등으로 인한 복합적인 장애로 보행과 일상생활 동작 등에 제약이 있어 지원이 필요
- 시각, 청각, 언어 등 여러 장애유형이 중복으로 나타나기도 함.
- 지적장애, 자폐성장애가 동반되는 경우도 있음.

청각장애인
- 귀의 청신경 기능에 이상이 생겨 말과 음을 잘 듣지 못하여 의사소통에 어려움으로 지원이 필요
- 청력에 따라 보청기나 인공와우 등을 통해 소리를 들을 수 있으며 수어 이외에 구화나 필담 등 다양한 방법으로 의사소통

언어장애인
- 신체적 · 정신적 요인으로 부정확한 발음과 말을 더듬는 등 언어를 사용하는 의사소통에 어려움이 있어 지원이 필요

출처: 보건복지부, 장애인권익옹호기관(2022).

3. 장애인학대의 법적 대응체계

1) 관련 법률

장애인학대에 대한 법적 대응은 단순한 보호를 넘어, 인권 침해에 대한 책임 규명과 사회적 정의 실현을 위한 중요한 제도적 장치이다. 특히 장애인의 취약한 위치와 구조적 차별을

고려할 때, 다양한 법률이 연계되어 작동하는 다층적 법제도 체계를 마련하는 것이 필수적이다.

「장애인복지법」 제2조 제4절의 '장애인학대관련범죄'란 장애인학대로서 다음 각 호의 어느 하나에 해당하는 죄를 말한다.

글상자 6-2 「장애인복지법」 제2조 제4절의 장애인학대관련범죄

1. 「형법」 제2편 제24장 살인의 죄 중 제250조(살인, 존속살해), 제252조(촉탁, 승낙에 의한 살인 등), 제253조(위계 등에 의한 촉탁살인 등) 및 제254조(미수범)의 죄
2. 「형법」 제2편 제25장 상해와 폭행의 죄 중 제257조(상해, 존속상해), 제258조(중상해, 존속중상해), 제258조의2(특수상해), 제259조(상해치사), 제260조(폭행, 존속폭행) 제1항 · 제2항, 제261조(특수폭행) 및 262조(폭행치사상)의 죄
3. 「형법」 제2편 제28장 유기와 학대의 죄 중 제271조(유기, 존속유기) 제1항 · 제2항, 제272조(영아유기), 제273조(학대, 존속학대), 제274조(아동혹사) 및 제275조(유기등치사상)의 죄
4. 「형법」 제2편 제29장 체포와 감금의 죄 중 제276조(체포, 감금, 존속체포, 존속감금), 제277조(중체포, 중감금, 존속중체포, 존속중감금), 제278조(특수체포, 특수감금), 제280조(미수범) 및 제281조(체포 · 감금등의 치사상)의 죄
5. 「형법」 제2편 제30장 협박의 죄 중 제283조(협박, 존속협박) 제1항 · 제2항, 제284조(특수협박) 및 제286조(미수범)의 죄
6. 「형법」 제2편 제31장 약취, 유인 및 인신매매의 죄 중 제287조(미성년자의 약취, 유인), 제288조(추행 등 목적 약취, 유인 등), 제289조(인신매매) 및 제290조(약취, 유인, 매매, 이송 등 상해 · 치상), 제291조(약취, 유인, 매매, 이송 등 살인 · 치사) 및 제292조(약취, 유인, 매매, 이송된 사람의 수수 · 은닉 등) 및 제294조(미수범)의 죄
7. 「형법」 제2편 제32장 강간과 추행의 죄 중 제297조(강간), 제297조의2(유사강간), 제298조(강제추행), 제299조(준강간, 준강제추행), 제300조(미수범), 제301조(강간 등 상해 · 치상), 제301조의2(강간등 살인 · 치사), 제302조(미성년자 등에 대한 간음), 제303조(업무상위력 등에 의한 간음) 및 제305조(미성년자에 대한 간음, 추행)의 죄
8. 「형법」 제2편 제33장 명예에 관한 죄 중 제307조(명예훼손), 제309조(출판물 등에 의한 명예훼손) 및 제311조(모욕)의 죄
9. 「형법」 제2편 제36장 주거침입의 죄 중 제321조(주거 · 신체 수색)의 죄
10. 「형법」 제2편 제37장 권리행사를 방해하는 죄 중 제324조(강요) 및 제324조의5(미수범)(제324조의 죄에만 해당한다)의 죄

11. 「형법」 제2편 제39장 사기와 공갈의 죄 중 제347조(사기), 제347조의2(컴퓨터등 사용사기), 제348조(준사기), 제350조(공갈), 제350조의2(특수공갈) 및 제352조(미수범)의 죄
12. 「형법」 제2편 제40장 횡령과 배임의 죄 중 제355조(횡령, 배임), 제356조(업무상의 횡령과 배임) 및 제357조(배임수증재)의 죄
13. 「형법」 제2편 제42장 손괴의 죄 중 제366조(재물손괴등)의 죄
14. 제86조 제1항 · 제2항, 같은 조 제3항 제3호, 같은 조 제4항 제2호 및 같은 조 제5항의 죄
15. 「성매매알선 등 행위의 처벌에 관한 법률」 제18조 및 제23조(제18조의 죄에만 해당한다)의 죄
16. 「장애인차별금지 및 권리구제 등에 관한 법률」 제49조 제1항의 죄
17. 「정보통신망 이용촉진 및 정보보호 등에 관한 법률」 제70조 제1항 및 제2항의 죄
18. 「정신건강증진 및 정신질환자 복지서비스 지원에 관한 법률」 제84조 제1호 및 제11호의 죄
19. 제1호부터 제18호까지의 죄로서 다른 법률에 따라 가중처벌되는 죄

이 외에 장애인에 대한 경제적 착취의 경우, 장애인학대 관련 범죄에 대해서는 형법 제328조(친족간의 범행과 고소) '친족상도례' 적용을 배제하도록 「장애인복지법」이 개정되었다.

더불어, 「장애인복지법」 제59조에는 학대 예방과 조사 및 가해자 처벌(제한)의 법적 근거가 포함되어 있는데, 이 중 제59조의9(금지행위) 및 벌칙은 다음과 같다.

〈표 6-17〉 「장애인복지법」상 장애인 대상 금지행위별 벌칙

금지행위(제59조의9)	벌칙(제86조)
장애인에게 성적 수치심을 주는 성희롱 · 성폭력 등의 행위	10년 이하의 징역 1억 원 이하의 벌금
장애인의 신체에 폭행을 가하거나 상해를 입히는 행위	7년 이하의 징역 7천만 원 이하의 벌금
장애인을 폭행, 협박, 감금, 그 밖에 정신상 또는 신체상의 자유를 부당하게 구속하는 수단으로써 장애인의 자유의사에 어긋나는 노동을 강요하는 행위	
자신의 보호 · 감독을 받는 장애인을 유기하거나 의식주를 포함한 기본적 보호 및 치료를 소홀히 하는 방임행위	5년 이하의 징역 5천만 원 이하의 벌금
장애인에게 구걸을 하게 하거나 장애인을 이용하여 구걸하는 행위	
장애인을 체포 또는 감금하는 행위	
장애인의 정신건강 및 발달에 해를 끼치는 정서적 학대행위	

금지행위(제59조의9)	벌칙(제86조)
장애인을 위하여 증여 또는 급여된 금품을 그 목적 외의 용도에 사용하는 행위	3년 이하의 징역 3천만 원 이하의 벌금
공중의 오락 또는 흥행을 목적으로 장애인의 건강 또는 안전에 유해한 곡예를 시키는 행위	1년 이하의 징역 1천만 원 이하의 벌금

한편, 「발달장애인 권리보장 및 지원에 관한 법률」(이하 「발달장애인법」)은 2014년 발달장애인의 의사를 최대한 존중하여 그들의 생애주기에 따른 특성 및 복지 욕구에 적합한 지원과 권리옹호 등이 체계적이고 효과적으로 제공될 수 있도록 필요한 사항을 규정함으로써 발달장애인의 사회참여를 촉진하고, 권리를 보호하며, 인간다운 삶을 영위하는 데 이바지하는 것을 목적(「발달장애인 권리보장 및 지원에 관한 법률」 제1장 제1조)으로 제정되었으며 아홉 번의 일부개정을 통해 현재의 법률에 이르렀다.

「발달장애인법」은 총7장, 44조항으로, 제1장 총칙, 제2장 권리의 보장, 제3장 복지지원 및 서비스, 제4장 발달장애인 가족 및 보호자 지원, 제5장 발달장애인지원센터 등, 제6장 보칙, 제7장 벌칙으로 구성되어 있다.

이 중 제2장 권리의 보장에서는 자기결정권의 보장, 성인후견제 이용지원, 의사소통지원, 형사·사법 절차상 권리보장(보조인 선정, 신뢰관계자 동석 등), 발달장애인에 대한 전담조사제(전담 검사 및 전담 사법경찰관 지정, 전담 검사 및 전담 사법경찰관에게 발달장애인의 특성에 대한 전문지식과 의사소통 방법 및 발달장애인 보호를 위한 수사방법 등에 관한 교육 실시), 발달장애인 대상 범죄 방지, 신고의무, 현장조사(발달장애인에 대한 유기 등의 신고를 접수한 발달장애인지원센터의 직원이나 사법경찰관리는 지체 없이 그 현장에 출동해야 함), 보호조치 등에 대해 정하고 있다.

발달장애인 성인후견 대상(성인후견제 이용지원)

- 일상생활에서 의사를 결정할 능력이 충분하지 않거나 매우 부족하여 의사결정의 대리 또는 지원이 필요하다고 볼 만한 상당한 이유가 있는 경우
- 발달장애인의 권리를 적절하게 대변하여 줄 가족이 없는 경우
- 별도의 조치가 없으면 권리침해의 위험이 상당한 경우

2) 조사 및 사법 절차

「장애인복지법」 제59조의4(장애인학대 및 장애인 대상 성범죄 신고의무와 절차)에 따라 누구든지 장애인학대 및 장애인 대상 성범죄를 알게 된 때에는 제59조의11에 따른 중앙장애인권익옹호기관 또는 지역장애인권익옹호기관(이하 "장애인권익옹호기관"이라 한다)이나 수사기관에 신고할 수 있다.

이에 따라 장애인학대 신고를 접수한 장애인권익옹호기관의 직원이나 사법경찰관리는 지체 없이 장애인학대 현장에 출동해야 한다. 이 경우 장애인권익옹호기관의 장이나 수사기관의 장은 서로 동행하여 줄 것을 요청할 수 있으며, 그 요청을 받은 장애인권익옹호기관의 장이나 수사기관의 장은 정당한 사유가 없으면 소속 직원이나 사법경찰관리가 현장에 동행해야 한다.

「장애인복지법」 제59조의7(응급조치의무 등)에서는 장애인학대 현장에 출동한 장애인권익옹호기관의 직원이나 사법경찰관리는 학대받은 장애인을 학대 행위자로부터 분리하거나 치료가 필요하다고 인정할 때에는 즉시 피해장애인을 다음 기관 또는 시설에 인도해야 하며, 해당 기관 또는 시설의 장은 정당한 사유 없이 이를 거부할 수 없다고 규정하고 있다.

응급조치 시 인도 기관 및 시설

- 장애인권익옹호기관
- 피해장애인 쉼터 및 피해장애아동 쉼터
- 의료기관
- 위기발달장애인쉼터
- 가정폭력 피해자 보호시설
- 노숙인일시보호시설
- 학대 피해노인 전용쉼터
- 성매매피해자 등을 위한 지원시설
- 성폭력 피해자 보호시설
- 아동학대 피해자쉼터
- 그 밖에 학대받은 장애인을 보호할 수 있는 시설로서 대통령령으로 정하는 시설

출처: 「장애인복지법」 제59조의7(응급조치의 의무 등) 제2항.

또한 장애인학대 현장에 출동한 자는 학대받은 장애인을 보호하기 위하여 신고된 현장에 출입하여 관계인에 대하여 조사를 하거나 질문을 할 수 있다. 이 경우 장애인권익옹호기관

의 직원은 학대받은 장애인의 보호를 위한 범위에서만 조사 또는 질문을 할 수 있다. 장애인학대 현장 출입, 조사 또는 질문을 하는 자는 그 권한을 표시하는 증표를 지니고 이를 관계인에게 보여 주어야 하며 조사 또는 질문을 하는 자는 학대받은 장애인, 신고자, 목격자 등이 자유롭게 진술할 수 있도록 학대 행위자로부터 분리된 곳에서 조사하는 등 필요한 조치를 해야 한다.

특히 누구든지 장애인학대 현장에 출동한 자에 대하여 현장조사를 거부하거나 업무를 방해해서는 안 된다. 뿐만 아니라 국가와 지방자치단체는 장애인권익옹호기관의 장이 학대받은 장애인의 보호, 치료 등의 업무를 수행할 때 피해장애인, 그 가족 등 보호자 또는 장애인학대 행위자에 대한 신분조회 등 필요한 조치의 협조를 요청할 경우 정당한 사유가 없으면 이에 적극 협조해야 한다.

3) 장애인학대 피해자 지원 및 학대 행위자 제재

(1) 장애인학대 피해자 지원

「장애인복지법」에서는 장애인학대 피해자를 지원하기 위해 제59조의8(보조인의 선임 등), 제59조의15(피해장애인에 대한 변호사 선임의 특례), 제59조의16(진술조력인의 참여 등) 등을 명시하고 있다. 그 밖에도 장애인 편의제공을 위한 사업지원으로 문자통역, 보청기, 확대경, 문서를 변환하여 읽을 수 있는 파일, 보완대체의사소통기기, 이동을 위한 휠체어, 기타 이동을 위한 조치 등의 물적지원과 수어통역, 활동(이동)보조인력 등의 인적지원 등이 있다(법원행정처, 2020).

① 보조인 선임 및 신뢰관계인 동석

학대받은 장애인의 법정대리인, 직계친족, 형제자매, 장애인권익옹호기관의 상담원 또는 변호사는 장애인학대관련범죄의 심리에 있어서 보조인이 될 수 있다. 다만, 변호사가 아닌 경우에는 법원의 허가를 받아야 한다. 또한 법원은 학대받은 장애인을 증인으로 신문하는 경우 본인 또는 검사의 신청이 있는 때에는 본인과 신뢰관계에 있는 사람의 동석을 허가할 수 있다.

수사기관이 학대받은 장애인을 조사하는 경우에도 위의 절차를 준용해야 한다.

② 피해자 국선변호사 제도

장애인학대범죄 피해장애인 및 그 법정대리인은 형사 절차상 입을 수 있는 피해를 방어하고 법률적 조력을 보장하기 위하여 변호사를 선임할 수 있으며, 검사는 피해자에게 변호사가 없는 경우 국선변호사를 선정할 수 있다.

담당수사관은 피해자에게 국선변호사 선정을 신청할 수 있음을 알려 주어야 하며, 19세 미만 피해자 등에게 변호사가 없는 경우 국선변호사 선정을 지원해 주어야 한다.

③ 진술조력인 제도

검사, 사법경찰관 또는 법원은 범죄사건의 피해자인 장애인이 의사소통이나 의사표현에 어려움이 있는 경우 피해자에 대한 형사사법절차에서의 조력과 원활한 조사·검증 또는 증인 신문을 위하여 직권이나 피해자 또는 보조인의 신청에 따라 진술조력인으로 하여금 조사과정, 검증 또는 증인 신문에 참여하여 의사소통을 중개하거나 보조하게 할 수 있다.

검사, 사법경찰관 또는 법원은 피해자에 대한 조사·검증 또는 증인 신문 전에 피해자 및 보조인에게 진술조력인에 의한 의사소통 중개나 보조를 신청할 수 있음을 고지해야 하며 진술조력인은 피해자, 그 법정대리인 또는 변호사가 경찰서, 검찰청 등 수사기관이나 법원에 구두 또는 서면으로 신청 가능하다.

〈표 6-18〉 학대 피해장애인 지원제도

구분	국선변호사	진술조력인	보조인 및 신뢰관계인 동석
관련 규정	「장애인복지법」 제59조의15	「장애인복지법」 제59조의16	「장애인복지법」 제59조의8, 「발달장애인 권리보장 및 지원에 관한 법률」 제12조 4항, 「형사소송법」 제163조의2, 제221조 등
지원 대상	장애인학대관련범죄의 피해장애인	모든 범죄사건의 피해자인 장애인	모든 발달장애인(피해자, 피의자 여부 무관)
문의	검찰청 피해자지원실(통합콜센터 1301), 각 지역 해바라기센터	검찰청 피해자지원실(통합콜센터 1301), 각 지역 해바라기 센터	검찰청 피해자지원실(1577-2584)

(2) 학대 행위자 제재

장애인학대는 행위에 따라 「장애인복지법」, 「형법」, 「성폭력범죄의 처벌 등에 관한 특례법」(이하 「성폭력처벌법」), 「아동학대범죄의 처벌 등에 관한 특례법」(이하 「아동학대처벌법」) 등 다양한 법률에 따라 처벌될 수 있다. 「장애인복지법」에서는 금지행위와 벌칙(〈표 6-17〉 참조), 가중처벌, 양벌규정, 취업제한 등 처벌 관련 규정을 두고 있다.

① 가중처벌

상습적으로 장애인학대관련범죄를 범하였을 때 그 죄에서 정한 형의 2분의 1까지 가중할 수 있다(「장애인복지법」 제88조의2). 또한 장애인학대 신고의무자가 자신의 보호 · 감독 또는 진료를 받는 장애인을 대상으로 장애인학대관련범죄를 범한 때는 그 죄에서 정한 형의 2분의 1까지 가중할 수 있다.

② 양벌규정

법인 또는 개인의 업무와 관련하여 「장애인복지법」상 금지행위 또는 장애인을 이용한 부당한 영리행위를 한 경우 행위자만 처벌을 받는 것이 아니라 관련 법인 또는 대표자도 해당 조문의 벌금형에 처할 수 있다(「장애인복지법」 제89조).

③ 장애인 관련 기관 취업제한

장애인학대 관련 범죄나 성범죄를 저지른 사람에게 형이나 치료감호를 선고할 때 법원에서 장애인 관련기관에 대한 취업제한을 명령한다(「장애인복지법」 제59조의3).

장애인 관련기관은 장애인자립생활지원센터, 장애인복지시설 및 장애인권익옹호기관, 노인복지시설, 장기요양기관, 발달장애인지원센터, 아동복지시설, 의료인 및 의료기사, 발달재활서비스 제공기관, 활동지원기관, 정신건강복지센터 및 정신건강증진시설, 특수교육기관 및 특수교육지원센터 등이다. 예를 들어, 장애인권익옹호기관은 취업제한 대상인 장애인 관련기관에 해당되므로 장애인권익옹호기관 종사자는 장애인학대 관련 범죄 및 성범죄 경력조회의 대상이 된다.

④ 금지행위와 벌칙

장애인을 대상으로 한 금지행위와 벌칙은 〈표 6-17〉의 「장애인복지법」상 장애인 대상 금지행위별 벌칙을 참고하면 된다.

4. 장애인학대 피해자 보호 및 지원

1) 중앙 · 지역장애인권익옹호기관의 역할

장애인권익옹호기관은 장애인학대를 예방하고 피해장애인을 지원하는 장애인학대 대응 전문기관으로 2017년부터 17개 시 · 도에 중앙 1개소 및 지역 19개소가 설치 · 운영되고 있다. 장애인권익옹호기관에서는 장애인학대 신고를 접수하여 조사를 실시하고, 장애인학대로 판정되면 피해자지원, 사후관리를 진행한다.

〈표 6-19〉 장애인권익옹호기관 역할

역할	내용
응급조치	• 학대 행위자와의 분리가 필요한 경우 쉼터 등 안전한 장소를 확인하여 입소를 지원하고, 치료나 즉각적 검사가 필요한 경우 의료기관에 인도(이송)
복지지원	• 미등록장애인의 신속한 장애인 등록절차 지원 및 지자체 긴급복지서비스 등 다양한 공공 · 민간 자원 연계 • 장애인권익옹호기관과 국민연금공단은 '장애인 인권 119 긴급지원사업'을 통해 학대 피해 미등록 장애인의 신속한 장애등록과 장애등록에 따른 비용 지원 등을 하고 있음
의료지원	• 심리 · 정서 회복을 위한 상담기관 혹은 정신의료기관 연계 및 검사와 치료를 위한 의료기관 연계(치료비 지원이 필요한 경우 지원기관 연계)
사법지원	• 학대 행위자의 처벌을 위한 고소나 고발 절차 지원, 신뢰관계인 동석, 성년후견인 선임 절차 지원 등 다양한 법률지원
사후관리	• 피해자의 안전과 학대 재발 여부를 확인하기 위해 모니터링 실시

2) 장애인권익옹호기관의 사례지원

장애인권익옹호기관의 장애인학대 사례지원 절차는 다음과 같다.

(1) 신고 · 접수

누구든지 장애인학대 및 장애인 대상 성범죄를 알게 된 때에는 장애인권익옹호기관이나 수사기관에 신고할 수 있다(「장애인복지법」 제59조의4 제1항). 또한 특정 직종을 정하여 직무상 장애인학대 및 장애인 대상 성범죄를 알게 된 경우 지체 없이 신고하여야 하는 의무를 부여하고 있다(「장애인복지법」 제59조의4 제2항).

신고가 접수되는 경로에는 신고, 인지, 이관, 연계, 경찰통보가 있다. 인지의 경우 언론보도 등 상담원이 사례를 알게 되어 접수하는 것을 말한다. 경찰통보는 「장애인복지법」 제59조의14(장애인학대 등의 통보)에 따라 사법경찰관리가 장애인 사망 및 상해 사건, 가정폭력 사건 등에 관한 직무를 수행하는 경우 장애인학대가 있었다고 의심할 만한 사유가 있는 때에는 장애인권익옹호기관에 그 사실을 통보하는 것으로 2021년 12월 4일부터 시행되었다.

신고 내용이 장애인에 대한 신체적 · 정신적 · 정서적 · 언어적 · 성적 폭력이나 가혹행위, 경제적 착취, 유기 또는 방임 행위에 해당한다고 의심되면 '장애인학대 의심사례'로 접수하여 사례지원 절차에 따라 조사 및 사례판정 등을 실시한다.

학대의심사례 외 「장애인차별금지 및 권리구제 등에 관한 법률」에 따른 장애인차별 사례, 복지상담이나 정보문의, 일반 법률상담 등 정보제공이 필요한 사례, 사회나 제도에 대한 민원을 제기하는 사례, 장애인학대와 무관한 개인 간의 다툼이나 분쟁 등의 사례는 '일반사례'로 접수한다.

(2) 조사

학대의심사례로 접수되면 학대 조사를 실시하며 피해사실을 확인한다. 조사는 학대 발생지 및 관련 장소를 방문하여 조사한다. 이때 피해장애인, 학대 행위자는 필수로 조사하고, 신고자, 목격자, 이웃 등 관련자는 필요시 조사한다. 장애인권익옹호기관의 직원이나 사법경찰관리가 장애인학대 현장에 출동 시, 장애인권익옹호기관의 장이나 수사기관의 장은 서로 동행하여 줄 것을 요청할 수 있다. 또한 조사 시, 장애인권익옹호기관의 직원은 학대받은 장애인의 보호를 위한 범위에서만 조사 또는 질문을 할 수 있으며 장애인학대 현장 출입, 조사 또는 질문을 하는 자는 그 권한을 표시하는 증표를 지니고 이를 관계인에게 보여주어야 한다.

장애인권익옹호기관은 피해장애인의 보호를 위해 피해장애인쉼터 및 피해장애아동쉼터, 위기발달장애인쉼터 외 거주시설, 의료기관 및 기타의 장소로 응급조치를 실시하고 있다. 피해장애인쉼터 및 피해장애아동쉼터의 경우, 정원 등의 문제로 보호가 어려운 때에는 성폭력 및 가정폭력 피해자보호시설, 아동학대피해자쉼터, 학대피해노인전용쉼터, 노숙인일시보호시설 등에 피해장애인의 보호를 요청한다. 또한 자립홈, 체험홈, 자립지원주택 등 자립을 위한 시설이나 가족 및 친인척의 집과 같은 장소에 보호를 요청한다. 그 외 적절한 주

글상자 6-3 조사 및 면담 시 유의시항

장애인학대의 특징

- 은밀하게 일어나며, 주변인이 가해자인 경우가 많음(아이러니하게 주변인이 신고자인 경우 역시 많음).
- 학대 피해자가 정신적 장애인인 경우, 학대임을 인지하지 못하거나 학대임에도 가볍게 여기는 경우가 많음.
- 장애 특성으로 인해(특히 학대 피해자가 언어장애인 또는 지적 · 자폐성장애인인 경우) 장애인 스스로 문제를 해결하거나 신고를 요청하기 어려운 경우가 상당함.

기초 면담 시 유의점

- 피해자가 정신적 장애인인 경우 또는 중증장애로 인하여 진술이 원활하지 않은 경우, 섣불리 면담을 시도하지 말고 지역장애인권익옹호기관, 발달장애인지원센터 등 전문기관에 면담 · 의뢰할 것
- 학대 행위자가 장애인인 피해자의 약점을 이용하여 거짓증언을 할 가능성이 높으므로, 피해자 또는 목격자의 진술이 확보되지 않은 상황에서 학대 행위자를 먼저 조사하지 말 것(증거인멸 및 피해자 회유 가능)
- 학대 피해자의 몸에서 멍이나 혈흔과 같은 상처를 목격하거나, 장애인이 폐쇄된 공간에 감금되어 있는 모습을 발견하거나, 수급비를 타인이 임의로 사용한 흔적 등을 발견하게 되면 관련 증거를 현장에서 즉시 수집할 것
- 학대 피해의 정도가 심하거나 추가적인 피해가 우려되는 경우, 즉시 경찰에 신고하여 피해자-가해자 간 긴급분리 및 응급조치될 수 있도록 하는 등 피해자의 안전보호를 가장 중요시할 것
- 신고자가 가족 또는 이웃 · 지인, 시설종사자인 경우, 가해자에게 본인의 신분이 노출될 것에 대한 두려움, 가해자로부터의 보복 가능성 및 불이익 등으로 인해 시간이 지날수록 진술을 꺼리는 경향이 있으므로, 신고자에게 비밀준수를 약속하는 등 안심시키면서 첫 조사에서 최대한의 정보를 확보할 것
- 피해자가 지적 · 발달장애인 또는 아동인 경우, 신뢰관계인 동석하에 면담을 진행할 수 있으나, 이때 가해자와 이해관계가 있는 자가 동석하지 않도록 주의할 것
- 최초 진술이 오염되면 향후 조사에 난항을 겪을 수 있으므로 유도질문을 삼가고 최대한 개방형 질문을 통해 상황을 파악할 것
- 면담장소는 학대장소가 아닌 곳에서 진행할 것

출처: 서울특별시(2019), pp. 188, 190-191.

거공간을 찾지 못하면 사회복지시설 중 주거를 목적으로 하는 거주시설을 이용하는 경우도 있다.

(3) 사례판정

조사된 자료 등을 근거로 사례회의를 통해 학대 여부를 판정한다. 필요한 경우 학대사례판정위원회를 통해 학대를 판정하기도 한다.

(4) 지원

지원 대상자는 피해장애인, 보호자 · 가족 그리고 행위자를 포함하며 지원 내용은 심리지원, 예방교육지원, 거주지원, 사법지원, 의료지원 그리고 복지지원(서비스 연계) 등이 있다.

심리지원은 피해장애인의 심리 · 정서적 회복을 돕기 위하여 자격을 가진 전문가에게 심리평가 및 진단, 심리 상담 및 치료 등을 받게 하는 지원이다. 심리지원은 외부 전문기관에 연계하거나, 관련 비용을 지원하는 방식으로 진행한다.

예방교육지원은 피해 회복과 학대 예방을 위해 피해자, 가족, 행위자, 관련자 대상의 학대 예방교육을 장애인권익옹호기관에서 직접 실시하거나, 외부 자원을 연계하여 관련 교육을 받을 수 있도록 하는 지원이다.

거주지원은 피해장애인이 안전하게 생활할 수 있는 거주공간을 마련하는 지원으로 쉼터 입소와 같은 응급보호, 지역사회에서 살 수 있도록 지원하는 거주지원, 장애인거주시설과 같은 복지시설에서 살 수 있도록 지원하는 거주지원이 있다. 거주지원은 단기 또는 장기적인 지원을 하는 경우가 있어 단기와 장기로 구분하고 있다.

사법지원은 학대 행위자에 대한 형사처벌이나 피해장애인이 입게 된 손해의 회복, 후견인 선임, 수사기관 및 법정에서의 신뢰관계 동석 등 사법적인 절차에 관한 지원을 말한다. 세부적으로 고발, 고소대리, 수사의뢰, 법률상담, 절차지원, 소송구조, 후견인 선임, 노동청 진정 등이 있다. 사법지원은 주로 장애인권익옹호기관 내부에 구성된 법률지원단이나 협력관계에 있는 변호사의 연계 및 자문을 받아 지원하고 있다. 복지지원은 장애인등록 절차를 연계하거나 공공 및 민간 영역의 복지자원을 발굴하여 피해장애인에게 필요한 복지서비스와 자원을 연계하는 것이다.

의료지원은 학대로 인하여 발생한 질환의 치료, 피해의 회복을 의료적으로 돕는 것이다. 응급의료조치, 검진 · 진단, 통원 및 입원치료 등이 이에 해당한다.

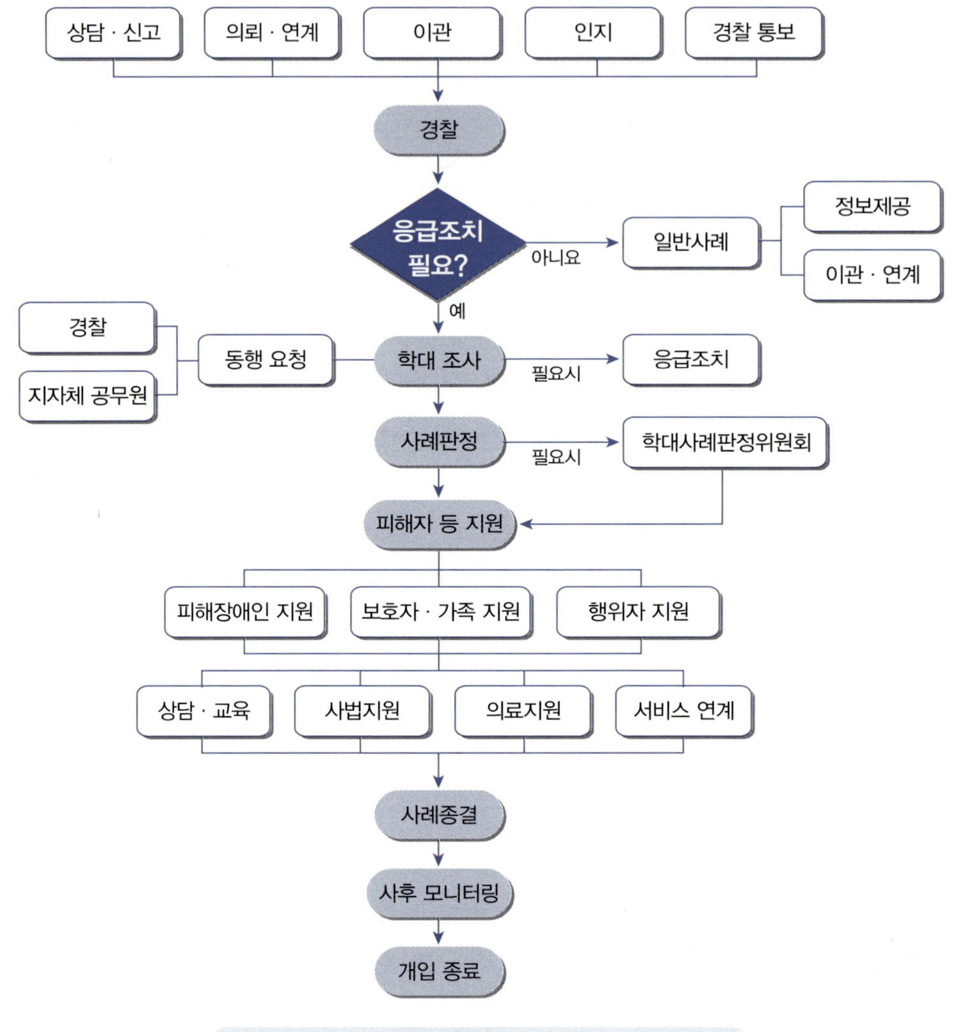

[그림 6-4] 장애인권익옹호기관 업무 수행 체계도

출처: 경찰청, 보건복지부, 중앙장애인권익옹호기관(2024), p. 24.

학업지원은 2022년 신설된 지원 유형으로 피해장애인의 교육을 위한 협의나 신청, 연계, 전학 신청, 등·하교 지원 등 학업을 위한 지원을 말한다.

그 외 중재지원도 있는데, 중재란 피해장애인과 학대 행위자가 법적 절차를 거치지 않고 당사자들 사이에서 분쟁을 조정하여 화해하는 것이다.

진정지원은 피해장애인이 국가인권위원회, 국민권익위원회, 금융감독위원회 등과 같은 국가기관에 진정을 통해 문제를 해결하는 것을 말한다. 장애인권익옹호기관이 직접 진정하거나 피해장애인의 진정 과정을 돕는 형태로 이뤄진다.

이때 피해장애인의 의사와 욕구를 존중하여 지원이 계획 및 실행되어야 하며 피해의 정도와 상황에 따라 수회 지원할 수 있다.

2023년 장애인학대 현황보고(보건복지부, 중앙장애인권익옹호기관, 2023)에 따르면 2023년 장애인학대사례 1,418건에 대해 17,127회의 지원이 이루어졌다. 이 중 피해자 및 가족, 관련자 등에 이뤄지는 상담지원이 11,302회(66.0%)로 가장 많았고, 사법지원 2,458회(14.4%), 복지지원 1,322회(7.7%), 피해장애인 지원 유형에 포함되지 않는 기타 지원 745회(4.3%) 등의 순으로 실시하였다.

(5) 사례종결 및 사후 모니터링

장애인권익옹호기관은 학대사례에 대한 지원이 완료된 이후 일정 기간 재학대 여부를 확인하는 사후 모니터링을 실시한다. 사후 모니터링 기간 동안 최소 1회 이상 피해장애인과 직접 소통하여 안전과 재학대 여부를 확인한다. 피해장애인이 명확하게 연락 거부 의사를 표하거나, 사망, 수감 등으로 연락할 수 없는 경우, 타 지역기관으로 사례가 이관되는 등의 사유가 있으면 예외적으로 사후 모니터링을 실시하지 못할 수 있다.

2023년 종결된 학대사례 697건 중 416건에 대해 사후 모니터링을 실시했으며, 당해 연도 사후 모니터링 실시율은 59.7%로 나타났다. 사후 모니터링 횟수는 1,049회로 사례별 평균 2.5회 실시한 것으로 나타났다.

3) 발달장애인지원센터

「발달장애인법」에 따라 발달장애인에게 특화된 서비스를 제공하기 위해 설치된 기관으로 주요 사업에는 개인별 지원계획 수립, 권리구제 지원, 공공후견 지원, 발달장애인 부모교육 지원 등이 있다.

발달장애인지원센터는 발달장애인 대상 범죄(「발달장애인법」 제14조)에 대해 신고접수와 보호조치를 할 수 있으며 발달장애인이 형사사건의 피의자인 경우에도 사법지원을 하고 있다. 이 외에도 발달장애인을 위한 개인별 지원계획 수립이나 공공후견인 선임절차 지원 등 발달장애인 관련 서비스를 제공하고 있어 필요한 경우 발달장애인지원센터 권익옹호팀(1522-2882)으로 문의할 수 있다.

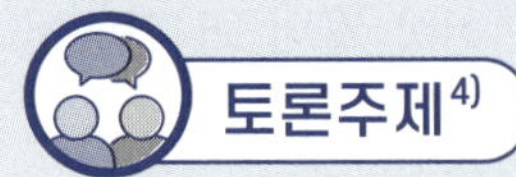

토론주제[4)]

1. 소형 의류점을 운영하고 있던 A 씨는 매일 마주치는 인근 분식점에서 일하는 청년 B 씨가 눈에 띄게 지쳐 보인다고 느꼈다. B 씨는 늘 말이 없었고, 외형적으로도 상당히 마른 체형에다 손발에 멍자국과 상처 자국이 있는 것 같았다.

어느 날 A 씨가 조심스럽게 말을 걸자, B 씨는 매우 어눌한 말투로 답했으며, 자신의 월급은 전액 보호자가 관리하고 있고, 잠은 가게 안에서 쪽잠으로 해결한다는 이야기를 털어놓았다. 그 외에도 B 씨는 자신이 무슨 일을 하고 있는지 정확히 인지하지 못했고, 장애 등록 여부나 본인의 권리에 대한 이해도 부족해 보였다.

상황이 이상하다고 느낀 A 씨는 동주민센터로 전화를 걸어, "근처 식당에서 일하는 B 씨가 장시간 노동, 수면 부족, 경제적 통제 상태에 놓여 있으며, 지적장애 또는 정신장애가 의심되는 상태로 방임 또는 착취 가능성이 있다"는 점을 알렸다.

- ☞ 이 사례는 장애인학대의 어떤 유형과 관련이 있을까? (신체적, 경제적, 정서적, 방임 등)
- ☞ B 씨의 상황은 명백한 '학대'로 볼 수 있는가, 아니면 단순한 빈곤 또는 가족 간 문제인가?
- ☞ 동주민센터 담당자는 어떤 절차에 따라 개입해야 하며, 어떤 기관과 연계해야 할까?
- ☞ B 씨처럼 제 권리를 인지하지 못하는 장애인의 경우, 지역사회가 어떻게 권익옹호자 역할을 수행할 수 있을까?

2. 동네 주민 A 씨는 어느 날 아침, 이웃집 마당에서 속옷만 입은 채 물에 적신 이불을 널며 빨래를 하는 중년 남성을 목격했다. 날씨는 아직 쌀쌀했고, 그 모습은 정상적인 상황으로 보기 어려웠다. A 씨는 며칠 전 그 집에서 심한 고성과 언쟁, 비명 같은 소리를 들은 기억이 있었다. 특히 그 집에 지적장애를 가진 성인이 거주한다는 소문을 알고 있었기에 더욱 의심스러웠다.

불안감을 느낀 A 씨는 곧장 경찰에 신고했고, 경찰은 상황을 현장 확인 후 동주민센터에 협조를 요청하였다. 그러나 담당 공무원은 장애인학대 사례를 직접 다뤄 본 경험이 없어, 초기 개입 방향을 고민하고 있었다.

- ☞ 사례에서 드러나는 학대의 유형은 무엇이며, 학대가 의심되는 근거는 무엇인가?
- ☞ 장애인학대가 의심되는 경우, 사회복지사는 어떤 방식으로 초기 개입을 시작해야 할까?
- ☞ 지적장애인의 자기 의사표현이 어려울 경우, 어떤 방식으로 학대 여부를 판단하고, 인권을 보장해야 할까?

4) 보건복지부, 중앙장애인권익옹호기관(2022)의 내용을 수정하여 재구성함.

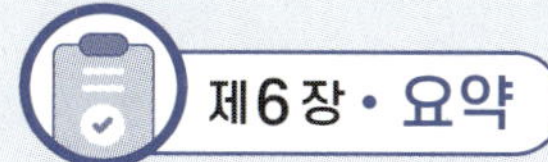

1 장애인학대의 개념

- 법적 정의: 신체적 · 정신적 · 성적 폭력, 정서적 · 언어적 학대, 경제적 착취, 유기 · 방임 포함
- 국제 기준: UN장애인권리협약 제16조 – 모든 형태의 착취, 폭력, 학대 보호 및 예방 규정

2 장애인학대의 유형과 징후

유형	설명	주요 징후
신체적 학대	폭행, 상해, 감금 등	반복되는 상처, 특정인 기피, 두려움
정서적 학대	협박, 모욕, 조롱 등	위축, 악몽, 의사소통 회피
성적 학대	성희롱, 성추행, 강간 등	생식기 통증, 성적 언행, 불안정
경제적 학대	급여 · 재산 착취	금융거래 이상, 채무 발생, 무단계약
유기 · 방임	보호자 방치, 의료 · 의식주 미제공	위생불량, 영양실조, 사회적 고립

3 학대 실태 통계(2023년 기준)

- 총 신고건수: 5,497건(전년 대비 10.9% 증가)
- 학대의심사례: 2,969건(전체의 54%)
- 신고자 유형: 신고의무자 27%, 비신고의무자 73%
- 비신고의무자 중 본인 신고 24.5%(지적장애인이 가장 많음)

4 피해장애인 및 가해자 특성

- 피해자 성별: 여성 54.3%, 남성 45.7%
- 피해자 연령: 20대 24.2%, 17세 이하 18.5%
- 장애유형: 지적장애 67.3%, 자폐성 6.6%
- 학대 행위자 성별: 남성 69.9%
- 학대 피해자와의 관계: 타인(39.9%) > 가족(35.0%) > 기관종사자(22.3%)

5 발생장소 및 학대 유형별 현황

- 주요 발생장소: 피해자 거주지(44%), 시설(15.9%)
- 학대 유형 비율: 신체적 학대 30.8%, 정서적 학대 24.8%, 경제적 착취 23.9%, 성적 학대 14.1%, 방임 6.4%, 중복 학대 25.3%(가장 높음)

6 법적 대응 및 피해자 보호

- **관련 법령**: 「장애인복지법」, 「형법」, 「장애인차별금지법」 등
- **금지행위 및 벌칙**: 성폭력, 폭행, 방임 등 유형별로 최대 징역 10년, 벌금 1억 원
- **조사 절차**: 현장 출동, 분리 보호, 피해자 조사 및 보호조치 등
- **피해자 지원 제도**: 보조인 선임, 신뢰관계인 동석, 국선변호사 진술조력인 제도, 문자통역 활동보조인 등 편의지원 제공

참고문헌

경찰청, 보건복지부, 중앙장애인권익옹호기관(2024). 경찰관을 위한 장애인학대 대응 안내서.

법원행정처(2020). 장애인 사법지원을 위한 가이드라인.

보건복지부, 장애인권익옹호기관(2022). 장애인학대 예방 및 장애인대상 성범죄 예방과 신고.

보건복지부, 중앙장애인권익옹호기관(2023). 2023 장애인학대 현황보고서.

서울특별시(2019). 2020 위기사례 대응 매뉴얼.

중앙장애인권익옹호기관 홈페이지(n.d.). https://www.naapd.or.kr/abuse/whatAbuse01 (2025년 7월 3일 인출)

제 3 부

학대 및 폭력 예방을 위한 개입모델 및 프로그램

제7장

개입모델 및 전략

제7장에서는 다양한 학대 및 폭력 상황에 효과적으로 대응하기 위한 사회복지 실천 전략의 기초를 제시한다. 이 장의 핵심 목적은 학대 피해자의 회복과 권리 회복을 지원하는 데 필요한 개입모델을 이해하고, 실제 상황에서 적용할 수 있는 전략적 접근 역량을 기르는 데 있다. 이 장을 통해 위기개입모델, 과제중심 모델, 인지행동 모델, 생태체계이론 등의 주요 개입모델을 학대 상황에 맞게 어떻게 활용할 수 있는지를 학습하게 된다. 특히 사례개입 과정에서의 단계별 전략과 다양한 사례개입 기법들을 체계적으로 익히도록 구성하였다. 또한 실제 적용 사례를 통해 모델 간 비교 분석과 비판적 사고를 강화하도록 하였다.

1. 생태체계이론

1) 주요 개념

생태체계이론은 브론펜브레너(Urie Bronfenbrenner)에 의해 제안된 이론으로, 인간 발달과 행동은 다양한 환경적 요인의 영향을 받는다는 개념을 기반으로 한다(Bronfenbrenner, 1979). 따라서 이 이론은 아동학대, 배우자폭력, 노인학대, 디지털 폭력 등 폭력 예방을 위한 다층적 접근이 필요함을 강조한다(WHO, 2002).

이 이론에서는 개인의 행동을 결정하는 데 영향을 미치는 네 가지 주요 수준을 제시한다. 첫째, 개인 수준(Individual Level)으로 개인의 생물학적 요인, 심리적 특성, 교육 수준,

폭력에 대한 태도 등이 포함된다. 둘째, 관계 수준(Relationship Level)이다. 관계 수준에서는 가족, 친구, 동료 등과의 관계가 폭력 행동에 영향을 미친다고 가정한다. 셋째, 지역사회 수준(Community Level)으로 학교, 직장, 지역사회 환경이 폭력 발생 가능성을 높이거나 낮출 수 있고 본다. 넷째, 사회적 수준(Societal Level)이다. 사회적 수준은 문화적 규범, 법적·정책적 환경 등과 같은 사회적 특성이 폭력의 발생을 결정하는 것으로 설명한다(WHO, 2002).

2) 전략 및 프로그램

생태체계이론의 강점은 다층적 접근을 통해 폭력 예방을 위한 개입 전략을 보다 체계적으로 설계할 수 있다는 점이다. 특히 아동학대와 배우자폭력에서 이 이론은 정책적 개입과 개별적 접근의 필요성을 동시에 강조하는 중요한 틀을 제공하는 것으로 평가된다(WHO, 2002).

생태체계이론의 네 가지 주요 수준에 따른 전략 및 프로그램은 다음과 같다.

(1) 가해자 개인 수준

개인 수준(Individual Level)에서는 감정 조절 및 자기 통제력 강화, 폭력 예방을 전략으로 개인의 정서 조절과 자기통제력을 높이는 교육 프로그램과 학교 및 지역사회에서 비폭력적 갈등 해결 교육을 시행할 수 있다.

(2) 관계 수준/미시체계

관계 수준(Relationship Level)에서는 부모 교육, 또래 멘토링, 건강한 관계 형성을 전략으로 한다. 부모 교육 프로그램은 아동 학대 예방을 위한 긍정적 양육 기술 및 스트레스 관리법을 교육할 수 있다. 또래 멘토링 프로그램은 또래 간 긍정적 관계 형성을 지원하여 폭력적 행동을 감소시키는 것을 목적으로 한다.

(3) 지역사회 수준/외부체계

지역사회 수준(Community Level)에서는 학교 내 상담 및 지역사회 중심 캠페인이 전략이 될 수 있다. 지역사회 중심 폭력 예방 캠페인은 지역사회의 공공기관과 협력하여 가정폭력 및 아동학대 인식 개선을 도모할 수 있으며, 안전한 학교 기반 폭력 예방을 위한 학교 내 상담 프로그램 확대 및 폭력 예방교육을 강화할 수 있다.

(4) 사회적 수준/거시체계

사회적 수준(Societal Level)에서는 정책 개선, 법률 강화, 미디어 감시 및 인식 개선을 전략으로 한다. 프로그램으로는 가정폭력 처벌 강화와 같은 정책 개선 추진과 폭력적 콘텐츠의 유해성을 알리고 긍정적 미디어 소비를 장려하는 캠페인 등이 있다.

〈표 7-1〉 생태체계이론의 주요 수준별 전략 및 프로그램

수준	학대 및 폭력의 영향 요인	전략 및 프로그램
개인 수준	개인의 신념, 태도, 감정 조절 능력, 스트레스 관리 등	• 자기 통제력 강화 • 폭력 예방 교육 • 분노 조절 프로그램 • 스트레스 관리 교육
관계 수준	가족, 친구, 또래, 직장 동료와의 관계 형성 및 상호작용	• 부부 및 가족 상담 • 긍정적 또래 관계 형성
지역사회 수준	학교, 직장, 지역사회 내 환경과 지원 시스템	• 학교 내 상담 프로그램 • 지역사회 폭력 예방 캠페인
사회적 수준	사회 문화, 법과 정책 및 미디어	• 성평등 및 비폭력 홍보 캠페인 • 미디어 감시 및 인식 개선 캠페인 • 정책 개선 추진

2. 공공보건 접근법

1) 주요 개념

공공보건 접근법(Public Health Approach)은 WHO(2002)가 제안한 접근법으로, 폭력 문제를 예방하고 줄이기 위해 건강 관점에서 접근하는 체계적인 모델이다. 이 모델은 예방 수준을 1차, 2차, 3차로 구분하여 폭력 개입의 효과성을 높이는 것이 특징이다.

1차 예방(Primary Prevention)은 폭력이 발생하기 전에 사전 예방 조치를 수행하는 단계이다. 2차 예방(Secondary Prevention)은 위험요인을 가진 사람들을 조기에 개입하여 폭력을

방지하는 단계이다. 3차 예방(Tertiary Prevention)은 폭력이 발생한 후 피해자의 회복과 재발 방지를 위한 개입이다(WHO, 2002).

2) 전략 및 프로그램

공공보건 접근법은 근거 기반의 연구를 통해 폭력 예방 정책을 설계하고, 다각적인 개입 전략을 마련하는 데 효과적이다(WHO, 2002). 공공보건 접근법의 전략은 1차(예방), 2차(위험군 개입), 3차(피해 후 지원)로 나누어 개입한다.

공공보건 접근 단계별 전략 및 프로그램은 다음과 같다(WHO, 2002).

(1) 1차 예방

1차 예방은 폭력이 발생하기 전에 사전 예방 조치로서 학교 기반 폭력 예방교육 및 부모 훈련 프로그램 등을 실시할 수 있다. 학교 기반 폭력 예방교육은 모든 학생을 대상으로 관계 맺기, 갈등 해결, 감정 조절 기술 교육 등을 제공하며, 부모 훈련 프로그램은 부모들에게 긍정적 양육 기법과 스트레스 관리법을 교육한다.

(2) 2차 예방

2차 예방은 위험요인을 가진 사람들을 조기에 개입하여 폭력을 방지하는 단계로 고위험군 가정 개입, 정서 및 행동 조절 프로그램 등이 있다. 고위험군 가정 개입 프로그램은 가정폭력 위험이 있는 가정을 대상으로 조기 개입 및 상담을 제공하며, 정서 및 행동 조절 프로그램은 폭력 성향이 있는 아동·청소년을 대상으로 인지행동치료를 제공한다.

(3) 3차 예방

3차 예방은 폭력이 발생한 후 피해자의 회복과 재발 방지를 위한 개입 단계이다. 대표적으로 쉼터 운영, 법률 지원, 심리 상담을 제공하는 피해자 보호 서비스와 가해자를 대상으로 분노 조절 및 비폭력적 대화 훈련을 내용으로 하는 가해자 재활 프로그램이 있다.

〈표 7-2〉 공공보건 접근법의 단계별 전략 및 프로그램

단계	내용	전략 및 프로그램
1차 예방	폭력이 발생하기 전에 사전 예방 조치를 수행	• 학교 기반 폭력 예방교육 • 부모 훈련 프로그램
2차 예방	위험요인을 가진 사람들을 조기에 개입하여 폭력을 방지	• 고위험군 가정 개입 • 정서 및 행동 조절 프로그램
3차 예방	폭력이 발생한 후 피해자의 회복과 재발 방지를 위한 개입	• 피해자 보호 서비스 • 가해자 재활 프로그램

3. 사회학습이론

1) 주요 개념

사회학습이론은 밴듀라(Albert Bandura, 1977)에 의해 제안된 이론으로, 인간이 타인의 행동을 관찰하고 모방하는 과정을 통해 학습한다는 개념을 기반으로 한다. 이 이론은 폭력과 학대가 개인의 선천적 성향이 아니라 환경적 요인에 의해 학습될 수 있음을 설명하며, 폭력 예방을 위한 전략 수립에 중요한 기초를 제공한다.

사회학습이론의 주요 개념 중 학대 및 폭력 예방과 관련된 개념은 모델링과 관찰 학습 그리고 강화와 처벌이 있다. 모델링(Modeling)에서는 개인이 부모, 친구, 미디어 등을 통해 폭력적 행동을 학습한다고 본다. 즉, 가정 내 폭력을 경험한 아동이 유사한 행동을 학습할 가능성이 크다. 관찰 학습(Observational Learning)은 직접적인 경험 없이도 타인의 행동을 보고 학습하는 과정으로 미디어에서 폭력적인 행동을 반복적으로 접하는 것이 공격적 행동 증가로 이어질 수 있다. 강화와 처벌(Reinforcement & Punishment)은 특정 행동이 긍정적 혹은 부정적 결과를 통해 강화될 수 있는데, 예를 들면 가정에서 긍정적인 의사소통이 강화될 경우, 공격적 행동이 줄어들 가능성이 있다(Bandura, 1977).

2) 전략 및 프로그램

사회학습이론을 적용한 예방 전략은 학대 및 폭력이 사회적으로 학습되는 과정을 차단하

는 데 효과적이다. 학대 및 폭력을 예방하기 위한 사회학습이론 기반 전략 및 프로그램으로는 모델링 개념을 근거로 한 긍정적인 역할 모델 제공, 관찰 학습을 근거로 한 미디어 모니터링 및 교육, 강화와 처벌 개념을 활용한 폭력 예방을 위한 사회정서학습(SEL) 프로그램 등이 있다.

〈표 7-3〉 사회학습이론 개념과 전략 및 프로그램

	개념	전략 및 프로그램
모델링	개인이 부모, 친구, 미디어 등을 통해 폭력적 행동을 학습	• 긍정적인 행동을 장려하는 또래 지도(Peer Mentoring) 프로그램
관찰 학습	직접적인 경험 없이도 타인의 폭력적 행동을 보고 학습	• 폭력적 미디어 콘텐츠의 영향을 줄이기 위한 교육 및 규제 • 어린이 및 청소년 대상 폭력 예방 캠페인
강화와 처벌	폭력적 행동이 긍정적 혹은 부정적 결과를 통해 강화	• 폭력 예방을 위한 사회정서학습(SEL) 프로그램 • 분노 조절, 공감 능력 향상을 위한 교육 과정 운영

글상자 7-1 **폭력적 행동 대체 훈련**

1. 개요

폭력적 행동 대체 훈련(Aggression Replacement Training: ART)은 청소년 및 성인을 대상으로 한 폭력적 행동 감소 프로그램으로, 골드스타인(Goldstein) 등에 의해 1980년대에 의해 개발되었다. 이 프로그램은 충동적이고 공격적인 행동을 조절하고, 대인관계를 개선하며, 윤리적 사고를 향상시키는 데 초점을 두고 있다. 주로 가정폭력 가해자, 학교폭력 가해 청소년, 교정 시설 내 수감자 등에게 적용된다(Goldstein, Glick, & Gibbs, 1986).

ART는 '도덕적 추론 훈련(Moral Reasoning Training)' 부분에서 콜버그(Kohlberg)의 도덕발달이론에 기초하고 있다. 구체적으로 보면 ART의 도덕적 추론 훈련은 참가자가 자기 중심적, 단순 규칙 수준(Pre-conventional, Conventional 수준)에서 보다 높은 도덕적 사고(Post-conventional 수준)로 발달하도록 돕는다. 또한 참가자들은 가상의 딜레마(예: 친구가 절도를 했을 때 신고해야 하는가?)를 토론하면서, 자신의 도덕적 사고 수준을 자각하고 더 높은 수준으로 끌어올리는 연습을 하게 된다. 이런 접근은 콜버그가 주장한 '도덕적 갈등을 통한 발달' 원리를 반영하고 있다. 즉, ART는 사회적 기술, 분노 조절이라는 행동적 접근뿐 아니라 도덕성 발달이라는 인지적 · 심리적 접근을 포함하고 있으며, 특히 이 인지적 접근(도덕적 추론 훈련)에서 콜버그 이론을 기반으로 삼고 있다.

2. 목표

이 프로그램의 주요 목표는 다음과 같다(Gibbs, Potter, & Goldstein, 1995; Glick & Goldstein, 2001; Goldstein et al., 1986).

- 폭력적 행동 감소 및 통제
- 비폭력적 갈등 해결 기술 습득
- 충동 조절 및 자기 통제력 향상
- 공감 능력 및 대인관계 기술 개발

3. 프로그램 구성 요소

ART는 3가지 핵심 요소(기술 훈련, 분노 조절 훈련, 도덕적 추론 훈련)로 구성되어 있다.

핵심 요소	내용	훈련 예시
사회기술 훈련 (Skill Streaming)	공격성을 대체할 수 있는 긍정적 사회기술을 학습	적극적 경청, 감정 표현, 협력하는 법 배우기
분노 조절 훈련 (Anger Control Training)	분노가 유발되는 상황을 인식하고, 공격적 반응을 줄이는 방법을 학습	'멈추고 생각하기' 기법, 분노 유발 요소 분석
도덕적 추론 훈련 (Moral Reasoning Training)	자신의 행동이 타인에게 미치는 영향을 고려하고, 윤리적인 판단 능력을 키우는 과정	공감 훈련, 입장 바꿔 보기, 윤리적 사고 연습

4. 훈련 예시

① 사회기술 훈련 예시

- 갈등 상황에서 비폭력적으로 반응하는 방법 연습
- 또래 관계에서 공감과 협력하는 법 배우기
- 요청 거절하기, 감정 표현하기, 협상하기 등의 기술 훈련

② 분노 조절 훈련 예시

- **'멈추고 생각하기' 기법 활용**: 감정이 격해질 때 즉각적인 반응을 하지 않도록 유도
- **자기 진정(Self-Calming) 전략**: 심호흡, 긍정적 자기 대화 사용
- **트리거 분석**: 분노를 유발하는 요인을 파악하고 대처하는 법 학습

③ 도덕적 추론 훈련 예시

- 가해자가 피해자의 입장이 되어 보는 역할극(Role-Playing)
- "만약 네가 상대방이라면 어떻게 느꼈을까?"와 같은 질문을 통해 공감 훈련
- 공격적인 행동이 가져오는 장기적 결과 탐색

5. ART 적용 사례

- 학교폭력 가해 청소년 대상 ART 적용(Goldstein et al., 1986)
  - 공격성이 높은 학생들에게 분노 조절 및 대인관계 기술 훈련 제공
  - 10주 동안 주 1~2회 그룹 세션 진행
  - **결과**: 폭력적 행동 감소, 또래와의 긍정적 관계 향상
- 가정폭력 가해자 대상 ART 적용(Glick & Goldstein, 2001)
  - 배우자 및 자녀를 대상으로 신체적 · 언어적 폭력을 행사한 가해자에게 적용
  - 대체적 의사소통 기술 훈련 및 분노 조절 훈련 제공
  - **결과**: 폭력 재발률 감소, 가정 내 의사소통 개선
- 교도소 및 보호관찰 대상자에 대한 ART 프로그램(Gibbs et al., 1995)
  - 교정 시설 내 수감자를 대상으로 비폭력적 문제해결 능력을 강화하는 프로그램 운영
  - 도덕적 추론 향상 훈련 및 사회기술 습득을 통해 재범 방지
  - **결과**: 출소 후 폭력 범죄율 감소

6. ART의 효과와 한계

- ART의 효과
  - **폭력 감소**: 공격적 행동 및 충동 조절 능력 향상(Goldstein et al., 1986)
  - **사회적 기술 개선**: 또래 및 가족과의 관계 개선(Glick & Goldstein, 2001)
  - **법적 재발 방지**: 폭력 범죄자 대상 ART 적용 시 재범률 감소(Gibbs et al., 1995)
- ART의 한계
  - 단기적인 개입으로는 장기적 효과 유지가 어려움(Glick & Goldstein, 2001)
  - 가해자의 내적 동기 부족 시 효과가 제한적일 수 있음(Gibbs et al., 1995)
  - 개인이 속한 환경(가정, 지역사회 등)이 개선되지 않으면 재발 가능성 존재 (Goldstein et al., 1986)

4. 생애경로관점

1) 주요 개념

생애경로관점(Life Course Perspective)은 특정 연령대와 생애 단계에서 폭력과 학대의 위험이 증가할 수 있음을 강조하는 접근법이다. 이 이론은 아동기, 청소년기, 성인기, 노년기 각각의 단계에서 발생할 수 있는 학대 유형과 개입 전략을 제시한다.

학대 및 폭력과 관련한 생애경로관점의 주요 개념은 생애 초기 경험, 연령대별 위험요인, 예방을 위한 연속적 개입 등이 있다.

2) 전략 및 프로그램

발달 및 생애과정 이론을 적용한 예방 전략은 특정 연령대에서 발생할 가능성이 높은 학대 및 폭력을 사전에 차단하는 데 효과적이다(Sampson & Laub, 1993).

주요 개념별 전략과 프로그램은 다음과 같다.

(1) 생애 초기 경험

생애 초기 경험의 영향은 아동기의 학대 경험이 성인기 행동에 장기적인 영향을 미칠 수 있음을 전제로 한다. 즉, 유년기에 학대를 경험한 개인이 성인이 되어 배우자폭력을 행사할 가능성이 커지기 때문에 조기개입을 강조한다.

(2) 연령대별 위험요인

연령대별 위험요인은 특정 연령대에서 발생할 가능성이 높은 학대 유형을 예측하고 예방 전략을 수립하는 것이다. 예컨대, 청소년기에는 교내 폭력과 온라인 괴롭힘이 주요 위험요인으로 작용한다. 따라서 생애주기별 맞춤형 지원을 중시한다.

(3) 예방을 위한 연속적 개입

예방을 위한 연속적 개입은 연령대별 특성을 고려한 맞춤형 개입이 필요함에 근거한다. 이에 아동학대 예방을 위한 조기 부모 교육 프로그램, 노인학대 예방을 위한 지역사회 지원

시스템 구축을 강조한다.

〈표 7-4〉 생애경로관점의 개념과 전략 및 프로그램

개념	전략 및 프로그램	
생애 초기 경험	조기 개입	• 영유아기 부모 교육을 통한 아동 학대 예방 교육 • 신생아 부모 대상 긍정적 양육 기술 교육
연령대별 위험요인	생애주기별 맞춤형 지원	• 영유아기: 부모 대상 아동 발달 및 양육 교육 • 청소년기: 학교 내 폭력 예방 및 정신건강 프로그램 • 성인기: 건강한 관계 형성 및 갈등 해결 교육 • 노년기: 노인학대 예방을 위한 지역사회 지원서비스 강화
예방을 위한 연속적 개입	다기관 협력 시스템 구축	• 교육기관, 의료기관, 법률기관 간 협력을 통해 지속적인 모니터링 및 개입 체계 마련 • 학대 의심 사례에 대한 조기 신고 및 보호 체계 운영

출처: Sampson & Laub (1993).

5. (성인)보호서비스모델[1)]

1) 주요 개념

미국 (성인)보호서비스(Adult Protective Services) 모델은 성인 학대 조사 및 학대 피해자 법적 보호 및 다양한 지원을 연계하는 모델로, 주요 대상은 노인(특히, 60세 이상), 신체적 · 정신적 장애가 있는 성인 그리고 경제적 취약계층 및 의사결정 능력이 저하된 성인이다.

2) 전략 및 개입 과정

미국 (성인)보호서비스모델은 주로 타 기관에 서비스(예: 상담, 쉼터, 자조모임 등)를 의뢰하는 방식으로 개입하기 때문에 특정한 치료적 기법이나 모델은 존재하지 않는다. 미국 (성인)보호서비스모델의 핵심 전략으로는 피해자 중심 접근, 다학제적 협력, 위기개입 및 조기

1) 출처: https://www.cdss.ca.gov; https://www.nyc.gov

발견 그리고 위험 평가 및 지속적 모니터링이 있다.

미국 (성인)보호서비스모델의 핵심 전략과 그 내용은 다음과 같다.

- 피해자 중심 접근(Victim-Centered Approach): 피해자의 자율성과 존엄성을 존중하며 지원하는 전략이다.
- 다학제적 협력(Multidisciplinary Approach): 의료, 법률, 복지, 경찰 등 다양한 전문가와 협력하여 개입하는 전략이다.
- 위기개입 및 조기 발견(Crisis Response & Early Intervention): 위기개입 및 조기 발견은 신고 접수 후 신속한 대응을 통한 피해 예방 전략이다.
- 위험 평가 및 지속적 모니터링(Risk Assessment & Ongoing Monitoring): 학대 가능성을 평가하고 지속적으로 사례를 관리하는 전략이다.

미국 (성인)보호서비스모델 개입과정은 주로 5단계로 진행된다.

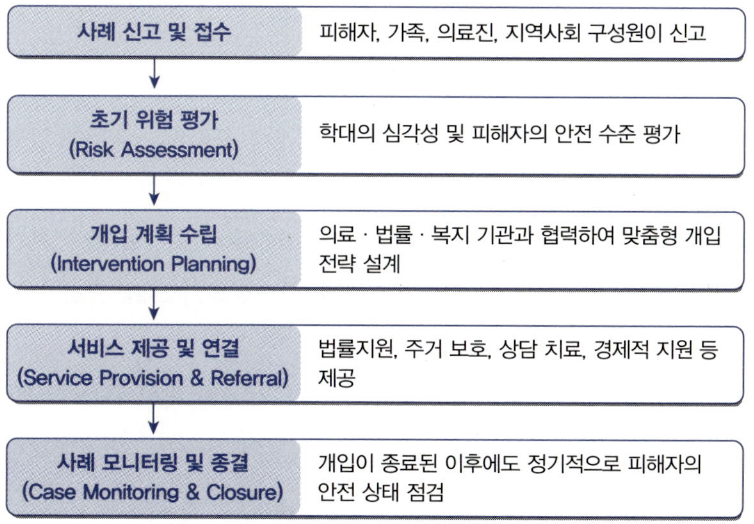

[그림 7-1] 미국 (성인)보호서비스모델 개입 5단계

6. 외상중심치료

1) 주요 개념

외상중심치료(Trauma-Informed Care: TIC)는 학대 및 폭력 피해자가 경험한 외상을 고려하여 개입하는 치료적 접근법이다. 이 모델은 피해자의 안전 보장, 신뢰관계 형성, 자기 결정권 존중을 핵심 전략으로 삼는다.

2) 전략 및 프로그램

이 접근법은 피해자의 심리적 안정과 회복을 돕는 데 중요한 역할을 하며, 특히 성폭력 및 가정폭력 피해자 지원에 널리 사용된다(Substance Abuse and Mental Health Services Administration, 2014).

주요 전략과 프로그램은 다음과 같다.

- **안전 보장**(Safety): 피해자가 신체적 · 심리적으로 안전하다고 느낄 수 있도록 보호 조치를 마련하는 것으로 학대 피해자를 위한 쉼터 프로그램이 있다.
- **신뢰관계 형성**(Trustworthiness and Transparency): 피해자가 상담사나 기관을 신뢰할 수 있도록 투명한 의사소통이 필요하며 피해자와의 개방적 대화와 신뢰 구축을 위한 지속적인 상담 프로그램을 제공한다.
- **자기 결정권 존중**(Empowerment, Voice, and Choice): 자기 결정권 존중은 피해자가 자신의 치료 과정에서 적극적으로 참여하고 결정할 수 있도록 지원하는 것으로 프로그램 전반에 걸쳐 치료 방법을 선택할 수 있도록 피해자의 의견을 존중하는 방식을 채택한다.

〈표 7-5〉 외상중심치료 목적과 전략 및 프로그램

목적	전략 및 프로그램
안전 보장	학대 피해자를 위한 일시 쉼터 제공 프로그램
신뢰 관계 형성	피해자와의 개방적 대화와 신뢰 구축을 위한 지속적인 상담 프로그램
자기 결정권 존중	프로그램 전반에 걸쳐 치료 방법을 선택할 수 있도록 피해자의 의견을 존중

글상자 7-2 학대 및 트라우마 이력 평가 척도

1. 아동 및 청소년 대상

- CTQ(Childhood Trauma Questionnaire): 아동기 트라우마 질문지
  아동기 경험한 정서적 · 신체적 · 성적 학대 및 방임을 평가하는 자기보고식 척도로 28문항(또는 축약판 25문항)으로 구성되며, 정서적 학대, 신체적 학대, 성적 학대, 정서적 방임, 신체적 방임의 5개 하위척도로 구성됨. 한국어판 존재: CTQ-K
- TESI-C(Trauma Exposure Screening Inventory for Children): 아동을 위한 트라우마 노출 선별검사
  아동 및 청소년이 경험한 트라우마 사건을 평가하는 도구로 자연재해, 신체적 폭력, 성적 폭력, 방임 등의 경험을 포함함.
- ACES(Adverse Childhood Experiences Scale): 역경적 아동기 경험 척도
  아동기에 겪은 학대(신체적, 정서적, 성적), 방임 및 가정 내 부정적인 경험(부모의 정신질환, 약물 남용, 가정폭력 등)을 평가하는 10문항 척도로 점수가 높을수록 건강 문제 및 사회적 어려움을 경험할 위험성이 높아짐.

2. 성인 대상

- TLEQ(Trauma Life Events Questionnaire): 트라우마 생활 사건 질문지
  성인이 경험한 다양한 트라우마 사건(신체적 폭력, 성폭력, 전쟁, 사고 등)을 평가하는 자기보고식 척도로 총 23개 문항으로 구성됨.
- PCL-5(Post-Traumatic Stress Disorder Checklist for DSM-5): PTSD 체크리스트
  PTSD 증상 평가를 위한 자기보고식 척도로 트라우마 사건 이후 나타나는 재경험, 회피, 과각성 등의 증상을 평가함.
- HTQ(Harvard Trauma Questionnaire): 하버드 트라우마 질문지
  주로 난민, 전쟁 경험자, 학대 피해자 등의 PTSD 증상 및 트라우마 경험을 평가하는 척도로 다양한 문화권에서 사용 가능하도록 설계된 것이 특징임.
- CTES(Childhood Trauma Events Scale): 아동기 트라우마 사건 척도
  아동기 학대와 방임을 측정하며, 성인 대상 회상 보고 방식. CTQ와 유사하지만, 특정 사건을 중심으로 평가하는 것이 특징임.

7. 위기개입모델

1) 주요 개념

위기개입모델(Crisis Intervention Model)은 린데만(Lindemann)과 카플란(Kaplan)이 개발한 접근법으로, 학대 및 폭력 피해자들이 경험하는 심리적 충격을 빠르게 해결하고 정서적 안정을 찾을 수 있도록 돕는 것이 목표이다. 위기개입모델은 위기 평가, 즉각적 개입, 장기적 지원의 3단계로 진행된다.

2) 전략 및 프로그램

위기개입모델은 빠른 대응이 필요한 상황에서 효과적이며, 응급 개입이 필요한 모든 폭력 사례에서 적용될 수 있다(Kaplan & Lindemann, 1944).

위기개입모델 단계와 프로그램은 다음과 같다.

- 위기 평가(Assessment): 피해자가 처한 현재 상황을 분석하고 긴급한 개입이 필요한지를 판단하는 단계이다. 여기서는 학대 및 폭력 신고 후 피해자의 신체적 · 정신적 상태를 평가한다. 다음은 위기 평가 결과, 가해자 즉시 분리를 결정하게 된 사례를 소개한다.
- 즉각적 개입(Immediate Intervention): 피해자가 정서적 혼란에서 벗어날 수 있도록 즉각적인 상담 및 보호를 제공하는 단계로 심리 상담 제공 및 보호시설 연계를 실행한다.
- 장기적 지원(Long-Term Follow-up): 위기 이후 지속적인 심리치료와 사회적 지원을 제공하는 단계로 주로 피해자 자조 그룹 운영 및 직업 재활 프로그램 등을 제공한다.

〈표 7-6〉 학대 사례별 위기평가 및 개입 예시

사례구분	사례개요	위기 평가 결과	개입결정
아동학대	• 초등학교 2학년 A군의 담임은 최근 A군에게 멍든 팔과 긁힌 자국을 자주 발견하게 됨. 이에 담임은 아동학대를 의심하고 신고함. • 면담 중 "엄마가 밥을 안 줘서 울어서 아빠가 나를 때렸어요. 안 울면 다시는 안 때린대요."라고 진술	• 아동은 반복적인 신체적 학대와 방임에 노출되어 있으며, 학대가 주 양육자인 부모에 의해 이루어짐. • 아동이 집에 돌아갈 경우 신체적 위험이 현존함.	• 즉각적으로 아동과 부모 분리 필요 • 아동은 아동보호전문기관 또는 쉼터로 긴급 보호조치하고, 행위자는 수사기관에 의뢰
부부폭력	• 30대 여성 B 씨는 남편의 폭력으로 응급실에 입원 • 의료진이 골절과 타박상 확인 후 경찰에 신고 • 면담 중 B씨는 "아이가 잘못해서 남편이 화를 냈고 나를 밀쳤어요. 그런데 매번 그래요. 이젠 무서워요."라고 진술	• B 씨는 반복적이고 점증적인 신체 폭력에 노출되어 있으며, 자녀도 간접 피해 가능성이 있음. • 가해자가 같은 공간에 있을 경우 추가 폭력 발생 우려가 큼.	• 피해자와 가해자의 즉각적 분리 필요 • B 씨는 여성쉼터로 보호조치하고, 가해자는 경찰에 의해 임시격리 조치 및 접근금지 명령 신청
노인학대	• 의료진은 80대 노인 C 씨의 병원 진료 중 손등의 화상 자국 발견함 • 보호자(아들)가 "치매 때문에 난로에 손을 댔다."라고 설명 • 그러나 간호사는 C씨가 "말 안 들으면 아들이 벌준다."라고 말한 것을 기억하고 노인보호전문기관에 신고	• 학대 정황이 뚜렷하고, 피해자가 인지기능이 저하되어 위험 상황에 저항하거나 구조 요청을 하기 어려운 상태 • 동일 가정 내에서 계속 거주 시 학대 반복 가능성 높음.	• 즉각적인 분리 필요 • C 씨를 단기보호시설이나 병원으로 일시 보호조치하고, 가해자(아들)는 경찰조사 대상

〈표 7-7〉 위기개입모델의 단계별 전략 및 프로그램

	단계	전략 및 프로그램
위기 평가	피해자가 처한 현재 상황을 분석하고 긴급한 개입이 필요한지 판단	• 학대 및 폭력 신고 후 피해자의 신체적 · 정신적 상태 평가
즉각적 개입	피해자가 정서적 혼란에서 벗어날 수 있도록 즉각적인 상담 및 보호 제공	• 심리 상담 제공 및 보호시설 연계
장기적 지원	위기 이후 지속적인 심리치료와 사회적 지원 제공	• 피해자 자조 그룹 운영 • 직업 재활 프로그램

8. 인지행동치료

1) 주요 개념

인지행동치료(Cognitive Behavioral Therapy: CBT)는 학대 및 폭력 피해자의 부정적인 사고 패턴을 수정하여 정서적 회복을 돕는 심리치료 기법이다. 이 치료법은 개인의 인지적 왜곡을 수정하고 행동을 변화시키는 것을 목표로 한다.

주요 전략으로는 인지 재구성, 노출 치료, 행동 수정 기법이 있다.

2) 전략 및 프로그램

인지행동치료는 학대 및 폭력 피해자의 정서적 회복과 재발 방지에 효과적인 치료법으로 인정받고 있다(Beck, 1967; Meichenbaum, 1977).

주요 전략 및 프로그램은 다음과 같다.

- **인지 재구성(Cognitive Restructuring)**: 피해자가 학대 경험을 왜곡된 방식으로 해석하는 것을 수정하는 것이다. 예를 들면, '내가 잘못해서 맞았다'는 사고를 '나는 보호받아야 하는 존재다'로 교정하는 것이다.
- **노출 치료(Exposure Therapy)**: 외상 경험과 관련된 불안을 점진적으로 감소시키는 것을 목적으로 실행된다. PTSD 치료에서 외상 기억을 단계적으로 노출하여 감정 조절을 도모하는 것이 예가 될 수 있다.

〈표 7-8〉 인지행동치료 전략 및 프로그램

	전략	프로그램
인지 재구성	피해자가 학대 경험을 왜곡된 방식으로 해석하는 것을 수정	학대 피해자의 정서적 회복을 지원하는 개별 및 그룹 치료
노출 치료	외상 경험과 관련된 불안을 점진적으로 감소	
행동 수정 기법	건강한 대처 전략을 습득하여 부적응적 행동을 감소	긍정적인 행동 변화를 유도하고 건강한 대인관계를 형성하도록 돕는 프로그램

- **행동 수정 기법(Behavioral Modification)**: 건강한 대처 전략을 습득하여 부적응적 행동을 감소시키는 것으로 분노 조절 기술 훈련, 스트레스 관리 기법 등을 습득하게 한다.

9. 강점기반 접근법

1) 주요 개념

강점기반 접근법(Strengths-Based Approach)은 피해자의 강점과 회복력을 강조하여 자립과 회복을 돕는 접근법이다. 이 모델은 피해자의 내적 · 외적 자원을 활용하여 문제해결 능력을 강화하는 것을 목표로 한다(Saleebey, 1996).

2) 전략 및 프로그램

강점기반 접근법은 피해자의 자립과 장기적인 회복을 촉진하는 효과적인 방법이다(Saleebey, 1996). 강점기반 접근법의 주요 전략은 회복력 강화, 자기 결정권 존중, 사회적 자원 연결 등이다.

강점기반 접근법의 전략 및 프로그램은 다음과 같다.

- **회복력(Resilience) 강화**: 피해자의 긍정적인 역량을 발견하고 활용하는 것으로서 피해자가 스스로 극복할 수 있는 힘이 있다는 점을 강조하는 것이다.
- **자기 결정권 존중**: 피해자가 자신의 삶을 주도적으로 통제할 수 있도록 지원함으로서 피해자가 개입 과정에서 적극적으로 참여하도록 유도하는 것이다.
- **사회적 자원 연결**: 지역사회 지원 및 네트워크를 활용하여 지속적 지원을 제공하는 것인데 주로 취업지원, 교육 기회 등의 프로그램이 실행된다.

10. 가족체계모델

1) 주요 개념

가족체계모델(Family Systems Model)은 가족을 상호 연결된 하나의 체계이며, 구성원 간의 행동은 독립적이기보다 상호작용을 통해 결정된다고 본다(Bowen, 1978). 따라서 폭력적 행동은 가족체계 전체의 문제를 반영하는 증상이며, 개인의 문제로만 인식하지는 않는다(Nichols & Davis, 2020).

가족체계모델에서는 가족 내 학대와 폭력의 원인을 가족 내 불균형한 권력구조, 역기능적 의사소통, 삼각관계 등에 둔다(Corey, 2016; Goldenberg & Goldenberg, 2012; Satir et al., 1991). 더불어, 위기 상황에서도 회복할 수 있는 가족의 회복탄력성을 함양하고 가족 구성원의 과도하게 억압되거나 분출되는 감정을 인식하고 적절하게 표현하는 것을 중요하게 생각한다(Satir et al., 1991; Walsh, 2006).

2) 전략 및 프로그램

가족체계모델에서는 가정 내 학대 및 폭력에 개입하기 위해 다음과 같은 전략을 사용한다.

- 경계 재조정: 미누친(Minuchin)의 구조적 가족치료에 기반한 전략으로 부모-자녀 간 경계가 모호하거나 지나치게 융합된 상태를 분리하고, 적절한 하위체계를 재조정하여 폭력적 상호작용을 차단하는 것을 목적으로 한다(Minuchin, 1974).
- 역기능적인 삼각관계 해체: 보웬(Bowen)의 다세대 가족치료에 기반한 전략으로 주로 부부간의 갈등이 제3자(예: 자녀)에게 이전되어 피해가 전가되는 구조를 해체하고, 주된 갈등 대상인 부부가 직접 문제를 해결하도록 유도한다(Bowen, 1978).
- 의사소통 유형 변화: 사티어(Satir)의 경험적 가족치료에 기반한 전략으로 폭력과 학대의 원인이 되는 회피, 비난, 침묵과 같은 부정적 의사소통 유형을 긍정적 의사소통으로 변화시키고 '나 전달법' 등으로 전환하도록 유도한다(Satir et al., 1991).
- 가족 규칙의 재정의 및 긍정적 역할 및 모델링: 다세대 가족치료, 구조적 가족치료를 기반으로 한 전략으로 학대나 폭력이 정상적 혹은 일상적 가족 규칙으로 내재화되어

있는 경우, 이를 재정의하고 새로운 상호작용 규칙을 도입하는 것을 목적으로 한다 (Walsh, 2006).

가정 내 학대 및 폭력에 개입하는 가족체계모델 프로그램은 다양한 가족치료 기법을 활용하여 구성된다. 앞의 전략에서 살펴볼 수 있듯이, 주로 세대 간 전이되는 폭력적 가족 문화와 역기능적 삼각관계(다세대 가족치료), 부모와 자녀의 모호한 역할 및 경계(구조적 가족치료), 부정적인 의사소통(경험적 가족치료) 등을 해결하는 데 초점을 둔다.

가정 내 학대 및 폭력에 개입하기 위한 가족체계모델의 대표적 프로그램은 다음과 같다.

- **가족역동 기반 학대개입 프로그램**(Family-Based Abuse Intervention Progream): 가정폭력 가해자와 피해자에게 동반 개입하는 프로그램으로 가족 규칙 재정립, 부모 역할 회복, 관계 회복 워크숍 등을 진행한다. 이 프로그램은 재학대 발생률 감소, 가족 간 갈등 해소, 정서적 안정 증가의 효과가 있는 것으로 보고된다(Lutzker & Campbell, 1994).
- **가족관계 프로그램**(Family Connections Program): 이 프로그램은 자녀에게 정서적 · 신체적 폭력을 가하는 고위험 가족을 대상으로 체계적 가족상담과 긍정적 훈육 기술 훈련 그리고 스트레스 관리를 진행한다. 아동 정서 조절 향상과 부모 자율성 회복 등에 효과가 있는 것으로 보고된다(Taylor et al., 2008).

그 밖에도 부모의 폭력적 양육 방식을 교정하고, 비폭력적 훈육 전략을 학습시키는 심리교육형 가족상담 프로그램인 PDEP(Positive Discipline in Everyday Parenting), 아버지를 대상으로 하는 가정폭력 재발 방지 프로그램인 The Caring Dads Program, 부모와 자녀가 함께 참여하는 실시간 행동 코칭 프로그램인 PCIT(Parent-Child Interaction Therapy) 등이 있다. 특히 PCIT는 부모와 자녀의 긍정적 상호작용을 촉진하고 체벌 및 언어폭력 감소에 효과적인 것으로 알려져 있다(Eyberg et al., 2001).

1. 위기개입모델, 인지행동치료(CBT), 가족체계모델은 각각 학대 상황에 대해 어떤 방식으로 접근하는가? 세 가지 모델의 장단점을 비교했을 때, 우리 사회에서 가장 효과적인 접근은 무엇이며, 그 이유는 무엇인가?
2. 공공보건 접근법은 1차 예방(사전 예방), 2차 예방(위험군 개입), 3차 예방(재발 방지)으로 구분된다. 학대와 폭력 문제를 해결하기 위해, 예방과 사후 개입 중 어느 영역에 더 많은 자원을 투입해야 한다고 생각하는가? 그 근거를 들어 논의해 보자.

제7장 • 요약

1 생태체계이론(Ecological Systems Theory)

- 개념: 인간 행동은 개인, 관계, 지역사회, 사회 수준의 환경 요인에 의해 형성됨(Bronfenbrenner, 1979).
- 전략 및 프로그램
  - 개인 수준: 감정 조절, 비폭력 교육
  - 관계 수준: 부모 교육, 또래 지도
  - 지역사회 수준: 학교 상담, 지역 캠페인
  - 사회 수준: 정책 개선, 미디어 감시

2 공공보건 접근법(Public Health Approach)

- 개념: 폭력 예방을 1차(사전예방), 2차(위험군 개입), 3차(재발 방지)로 구분
- 전략 및 프로그램
  - 1차: 학교폭력 예방 교육, 부모 훈련
  - 2차: 고위험군 상담, 정서/행동 프로그램
  - 3차: 쉼터 제공, 가해자 재활 교육

3 사회학습이론(Social Learning Theory)

- 개념: 폭력은 관찰, 모델링, 강화 과정에서 학습됨(Bandura, 1977).
- 전략 및 프로그램
  - 모델링: 긍정적 또래 지도 프로그램
  - 관찰학습: 미디어 교육 및 규제
  - 강화/처벌: 사회정서학습(SEL), 공감 훈련

4 폭력적 행동 대체 훈련(Aggression Replacement Training: ART)

• 핵심 요소
  – 사회기술 훈련(Skill Streaming)
  – 분노 조절 훈련(Anger Control)
  – 도덕적 추론 훈련(Moral Reasoning)
• 효과: 공격성 감소, 재범률 감소, 공감능력 향상

5 생애경로관점(Life Course Perspective)

• 개념: 생애 단계별 학대 위험요인을 고려한 개입
• 전략 및 프로그램
  – 생애 초기: 부모 교육 통한 조기 예방
  – 연령별 맞춤: 청소년(학교폭력), 노인(지역사회 지원)
  – 연속적 개입: 기관 간 협력, 조기 신고 체계

6 (성인)보호서비스모델(Adult Protective Services)

• 개념: 노인 및 취약 성인을 위한 미국식 학대 대응모델
• 핵심 전략
  – 피해자 중심 접근
  – 다학제 협력(의료, 복지, 법률)
  – 위기개입 및 조기 발견
  – 위험 평가 및 지속적 모니터링

7 외상중심치료(Trauma-Informed Care: TIC)

• 핵심 가치
  – 안전 보장: 쉼터 제공 등
  – 신뢰관계 형성: 개방적 대화 및 지속상담
  – 자기 결정권 존중: 피해자의 선택권 보장

8 위기개입모델(Crisis Intervention Model)

• 3단계 개입
  – 위기 평가: 피해자 상태 분석
  – 즉각적 개입: 심리 상담, 보호 연계
  – 장기적 지원: 자조모임, 직업재활

9 인지행동치료(Cognitive Behavioral Therapy: CBT)

- 전략
  - 인지 재구성: 왜곡된 생각 수정
  - 노출 치료: 외상 기억 점진적 노출
  - 행동 수정 기법: 분노 조절, 스트레스 관리

10 강점기반 접근법(Strengths-Based Approach)

- 핵심 전략
  - 회복력 강화: 긍정성 강조
  - 자기 결정권 존중: 자율성 지원
  - 사회자원 연결: 취업, 교육 연계

11 가족체계모델(Family Systems Model)

- 핵심 전략
  - 경계 재조정: 부모-자녀 간 분리
  - 삼각관계 해체: 부부 중심 갈등 해결
  - 긍정적 의사소통 교육
  - 가족 규칙 재정의 및 훈육 방식 교정
- 프로그램 예시
  - Family Connections Program
  - PDEP, The Caring Dads, PCIT 등

참고문헌

Bandura, A. (1977). *Social learning theory*. Prentice-Hall.

Beck, A. T. (1967). *Cognitive therapy and the emotional disorders*. International Universities Press.

Bograd, M., & Mederos, F. (1999). *Programs for men who batter: Intervention and prevention strategies in a diverse society*. Civic Research Institute.

Bowen, M. (1978). *Family therapy in clinical practice*. Jason Aronson.

Bronfenbrenner, U. (1979). *The ecology of human development: Experiments by nature and design*. Harvard University Press.

California Department of Social Services 홈페이지. https://www.cdss.ca.gov

Cohen, J. A., Mannarino, A. P., & Deblinger, E. (2006). *Treating trauma and traumatic grief in children and adolescents*. Guilford Press.

Corey, G. (2016). *Theory and practice of counseling and psychotherapy* (10th ed.). Cengage Learning.

Durrant, J. E. (2013). *Positive discipline in everyday parenting*. Save the Children Sweden.

Eyberg, S. M., Nelson, M. M., & Boggs, S. R. (2001). Evidence-based psychosocial treatments for children and adolescents with disruptive behavior. *Journal of Clinical Child Psychology, 30*(1), 33-47.

Gibbs, J. C., Potter, G. B., & Goldstein, A. P. (1995). *The EQUIP Program: Teaching Youth to Think and Act Responsibly Through a Peer-Helping Approach*. Research Press.

Glick, B., & Goldstein, A. P. (2001). *Aggression Replacement Training: Curriculum and Evaluation*. Research Press.

Goldenberg, H., & Goldenberg, I. (2012). *Family therapy: An overview* (8th ed.). Brooks/Cole.

Goldstein, A. P., Glick, B., & Gibbs, J. C. (1986). *Aggression Replacement Training: A Comprehensive Intervention for Aggressive Youth*. Research Press.

Gottman, J. M., & DeClaire, J. (1997). *The heart of parenting: Raising an emotionally intelligent child*. Simon & Schuster.

Kaplan, H. I., & Lindemann, E. (1944). *Crisis intervention and prevention*. Cambridge University Press.

Kohlberg, L. (1981). *Essays on Moral Development, Volume I: The Philosophy of Moral Development*. Harper & Row.

Lutzker, J. R., & Campbell, R. V. (1994). Preventing child abuse: A home-based parent-training model. *Journal of Family Violence, 9*(4), 363-375.

Minuchin, S. (1974). *Families and family therapy*. Harvard University Press.

Nichols, M. P., & Davis, S. D. (2020). *Family therapy: Concepts and methods* (12th ed.). Pearson.

NYC 홈페이지. https://www.nyc.gov

Saleebey, D. (1996). The strengths perspective in social work practice. *Social Work, 41*(4), 296-305.

Satir, V., Banmen, J., Gerber, J., & Gomori, M. (1991). *The Satir model: Family therapy and beyond*. Science and Behavior Books.

Scott, K. L., & Crooks, C. V. (2007). Effecting change in maltreating fathers: Critical principles for intervention planning. *Journal of Interpersonal Violence, 22*(4), 429-448.

Substance Abuse and Mental Health Services Administration. (2014). *Trauma-informed care in behavioral health services* (HHS Publication No. SMA14-4816). U.S. Department of Health and Human Services.

Taylor, T. K., Wilson, C., & NCTSN. (2008). *Family connections program manual*. National Child Traumatic Stress Network.

Walsh, F. (2006). *Strengthening family resilience* (2nd ed.). Guilford Press.

World Health Organization. (2002). *World report on violence and health*. WHO Press.

제 8 장

사례관리 및 상담기술

제8장에서는 학대 피해자를 위한 개별적 · 통합적 지원을 실현하는 데 필요한 핵심 실천 기술을 다룬다. 이 장의 학습목표는 위기 상황에 놓인 피해자에게 효과적인 서비스를 제공하기 위해 사례관리의 주요 원칙과 과정, 그리고 상담기술의 실제적 적용 방법을 이해하고 활용하는 데 있다. 학대 및 폭력 사례에 개입하는 대표적인 기관인 아동보호전문기관, 노인보호전문기관, 해바라기센터의 사례관리 과정을 살펴보고 사정, 계획, 개입, 종결의 단계별 실천 흐름을 체계적으로 익히게 된다. 또한 적극적 경청, 공감적 반응, 재진술, 감정 다루기 등 상담기법의 실제 적용 방안을 구체적으로 학습하도록 구성하였다.

1. 아동보호전문기관의 사례관리

1) 아동학대 대응 업무 절차

[그림 8-1]의 아동학대 대응 업무 흐름도에서 살펴볼 수 있듯이 아동학대 피해아동의 보호 및 지원 대응 업무는 다음과 같은 과정을 거친다.

아동학대가 의심되는 경우 수사기관(112) 또는 시 · 군 · 구 아동학대 긴급전화로 신고되고 시 · 군 · 구 아동학대전담공무원은 지체 없이 **현장출동 및 조사**를 실시한다. 아동학대전담공무원 및 경찰은 아동학대범죄 현장 또는 학대 현장 이외의 장소에서 학대 피해가 확인되고, 재학대의 위험이 급박하고 현저한 경우 피해아동을 보호시설 · 의료기관으로 인도하는 응급조치를 시행할 수 있다. 아동학대전담공무원은 재학대 우려 등으로 피해(의심)아동을 보호조치 시까지 필요한 경우 아동일시보호시설, 아동학대 피해자쉼터 등에 아동을 입소시키거나 적합한 위탁가정 또는 적당하다고 인정하는 자에게 일시위탁하여 보호하는 즉각분리(일시보호조치)를 취하게 된다. 이때 아동학대전담공무원은 **즉각분리(일시보호조치)** 된 보호대상아동의 건강검진, 심리검사를 필수로 실시하고, 필요시 아동보호전담요원, 지자체 인력, 보호시설, 아동학대 피해자쉼터 내 상주 임상심리치료 인력, 외부 치료기관, 아동보호전문기관 등에 협조요청을 해야 한다. 아동학대전담공무원은 피해아동 및 아동학대 행위자에 대한 적극적 보호 및 지원이 이루어질 수 있도록 아동학대 조사내용 등을 통해 피해아동 및 아동학대 행위자, 가정 상황 등을 면밀히 검토하고 자체사례회의, 통합사례회의, 아동학대 전문가 자문단을 활용하여 **피해아동 보호계획**을 수립한다.

피해아동 보호계획 수립 후 아동학대전담공무원은 아동보호전문기관에 **사례연계**를 한다.

사례를 연계 받은 아동보호전문기관은 초기면접 및 사정 등 통해 피해아동 및 아동학대 행위자, 가족 구성원 등에 대한 **사례관리 계획**을 수립 후 아동학대전담공무원에게 공유하고 아동학대전담공무원은 아동보호전담요원에 공유, 원가정 외 보호기관은 개별보호·관리계획을 바탕으로 아동에 대한 **서비스 제공 계획**을 수립 후 아동학대전담공무원에게 공유한다.

아동보호전문기관은 분리 보호된 아동에 대하여 **사례관리** 서비스를 제공하고, 아동보호전담요원은 아동보호전문기관과 협조하여 보호조치된 아동의 **양육 상황 및 원가정 점검**을 실시한다. 이때 아동의 피로도를 고려하여 아동보호전문기관의 사례관리 중에는 양육 상황 점검 시 아동보호전담요원과 아동보호전문기관이 공동 방문하도록 한다.

아동보호전문기관은 사례관리 중 가정복귀 가능성 여부를 검토, 가정복귀가 필요한 경우 가정환경조사서 작성 후 시·군·구 아동학대전담공무원에게 제출한다. 지자체 가정복귀 승인결정이 나면 아동은 귀가조치하고, 아동학대전담공무원은 결정 내용을 보호자에게 안내하고, 아동보호전문기관은 아동을 보호자에게 인계하는 **사례종결** 과정을 거치게 된다.

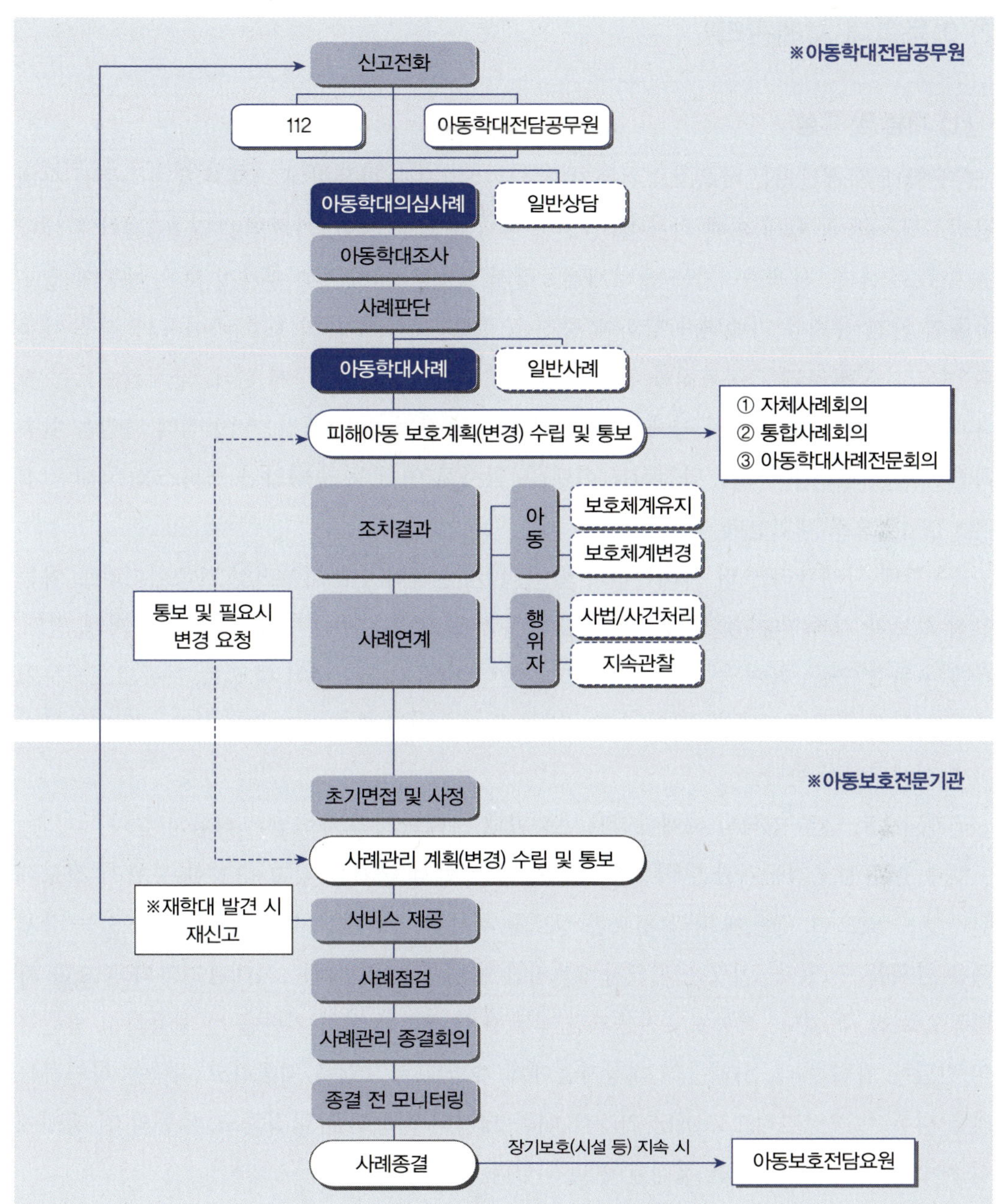

[그림 8-1] 아동학대 대응 업무 흐름도

출처: 경기도거점아동보호전문기관 홈페이지(n.d.).

2) 아동학대 사례관리[1]

(1) 개념 및 특성

아동학대 사례관리는 아동보호전문기관에서 주관하는 아동학대 피해자의 가족중심 사례관리로서 아동의 학대 피해 회복 및 안전한 발달과 성장 지원, 가족역량 강화, 재학대 예방을 목표로 한다. 사례관리자는 생태체계·강점 관점을 기반으로 원가정 보호 아동의 경우 아동의 안전 유지와 가족역량 강화에 중점을 두고, 시설에 분리 보호된 아동의 경우 아동의 적응 지원과 조기 가정복귀를 위한 가정환경 조성에 중점을 두게 된다. 구체적으로는 가족과의 협력적 파트너 관계 안에서, 아동과 가족의 강점 및 공식적·비공식적 자원을 활용하는 가족 상담, 심리치료, 법정처분 이행, 지역사회 연계 등의 다양한 서비스를 통해 직접적·간접적으로 개입한다.

아동학대 사례관리는 타 사례관리와 달리, 비자발적이거나 거부적인 가족이더라도 아동 안전 확보와 가족역량 강화라는 두 가지의 목적을 달성하기 위해 아동의 학대 피해 정도, 가족의 위험 수준, 참여 동기와 욕구를 고려하여 개입을 시도해야 하므로, 아동보호전문기관의 전문성과 공공체계 및 지역 유관기관과의 파트너십이 필수적이며 법적·행정적 근거하에 실시되어야 한다.

구체적으로 다른 영역의 사례관리와 아동학대 사례관리의 차이점은 다음과 같다.

첫째, 아동보호전문기관은 아동학대 상황에서 법적 근거를 갖고 다양한 통합적 정보에 접근할 수 있으며, 경우에 따라 필요한 정보를 취득하거나 대상자에게 개입할 수 있는 강제력을 발휘할 수 있다. 이것은 지역사회복지관 등에서 이루어지는 사례관리와의 중요한 차별점으로 볼 수 있다. 아동보호전문기관 상담원은 이러한 법적 기반을 잘 활용하고 법원과의 긴밀한 협력 아래, 사례관리 대상자들에게 개별 프로그램을 제공하고 이행을 확인하는 것을 넘어서, 중장기적으로 해당 가정에 대한 개입의 지향점을 설정하고, 아동의 전 생애에 비추어 현재의 개입 정도를 결정할 필요가 있다.

둘째, 아동학대 사례관리는 가족중심 사례관리로서의 특징을 갖는다. 아동에게 가족은 쉽게 뗄 수 없는 존재로서, 아동이 가족에서 영구히 분리되지 않는 한, 대부분의 아동은 중장기쉼터에서 분리 보호되더라도 어느 시기가 되면 대부분 원가족 복귀가 되어 가족과 함

---

1) 아동권리보장원(2021) pp. 182-198 내용을 요약 정리함.

께 살게 된다. 심지어 학대 행위자가 실형을 받고 나오더라도 이후 피해아동과 동거하는 경우들도 다수 있다. 가족에 대한 개입은 이처럼 매우 중요하지만 문제가 많은 가족일수록 아동보호전문기관의 사례관리 개입에 거부적인 모습을 보인다. 그러므로 아동학대 사례관리에서는 상담 및 자원연계 역량을 활용하여 환경 속에서 가족을 이해하고, 가족중심 시각에서 가족을 변화시키는 사례관리를 실시해 나가는 것이 중요하다.

셋째, 아동학대 사례관리는 일차적으로 아동의 안전과 재학대 예방에 초점을 두게 된다. 아동 안전은 가장 중요한 이슈이고 우선적으로 고려해야 할 사안이다. 그러나 아동학대 사례관리는 단순히 아동의 안전, 즉 학대행위의 유무를 모니터링하는 데 그쳐서는 안 되며, 궁극적으로 아동의 안전에 영향을 주는 위험요인과 보호요인을 체계적으로 파악하고 개입해 나가는 것이 필요하다.

(2) 아동학대 사례관리 과정

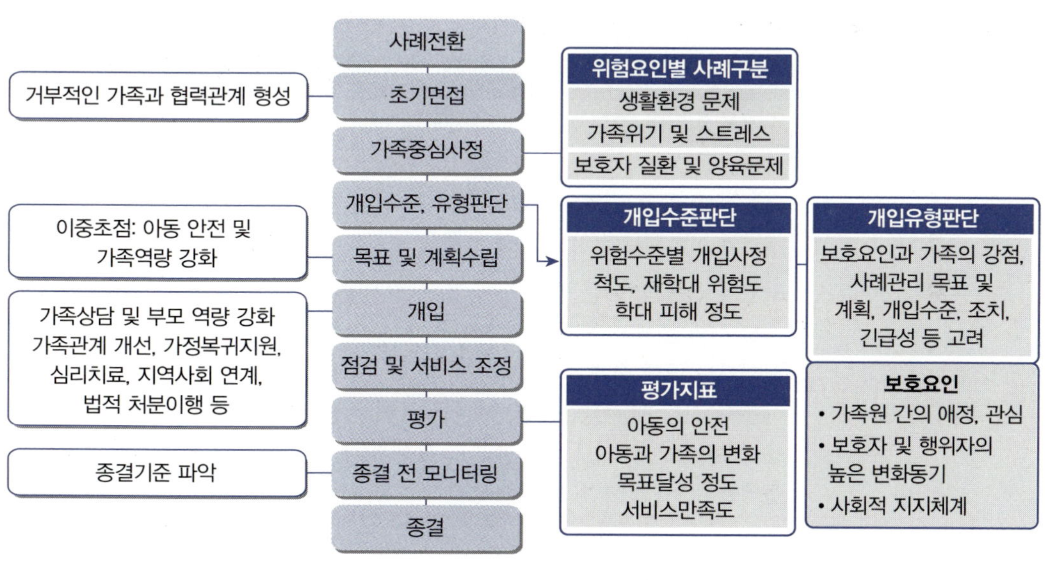

[그림 8-2] 아동학대 사례관리 과정

출처: 아동권리보장원(2021), p. 199 재구성.

아동학대 사례관리는 아동학대전담공무원이 피해아동보호계획서를 아동보호전문기관의 기관장에게 의뢰하면 이를 아동보호전문기관이 접수하는 것으로부터 시작되며 이것이 '사례전환'이다.

아동학대 사례관리 '초기면접'의 핵심은 거부적인 태도를 보이는 가족들과 협력적 관계를 구축해 나가면서 개입의 틀을 마련하는 것이다. 구체적인 방법은 뒤의 사례관리 과정에서 필요한 상담 및 라포형성 기술에서 설명하도록 한다.

'가족중심 사정'에서는 아동 개인뿐 아니라 아동의 가족 전체를 사정하는 것 외에도 가족이 주도적으로 그들의 강점을 발견하고 변화 전략을 고안해 내도록 지원한다. 가족중심 사정은 상황에 따라 초기면접 시 한꺼번에 이루어질 수도 있고 초기면접 후 일정 기한 내에 이루어질 수도 있다. 이 단계에서는 초기면접에 이어서 가족과 라포를 형성하고 가족이 적극적으로 그들의 강점과 욕구를 파악할 수 있도록 사례관리자는 적절한 질문을 던지는 등의 방법으로 진행한다. 가족중심 사정에서는 다음 단계가 개입수준과 개입유형을 판단하는 단계이기 때문에 사례의 위험요인을 확인하는 과정도 중요하다. 아동보호기관에서는 아동학대 위험요인을 생활환경 문제, 가족위기 및 스트레스 그리고 보호사 질환 및 양육문제 등으로 구분하고 있다.

〈표 8-1〉 위험요인별 아동학대 사례 특성

위험요인	사례 특성
생활환경 문제	• 주거환경 열악/불안정, 이웃 등 사회적 자원체계 부족
가족위기 및 스트레스	• 가족원의 사망, 폭력, 고부갈등, 재산싸움 등과 같은 스트레스 유발 사건, 가족원들 간 갈등과 잦은 충돌, 가구주 실직으로 인한 경제적 어려움 등 • 행위자의 잘못된 인식 및 행동 유형도 특징적으로 함께 나타나는 경우가 많음.
보호자(아동) 질환 및 양육문제	• 보호자 신체적 장애, 만성 신체 질환, 정신장애나 질환, 분노 조절 미흡, 자살 시도 등의 문제와 어려움이 나타남. • 행위자도 함께 신체 · 심리 질환을 갖고 있는 경우 • 아동의 심리 · 정서적 문제, 아동의 문제 행동, 행위자의 잘못된 인식 및 행동, 보호자의 양육 무관심 영역 등 아동과 행위자, 보호자 모두에게 복합적인 문제들이 두드러지게 심각한 양상

'개입수준, 개입유형 판단' 단계에서는 먼저, 개입수준을 결정하고 다음으로 개입유형을 판단하는 두 단계를 거친다. 첫 번째, 개입수준은 아동의 학대 피해 정도와 재학대 위험도를 고려한다. 두 번째, 결정된 개입수준에 따라 어떤 유형의 사례관리 서비스를 제공할 것인지를 결정하는 단계로 가족의 보호요인(가족원 간의 애정과 관심, 보호자 및 행위자의 높은 변화동기, 사회적 지지체계 등), 사례관리 목표 및 계획, 개입수준과 조치 그리고 긴급성 등을 고려하여 결정한다.

개입유형은 모니터링 유형, 일반유형, 집중유형, 특수집중으로 구분되는데 모니터링 유형은 위험도가 가장 낮은 사례들에 대한 개입유형으로, 개입수준이 '낮음' 수준이고, 가족에게서 다수 또는 강한 보호요인들이 발견되며 아동에 대한 조치에 있어서도 법원의 강압적인 개입이 필요하지 않은 원가정 보호 사례들이 주로 이 개입유형에 적절하다. 그 외 일회성 학대사례들, 또는 집단시설에서 학대가 발생한 경우들도 모니터링 유형에 적절하다고 볼 수 있다. 일반유형은 모니터링 유형보다는 위험도가 높지만 집중유형 사례들에 비해서는 낮은 대다수의 사례들에 대한 유형으로 모니터링 유형과 마찬가지로 법원의 강압적인 개입이 필요하지 않아 원가정에서 보호되는 사례들과 아동이 분리 보호되었더라도 원가정의 변화동기 수준이 높고 집중적인 지원 없이도 빠른 시일 내에 가족재결합이 일어날 것으로 판단되는 사례들이 이 개입유형에 적합하다. 집중유형은 위험도가 높고, 학대로 인한 피해도 크며, 아동과 가족의 서비스에 대한 필요도가 높은 사례들이 이 개입유형에 적합하며, 특수집중유형은 긴급한 사례들을 신속하게 다루기 위한 유형이다. 따라서 다수의 사항들을 종합적으로 판단하기보다는 긴급성 하나의 사항만을 고려하여 빠르게 판단할 것이 요구된다. 특수집중유형은 1인의 선임 사례관리자(사례관리팀장), 심리치료사, 그 외 필요인력으로 구성된 아동보호전문기관 내의 집중개입팀이 단기간에 개입하여 위험도를 낮추고 가족이나 아동이 처한 환경의 취약성이 빠르게 보완될 수 있도록 하는 것이 목표이다. 이 목표가 도달되면 지체 없이 집중유형이나 일반유형으로 재배치하는 것이 바람직하다.

'목표설정 및 계획수립' 단계에서는 가족중심 사정의 내용을 바탕으로 사례관리의 목표를 설정하고 그에 따른 계획을 수립한다. 사례관리의 목표를 가족과 함께 설정하고 이를 달성하기 위한 구체적인 계획에 대해서도 가족과 합의하며 수립하는 것이 좋다. 이를 통해 가족이 사례관리의 주인이 되고 가족역량을 강화할 발판도 마련되기 때문이다. 이 단계에서 계획의 구체적 실행을 위한 역할의 분담도 이루어질 수 있다. 아동학대 사례관리 목표는 성취가능하고 현실적이어야 하고 가족이 쉽게 실행하여 빠른 시일 내에 성취감을 느끼고 동기가 강화될 수 있는 구체적인 것들로 수립하는 것이 좋다.

'개입' 단계는 사례관리자와 가족이 수립한 사례관리 계획을 구체적인 행동으로 실천하는 단계로, 가족상담 및 부모 역량 강화, 가족관계 개선/가정복귀 지원, 심리치료 지원, 지역사회 연계, 법적 처분이행 등이 그 주요 내용이다.

'점검 및 서비스 조정'은 사례관리의 목표와 계획에 따라 사례관리가 적절하게 이행되고 있는지를 파악하는 과정이며, 제공된 서비스에 대해 대상자가 만족하며 계획된 변화가 나타나고 있는지를 확인한다. 주요 위험요인이 감소하고 있는지, 가족의 강점과 자원이 강화되고 있는지, 사례유형을 고려한 개입이 효과적으로 진행되고 있는지를 고려하는 것이 필요하다.

'평가'와 '종결 전 모니터링'에서는 사례관리 계획이 실행되고 목표들이 어느 정도 달성되면 종결을 고려하며 사례를 평가하고 종결 전 모니터링을 실시하는 단계이다. 여기에 활용되는 평가지표들은 아동의 안전, 아동과 가족의 변화, 목표달성 정도, 서비스 만족도 등이다.

'종결'에서는 다음 사유에 해당될 때, 종결을 진행할 수 있다. 종결사유는 지난 6개월간 재학대가 발생하지 않았을 경우, 학대 재발 위험사유가 감소하였을 경우, 「아동복지법」상 아동 연령(만 18세)이 초과되었을 경우, 피해아동의 안전이 보장되는 장기보호조치가 이루어진 후 일정 기간이 초과하였으나 가정복귀가 어렵다고 판단될 경우 그리고 아동학대 행위자가 사망하였을 경우 등이다. 그 밖에 종결 결정에서 보다 숙고할 필요가 있는 사례는 다음과 같다.

글상자 8-1 종결에서 추가 논의가 필요한 아동학대 사례

가족의 거부

아동보호전문기관의 개입을 가족이 거부하지만 그렇다고 법원에 의뢰할 정도로 아동의 안전에 대해 염려할 만한 요소들이 발견되지는 않은 경우, 즉 가족에게 아동보호전문기관의 서비스를 강제할 만한 법적인 근거가 없는 경우

가족의 거취를 알 수 없는 경우

가족이 목적지를 알리지 않은 채 이사했고 사례관리자는 동원 가능한 모든 자원을 다 동원해도 그 가족의 행방을 알 수 없는 경우

2. 노인보호전문기관의 사례관리

1) 노인보호전문기관의 노인학대사례 개입절차

노인학대는 경찰서나 119상황실 등 타기관에서 의뢰되거나 110, 129, 타지역 노인보호전문기관에서 이관되는 경우 그리고 본인, 가족, 타인, 신고의무자에 의해 신고되어 접수된다. 접수된 사례는 노인학대 스크리닝 점검표를 활용하여 접수판정을 진행하게 되는데 이때 응급학대의심사례, 학대의심사례 그리고 일반사례로 구분되어 판정된다.

아동학대와 달리, 노인학대는 노인보호전문기관 상담원이 조사와 사례개입에서 중추적인 역할을 수행한다. 모든 사례는 현장조사(필요시 경찰 동행 요청) 및 사정절차를 거치게 되는데 이때는 노인학대 피해자, 학대 행위자 그리고 가족에 대해 조사 및 사정을 하게 된다. 노인학대 피해자와 학대 행위자에게는 신체 · 정신 건강상태, 개인 성향 및 생활환경 그리고 학대사실여부를 조사한다. 가족을 대상으로는 가족갈등과 부양스트레스 여부 등을 조사한다.

조사결과를 근거로 사례판정을 하는데 이때는 응급사례, 비응급사례, 잠재사례 그리고 일반사례로 구분된다. 응급사례는 학대가 현재 발생 중이거나 즉각적인 의료조치가 필요한 경우 그리고 생명이 위험한 경우가 해당된다. 비응급사례는 피해자 안전이 확보된 경우 그리고 피해가 경미한 경우가 해당된다. 잠재사례는 현재 학대가 발생하고 있지 않지만 학대 위험이 내포되어 있는 경우, 일반사례는 학대 및 학대 위험요인이 없는 경우이다.

이후 응급사례와 비응급사례는 서비스 제공, 사례평가, 종결 그리고 사후관리의 사례관리를 제공한다. 서비스 제공 단계에서는 직접서비스와 지역사회 자원 연결, 학대피해노인 전용쉼터나 양로시설 입소 및 이용을 지원한다. 사례평가에서는 위험요인이 제거되었는지, 서비스 제공의 목표는 성취되었는지, 피해자 욕구는 만족되었는지 등을 종합적으로 평가한다. 노인학대 위험요인이 제거되었거나 피해자가 사망한 경우 그리고 타기관으로 의뢰한 경우 사례개입은 종결된다. 종결 후 일정 기간 노인학대 재발여부를 확인하는 사후관리가 진행된다.

잠재사례로 판정된 경우에는 지속적인 모니터링을, 일반사례로 판정된 경우에는 정보제공이나 예방교육 및 홍보와 같은 서비스를 제공한다([그림 8-3] 참조).

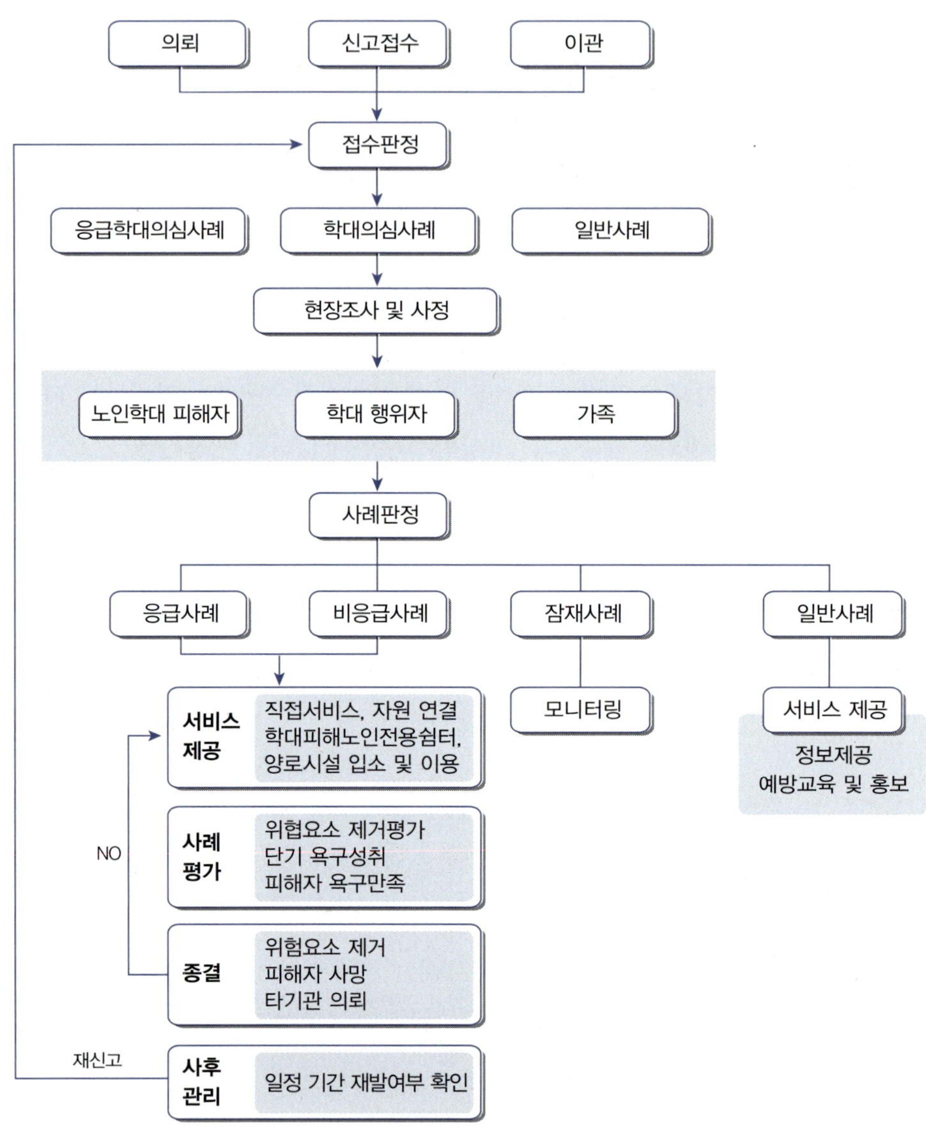

[그림 8-3] 노인보호전문기관 노인학대 개입절차

출처: 보건복지부, 중앙노인보호전문기관(2024), p. 5 재구성.

2) 노인학대 사례관리[2)]

(1) 개념 및 특성

노인학대 사례관리는 노인보호전문기관에서 실행하는 보호사업으로 노인학대 피해자 회복 및 안전확보 그리고 재학대 예방을 목표로 한다. 구체적으로는 노인학대 피해자, 행위자, 가족을 대상으로 공식적 · 비공식적 자원을 활용하는 상담 · 복지 · 법률 · 의료 지원 및 유관기관 등의 다양한 서비스를 제공한다.

아동학대 사례관리와 마찬가지로 노인학대 사례관리 역시, 노인학대 피해자, 행위자, 가족이 개입에 비자발적이거나 거부적이더라도 개입을 시도해야 하므로, 공공체계 및 지역 유관기관과의 파트너십이 필수적이며 법적 · 행정적 근거하에 실시되어야 한다. 더불어, 노인학대 사례관리는 일차적으로 노인의 안전과 재학대 예방에 초점을 두지만 궁극적으로 노인의 안전에 영향을 주는 위험요인과 보호요인을 체계적으로 파악하고 개입해 나가는 것이 필요하다.

아동학대 사례관리는 아동학대전담공무원이 피해아동보호계획서를 아동보호전문기관의 기관장에게 의뢰하면 이를 아동보호전문기관이 접수하는 것으로부터 시작된다. 반면, 노인학대는 사례판정 결과, 응급사례와 비응급사례로 판정될 경우, 서비스 제공, 사례평가, 종결, 사후관리의 과정이 진행된다. 또한 아동학대는 사례전환 이후 가족중심 사정이 이루어지지만, 노인학대는 현장조사와 함께 이루어지는 사정내용을 근거로 서비스 제공계획이 수립되며 별도의 사정 절차가 마련되어 있지 않다.

(2) 노인학대 사례관리 과정

노인학대 사례관리는 '현장조사와 사정' 단계에서부터 시작된다고 볼 수 있다. 이 단계에서는 포괄적으로 수집된 정보를 검토하여 노인학대 피해사례 전반과 노인학대 피해자, 학대 행위자, 가족 등의 관련 대상자의 욕구 및 특성을 파악하여 서비스 제공계획을 세우게 된다. 이때 신고자, 노인학대 피해자, 가족, 다른 관계자 등으로부터 정보를 청취하고 관련기관 문서나 가계도 및 생태도 등을 활용한다.

---

2) 보건복지부, 중앙노인보호전문기관(2024) 내용을 요약 정리함.

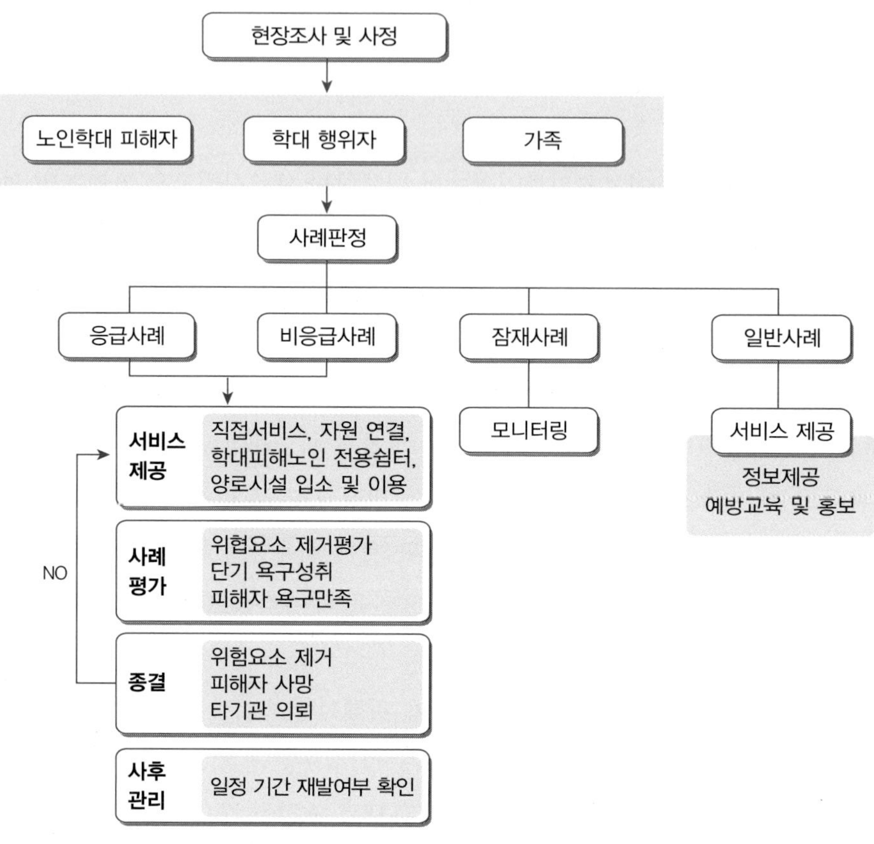

[그림 8-4] 노인학대 사례관리 과정

출처: 보건복지부, 중앙노인보호전문기관(2024), p. 5 재구성.

사례판정 결과, 응급사례 혹은 비응급사례로 판정될 경우 '서비스 제공'에 들어간다. 서비스 제공 단계는 노인학대 피해자의 위험성을 제거하고 안전을 확보하기 위한 공식적 · 비공식적 자원을 연결하여 서비스를 제공함으로써 노인학대 피해자의 욕구와 문제를 해결하는 단계이다. 서비스 제공의 목적은 학대 상황 및 학대 위험요인 제거, 학대 상황을 변화시키기 위하여 노인학대 피해자, 학대 행위자를 포함한 가족 전체를 대상으로 효과적이고 적절한 서비스를 제공하는 것에 있다. 이때 상담원의 역할로는 노인학대 피해자 가족을 활용할 수 있는 가족 내 강점과 내부 자원 파악, 노인학대 피해자의 주변 공식적 자원 파악, 비공식적 자원 파악, 가족 지지체계 확인 후 자원 가능여부 파악, 취약노인지원시스템에 서비스 등록 등이 있다. 서비스 제공 단계에서 고려해야 할 사항으로 네 가지가 있다. 첫째, 노인학대는 다차원적이며 개인의 내적 · 외적 요인, 가족 및 환경적 요인 등을 고려하여 서비스 제공 계획을 수립할 것, 둘째, 가장 적절한 개입 전략과 실현 가능한 서비스를 선택할 것, 셋째, 서비스 계획 과정에 가능한 가족 전체가 참여하도록 유도하고, 활용 가능한 자원, 노인학대 피해자 및 가족의 강점을 발견하여 최대한 활용할 것, 마지막으로 지역사회의 다양한 서비스 기관과 연계할 수 있도록 네트워크를 구축하고, 이용 가능한 자원을 충분히 활용할 것이다.

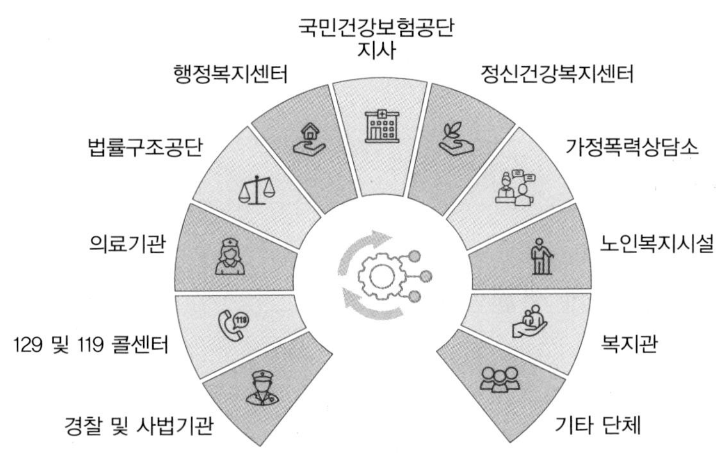

[그림 8-5] 지역노인보호전문기관의 협력체계

'사례평가' 단계는 노인학대 피해자 대상자의 욕구와 문제해결을 위해 수립된 목표가 서비스 계획에 적합하였는지, 결과목적이 달성되었는지 그리고 제공된 서비스가 효과적이었고 노인학대 피해자가 만족하였는지를 확인하는 과정이다. 이때 상담원은 학대 위험성, 노인학대 피해자 및 가족의 욕구, 변화동기를 파악함으로써 사례개입 계획과 그에 따른 서비스 목표가 이루어졌는지를 확인한다. 또한 사례평가를 위한 자체 사례회의를 실시하여야 한다. 이 과정에서 새로운 욕구가 발생했거나 노인학대 피해자나 그 가족들에게 예상치 못한 새로운 위기나 손상 등의 긴급한 상황이 발생했을 때 그리고 노인학대 피해자의 상황이 예상치 못하게 개선되었을 때 재사정을 실시한다.

'사례종결' 단계는 노인학대 피해자에 대한 개입 평가와 확인을 통해 사례의 지속여부와 종결여부를 판단하고 외부기관 의뢰가 필요한 경우 의뢰를 통해 종결하는 과정이다. 상담원은 종결상담을 통해 학대행위의 소멸여부, 재발 가능성 등을 확인하고 노인학대사례 종결 지표를 활용하여 결과 값을 참조함으로써 종결여부를 결정한다. 필요시 관련 기관 서비스 및 사회안전망 안내와 연계를 실행하며 외부 기관 제공 서비스가 필요한 경우 이관하고 종결한다.

'사후관리'는 노인학대 피해자의 안전 유지, 학대 재발 가능성 방지 및 예방, 가족의 안정 유지를 목적으로 종결된 사례를 일정기간 정기적으로 관리하는 과정이다. 상담원은 전화 또는 직접 방문하여 사후관리 상담을 실시해야 한다. 타기관으로부터 의뢰 받아 개입하고 종결된 사례의 경우는 의뢰한 기관과 상담을 실시하고 사후관리 상담이 어려운 사례는 자체사례회의를 진행해야 한다.

3. 해바라기센터의 사례관리

1) 해바라기센터의 사례 개입절차

해바라기센터는 여성가족부, 지방자치단체, 지방경찰청 그리고 수탁병원의 4자 협약으로 운영되며 성폭력 피해자와 가족에게 원스톱 지원을 제공하는 기관이다.

접수 경로는 피해자 또는 가족 등이 경찰서 사건을 접수하는 경우, 성폭력 상담소 등 유

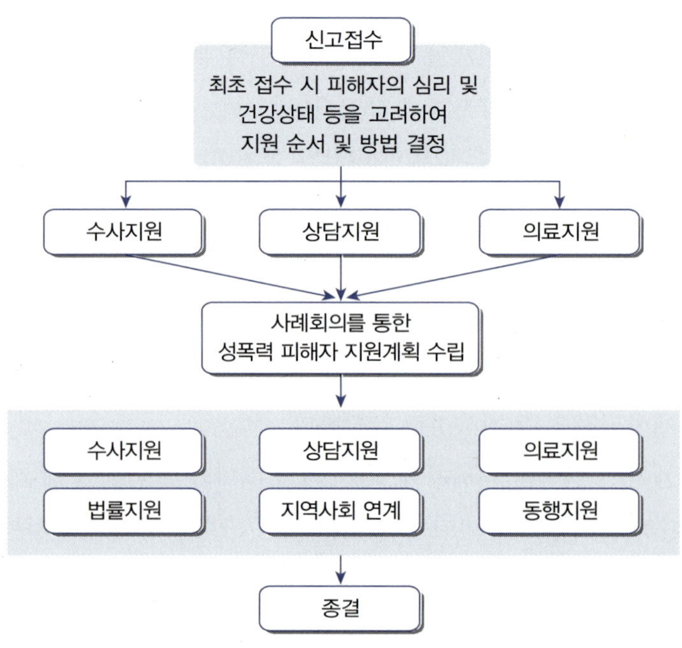

[그림 8-6] 해바라기센터 성폭력 사례개입 절차

출처: 해바라기센터 홈페이지를 토대로 재구성.

관기관을 통해 접수되는 경우, 전화 또는 인터넷을 통해 접수되거나 사건을 접수하지 않더라도 상담 및 지원요청을 위해 방문하는 경우 등이 있다.

최초 신고접수 시 피해자의 심리 및 건강상태 등을 고려해서 지원 순서나 방법을 결정하게 되는데, 상황에 따라 다르지만, 주로 수사지원, 상담지원 그리고 의료지원이 최우선적으로 진행된다. 이후 피해자 및 가족의 욕구와 조사내용을 근거로 사례회의를 실시하고 지원계획을 수립하게 된다. 이후 수사지원, 상담지원, 의료지원, 법률지원, 동행지원 그리고 지역사회 연계 등이 지원된다. 종결은 피해자 욕구 해소, 목표 달성, 이관 등의 경우 진행되며 일정 기간의 사후관리를 진행한다.

2) 여성폭력 사례관리

(1) 개념 및 특성

해바라기센터의 원스톱 지원체계는 응급 및 위기지원의 성격이 강하다는 특성을 가진다. 더불어, 수탁병원 내 협소한 공간에 위치하는 등 물리적 여건과 인력 부족 등으로 대부분의 사례가 지속적인 사례관리를 진행하지 못하고 타기관 이관 등으로 종결되는 경우가 많다. 그러나 복합적이고 중첩되는 고난도 성폭력 피해는 계속해서 증가하고 있으며, 특히 기술의 발전에 따라 전자기기를 활용한 불법 촬영 및 불법 촬영물 유포 등 다양한 유형의 성폭력 범죄 발생이 급증하고 있다. 이에 기존의 성폭력 유형으로 규정화할 수 없는 복합적 양상을 이해하기 위해서는 분절된 관점이 아닌 폭력 피해 유형에 국한되지 않은 통합지원을 요구하는 목소리가 높다(한선미, 2022). 더불어, 성폭력 발생은 피해자가 평생에 걸쳐 지속적으로 다양하고 전문적인 지원을 필요로 하는 만큼 사례관리의 요구도가 높다.

비록 해바라기센터의 성폭력 사례관리가 아직 체계적으로 마련되지 못한 상황이지만 최근 한국여성인권진흥원이 여성폭력 피해자 통합지원을 위해 발간한 매뉴얼(김은정 외, 2024)의 여성폭력 통합사례관리 내용을 소개하고자 한다.

여성폭력 피해자 통합사례관리는 여성폭력 피해자의 복합적 욕구 충족과 피해지원 사각지대를 해소하기 위해서는 개별 상담소의 한계를 넘어 다기관 협력을 이끌고, 결핍된 자원을 연계할 수 있는 통합지원체계가 구축되어야 할 필요성에 따라 구축되었다. 여성폭력 피해자 통합사례관리는 위기개입에서 사후관리까지 체계적이고 종합적인 서비스를 제공하는 것을 의미한다.

여성폭력 피해자의 복합적인 어려움을 효과적으로 지원하기 위해서는 다양한 욕구를 가진 피해자의 상황에 따른 체계적인 계획을 수립하고 공식적·비공식적 자원을 발굴, 조정, 연계하거나 제공하여 피해자의 기능회복과 서비스의 효과성을 증진하는 서비스 지원체계인 사례관리 접근이 유용할 것이다. 또한 통합적 지원을 통해 서비스 중복 및 누락을 방지하고 피해자에게 필요한 지원을 원스톱으로 제공하여 피해자를 효과적으로 지원하기 위해 사례관리 접근이 필요하다. 즉, 여성폭력 피해자 지원기관의 사례관리는 피해자의 안전과 재피해 방지에 초점을 두고 폭력 피해 특성과 영향에 대한 폭넓은 이해를 바탕으로 안전체계를 구축하고 피해자의 역량 강화를 위해 지역자원을 연계 및 조정하는 것을 목적으로 한다.

(2) 여성폭력 사례관리 과정[3)]

'초기접수'에서는 우선적으로 위기도 조사를 통해 위기 상황을 파악하고, 즉각 안전확보 및 긴급지원 등 위기개입을 지원해야 한다.

'안전확보'는 피해자의 안전상태를 점검하는 단계로 피해자가 현재 안전한 상황인지(건강, 주거, 재피해 가능성 등)를 점검하고, 이에 대한 안전계획을 살펴본다. 특히 상담소 주요 서비스(의료, 심리, 사회, 법률 및 수사)와 관련해 문제를 상세하게 사정하는 것이 필요하다. 예컨대, 심리와 관련해서 폭력 이후에는 자살 충동, 불안장애 등의 다양한 심리적 위험이 나타날 수 있으므로 심리적인 안정확보를 위한 점검이 필요하다.

'사례판정회의 및 분류'에서는 사례판정회의를 통해 일반지원사례와 복합·고난도 사례로 분류한다. 사례관리 담당자가 작성한 통합지원 사례판정 결과를 기초로 사례판정회의의 논의를 거쳐 최종적으로 사례를 판정 및 분류하는데 이에 따라 지원 과정이 구분된다. 일반지원사례는 기존 여성폭력 피해자 지원기관에서 처리하도록 연계하고 지원하지만 복합·고난도 사례는 통합사례회의를 통해 통합지원을 실시하게 된다.

'사정 및 계획' 단계에서는 이용자(내담자)의 문제와 욕구, 강점과 자원, 장애물 등의 정보를 파악하고 수집하는 사정 단계와 이를 바탕으로 개입의 방향 및 서비스 제공계획을 수립하는 계획 단계이다.

사정은 일회적인 것이 아니라 지속되는 과정이며 초기상담 시 사정이 시작되고 사례관리 전 과정에서 지속적으로 이루어진다. 사정 시에는 폭력 피해 현황 및 정도, 그로 인해 이용자(내담자)가 겪는 문제를 파악하고 욕구 영역별 자원 및 강점을 확인하며 사례관리를 통해

---

3) 김은정 외(2024)의 내용을 요약 정리함.

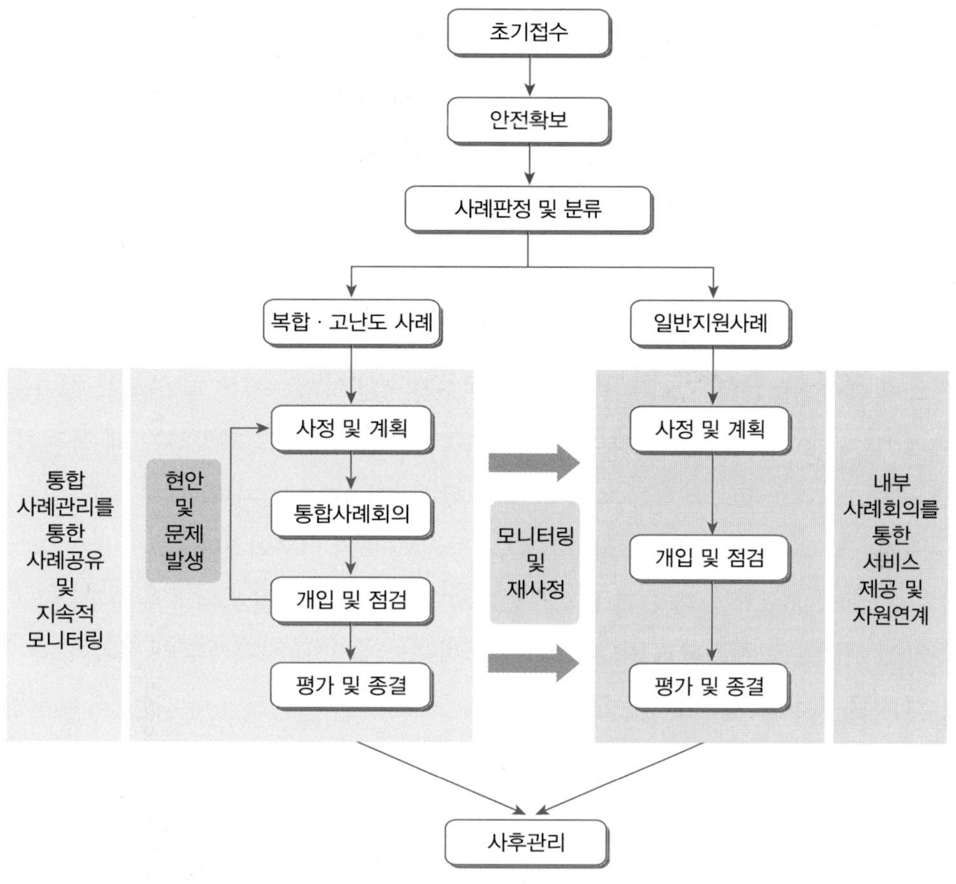

[그림 8-7] 여성폭력 사례관리 과정

출처: 한국여성인권진흥원(2024), p. 33 재구성.

해결하고자 하는 욕구의 우선순위에 대해 의논해야 한다.

개입계획 및 수립은 사례관리를 통한 이용자(내담자)의 변화와 그에 따른 개입, 구체적 과업과 역할 등을 정하는 단계로 사례관리 계획의 목표는 장기적 · 단기적 계획의 수립과 이를 달성하기 위한 이용자(내담자)와 사례관리 담당자 간의 역할을 규정해야 한다.

'통합사례회의'는 사례회의를 통해 대상자를 구분, 선정하고, 서비스를 계획 및 수정하며, 서비스를 점검하는 등 모든 과정에서 진행 가능하다. 사례회의는 대상자의 선정, 종결 시에는 필수로 진행되어야 한다.

'개입 및 점검'의 개입은 계획 단계에서 수립된 계획을 실제 실행으로 옮기는 과정으로 이를 위해 사례관리 담당자가 직간접적 실천을 수행하게 된다. 직접실천을 위해서는 이용자(내담자)와 자원체계와의 의사소통이 중요하므로 전문적 관계를 형성, 유지하는 것이 중요하며 이용자(내담자)가 자기주도성을 가지고 참여할 수 있도록 지속적으로 상담하면서 지지해야 한다. 간접실천을 위해서는 이용자(내담자)의 욕구 해결을 위한 자원을 연계, 개발하는 것이 중요한 과업이다. 점검 단계에서는 실행계획이 제대로 이행되고 있는지를 계획된 일정(기간)에 따라 확인하는 것이다. 점검 결과에 따라 계획을 수정하거나, 개입을 촉진하기 위한 노력을 진행해야 한다.

개입 시 직간접적으로 실천할 수 있는 지원의 종류는 〈표 8-2〉와 같다.

'평가 및 종결'에서는 참여하는 이용자(내담자)의 욕구에 따라 부합되는 서비스와 자원이 적절하게 제공되었는지, 그에 따라 원하는 변화를 성취하였는지를 평가한다. 평가는 평가 결과에 대한 환류를 통해 이용자(내담자)에게 더 나은 서비스를 제공하는 데 목적이 있다. 종결은 사례관리를 마무리하는 것으로 목표 달성, 이용자(내담자)의 이사, 계약만료, 스스로 이용 중단, 사망, 타기관과의 서비스 중복 등의 경우에 이루어진다.

'사후관리'는 종결된 사례가 기존의 사례개입에서의 성과가 유지되고 발전되고 있는지를 확인하는 과정으로 사후관리를 통해 기존의 이용자(내담자) 사례개입의 성과가 유지되고, 필요시 다른 기관에 의뢰가 가능하다.

〈표 8-2〉 여성폭력 사례개입 시 지원 종류

지원종류	내용
상담지원	• 전화상담(온라인상담), 내방상담 • 치료회복 프로그램(상담치료, 교육, 동기부여, 정서치료, 자녀상담 등)
법률 · 수사지원	• 여성폭력 피해자에게 법률상담 및 수사 · 형사소송 지원, 민사소송 지원 등의 법률구조 활동을 지원함으로써 가해자 처벌과 피해자의 일상생활 회복 등 피해자의 기본적 인권을 보호
의료지원	• 신체적 · 정신적 피해에 대한 치료 • 일반 · 상해진단서 발급 비용 등 • 이때 사례관리자의 역할 – 피해자 동의 구하기 – 피해자의 비밀 준수 및 피해자 정보보호 – 의료인의 2차 가해 방지 – 의료비 추가 지원 필요시 의료 관련 외부 자원 개발 및 연계
삭제지원	• 중앙디지털성범죄피해자지원센터 안내 및 의뢰 • 각 플랫폼(웹하드, 성인사이트 등)별로 유포사이트 검색하여 삭제지원 • 3개월 간 집중 삭제지원 이후 일반 삭제지원으로 전환하여 3년간 지원

※ 그 밖에 주거지원, 가족지원(돌봄지원), 행정지원, 경제적 지원, 노무 관련 지원 등이 있음.

4. 사례관리 과정에서 필요한 상담기술

사례관리 과정에서 사례관리자는 사례에 대해 정보를 수집하고 행위자, 피해자 그리고 가족과 라포를 형성하고 욕구를 청취하여 개입목표를 설정해야 한다. 사례에 따라 다르지만 학대 및 폭력 피해자와 행위자 그리고 가해자는 일반적으로 신체·정서적 트라우마를 경험하게 될 가능성이 높고 부족한 사회적 지지체계를 가지고 있을 확률이 높다. 따라서 학대 및 폭력 사례에 대해 정확한 정보를 수집하고 효과적으로 개입하기 위해서는 사례관리자의 전문적인 상담기술이 요구된다.

여기서는 사례조사 시 필요한 상담기술과 초기면접 시 필요한 상담기술 그리고 욕구사정 시 필요한 상담기술로 구분하여 살펴보도록 한다. 조사에서는 피해자의 방어감을 우회하면서도 정확한 사실을 수집할 수 있어야 하고 초기면접은 거의 첫 대면하는 자리로 라포 형성에 주력해야 한다. 욕구사정은 대상자에게 보다 깊은 이야기를 끌어내는 기술이 필요하다.

1) 조사 시 필요한 상담기술

폭력 및 학대 조사는 대부분 폭력 및 학대 상황이 발생한 지 얼마 되지 않는 시간 내에 진행된다. 그래서 조사 시, 피해자는 폭력 및 학대로 인해 정서적·신체적으로 불안하고 취약할 가능성이 높다.

조사 시 필요한 상담기술에서 유의할 점은 바로 이런 상황으로부터 출발한다.

첫째, 사례관리자 혹은 상담원은 피해자 보호에 최선을 다해야 한다. 피해자의 신변보호는 물론 심리적 안정을 최우선으로 고려해야 한다는 것이다.

둘째, 단 시간 내에 피해자와의 라포를 형성하고 피해자 특성에 맞는 방법으로 의사소통을 해야 한다. 가족 구성원에 의한 노인학대 피해자의 경우, 자신이 학대 사실에 대해 진술하면, 가족인 행위자(자녀 혹은 배우자)에게 불이익이 갈 것을 우려해 진술을 거부하기도 한다. 아동학대의 경우, 발달 단계에 따라 언어표현이 서툴거나 익숙하지 않아서 사례관리자에게 고통스러웠던 학대 상황을 이야기하는 것을 불편해할 수도 있다. 성폭력 사례의 경우도 기억하고 진술하는 모든 과정에서 피해자는 수치심이 들 수 있다.

아동 피해자의 경우, 발달 단계에 맞는 질문을 사용해야 한다. 아동의 연령과 이해수준에 맞는 단어로 질문을 구성한다. 질문은 비지시적으로 해야 한다. 아동이 자신의 경험을 자유롭게 표현할 수 있도록 유도해야 하기 때문이다. 언어표현에 한계가 있는 경우, 놀이나 그림을 통한 의사소통 방법도 고려해 볼 필요가 있다.

인지적 어려움이 없는 성인 피해자의 경우에는 존중과 공감적인 태도로 접근하고 일상생활에 대한 소소한 이야기로부터 시작하는 생활사 접근법이 피해자의 방어감을 우회할 수 있다. 예컨대, "요즘 일상생활에서 어려움을 겪고 계신 부분이 있으실까요? 편하게 말씀해 주시면 함께 해결할 수 있는 방법을 찾아보겠습니다."라는 식이다. 특히 노인의 경우, 생애사를 통해 현재의 상황과 학대 상황을 이해하는 것이 중요하다.

셋째, 모든 피해자에게는 중립적인 태도를 유지해야 한다. 피해자의 진술을 판단하거나 평가하지 않고 "왜 그곳에 나갔습니까?" "이런 일이 발생할 것이라고 예상하지 못했습니까?" 등 자칫 학대가 피해자의 잘못으로부터 시작된 것 같은 뉘앙스를 풍기는 질문은 2차 가해가 될 수 있기 때문에 절대 지양해야 한다.

넷째, 중립적 태도 유지와 유사한 주의사항으로는 반복 질문을 자제해야 한다. 같은 질문을 반복한다는 것은 피해자의 진술을 신뢰하지 않고 진술 내용이 질문자의 의도에 부합하지 못한다는 메시지를 전달할 뿐만 아니라 기억에 혼란을 주는 요인으로 작용하기도 한다.

마지막으로 조사 시, 피해자가 질문받는 물리적 장소를 안전한 공간으로 인식할 수 있도록 해야 하며 피해자의 정보를 철저히 보호해야 한다. 또한 진술 외에도 물리적 증거를 확보하여 사건의 실체를 규명할 수 있도록 해야 하는데 이 모든 과정과 절차는 법적 기준을 충족해야 추후 증거로서 법적 효력을 가지게 된다.

영국 경찰에서 피해자, 목격자 그리고 가해자 조사를 위해 개발되고 현재 경찰뿐 아니라 사회복지사, 아동보호전문기관 등에서 사용하는 조사 모델인 PEACE와 범죄 피해자나 목격자의 기억을 정확히 회상하도록 돕는 인지면담 기법에 대해 자세히 살펴보도록 한다.

(1) PEACE모델

PEACE모델은 경찰, 사회복지기관, 아동보호기관 등에서 피해자, 목격자, 피의자 모두를 대상으로 한 조사 절차 모델로 특히 영국 경찰(UK Home Office)에서 개발해 확산하였다.

PEACE는 다섯 단계의 약자로 주요 내용을 정리하면 〈표 8-3〉과 같다.

〈표 8-3〉 PEACE의 다섯 단계

단계	설명
P (Preparation & Planning)	• 면담 목적, 대상자 특성, 환경 조성 등 사전 준비 • 대상자가 아동인지, 노인인지 고려하고 질문지 설계
E (Engage & Explain)	• 신뢰 형성, 절차 설명, 라포 구축 • "이 면담은 당신의 이야기를 듣기 위해 마련된 시간입니다."
A (Account)	• 사실 탐색 중심 질문 진행 • 개방형 질문 → 세부 질문 → 사실 재확인
C (Closure)	• 감정 안정, 요점 정리, 후속 절차 안내 • "당신의 진술을 잘 들었습니다. 이후 절차에 대해 안내해 드릴게요."
E (Evaluate)	• 면담 전체를 사후 평가하여 진술 신뢰도, 질문 방식 점검 • 면담자의 기술이나 개선점 피드백 받기

PEACE모델의 장점은 강압이나 유도 없는 윤리적 면담으로 피해자의 인지적 · 심리적 안전을 보장하며 법적 절차에도 적합하다는 것이다. 더불어, 진술의 정확성 및 신뢰성도 향상시킬 수 있는 모델로 평가받고 있다.

(2) 인지면담

인지면담(Cognitive Interview: CI)은 범죄 피해자나 목격자의 기억을 정확히 회상하도록 돕는 면담기법으로 네 가지 핵심 기법을 사용한다. 이 핵심 기법은 순서대로 사용하기도 하지만 필요에 따라 순서를 바꾸어 유연하게 사용하기도 한다.

〈표 8-4〉 인지면담의 네 가지 핵심 기법

기법	설명
1. 사건 전후 맥락 재현	• 당시 상황(시간, 장소, 감정 등)을 떠올려 기억 활성화 예: "그날 있었던 장소, 냄새, 기분 등을 한번 생각해 보세요."
2. 다양한 순서로 회상	• 사건의 시간 순서를 바꿔 회상 예: "마지막 장면부터 거꾸로 이야기해 볼까요?"
3. 다른 시점에서 바라보기	• 제3자의 시점에서 사건을 상상 예: "당시 당신 옆에 있던 친구라면 어떻게 봤을까요?"
4. 모든 기억 말하기	• 중요하지 않아 보이는 정보도 포함 예: "사소한 내용이라도 괜찮으니 모두 이야기해 주세요."

인지면담의 장점은 자유회상 방식으로 자기표현을 장려하고 기억 왜곡을 최소화함으로써 특히 아동, 노인, 트라우마 피해자에게 효과적인 것으로 알려져 있다. 하지만 질문은 반드시 비지시적·비유도적이어야 하며 긴장 완화를 위한 라포 형성 단계가 반드시 선행되어야 한다.

PEACE모델과 인지면담 기법의 주 사용 기관과 목적, 주요 기술, 장점, 대상자를 비교하면 〈표 8-5〉와 같다.

〈표 8-5〉 PEACE모델과 인지면담 기법 비교

항목	PEACE모델	인지면담 기법
주 사용 기관	경찰, 복지기관 전반	범죄 목격자·피해자 조사 기관
목적	윤리적·절차적 면담	기억 회상의 정확성 향상
주요 기술	구조화된 5단계 절차	회상 촉진 기법 네 가지
장점	법적 적합, 표준화 용이	기억 왜곡 최소화, 정서적 안정
대상자	일반인, 피해자, 피의자 모두	목격자·피해자 중심, 특히 트라우마 사례

2) 초기면접 시 필요한 상담기술

초기면접에 협조적이고 적극적인 대상자도 있겠지만 대부분은 비자발적이고 사례개입을 거부하는 경우가 많다. 더러는 적대적인 태도를 보이는 경우도 있다. 특히 학대 행위자와 피해자가 한 가족 구성원인 경우나 학대 행위자를 대상으로 개입하고자 하는 사례에서는 거부감이 더욱 심하다. 이때 사례관리자가 취해야 하는 자세는 '감시자'보다는 '지지자, 협력자'로서의 자세이다. 행위자든, 피해자든 그리고 그 가족이든 이들과 협력적인 관계를 조성하기 위해 노력해야 한다. 즉, 사례관리자는 대상자의 접촉에 있어서 비심판적인 태도를 유지하는 가운데 대상자의 의사를 최대한 존중하면서 지원하고자 하는 진정성을 나타내어야 한다. 사례관리자가 비심판적임을 대상자와의 첫 만남에서부터 적극적으로 표현하는 것이 신뢰를 바탕으로 한 협력적 관계를 만드는 데 도움이 되기 때문이다. 또한 적절한 라포 형성은 이후에 이루어지는 사정과 개입이 원활히 진행되는 데 큰 영향을 미치게 된다.

글상자 8-2 PEACE와 인지면담을 사용한 아동학대 조사 시나리오

사례 개요

초등학교 3학년 A군이 교사에 의해 아동학대 의심으로 신고됨. 멍 자국이 있으며 가정에서의 폭력 의심

조사 시나리오(상담자: 아동보호전문기관 사회복지사)

- **P**(Preparation & Planning)
  - 아동의 연령에 맞게 쉬운 언어로 질문 준비
  - 별도 놀이방에서 면담, 보호자 없이 진행(부모에 의한 학대가 예상됨으로 분리 진행)
  - 놀이도구, 인형, 그림카드 준비

- **E**(Engage & Explain)

"안녕, 나는 너랑 이야기 나누러 온 선생님이야. 오늘은 네가 평소에 어떻게 지내는지, 집에서 어떤 일이 있었는지 궁금해서 왔어. 네가 말해 주고 싶은 만큼만 말해도 괜찮아."

- **A**(Account) + 인지면담 기법 적용
  - "그날 어떤 일이 있었는지 이야기해 줄래?" (사건 전후 맥락 재현)
  - "그때 있었던 방이나 장소를 떠올려 볼 수 있을까? 누구랑 있었고, 어떤 느낌이 들었는지도."
  - "그 일이 다 끝나고 나서 무슨 일이 있었는지도 말해 볼래?" (다양한 순서로 회상 유도)
  - "혹시 네가 친구였다면 그 장면을 어떻게 봤을까?" (다른 시점에서 보기)

- **C**(Closure)

"너무 잘 이야기해 줘서 고마워. 네가 말해 준 것들을 기억해서 너를 도울 수 있는 방법을 찾을 거야."

- **E**(Evaluation)
  - 면담 내용 정리 및 학대 판단 회의
  - 아동의 진술 내용 정합성 평가

초기면접 시 구체적으로 사용되는 상담기술은 다음과 같이 정리할 수 있다.

초기면접 시 사용되는 상담기술

경청하고 공감하며 존중하고 있음을 언어적 · 비언어적으로 표현

- 의사소통 중 언어적 의사소통은 7%에 불과하며 몸의 자세, 얼굴표정, 음성 등 비언어적 의사소통이 93%에 해당함(Mehrabian, 1971).
- 즉, 말의 내용보다는 어투, 목소리, 표정과 자세에서부터 공감과 존중을 표현해야 함.
- 앞으로 다가앉기, 눈 마주치기, 상대 표정 따라 하기(미러링), 상대 언어와 속도에 합류하기 등이 공감과 존중을 표현하는 비언어적 방법임.

긍정적으로 인식할 수 있도록 이들의 강점을 발견하고 언급

- 관점을 바꾸는 것이 중요함.
- 모든 상황은 관점에 따라 부정적으로 인식될 수도, 긍정적으로 인식될 수도 있음.
- 예를 들면, 늦게 들어오는 남편에게 잔소리를 하는 부인에 대해 "남편을 조금이라도 더 빨리 보고 싶은 애정이 느껴지네요."와 같은 방법임.

가급적 개방적이고 과정에 대한 질문을 활용

- '왜'라는 단어보다 '어쩌다'라는 단어를 사용하길 권함.
- '왜'는 원인을 단편적으로 물어보는 것으로 상대를 비난하고 판단하는 것으로 느껴질 수 있음. 그러나 '어쩌다'는 과정에 대해 물어보는 것으로 상대를 이해하고자 하는 노력이 반영됨.
- 예를 들어, "왜 늦었어?"가 아닌 "어쩌다 늦었어?"라고 질문하는 것과 같음.

대상자의 부정적 감정을 다루는 기술이 필요

- 대상자는 자신의 문제를 어디까지 노출해야 하는지가 혼란스럽고 사례관리 담당자가 자신의 문제해결에 얼마나 도움을 줄 수 있는지에 대해 의심함.
- 특히 비자발적 대상자의 저항과 부정적 감정이 강하게 나타날 수 있음.
- 대상자의 부정적 태도와 감정을 사례관리 담당자에 대한 개인적 감정으로 혼동하지 않아야 함. 대상자의 부정적 감정은 불안과 초조함에서 오는 자연스러운 반응일 수 있음.
- 대상자의 불안에 대응하기 위해서는 기대를 명료화해야 함. 즉, 현실적으로 달성 가능한 기대에 대해 설명할 수 있으며 사례관리 과정의 갈등과 어려움을 구체화하는 기술이 요구됨.
- 담당자가 바뀌거나 이미 문제와 관련해서 도움을 받아 왔던 친밀한 전문가가 있다면 기존 담당자(전문가)와 함께 면접을 실시함.

- 이는 이미 긍정적으로 인식된 담당자와 신규 담당자가 같은 팀으로 인식시키는 데 도움이 됨.

프로세믹스 이론(Proxemics, 공간행동이론)

- 프로세믹스 이론은 공간과 관련된 이론임.
- 초기면접 시, 대상자와의 적당한 거리는 약 45cm로 라포가 형성되지 않은 상황에서 이보다 가까우면 부담스럽고 이보다 멀면 친밀감 형성에 부정적임(Hall, 1966).
- 팔 한쪽의 길이 정도로 거리를 두고 면접을 진행하는 것이 좋음.
- 깊은 라포가 형성되었다고 지속적으로 45cm보다 가깝게 거리를 두는 것도 권장하지 않음.
- 전문적 관계를 유지하기 위해서는 대부분 45cm 거리를 유지할 필요 있음.

그 밖에 학대 및 폭력 피해자 초기면접 시 사례관리 담당자가 지양해야 하는 부정적 태도 및 상담기술은 다음과 같다.

부정적 태도 및 상담기술

- 피해자를 판단하거나 비난한다.
- 주제를 바꾼다.
- 불필요한 질문을 한다.
- 문제를 논리적으로만 설명한다.
- 감정적으로 행동한다.
- 충고하거나 결정을 대신 내려 준다.
- 모든 것을 담당자가 주도한다.
- 피해자를 동정한다.
- 부적절한 농담이나 과장된 행동을 한다.
- 무관심하거나 차갑게 대한다.
- 대화를 자르거나 막는다.
- 판단하고 거절한다.

출처: 한국여성인권진흥원(2024), p. 41 재구성.

3) 욕구사정 시 필요한 상담기술

욕구사정 시에는 대상자 내면의 생각과 욕구를 끌어내야 하는 만큼 보다 전문적인 상담기술이 필요하다. 대상자는 자신의 욕구와 생각을 진솔하게 표현해야 하는 상황이 불편하고 방어감이 들 수 있기 때문에 사례관리 담당자는 대상자가 방어감을 우회할 수 있도록 편안하고 자연스럽게 표현할 수 있는 분위기를 형성해야 한다. 이때 적절한 매개(가계도, 생태도, 투사심리검사, 이미지와 사진을 활용한 활동, 해결중심단기치료의 기적질문 등)를 활용하는 것이 효과적이다. 이러한 매개를 활용한 활동을 통해 대상자는 욕구사정을 위한 상담을 딱딱한 조사로 느끼지 않을 수 있다.

'아동학대 대응 업무매뉴얼 2: 아동학대 사례관리'(아동권리보장원, 2020)에서는 가족사정을 위해 '나의 세 가지 집 그리기'와 같은 활동을 소개하고 있다. 이러한 활동은 아동이 스스로를 자연스럽게 표현할 수 있게 하며 아동과 가족의 욕구를 파악하면서 사례관리 담당자와 가족의 라포를 형성하는 데에도 도움이 된다. 가계도와 생태도를 함께 그리고, 미리 준비한 각종 사진이나 이미지 중에서 현재와 미래의 가족을 나타내는 것들을 각 가족 구성원들이 골라 설명하게 할 수도 있다.

'나의 세 가지 집 그리기' 활동 방법을 자세히 설명하면 다음과 같다.

글상자 8-3 나의 세 가지 집 그리기

개요

- 아동의 정서와 환경을 이해하고 아동학대의 징후를 파악하기 위한 심리 평가 도구
- 아동이 세 가지 집을 그리도록 하고, 각 집에 대한 설명을 통해 아동의 내면 세계와 경험을 탐색

목적

- 아동의 정서 상태, 가족 및 사회적 관계, 안전에 대한 인식을 시각적으로 표현하여 아동학대의 가능성을 탐색

대상: 만 5세 이상의 아동

소요 시간: 약 30~40분

진행방법

- 도입
  - 아동에게 "세 개의 집을 그려 볼 거예요. 각각의 집은 특별한 의미를 가지고 있어요."라고 설명
- 그리기 지시
  - 첫 번째 집: "당신이 살고 싶은 집을 그려 보세요."
  - 두 번째 집: "당신이 살았던 집 중 가장 기억에 남는 집을 그려 보세요."

- 세 번째 집: "당신이 상상하는 집을 그려 보세요."

- 설명 요청
  - 각 집을 그린 후, 아동에게 "이 집에 대해 이야기해 줄 수 있나요?"라고 질문하여 아동의 생각과 감정을 청취

해석 및 활용('부록' 참조)

- **정서적 표현**: 집의 크기, 색상, 창문의 유무 등을 통해 아동의 감정 상태를 유추
- **사회적 관계**: 집 주변에 사람이나 동물을 그렸는지 여부를 통해 아동의 사회적 연결감을 파악
- **안전 인식**: 집의 구조나 방어적인 요소(예: 담장, 자물쇠 등)를 통해 아동이 느끼는 안전 수준을 평가

유의사항

- **비강제적 접근**: 아동이 편안하게 표현할 수 있도록 강요하지 않아야 함.
- **문화적 고려**: 아동의 문화적 배경을 고려하여 해석해야 함.
- **전문가 협력**: 해석은 아동심리 전문가와 협력하여 진행하는 것이 바람직함.

사례관리 담당자가 대상자의 욕구를 보다 구체화하기 위한 몇 가지 방법이 있다. 해결중심단기치료에서 사용하는 '기적질문'과 '예외질문'이 바로 그것이다.

먼저, 기적질문은 다음과 같은 질문으로 시작된다.

> "만약 오늘 밤 당신이 자고 있는 동안, 어떤 기적이 일어나서 당신이 겪고 있는 문제가 모두 사라졌다고 가정해 봅시다. 그런데 당신은 자고 있었기 때문에 기적이 일어난 사실을 알 수 없습니다. 다음 날 아침에 일어났을 때, 무엇이 달라졌을까요?"

이 질문을 통해 대상자는 문제없이 살아가는 삶을 상상하고 그 삶에서 자신이 원하고 있는 변화의 단서를 찾아내게 된다. 궁극적으로는 구체적인 행동 변화나 목표를 설정할 수 있게 되는 것이다.

'예외질문'은 자신의 인생은 실패했고 항상 부정적인 일들만 생긴다고 생각하는 대상자에게 '항상 그랬던 것은 아니야'라는 예외 상황을 찾게 하고 성공의 경험이나 긍정적 경험을

자주 하기 위해서는 무엇을 노력해야 하는지 구체화시키는 질문이다. 즉, 문제가 발생하지 않았거나 덜 심각했던 때를 회상하게 하여, 이미 존재하는 긍정적 자원과 해결의 실마리를 찾는 것을 목표로 한다.

예외질문은 다음과 같이 시작한다.

"문제가 항상 발생하진 않았을 텐데요. 그 문제가 없었던 때가 있었다면, 그때는 무엇이 달랐나요?"

예외질문을 통해 대상자는 문제가 무조건, 항상, 반드시 발생한다는 인식을 바꾸고 자기효능감과 변화 가능성을 높일 수 있게 된다.

이를 폭력 및 학대 사례관리 과정에서 욕구사정에 적용하게 되면, 행위자, 피해자 그리고 그 가족은 보다 나은 삶을 살 수 있고 이를 위해 무엇을 변화시켜야 하는지를 찾아내게 되어 욕구와 변화목표를 구체화시킬 수 있다. 기적질문, 예외질문을 포함하여 그 밖에 대상자의 욕구를 구체화하기 위해 유용한 질문 몇 가지를 소개하면 다음과 같다.

- (문제를 단편적으로만 규정하고 있는 내담자에게) "좀 더 이야기를 나누어 봐야 알겠는데요. 제가 몇 가지를 더 여쭤 봐도 될까요?"
- (가난이 이 모든 문제의 근원이라고 생각하는 대상자에게) "경제적으로 좀 더 나아지면 지금과 어떻게 다를까요?"
- (기적질문) "만일 기적이 일어난다면 삶이 어떻게 바뀔 것이라고 생각하나요? 구체적으로 무엇이 바뀌었을까요?"
- (예외질문) (남편이 술만 먹으면 부인에게 폭력을 행사하는 부부에게) "그동안 지내시면서 남편이 술을 먹어도 폭력을 행사하지 않았던 날은 없었나요?"
- (그런 날이 있었다고 한다면) "그날은 보통과 무엇이 달랐을까요?"
- (부인의 대응 방법이 달랐다고 응답한다면) "그렇게 하신 것이 폭력 발생을 방지하는 데 어떻게 도움이 되었나요? 그 외에 또 어떤 것들이 도움이 되었나요?"

토론주제

1. 경청, 공감, 반영과 같은 상담기술은 사례관리 과정의 어떤 단계에서 가장 중요하게 작용하는가? 또한 사례관리와 상담을 통합적으로 활용해야 하는 이유는 무엇인가?
2. 아동, 노인, 성폭력 피해자는 각각 고유한 취약성을 지니고 있다. 사례관리 체계가 이들에게 서로 다르게 설계된 것은 정당한가? 만약 동일한 수준의 공공 개입을 적용한다면, 어떤 장점과 단점이 있을까?

제8장 • 요약

1 아동보호전문기관 사례관리

- 아동학대 대응 절차: 신고 → 조사 → 피해아동 보호계획 수립 → 사례관리 개입
- 사례관리 목적: 재학대 예방, 가족기능 회복, 아동 안전 확보
- 개입 원칙: 가족중심 접근, 법적 근거 기반 개입, 다기관 협력
- 개입유형 분류: 모니터링 / 일반 / 집중 / 특수집중
- 주요 기술: 욕구사정, 목표설정, 서비스 연계, 사례회의, 종결평가

2 노인보호전문기관 사례관리

- 노인학대 대응 절차: 신고 → 스크리닝 → 현장조사 → 서비스 제공 → 사례관리
- 사례유형 분류: 응급 / 비응급 / 잠재 / 일반
- 개입 목표: 노인 안전 확보, 자기 결정권 보장, 지역사회 자원 연계
- 개입 방향: 학대 중단 + 건강 · 경제 · 주거 지원
- 종결 평가: 학대 재발 여부, 서비스 만족도, 자립 가능성 검토

3 해바라기센터 사례관리

- 개입 대상: 성폭력 · 가정폭력 · 성매매 피해 여성 및 아동 · 장애인
- 주요 과정: 초기 신고 → 수사 · 상담 · 의료 동시 진행 → 통합사례회의
- 개입 전략: 피해자 중심, 다학제 통합 사례관리, 원스톱 서비스
- 주요 기능: 트라우마 회복 지원, 법률 및 의료 연계, 사후 모니터링
- 센터 특성: 전국 38개소, 고난도 사례 대응 특화

4 상담기술(조사, 초기면접, 욕구사정 중심)

- 조사 시 주요 기술: 라포 형성, 중립적 태도, PEACE모델, 인지면담 활용
- 초기면접 기술: 비심판적 태도, 신뢰 구축, 공감적 언어·비언어 표현
- 욕구사정 기법
  - 기적질문: "내일 모든 문제가 해결된다면 어떤 모습일까요?"
  - 예외질문: "문제가 덜했던 때는 언제였나요?"
  - 시각자료 활용: 생태도, 집 그림 그리기
- 비지시적 접근 강조: 당사자의 주도성과 표현권 존중

참고문헌

경찰청(2018). 가정폭력 사건 처리 지침. 경찰청.

김은정, 박주해, 정새미, 변현주(2024). 2024 여성폭력피해자 통합지원매뉴얼. 한국여성인권진흥원.

보건복지부, 중앙노인보호전문기관(2024). 2024년 노인보호전문기관 업무수행지침(사례개입).

아동권리보장원(2020). 아동학대 대응 업무매뉴얼 2: 아동학대 사례관리.

아동권리보장원(2021). 아동보호전문기관 심층사례관리 모델 개발 연구.

양호정(2024). 사회복지 현장 적용을 위한 미술심리검사기법. 동문사.

한국노인인권센터(2020). 노인학대 사례관리 매뉴얼. 한국노인인권센터.

한국보건복지인력개발원(2019). 아동학대 대응을 위한 실무자 매뉴얼. 한국보건복지인력개발원.

한국여성인권진흥원(2017). 성폭력 피해자 지원 매뉴얼. 한국여성인권진흥원.

한선미(2022). 여성폭력의 복합성과 2차 피해: 통합지원과 기본법의 방향모색, 2022 상반기 여성인권 포럼-피해자를 일상으로. 여성폭력 피해자 '권리'보장을 위한 통합지원체계 강화방안. 한국여성인권진흥원.

Clarke, C., & Milne, R. (2001). *National evaluation of the PEACE investigative interviewing course*. UK Home Office.

Fisher, R. P., & Geiselman, R. E. (1992). *Memory-enhancing techniques for investigative interviewing: The cognitive interview*. Charles C Thomas Publisher.

Hall, E. T. (1966). *The hidden dimension*. Doubleday.

Mehrabian, A. (1971). *Silent messages: Implicit communication of emotions and attitudes*. Wadsworth.

Milne, R., & Bull, R. (1999). *Investigative interviewing: Psychology and practice*. Wiley.

Ministry of Justice. (2011). *Achieving Best Evidence in Criminal Proceedings: Guidance on interviewing victims and witnesses, and guidance on using special measures*. UK Ministry of Justice.

World Health Organization. (2003). *Guidelines for medico-legal care for victims of sexual violence*. World Health Organization.

부록 집 그림 해석[4)]

집은 그림을 그린 클라이언트가 환경을 어떻게 인식하고 어떻게 소통하는지와 관련된다. 혹은 클라이언트와 가장 가까운 환경인 가족에 대한 감정을 투사하기도 한다.

다음은 집-나무-사람 그림검사에서 집 그림의 용이한 해석을 위해 집 그림의 각 구성요소의 의미를 신체 기관에 비교하여 제시한 것이다.

집	신체	의미
지붕	머리	스트레스
굴뚝	코	표현욕구
다락방	-	혼자 있고 싶어요
창문	눈	소극적 소통
문	입	적극적 소통

집 그림 구성요소와 의미

지붕은 나무의 수관과 마찬가지로 사고와 관련된 의미가 있지만 집이 환경과의 관계에 주목하므로 환경에 대한 사고적 특성이 반영되는 것으로 분석한다. 문과 창문은 모두 집 내부와 외부를 연결하는 역할을 한다. 따라서 해석 역시 클라이언트의 내면과 외부 환경과의 소통 특성과 정도를 반영한다. 문은 직접적인 소통으로 말과 같은 언어적 표현에, 창문은 소극적 소통으로 비언어적 표현, 즉 표정이나 몸짓 등의 비언어적 표현에 관련된다.

사회복지 현장에서 집 그림을 해석할 때는 다음의 요소를 다루어야 한다.

1. 지붕의 크기와 무늬

- 지붕은 사고와 관련된다. 그러나 아동의 경우, 부모의 권위나 역할이 반영되기도 한다. 우리나라에서는 정서적 분리에 어려움이 있는 성인 역시 부모에 대한 이슈로 해석되기도 한다.
- 지붕에 과도한 무늬가 있으면 환경으로 인해 스트레스를 받고 있다고 분석한다.
- 지붕이 높고 뾰족하면 엄하고 권위 있는 부모의 모습을 반영한다.

4) 출처: 양호정(2024), pp. 117-120.

- 지붕이 낮거나 없으면 부모의 역할 부재 혹은 미흡함을 의미한다.
- 지붕이 과도하게 크고 무거우면 통제가 강한 부모의 양육을 의미한다.
- 지붕이 여러 개일 경우, 서로 다른 유형의 양육을 받고 있음을 의미한다.

2. 굴뚝의 연기 유무

- 굴뚝은 연기가 날 경우에만 분석한다.
- 굴뚝에서 연기가 날 경우, 환경으로 인한 스트레스가 원활히 표현되지 못해 어려움을 겪고 있음이 반영된다.
- 연기의 양과 색은 스트레스의 양과 질에 관련된다.

3. 다락방의 유무

- 지붕에 창문이 그려져 있으면 다락방을 그렸다고 간주한다.
- 다락방은 혼자만의 시간을 바라는 욕구를 반영한다.
- 타인 혹은 가족에게 방해받지 않고자 하는 욕구로 주로 대가족의 구성원인 클라이언트나 양육 등에 압도된 부모에게서 나타난다.
- 또한 사춘기가 시작되는 클라이언트에게서 다락방이 나타나기도 한다.

4. 창문의 크기와 위치, 커튼

- 창문은 소극적 표현, 즉 비언어적 표현수단을 반영한다.
- 창문의 크기는 비언어적 표현수단 활용 정도를 의미한다.

- 창문의 개수가 많을수록 다양한 비언어적 표현수단을 활용하고 있다.
- 창문이 과도하게 클 경우, 의존적인 성향으로 해석하기도 한다.
- 창문이 과도하게 작고 집 상단에 위치할 경우, 타인이 자신에 대해 아는 것에 대한 부담감이 있지만 자신은 타인에 관한 관심이 있음을 의미한다.
- 커튼은 방어감과 관련 있다.

5. 문의 크기와 위치, 손잡이의 유무

- 문은 적극적인 소통, 즉 언어적 표현을 의미한다.
- 문이 클수록 언어적 소통이 활발하다.
- 문이 없으면, 언어적 소통을 어려워한다.
- 문은 있으나 손잡이가 없는 경우, 원활한 언어적 소통이 가능해 보이지만 정작은 그렇지 않다는 것을 의미한다.

6. 벽의 재질과 울타리

- 벽의 재질과 울타리는 방어감을 의미한다.
- 벽돌 등의 무겁고 견고한 재질로 집을 그리면 자기 표현 및 소통에 대한 방어감이 높다.
- 울타리가 높을수록 방어감이 높다.

7. 기저선의 유무

- 기저선은 안정에 대한 욕구와 관련한다.
- 기저선을 그릴 경우에만 '안정감에 대한 욕구가 있다'고 분석한다.
- 흔들리거나 기울어진 기저선은 불안정한 지금 상황을 투사한다.

8. 집의 움직임과 위치

- 집은 환경을 의미한다.

- 집이 움직이거나 높은 곳에 위치한다는 것은 환경의 요구수준이 높고 요구기준이 불명확함을 의미한다.
- 높은 사다리나 계단을 올라가야 집에 들어갈 수 있는 그림은 자신이 많은 노력을 해야 환경 혹은 가족의 인정을 받을 수 있다고 인식하는 것이다.
- 집이 날아다니거나 굴러다니는 경우, 환경과 가족의 요구도가 높고 그 기준도 때에 따라 변화하여 클라이언트의 불안정함을 초래하게 된다.

제 9 장

학대 및 폭력 사례개입 실제

제9장에서는 다양한 학대와 폭력 상황에 대해 사회복지사가 실제로 어떻게 개입하고 지원할 수 있는지를 구체적으로 제시한다. 이 장은 이론적 지식만으로는 해결하기 어려운 복합적 위기 상황에 대해 실천적 개입 역량을 강화하는 데 그 목적이 있다. 첫 번째 소개되는 여성 폭력 사례에 대해서는 사례연구(Case study) 단계에 따라 실제 사례개입 내용을 제시한다. 이후 일부 각색된 아동학대 사례와 노인학대 사례를 제공하였다. 학습자는 각 유형별 사례 개입의 흐름과 적용 전략을 실제적으로 이해하게 된다. 특히 초기사정, 서비스 계획, 개입 실행, 사후관리 등 단계별 개입과정을 실제 사례와 연결하여 익히도록 구성하였다.

사례연구는 다음과 같은 순서로 진행된다.

① 제공된 사례 정보에서 응급한 상황이거나 안전과 관련되어 시급히 개입해야 하는 상황이 있는지 판단하고 있다면 어떻게 개입할 것인지 기술한다.

② 응급상황이 해결되었거나 시급히 개입해야 할 문제가 없다면 사례에 대해 알고 있는 정보와 더 수집해야 할 정보를 구분하고 필요한 정보를 수집한다.

③ 알고 있던 정보와 추가 수집된 정보를 근거로 내담자와 가족의 강점, 자원, 한계 그리고 욕구의 우선순위를 정한다.

④ 욕구 우선순위를 근거로 장 · 단기 개입 목표와 계획을 세운다. 특히 지역사회 연계기관 및 타 기관 협조요청 사항은 어떤 것들이 있는지 구체화한다.

⑤ 종결 시 무엇을 평가할 것인지, 사후관리 방법 등에 대해 계획한다.

1. 여성폭력 사례

1) 개요

이 사례는 각 지역 여성폭력 피해자 지원기관 사례회의 내부 자료 등을 종합 참조하여 재구성한 사례로 2024 여성폭력 피해자 통합지원 매뉴얼(김은정 외, 2024: 121)에 소개된 사례이다.

사례연구를 위해 초기사정 시 수집된 정보와 사정 내용 일부를 제시하면 다음과 같다.

초기사정 시 수집된 정보

A 씨는 전(前) 배우자와 이혼 후 현재 배우자를 만나 동거해 오다 3년 전 재혼하였으며, 전 배우자와의 사이에서 낳은 자녀(딸, 12세)를 양육하고 있다. 현 배우자인 B 씨는 일용직으로 수입이 불규칙하며 A 씨의 수입으로 생활하고 있다.

배우자(B 씨)는 동거 때부터 술을 마시면 물건을 부수거나 던졌고, A 씨와 자녀(C)에게 상시적인 언어적 · 정서적 폭력을 행사해 왔다.

2023년 이웃의 신고로 아동학대로 판정되어 자녀 C는 분리조치 되어 보호시설에 입소하였다. C는 3개월간 보호시설에 거주하며 아동보호전문기관의 지원을 받았으나, 시설에서 자해를 시도하는 등 퇴소를 강력하게 원하였고 아동보호전문기관과의 상담을 통해 가정에 복귀하게 되었다. 이때 A 씨와 B 씨는 아동보호전문기관으로부터 보호자 상담(교육)을 받았다.

B 씨는 자녀 C의 아동학대 신고에 대해 분노가 컸고 자녀 C와의 갈등이 깊어져만 갔다. B 씨는 술을 마신 뒤 또다시 물건을 던지고 부수는 일이 발생하였다. 자녀 C가 112에 신고하여 경찰과 아동보호전문기관, 아동학대전담공무원 등이 다시 개입하였다. 이후 지역사회 긴급사례회의를 통해 ○○○(기관)에 A씨의 사례가 의뢰되었다.

사정 내용

A 씨는 정신적 이슈(경계선 지능장애)로 배우자의 폭력 행위를 인지하고 있으나 상대적으로 그 심각성에 대해서 인식 정도는 낮은 것으로 파악되었다. 또한 과거 이혼 경험 및 현 거주지(남편 명의로 계약된 월세 집)를 떠나면 갈 곳이 없다는 생각으로 인해 폭력에 대한 적극적인 대처를 망설이고 있었다.

A 씨는 오후~야간까지 식당에서 근무를 하고 있으나 지출 대비 수입이 적어 채무가 존재하는 등 경제적으로 어려우며, 주거환경이 매우 열악하여 일상생활에 어려움이 큰 상태

로 나타났다.

A 씨는 폭력 피해와 자녀 양육의 어려움, 경제적 어려움으로 인해 매우 위축되어 있으며 우울감 등 심리·정서적인 어려움이 큰 것으로 파악되었다. 특히 배우자가 '귀가하지 않을 경우 A 씨의 신체 사진을 유포하겠다'는 협박을 듣고 이에 대한 불안감이 높았다.

자녀 C는 계부인 B 씨와 함께 거주하고 싶지 않으며, 보호시설에 분리하여 거주하는 것도 강력하게 거부하였다. C는 과거 보호시설 입소 중 기관과 연계된 병원에서 우울증 진단을 받았으나 약물복용을 거부하고 관리도 이루어지지 않았다. 또한 학교생활에 적응하지 못해 학교폭력 등 문제를 일으키는 등 정서적으로 불안한 상태가 지속되고 있어 이에 대한 A 씨의 걱정과 부담이 큰 상태로 나타났다.

2) 사례연구

제시된 사례를 읽고 다음 표를 채워 보도록 한다.

구분	내용
응급상황 여부	
알고 있는 정보	
알아야 하는 정보	

다음의 사정을 통해 추가 수집된 정보와 이 표의 '알아야 하는 정보' 내용을 비교해 본다. 비교를 통해 '알아야 하는 정보'에서 어떤 정보를 누락했는지, 혹은 불필요한 정보를 수집하지는 않았는지를 살펴본다.

기본 생활 영역

- 의복 청결상태 중간 정도, 힘들고 귀찮아서 식사를 자주 거른다고 함.
- 자녀는 주로 배달음식으로 끼니를 때운다고 함.
- 다세대주택 반지하에서 방 2개 월세(보증금 1,000만 원/월 30만 원) 거주함.
- 집주인이 월세를 올려 달라고 요구하여 다른 곳으로 이주해야 하나, 현재 비용으로 인근에 거주지 잡기가 어려워 거주지 불안정함.

- (방문 시 확인) 천정에 물이 새고 벽지가 뜯겨 나가 있음. 화장실 및 주방의 상태도 청결하지 않음. 깨끗하고 안정된 거주지에서 생활하고 싶어 함.

건강 영역

- 지속적으로 근로를 하고 있으며 고혈압이 있으나 약을 복용하거나 위험한 수준은 아님. 요통과 우측 무릎 통증 등 근골격계 질환이 있어 치료받음. 최근 불면증이 생기면서 피로감이 높음.
- 배우자의 언어적·정서적 학대로 자아존중감이 낮으며(5/20점)[1] 자녀와의 갈등으로 인해 심한 우울상태(36/63점)[2], 디지털 성범죄(사진 유포협박)에 따른 심한 불안상태(47/84점)[3].

경제 영역

- 계약직이지만 지속적인 근로를 통해 월 150여만 원의 고정 소득이 있으나 생활비로 매달 170만 원 이상 사용하고 있어 지속적인 부채가 누적되고 있음.
- 배우자는 일용직으로 수입이 있으나 생활비를 주지 않음(간헐적으로는 배달비 등 제공).
- 일이 고되고 밤늦게까지 일하는 직업에 만족도 낮음.

가족관계 영역

- 배우자의 언어적·정서적 폭력으로 인해 부부 및 자녀관계 등 가족 간 갈등이 높음.
- 배우자의 폭력 중지 및 자녀와의 갈등이 완화되어 관계를 개선하고 싶어 함.
- 자녀의 학교부적응 및 심리·정서적 문제로 인한 돌봄 부담이 큰 것으로 파악됨.

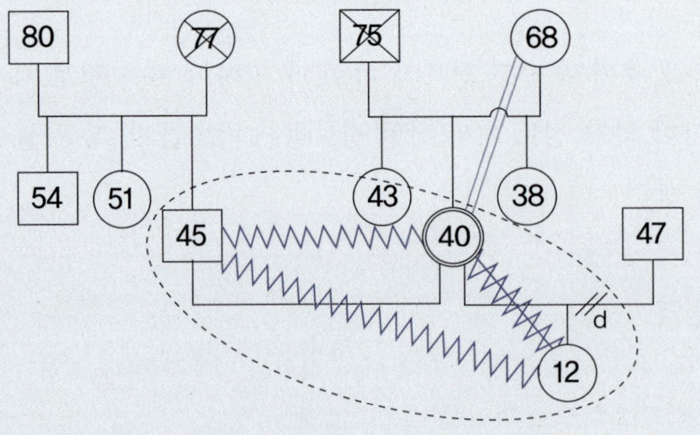

1) 로젠버그 자아존중감 척도(Rosenberg Self-Esteem Scale: RSES)
2) 벡의 우울척도(Beck Depression Inventory-II: BDI-II)
3) 한국형 불안증상척도(Korea-Anxiety Symptom Inventory: K-ASI)

사회적 관계

- 현재 식당에서 일을 하고 있으며 동료들과 잘 지내는 편임.
- 친하게 지내는 지인이 1명 있음.
- 아동보호전문기관, 학교 교육복지실에 자녀가 사례대상으로 등록되어 있어 지원과정에서 상담원이나 사회복지사들의 상담을 받았음.
- 특별한 여가활동은 없으며 주로 핸드폰으로 유튜브 등을 시청함.

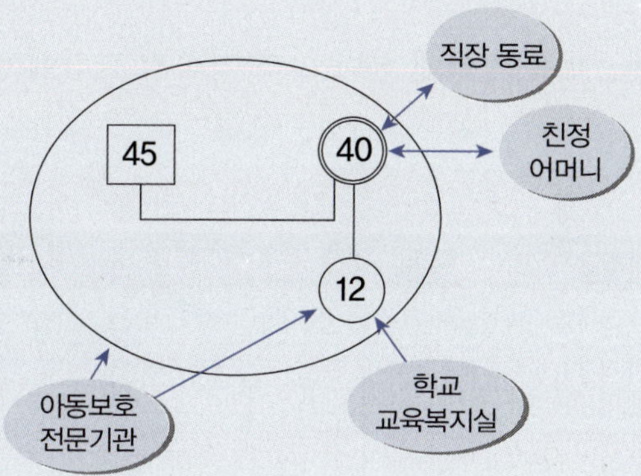

이제 사례의 모든 정보를 근거로 다음 표에 강점 및 자원을 써 넣어 보자.

	내담자(A 씨)	가족(B 씨, 자녀 C 씨)
내적 강점/자원		
외적 강점/자원		
한계		

실제 사례개입에서는 다음과 같이 강점 및 자원을 사정하였다.

	내담자(A 씨)	가족(B 씨, 자녀 C 씨)
내적 강점/자원	• 어려운 상황에서도 근로를 지속적으로 하고 있음. • 자녀에 대한 관심이 높음.	• 내담자와 자녀 간의 유대관계 있음.
외적 강점/자원	• 근무처 동료들과 관계가 좋음. • ○○아동보호전문기관, 자녀 학교 교육복지실의 자원을 이용한 경험이 있음.	• 자녀지원기관(담임교사, 교육복지사, 사례관리 담당자 등)의 관심이 높음.

	내담자(A 씨)	가족(B 씨, 자녀 C 씨)
한계	• 지역 내 마음을 터놓을 수 있는 이웃이나 친구가 없음. • 정신적 이슈(경계선 지능장애)로 폭력에 대한 인지 및 이해에 다소 어려움이 있음.	• 지역 내 연계 자원이 부족함.

다음 서식에 욕구 우선순위를 정리해 본다. A와 가족의 관점에서 우선순위를 정해 보는 것이 중요하다.

우선순위	영역	문제	강점 및 자원	한계	합의된 욕구
1					
2					
3					
4					
5					
사례관리 담당자 종합의견					
종합의견					

실제 사례개입에서는 다음과 같이 욕구 우선순위를 정했다.

우선순위	영역	문제	강점 및 자원	한계	합의된 욕구
1	폭력피해	• 가정폭력(정서적, 언어적 폭력) • 디지털 성범죄(유포협박)	• 지역사회의 관심이 높음.	• 폭력에 대한 이용자의 미온적인 인식과 태도	• 안전확보 • 폭력 피해에 대한 대처 습득
2	심리·정서	• 우울 및 불안 높음. • 낮은 자아존중감 • 이혼에 대한 고민	• 생활력 있음. • 지역사회 자원 이용 경험 있음.	• 남편의 폭력에 따른 위축 • 주변 지지체계 부족	• 정서적 안정 • 자아존중감 회복

우선순위	영역	문제	강점 및 자원	한계	합의된 욕구
3	가족관계	• 자녀 학교부적응 및 정서불안 • 자녀양육 부담 및 자녀와의 갈등	• 자녀 교육에 대한 의지 강함. • 학교 및 지역사회에서의 관심 높음.	• 가정환경에 따른 불안요소(폭력, 경제적 불안정)	• 자녀 학교 적응력 향상 • 자녀의 정서적 안정 • 자녀와의 관계 개선
4	기본생활	• 불편한 주거환경 • 식사가 불충분	• 집주인이 호의적임. • 자녀가 스스로 식사를 챙길 수 있음.	• 보증금 부족 • 불규칙한 근로시간 및 늦은 퇴근	• 주거환경 개선 • 식료품(비) 지원
5	경제	• 생활비 부족 • 채무 누적	• 근로의지 있음. • 자립에 대한 의지 있음.	• 건강상태가 나쁨. • 재무관리 능력 부족	• 경제적 안정 • 가계(채무)관리
사례관리 담당자 종합의견					
종합의견	• 욕구사정을 통해 파악해 본 결과, 가장 높은 욕구는 폭력 피해에 따른 본인과 자녀의 안전 확보로 나타남. 다음으로 우울과 낮은 자존감, 불안감 등 심리·정서적 회복에 대한 욕구가 컸으며, 이와 더불어 이혼 여부에 대한 결정, 유포협박에 따른 불안감 해소 등 심리·정서적 영역의 욕구가 높았음. • 다음으로, 자녀의 정서적 안정과 자녀와의 관계 개선, 양육부담 감소 등 가족관계 영역에서의 욕구가 높았으며, 기본생활 안정 및 경제적 안정 순으로 나타남.				

이번엔 수집된 자료와 욕구 우선순위를 근거로 장단기 개입 목표와 계획을 세울 차례이다. 세부적으로는 목표에 따른 행동계획(기간/빈도), 실천과업(이용자, 사례관리담당자, 기타) 평가에 대한 계획을 세워야 한다.

특히 지역사회 연계 자원에 대해 폭넓은 이해가 있어야 구체적이고 체계적인 계획수립이 가능하다. [그림 9-1]은 폭력 및 학대 사례의 통합사례관리를 위해 연계·협조할 수 있는 대표적 자원(기관)들을 제시한 것이다.

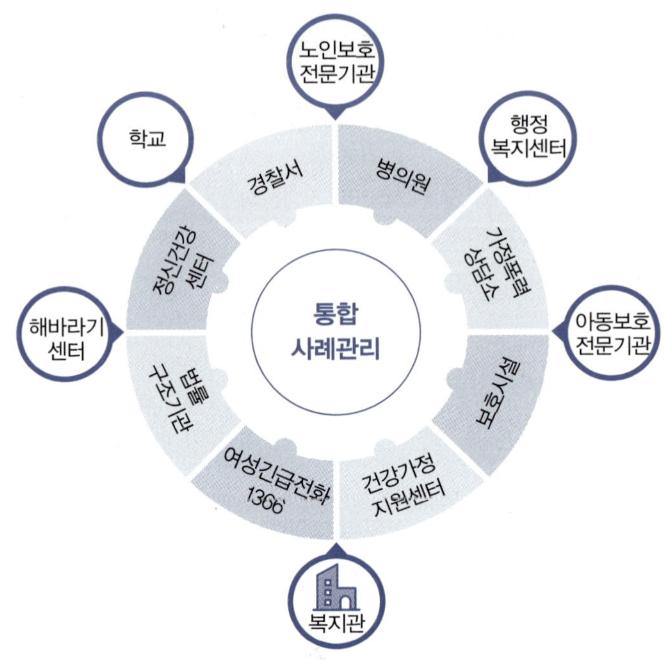

[그림 9-1] 폭력 및 학대 사례 통합사례관리 연계 자원

[그림 9-1]의 자원들을 참고하면서 다음 서식을 구성해 보자.

우선순위	목표		행동계획	실천과업			평가
	장기목표	단기목표	(기간/빈도)	이용자	사례관리 담당자	기타	
1							
2							
3							
4							
5							
6							

실제 사례개입에서는 다음과 같이 사례관리 계획서를 작성하였다.

우선순위	목표		행동계획(기간/빈도)	실천과업			평가
	장기목표	단기목표		이용자	사례관리 담당자	기타	
1	안전확보	• 긴급지원 • 폭력 피해에 대한 인식 및 대처능력 향상	• 단기보호 시설 연계 • 법률구조 지원 • 삭제지원	• 쉼터 입소 • 관련서류 작성 및 접수	• 쉼터 입소 지원 • 수사 및 법적 지원절차, 정보제공 • 삭제 지원 동행	• 자녀 동반가능 입소 쉼터 탐색 • 법률지원 및 자문	수시 목표 달성 정도 ___/10
2	내담자 심리·정서 회복	• 우울증 감소 • 자아존중감 향상	• 상담 참여 (주 1회) • 치료 참여	• 상담 참여 • 약물복용 및 관리	• 상담지원 • 약물복용 모니터링	• 정신건강의학과 연계 • 상담지원	2개월 1회 목표 달성 정도 ___/10
3	자녀의 정서적 안정	• 자녀 학교 적응 • 문제 행동 완화	• 학교생활 확인 지원 (주 1회) • 놀이치료 참여(주 1회)	• 교육복지실 면담 • 놀이치료 참여	중재 및 모니터링	• 학교사회 복지사 • 아동학대 전문기관지원	2개월 1회 목표달성 정도 ___/10
4	자녀와 관계 개선	올바른 양육 태도 습득	의사소통 프로그램(2회)	의사소통 프로그램 참여	프로그램 연계 및 모니터링	프로그램 연계	목표 달성 정도 ___/10
5	안정적 생활 유지	• 안정된 주거지 마련 • 양질의 식사 확보	• 전세매입 주택 진행 • 식료품(비) 지원	• 전세매입 주택신청서 작성, 보증금 마련 • 식품조리	중재 및 모니터링	• LH공사 전세 매입주택 찾기 • 행정복지센터 식비지원 연계	2개월 1회 목표 달성 정도 ___/10
6	경제적 안정	• 생활비 마련 • 가계관리 역량 강화	• 긴급생계 급여지원 • 금융상담 교육 참여 (4회)	• 긴급생계 급여신청 • 금융상담 교육 참여	• 행정복지 센터 연계 • 금융사례 관리 연계	• 행정복지센터 지원 • 채무관리	2개월 1회 목표 달성 정도 ___/10

종결에서는 개입 결과 무엇이 변화했는지 그리고 사후관리는 어떻게 진행할 것인지에 대해 종결보고서를 작성하게 된다. 실제 사례개입에서 작성된 종결보고서는 다음과 같다.

단기목표 (당해연도 목표)	목표평가				이용자 점검			
	개입성과			성과평가 (대상자 변화)	적절	적시	충분	만족
	실행계획	총제공량(%)	자료					
1. 긴급지원 2. 수사 및 법적 지원 절차 인지, 수행	1. 단기보호시설 연계 2. 법률구조지원 3. 삭제지원	1. 보호시설 입소 2. 서류작성지원 5회 3. 동행지원 5회	신청서류/ 진행일지	1. 위기에서 벗어나 안전한 환경을 확보하여 안정감을 가짐. 2. 폭력피해에 대해 인지하고 적극적으로 대처함. 3. 이혼소송 및 삭제지원에 적극적으로 대응함.	○	○	○	○
1. 우울증 감소 2. 자아존중감 향상	1. 상담 참여(주 1회) 2. 치료 참여	1. 상담 총 10회 2. 치료 총 10회	상담일지/ 출석부	1. 우울감 5점 감소 2. 자아존중감 3점 향상 3. 불안감 10점 감소	○	○	○	○
1. 자녀 학교 적응 2. 문제행동 완화	1. 학교생활 확인 및 지원(주 1회) 2. 놀이치료 참여 (주 1회)	1. 학교생활 지원 (주 1회) 2. 심리검사 1회 3. 놀이치료 20회 진행	상담일지	1. 자녀의 자해행동이 재발하지 않음. 2. 학교에서 다른 친구들과도 어울리는 행동이 많아짐.	○	○	○	○
1. 자녀와의 관계 개선	1. 의사소통 프로그램(4회)	1. 의사소통 프로그램(1회)	출석부/ 상담일지	1. 의사소통 프로그램 참여는 미흡했으나 자녀의 정서적 안정 및 생활환경 개선으로 자녀와의 관계개선이 다소 있었음.	○	△	△	○
1. 안정된 주거지 마련 2. 양질의 식사 확보	1. 전세매입주택 진행 2. 식료품(비) 지원	1. 전세매입주택 입주 2. 전세자금 1,000만 원 후원	통장	1. 전세자금 후원처 연계로 전세매입주택 입주함. 2. 안정적인 거주지 확보에 이용자 및 자녀가 모두 만족함.	○	○	○	○
1. 생활비 마련 2. 가계관리 역량 강화	1. 긴급생계급여 지원 2. 금융상담교육 참여	1. 후원금 월 10만 원 2. 금융상담교육 진행(4회)	통장/ 이수증	1. 후원금 지원 및 재무관리에 대한 인식 증진으로 경제적 안정 확보	○	○	×	○

욕구 변화	지금보다 고소득 확보가 가능한 직종으로 이직 욕구	환경 변화	새로운 주거지 확보
진행과정 평가	1. 통합지원을 위한 사례회의를 통해 다양한 기관의 연계로 이용자의 다양한 욕구에 대응할 수 있었음. 2. 지원 초기에는 이용자가 미온적인 태도로 담당자가 주도하였으나 신뢰감이 형성됨에 따라 적극적으로 참여하는 모습을 보임.	부가적 성과	안정적 거주지 마련 및 경제적 안정으로 자녀의 생활만족도가 향상되어 자녀와의 관계가 개선되는 부가적 성과가 있었음.

<table>
<tr><th rowspan="3">단기목표
(당해연도 목표)</th><th colspan="4">목표평가</th><th colspan="4">이용자 점검</th></tr>
<tr><th colspan="3">개입성과</th><th rowspan="2">성과평가
(대상자 변화)</th><th rowspan="2">적절</th><th rowspan="2">적시</th><th rowspan="2">충분</th><th rowspan="2">만족</th></tr>
<tr><th>실행계획</th><th>총제공량
(%)</th><th>자료</th></tr>
<tr><td>총평</td><td colspan="3">1. 안정적 거주지 마련과 경제적 안정을 통해 이용자 및 자녀의 삶에 긍정적 변화가 있었음.
2. 지역사회의 다양한 지원 연계와 협력을 통해 이용자 및 자녀의 욕구에 부합하는 적절한 개입이 잘 이루어졌음.
3. 향후 구직 및 취업연계가 적극적으로 이루어질 필요가 있음(직업훈련 등).</td><td colspan="5">LH 공사
○○지역 자활센터
○○행정복지 센터
직장 동료
45
40
친정 어머니
○○복지재단
12
○○법률구조 공단
아동보호 전문기관
○○통합상담소
학교 교육복지실
종합 복지관</td></tr>
<tr><td>종결유형</td><td colspan="8">☐ 실행계획 재수립
☑ 종결
종결유형: ☑ 욕구충족, 변화목표 달성 ☐ 계약기간 만료 ☐ 이사
☐ 거절, 해약 ☐ 사망( ) ☐ 연락두절
☐ 기타:</td></tr>
<tr><th colspan="9">사후관리 계획</th></tr>
<tr><td>사후관리
지원 여부</td><td colspan="8">☑ 사후관리 지원함 ☐ 사후관리 지원하지 않음 ☐ 외부 의뢰</td></tr>
<tr><td>사후관리
빈도</td><td colspan="8">☐ 일정: 2025년 월 일부터 (1)개월 간격으로
☐ 총 사후관리 횟수: (6)회</td></tr>
<tr><td>사후관리
예정일</td><td colspan="8">☐ 1차 사후관리(2025년 월 일):
☐ 2차 사후관리(년 월 일):</td></tr>
<tr><td>사후관리
방법</td><td colspan="8">☑ 전화상담 ☐ 내방상담 ☐ 가정/방문상담 ☐ 기타( )</td></tr>
<tr><td rowspan="2">의뢰기관 선정
여부</td><td rowspan="2">☐ 예
☑ 아니요</td><td colspan="2">기관명</td><td>담당자</td><td colspan="2">연락처</td><td colspan="2">의뢰내용</td></tr>
<tr><td colspan="2"></td><td></td><td colspan="2"></td><td colspan="2"></td></tr>
<tr><td>사례관리
담당자
종합의견</td><td colspan="8">1. 기존 서비스 유지
- ○○지역자활센터: 구직 및 취업연계 지원
- 후원금: ○○교회(○○종합사회복지관) 지속지원
- ○○초등학교 교육복지실: 자녀상담 및 학교생활 지원
2. 각 서비스의 지속지원의 경우 기관별로 서비스 관리로 진행하는 것이 적합함.
3. 정서적 어려움에 대한 개선은 있었으나 폭력으로 인한 안전확보가 유지되는지에 대한 모니터링 및 사후관리 필요</td></tr>
</table>

2. 아동학대 사례

이 사례는 세 건의 실제 아동학대 사례를 참조하여 재구성한 가상의 사례로 사례 정보는 다음과 같다.

1. 기본 정보

- **행위자:** 김모 씨(모, 42세)
- **피해자:** 김다은(가명, 여, 만 10세)
- **가족 구성원:** 김모 씨(모), 이모 씨(부), 김다은(자녀)
- **주거형태:** 공공임대아파트 18평

2. 초기 사정 시 수집된 정보

- 부부는 결혼 12년차, 3년 전부터 부부갈등 증가함.
- 남편 이씨는 주말부부로 지내다 최근 퇴직 후 상주함.
- 부부간 대화 단절, 잦은 말다툼, 신체적 충돌도 간헐적으로 발생함.
- 김 씨는 남편에게 쌓인 불만과 스트레스를 자녀에게 반복적으로 분출함.
- 학교 담임교사의 의심으로 아동보호기관에 의뢰됨.

3. 주요 사정 내용

3–1. 생활 영역

- 아동은 일상생활에서 위축된 태도 보임.
- 아동은 가정 내에서 자주 혼나며 '엄마는 나를 싫어한다'는 표현을 반복함.
- 김 씨는 아동에게 밥을 주지 않거나, 혼자 어둠 속에 오래 두는 행동을 반복한다고 함.

3–2. 건강 영역

- 아동은 소화불량과 복통을 자주 호소함.
- 아동은 수면장애와 야뇨 증상 있음.
- 김 씨는 최근 급격한 체중감소 및 무기력을 호소함.

3–3. 경제 영역

- 퇴직 이후 남편 수입 감소로 생활비 부족한 상황임.
- 김 씨는 단시간 아르바이트 중이며 경제적 자립 의지는 높지 않음.
- 아동의 학원비 중단, 학교 준비물 미비 등 교육환경이 열악한 것으로 보임.

3-4. 가족관계

- 남편과 부인 김 씨의 갈등이 격화된 상태, 부부상담 이력 없음.
- 아동은 아버지에게 말 거는 것을 꺼리고, 어머니의 눈치를 심하게 봄.
- 가족 식사는 거의 없으며, 각자 방에서 식사하거나 TV(핸드폰) 보며 식사함.

3-5. 사회적 관계

- 김씨는 이웃과의 교류 없음. 지역사회 모임에 참여하지 않음.
- 아동은 친구들과 어울리는 시간이 적으며 학교생활에서도 말수가 적음.
- 담임교사는 아동이 종종 "엄마가 날 버릴지도 몰라요"라고 말한다고 함.

다음 항목을 중심으로 사례개입 계획을 구성해 보도록 한다.

- 이 사례에서 아동에게 가장 위협이 되는 요인은 무엇인가?
- 김 씨의 감정관리 및 스트레스 해소를 위한 개입 방안은 무엇이 있을까?
- 아동의 정서 회복을 위해 필요한 개입은 무엇인가?
- 부부갈등 해소 및 가족기능 회복을 위한 지역사회 자원은 어떤 것이 있을까?
- 아동학대 재발 방지를 위한 사례관리자의 모니터링 전략은 무엇인가?

3. 노인학대 사례

이 사례는 두 건의 실제 노인학대 사례를 참조하여 재구성한 가상의 사례로 사례 정보는 다음과 같다.

1. 기본 정보

- **피해자:** 박정순(가명, 여, 78세)
- **행위자:** 김미라(가명, 여, 48세, 피해자의 딸)
- **가족 구성원:** 박정순(모), 김미라(딸, 이혼 후 동거), 외손자(중학생 1명, 김미라의 자녀)
- **주거형태:** 서울시 소재 다세대주택 전세(보증금 5,000만 원)

2. 초기 사정 시 수집된 정보

- 피해자 박정순 씨는 치매 초기 진단(CDR 1단계)을 받은 상태임.
- 장기요양등급 신청했으나 아직 등급 판정 전임.
- 이혼한 딸 김미라 씨가 1년 전부터 동거하며 돌봄을 담당하고 있음.
- 최근 동네 단골 병원 간호사가 박정순 씨의 상처, 말수 감소, 불안감 등을 인지하고 지역 노인보호전문기관에 신고함.

3. 주요 사정 내용

3-1. 생활 영역

- 외손자와의 상호작용 거의 없으며 대체로 방 안에 혼자 있음.
- 박 씨는 거의 매일 커튼 친 방 안에서 생활하고 있어 아침인지 저녁인지 시간을 종종 헷갈려 함.
- 요실금 등으로 자주 옷을 갈아입어야 하나 오염된 옷을 입고 있는 경우가 많음.

3-2. 건강 영역

- 치매 초기 증상(단기 기억력 저하, 시간 · 장소 혼돈, 지남력 약화)을 보임.
- 걷는 속도가 느려지고 낙상 경험 1회 있음.
- 정기 복용약 있음(혈압약, 치매약), 약 복용이 누락되는 경우 있음.
- 딸이 진료 동행을 귀찮아하거나 병원 방문을 지연시키는 사례(다른 시간과 날짜로 예약을 미루거나 아무 연락 없이 내원하지 않고 나중에 잊었다고 둘러댐) 있음.

3-3. 경제 영역

- 박 씨는 국민연금(남편연금), 기초연금, 기타 소득(개인연금 등) 포함 월 총 90만 원 수령 중임.
- 생활비 대부분을 김 씨가 관리하며, 박 씨의 카드로 김 씨 개인 소비 정황(생리대 구매, 자녀 학원비 지출 등) 있음.
- 박 씨는 경제 상황에 대해 "난 잘 몰라. 딸이 다 알아서 해."라고 말함.

3-4. 가족관계

- 박 씨는 남편 사망 후 딸 외에는 연락하는 가족 없음.
- 김 씨는 이혼 후 정서적으로 불안정한 상태로 보이며, "나만 (엄마를) 돌보니 힘들어 죽겠다." "엄마가 말귀를 못 알아들어서 짜증 난다."라는 말을 자주 함.
- 김 씨는 박 씨에게 욕설, 고성, 무시하는 발언을 반복적으로 함.

3-5. 사회적 관계

- 박 씨는 외부 활동 없음. 경로당 등 지역사회 자원 이용하지 않음.
- 이웃과의 왕래 거의 없고, 최근 이웃이 딸인 김 씨가 고성 지르는 소리를 자주 들었다고 진술함.
- 동네 가게 주인은 김 씨가 물건(생리대 등)을 사고 박 씨 카드로 계산하는 것을 여러 번 목격함.
- 김 씨는 자조모임이나 가족 돌봄 프로그램 등에 참여한 이력이 없음.

다음 항목을 중심으로 사례개입 계획을 구성해 보도록 한다.

- 이 사례에서 가장 시급히 개입해야 할 학대 유형은 무엇인가?
- 딸 김 씨의 정서적 과부하 및 돌봄 스트레스를 어떻게 완화할 수 있을까?
- 노인의 건강과 안전을 위해 어떤 지역사회 자원과 연계해야 할까?
- 경제적 학대 정황에 대한 조사는 어떻게 접근해야 하며, 법적 조치의 가능성은 있는가?
- 장기적 사례관리 계획에는 어떤 단계적 목표가 포함되어야 하는가?

1. 교재에서 제시된 사례들은 피해자의 강점과 자원을 사정하도록 제시하고 있다. 그러나 학대 피해자가 극도로 위축된 상황에서도 강점을 발견하고 활용하는 것이 가능할까? 만약 가능하다면, 구체적으로 어떤 접근 방식이 효과적일까?

제9장 • 요약

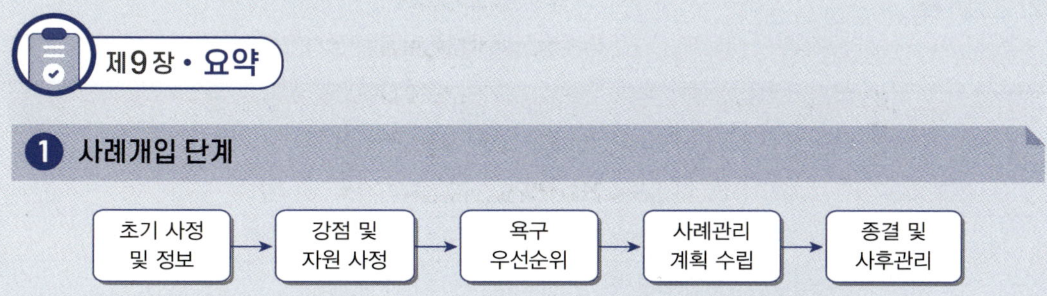

1) 초기 사정 및 정보 수집
- 응급상황 여부 확인 및 즉각적 개입
- 부족한 정보 파악 후 추가 수집

2) 강점 및 자원 사정
- 내적 · 외적 자원 확인 및 활용 가능성 탐색

3) 욕구 우선순위 설정
- 내담자 관점 반영, 긴급성 · 중요도 기준

4) 사례관리 계획 수립
- 장 · 단기 목표 및 실행 계획 수립
- 역할 분담, 지역사회 자원 연계 포함

5) 종결 및 사후관리
- 개입 성과 평가, 지속적 모니터링 계획 수립

2 사정 양식별 주요 내용 정리

1) 주요 사정 영역
- 사례개입을 위한 핵심 평가 프레임이며, 다음과 같은 영역별로 정보를 구조화함.
- 정량 평가도 병행 가능(예: 우울척도, 자존감 척도 등 심리검사 병기)

사정 영역	주요 내용 예시
기본생활	의식주 상태, 위생, 식사 빈도, 주거환경, 일상생활 수행능력 등
건강	질병, 통증, 약물복용, 정신건강 상태(우울, 불안, 수면 등)
경제	수입 · 지출 구조, 부채, 재정적 자립 가능성 등
가족관계	배우자 · 자녀와의 관계, 갈등 수준, 유대관계, 가정 내 의사소통 등
사회적 관계	지지체계 존재 여부, 이웃 및 사회적 네트워크, 서비스 이용 경험 등

2) 강점/자원
- 강점 중심 사례관리 관점에서 내담자가 가진 내적 강점과 외부 자원을 구분하여 파악

구분	예시
내적 강점	근로 의지, 가족관계, 위기대응력, 삶에 대한 의지 등
외적 자원	직장 동료, 아동보호기관, 학교, 이웃, 지역사회 복지관 등
한계	장애여부, 지지체계 부재, 낮은 자아존중감, 정보에 대한 낮은 접근성 등

3) 욕구 우선순위

- 욕구는 중요도(긴급성, 영향력)와 내담자의 인식을 기준으로 우선순위 결정
- 사례관리자는 '합의된 욕구'에 기반하여 구체적 개입목표를 수립해야 함.

우선순위	영역	욕구 내용
	폭력 피해	신체적 · 심리적 안전 확보, 대처 능력 향상 등
	심리 · 정서	우울 · 불안 완화, 자아존중감 회복, 정서적 안정 등
	가족관계	자녀 · 배우자와의 갈등 해소, 긍정적 의사소통 형성 등
	기본생활	주거 안정, 식사 개선, 위생환경 개선 등
	경제	생활비 마련, 채무관리 역량 강화 등

4) 사례관리 계획서 주요 항목

- 장 · 단기 목표 설정 및 실천 전략은 다음 항목 중심으로 구성
- 각 목표별 '목표달성 정도'를 정기적으로 평가하여 사례회의, 종결 시 반영

항목	내용
장기목표	근본적인 문제 해결 또는 중장기 변화 목표(예: 자립, 관계회복 등)
단기목표	1~3개월 내 실현 가능한 단계적 목표(예: 쉼터 입소, 상담 참여 등)
행동계획	실천 방법, 횟수, 기간 명시(예: 주 1회 상담, 2개월간 약물복용 등)
실천주체	이용자, 사례관리자, 협력기관별 역할 분담
지역사회 연계	연계기관 및 자원 활용계획(예: 여성쉼터, 교육복지실, 경찰, LH 등)
평가항목	목표달성도(10점 척도 등), 개입 효과, 변화의 정도 등을 반영

〈정리〉

- 전체 흐름: 사정 → 욕구 설정 → 개입계획 → 평가 및 종결
- 문서 작성 시, 구조적 사정과 계획 설정이 중요함.
- 사례관리계획서는 장 · 단기 목표, 실행주체, 연계기관, 평가 방식 명시 필요

김은정, 박주혜, 정세미, 변현주(2024). 2024 여성폭력피해자 통합지원매뉴얼. 한국여성인권진흥원.

제 4 부

노인학대 관련 쟁점 및 프로그램

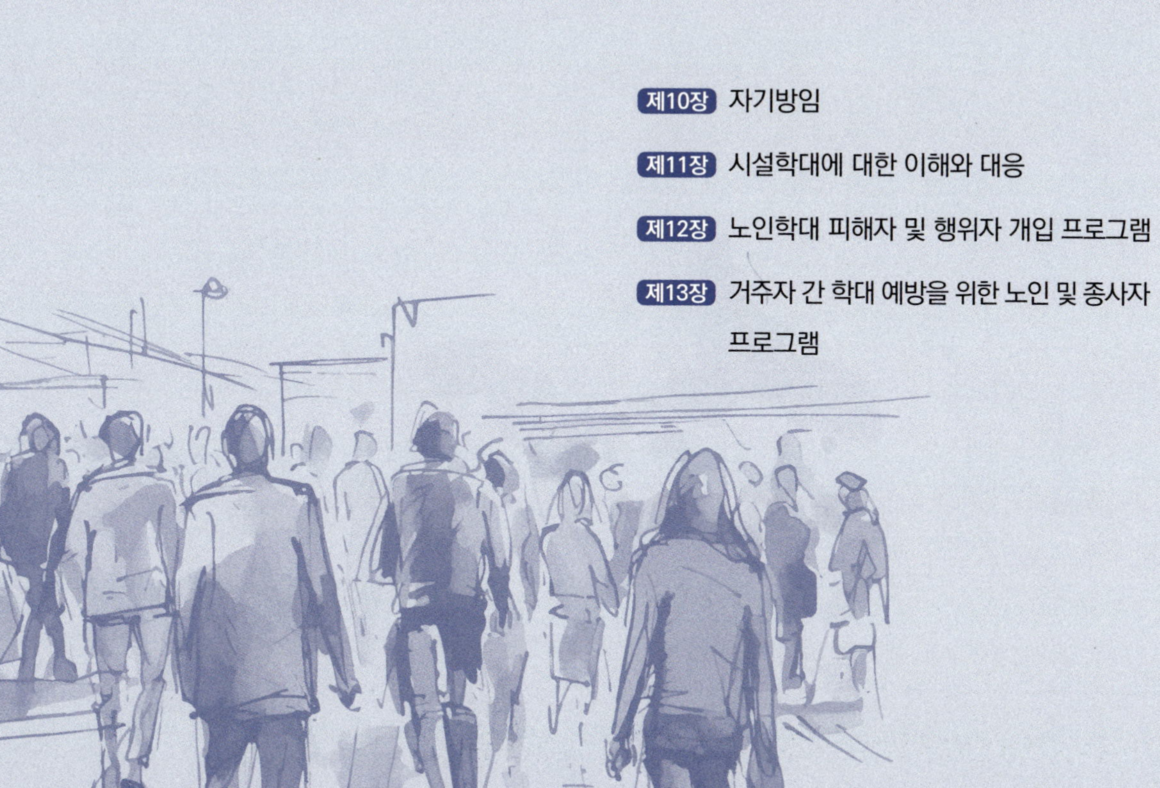

제10장

자기방임

이 장에서는 자기방임(Self-Neglect)의 개념, 특성 및 유형에 대해 학습하고, 자기방임을 설명하는 주요 이론 모델인 의료모델, 사회심리모델, 사회모델에 대해 살펴본다. 또한 자기방임 사례관리의 원칙, 자율성과 의사결정역량, 사례개입 절차, 사례개입 시나리오, 방문조사 시 유의사항에 대한 이해를 넓힌다. 아울러, 의사결정역량을 파악하기 위한 유효한 방법으로서 내러티브 인터뷰에 대해서도 다룬다.

1. 자기방임 개념 및 실태

1) 자기방임 개념 및 유형

방임(Neglect)은 학대의 하위 유형 중 하나로, 돌봄이 필요한 대상에게 필수적인 보호나 지원을 제공해야 할 책임이 있는 사람이 이를 이행하지 않는 행위를 의미한다(Neglect by others). 이는 본인이 스스로 필요한 돌봄을 거부하거나 수행하지 않는 자기방임(Self-Neglect)과 구분된다.

자기방임은 다음과 같은 행위를 포함한다.

- 의료적으로 필요한 치료나 돌봄을 거부하는 행위
- 위험한 상황에서 도움을 거부하는 행위

- 음식, 물 등 생존에 필수적인 요소를 스스로 거부하는 행위
- 위생 관리, 옷 갈아입기 등 기본적인 자기 돌봄을 하지 않는 행위
- 약물 남용, 자살 시도 등 자해 행동

국내 노인보호전문기관(중앙노인보호전문기관, 2025)에서는 자기방임을 "노인 스스로가 의식주 제공 및 의료 처치 등 최소한의 자기 보호와 관련된 행위를 하지 않아 심신이 위험에 처하거나 사망에 이를 수 있는 행위"라고 정의하고 있다.

한편, 미국의 「노인정의법(Elder Justice Act)」에서는 자기방임을 "신체적 · 정신적 기능 손상 또는 역량(Capacity)의 감소로 인해 자기관리를 수행할 수 없는 상태"라고 규정하고 있다(White, 2014: 138). 이 정의에서는 인지기능에 이상이 없는 노인이 자발적으로 행한 행위는 자기방임에 해당하지 않음을 명시하고 있다.

영국의 「돌봄법(Care Act)」(2014)에 따르면, 자기방임은 "개인 위생, 건강, 환경 등을 스스로 돌보지 않고 방치하는 일련의 행위"로 정의되며, 저장행위 역시 자기방임의 범주에 포함된다(Department of Health, 2014).

미국과 영국 모두 자기방임을 성인학대의 하위 유형으로 간주하며, 공공의 보호체계를 통해 개입 대상으로 삼고 있다. 이는 자기방임을 개인의 선택이나 의지의 문제로만 보지 않고, 보호가 필요한 상태로 접근하는 정책적 시각을 반영한다.

이에 반해 호주에서는 자기방임을 학대가 아닌 사회서비스의 개입이 필요한 사회문제로 접근하며, 이를 불결(Squalor), 저장행위(Hoarding), 자기관리(Self-Care)의 세 가지 유형으로 구분한다(우국희, 2014).

저장행위는 집 안의 특정 공간이 본래의 기능(예: 취침, 취사, 위생 등)을 수행할 수 없을 정도로 과도하게 물건이 쌓여 있는 상태를 의미한다(Bratiotis et al., 2011). 정신의학적 진단이 필요한 경우, DSM-5의 저장장애(Hoarding Disorder) 정의를 참조할 수 있다. 저장에 대해서는 다수의 연구가 진행되었으며, 국외에서는 사물저장이 아닌 동물저장(Animal hoarding)에 대한 연구도 늘어나고 있다(Williams, 2018). 저장에 대한 개입 프로그램의 효과성 등에 대한 보다 심층적인 이해를 위해서는 이준엽 등(2024a)을 참고하기 바란다.

불결은 거주 공간이 지저분하고 비위생적인 상태를 의미하며, 최근에는 이를 환경 방임(Environmental Neglect)으로 명명하자는 제안도 제기되고 있다(Snowdon & Halliday, 2018: 82). 자기관리(Self-Care)는 "개인, 가족, 지역사회가 건강을 증진하고, 질병을 예방하며, 건강을 유지하고, 의료 제공자의 도움 유무와 관계없이 질병과 장애에 대처할 수 있음"으로

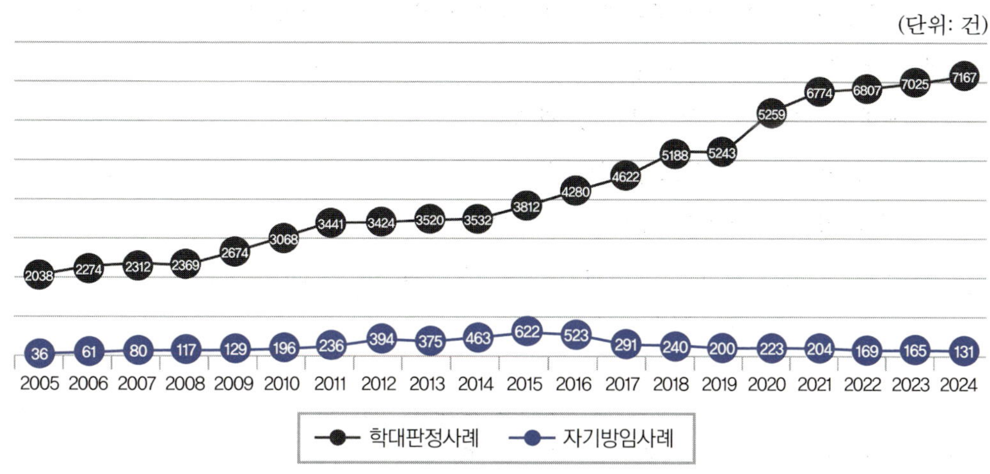

[그림 10-1] 노인보호전문기관 자기방임 사례건수(2005~2024)

출처: 중앙노인보호전문기관(2025).

정의된다(WHO, 2019). 호주에서는 이러한 자기방임의 양상들을 학대가 아닌 복합적 복지 개입이 필요한 상황으로 보고, 정신건강, 주거환경, 지역사회서비스 등이 유기적으로 연계되어야 한다는 점을 강조한다.

2) 자기방임 실태

국내에서 자기방임의 출현율(Prevalence Rate)에 대한 연구는 매우 제한적이다. 강은나 등(2023)이 전국 노인을 대상으로 실시한 조사에 따르면, 노인의 약 0.7%가 어렵거나 위험한 상황에서도 스스로 돌봄을 거부한 것으로 나타났다. 그러나 지역 및 대상에 따라 출현율은 매우 다양하게 보고되고 있다. 부산지역 독거노인을 대상으로 한 연구에서는 약 22%가 자기방임 상태에 있었으며(이민홍, 박미은, 2014), 부산지역 남성노인을 대상으로 한 연구에서는 그 비율이 약 30%에 달했다(김말영, 이재정, 2016). 서울지역에서 돌봄서비스를 이용하는 독거노인을 대상으로 한 연구에서는 무려 53.1%가 자기방임 행위를 하고 있는 것으로 나타났다(남석인 외, 2016). 한편, 국외 메타분석 결과에 따르면 자기방임의 출현율은 약 27%에 이르는 것으로 나타났다(Mao et al., 2025).

지역노인보호전문기관에서 판정된 자기방임 사례 건수는 2016년까지는 증가 추세를 보여 왔다(2005년 36건, 2016년 622건). 그러나 2017년 이후 다소 감소 추세를 보이고 있으며

(2024년 131건), 이는 희망복지지원단 등 타기관이 자기방임 사례에 개입하는 경우가 증가했기 때문으로 추정된다(이미진 외, 2024).

하지만 실제 자기방임 사례는 신고 및 판정된 건수보다 훨씬 많을 것으로 예상된다. 자기방임은 외부로 드러나기 어렵고 은폐되기 쉬운 특성이 있기 때문에, 현재 확인되는 수치는 일종의 '빙산의 일각'에 불과하다고 볼 수 있다. 특히 노인 1인 가구 증가와 같은 인구구조 변화에 따라 자기방임 문제는 앞으로 더욱 확대될 가능성이 높다.

2. 자기방임을 설명하는 이론 및 모델

1) 의료모델

자기방임에 대한 의료모델은 정신분석학적 접근에 근거를 두고 있으며, 자기방임을 정신의학적·신경학적 문제의 결과로 이해한다. 이 관점은 노년기의 만성질환(예: 고혈압, 당뇨, 관절염, 심혈관계 질환), 치매, 우울증, 인지능력 저하, 성격장애, 심각한 스트레스 등을 자기방임의 주요 원인으로 본다(이미진 외, 2018; 이준엽 외, 2024b).

특히 의료모델은 자기방임을 실행능력(Executive Function)의 역기능(Dysfunction)으로 설명한다(Abrams et al., 2002; Dyer et al., 2005). 실행능력이란 계획하고, 순서를 정하고, 목표지향적 행동을 수행하는 인지기능을 의미하며, 이 능력에 문제가 생기면 개인은 자신을 돌보고 보호하는 데에 어려움을 겪게 된다.

의료모델은 자기방임 개입 시, 실행기능 저하가 치료 가능한 원인인지 여부를 먼저 평가할 필요가 있다고 본다. 예를 들어, 영양 결핍으로 인한 경우 영양 보충을 통해 기능 개선이 가능하며, 우울증이 원인일 경우 항우울제 치료 등을 통해 자기관리 능력의 회복이 가능하다. 또한 약물복용 순응도 문제가 있는 경우, 복용 모니터링 장치의 활용이나 복약지도 교육 등도 중요하게 다루어진다(Dong et al., 2017).

이 외에도 거동의 불편함, 시각 및 후각 등 감각 기능 저하, 알코올 남용, 성격적 문제(예: 고립 성향, 완고함 등)와 같은 요인들이 자기방임의 원인이 될 수 있다(이미진 외, 2018).

2) 사회심리모델

사회심리모델은 의료모델과 달리, 자기방임을 건강 문제나 정신의학적 질환의 결과로 보지 않으며, 때로는 그 자체를 문제라고 간주하지 않기도 한다(이미진 외, 2018). 이 모델은 자기방임을 자기 결정권(Self-Determination), 개인의 선택, 생활양식(Lifestyle)의 표현으로 이해한다(Lauder et al., 2002).

예를 들어, 보즈노브스키(Bozinovski, 2000)의 질적 연구에서는 일부 노인들이 자기방임적 행동을 통해 삶에 대한 통제감, 정체성의 연속성 유지, 자기 보호를 실현하고 있다고 보고하였다. 다시 말해, 자기방임은 능력 부족의 문제가 아니라 '의지'의 문제로 해석되며, 이러한 관점에서 수동적 자기방임과 의도적 · 적극적 자기방임으로 나누어 설명하기도 한다. 그러나 이처럼 자기방임의 자발성, 비자발성, 판단능력에 대한 구분은 실제로 적용하기 모호한 경우가 많아, 이에 대한 개념적 불명확성이 비판받고 있다(O'Brien, 2011).

사회심리모델을 주장하는 연구자들은 다음과 같은 근거를 제시한다. 정신질환이나 인지기능 저하 없이도 자기방임을 보이는 노인이 존재하는데, 예를 들면 스캘런 등(Scallan et al., 2000)의 연구에서 일부 자기방임 노인들은 정상적인 인지기능을 보였다. 또한 스노든 등(Snowdon et al., 2012)의 연구에서는 저장행위를 하는 노인 62명 중 76%가 인지적 손상이 없었다.

이러한 결과는 자기방임을 단순히 의료적 진단이나 기능 저하로만 설명할 수 없음을 시사한다. 실제 사례에서도 의료모델로 설명하기 어려운 자기방임 현상이 관찰된다. 예를 들어, 건강 악화와 주거환경 악화에도 시설 입소에 대한 두려움으로 혼자 살기를 고수하는 경우(Connolly, 2008), 타인의 도움을 받는 데서 느끼는 수치심, 모욕감, 자율성 침해에 대한 두려움으로 서비스를 거부하는 경우(Boldy et al., 2005), 집을 나간 자녀의 귀가를 기다리는 정서적 이유로 현재 상태를 유지하는 경우 등이다. 이러한 사례들은 자기방임을 단순한 기능 저하로 해석하기보다는, 개인의 가치, 정체성, 자율성, 감정적 동기와 관련된 사회심리적 현상으로 바라봐야 함을 시사한다.

3) 사회모델

사회모델은 자기방임을 개인의 건강 문제나 질환의 결과로만 보려는 의료모델을 비판하며, 이를 빈곤, 제도적 결핍, 복지 축소, 정책 미비 등 사회구조적 요인의 결과로 이해한다.

즉, 자기방임은 노인의 잘못이나 질병 때문이 아니라, 사회가 제공해야 할 자원과 지원이 부재한 결과로 발생한다는 관점이다(이준엽 외, 2024).

사회모델에 따르면, 자기방임은 다음과 같은 사회적 맥락에서 비롯될 수 있다.

- 빈곤으로 인해 영양 상태가 악화되거나, 수도, 전기 등의 기본적 생활 인프라를 이용하지 못해 주거환경이 불결해지는 경우(Burnett et al., 2012)
- 복지재정의 축소로 인해 돌봄서비스가 잔여주의적(Residual)으로 운영되어 실질적 도움이 미치지 못하는 경우
- 정책적 미비로 인해 노인의 구체적인 욕구가 충족되지 않는 경우. 예를 들면, 노인이 이른 아침(7시)에 식사를 원하지만, 서비스는 9시 이후에 시작되는 경우(Harbison ct al., 2016)

파베자 등(Paveza et al., 2008)은 자기방임에 영향을 미치는 중요한 요인 중 하나로 교통 접근성을 지적한다. 예컨대, 병원 방문이 필요하지만 이동 수단 부족으로 인해 내원하지 못하는 경우 자기방임으로 이어질 수 있다. 그러나 이와 관련된 실증적 연구는 아직 미흡한 실정이다.

사회적 연계망(Social Networks)은 노인의 안전과 건강, 자율적 생활을 유지하는 데 있어 중요한 보호요인으로 알려져 있다. 특히 신체적·정신적 기능이 저하된 자기방임 노인에게는 이러한 연계망이 더욱 필요하다(Burnett et al., 2006). 연구에 따르면 자기방임 노인은 사회적 고립 특성을 보이는데, 독거노인 비율이 높고 자녀나 형제자매와의 접촉 빈도가 낮으며 이웃이나 친구와의 교류가 거의 없고, 종교활동 참여율도 매우 낮은 것으로 나타났다(강은나 외, 2023; Abrams et al., 2002; Burnett et al., 2006; Choi & Mayer, 2000).

또한 가족이 없거나, 가족이 있어도 오랜 갈등으로 인해 도움을 기대하기 어려운 경우가 많았다(Longres, 1995). 이러한 사회적 연계망의 상실은 노인으로 하여금 자신에 대해 부정적인 자아상을 강화시키거나, 사회적 역할(예: 자기관리, 주거환경 유지 등)에 대한 피드백 부재로 이어질 수 있다(손영은 외, 2016; Burnett et al., 2006). 그 결과, 대인관계 회피 → 서비스 거부 → 자기방임이라는 악순환으로 연결될 수 있다.

그러나 자기방임은 사회적으로 불이익을 경험하는 저소득층에만 국한된 현상이 아니다. 포이스리스 등(Poythress et al., 2006)은 다양한 경험적 연구를 종합 분석한 결과, 심각한 자기방임 문제는 여러 사회경제적 계층에 걸쳐 발생하고 있다고 보고하였다. 이는 자기방임

이 다양한 맥락에서 발생할 수 있는 다차원적 현상임을 시사한다.

3. 자기방임 사례관리의 원칙

1) 인간중심돌봄 패러다임의 적용

이 책에서는 오코너(O'Connor, 2010: 24-25)가 제안한 원칙에 기초하여 자기방임 사례관리에 대해 다음과 같은 인간중심돌봄(Person-Centered Care) 패러다임을 적용할 것을 제안한다.

- 키트우드(Kitwood, 1997)의 '사람됨(Personhood)'은 타인과의 관계 속에서, 그리고 이를 통해 사회적으로 구성되는 것으로 간주된다. 이러한 관점과 일치하게, '능력(Competence)' 또한 적어도 부분적으로는 사회적으로 구성된 개념으로 인식된다.
- 능력은 특정 기능을 수행하거나 특정 결정을 내릴 수 있는 개인의 역량(Capacities)을 통해 실질적으로 정의될 수 있다. 이는 '전부 아니면 전무'의 개념이 아니며, 모든 사람은 일정 수준의 능력을 갖추고 있다고 간주할 수 있다.
- 누군가의 능력 유무를 단순히 판단하는 것만으로는 충분하지 않다. 우리는 오히려, '그 사람이 어떻게 능력을 발휘할 수 있는가?'라는 질문을 던져야 한다.
- 좋은 평가 과정은 참여와 관계 형성을 통해 능력을 증진하는 데 주의를 기울여야 한다.
- 관계가 능력과 사람됨을 증진시키는 맥락을 형성한다면, 사회적 관계와 다른 사람과의 연계를 유지하는 것이 행동을 유도하는 주요한 동기가 될 수 있다. 이는 개인의 욕구(예: 안전 등)를 충족시키는 것보다 사회적 관계와 다른 사람과의 연계를 유지하는 것이 더 우선시될 수 있음을 의미한다.

이런 원칙을 적용한다면, 자기방임 사례관리자는 치매 등으로 인해 본질적인 인지기능이 저하된 노인이라고 하더라도 지원을 통해 노인이 스스로 의사결정을 할 수 있도록 도와야 하며(Supported or Assisted Decision Making), 다른 사람이 의사결정을 대체하지 않도록 최대한 노력을 기울일 필요가 있다.

글상자 10-1 역량과 능력의 차이

- 역량과 능력은 일반적으로 상호 교환적으로 사용되지만, 역량은 개인의 기능(Function)에 초점을 둔 개념인 반면, 능력은 법적 · 사회적 지위에 기초한 개념이다.
- 역량은 의료 전문가에 의해 판단되는 임상적 상태를 의미하며, 능력은 법률 전문가에 의해 판단되는 법적 상태를 의미한다(O'Connor, 2010). 역량과 능력에 대한 판단에서 중요한 사회적 이슈는 운전, 재정 관리, 독립적인 생활 능력, 유언 능력, 그리고 충분한 설명을 듣고 동의하거나 법적 지시를 내릴 수 있는 능력과 같은 문제들이다.

2) 자율성 존중 및 개인 맞춤형 접근의 원칙

자기방임 노인에 대한 개입은 일반적인 사례관리와 달리, 개입 그 자체에 대한 거부감이나 방어적 태도가 강할 수 있다. 이러한 특성을 고려하여 자율성 존중 및 개인 맞춤형 접근의 원칙을 실현하기 위해서는 다음 사항을 준수하는 것이 중요하다.

첫째, 강제 개입은 최소화하고 자율성을 존중한다(양호정 외, 2024). 노인의 자기결정권을 존중하면서 개입의 필요성과 목적을 명확히 설명해야 한다. 위험 상황일지라도 강제적인 보호 조치보다는 노인이 스스로 선택하고 동의할 수 있도록 유도한다.

둘째, 신뢰관계 형성을 위한 반복적이고 지속적인 접촉을 해야 한다(양호정 외, 2024). 초기에는 명확한 서비스 계획보다 관계 맺기에 집중해야 한다. 방문 횟수를 조절해 가며, 점진적으로 노인의 필요와 욕구를 확인하는 접근이 효과적이다.

셋째, 심리 · 정서적 접근과 실질적 지원의 균형이 필요하다. 자기방임 노인의 상당수는 사회적 관계의 단절, 우울감, 무기력 등을 경험하고 있으므로 정서적 지지를 바탕으로 해야 한다. 필요시 간단한 환경 정비, 식사 제공, 의료 연계 등의 실질적 지원도 병행하여 신뢰를 쌓는 것이 도움이 된다.

넷째, 통합적 서비스 연계 및 다학제적 접근이 필요하다. 단순히 물리적 지원이나 공공서비스 연계에 그치지 않고, 의료 · 심리 · 지역사회 자원 등을 종합적으로 연결해야 한다. 노인의 특성과 상황에 따라 사례회의 등을 통해 개입 방향을 다각도로 논의하고 결정하는 것이 바람직하다.

다섯째, 개입의 속도와 방향은 노인의 변화 준비도에 따라 조정해야 한다. 노인이 서비스나 개입을 받아들일 준비가 되어 있지 않다면, 개입 속도를 늦추고 기다릴 수 있어야 한다. 초기에는 거절하더라도 시간이 지나면 긍정적으로 변화할 가능성을 열어 두고 개입을 지속한다.

4. 자율성과 의사결정역량

1) 자율성과 서비스 거부

자기방임 사례에서는 개인의 자율성 판단이 주요 쟁점으로 떠오르며, 이는 대상자의 서비스 거부와 밀접하게 연관되어 있다. 자기방임 노인 중 상당수는 사회복지사나 사례관리자가 제안하는 서비스를 거부한다(이미진 외, 2024). 물론 자기방임 노인이 제안받은 서비스를 모두 거부하는 것은 아니지만, 서비스 거부는 상당히 빈번히 발생한다. 자기방임뿐만 아니라 다른 학대 피해자 노인 역시 서비스 거부를 하는 경우가 종종 있다. 그러면 서비스 거부에 대해 어떻게 대응할 것인가? 강제 개입은 당사자의 자율성을 침해할 수 있으므로 위험할 권리(Right to Risk)를 존중할 필요가 있다는 주장도 대두되고 있다(Harbison et al., 2016). 이런 주장은 사회복지사가 과도하게 개입을 함으로써 당사자의 자율성을 무시해 왔던 간섭주의적(Paternalistic) 관행에 대한 비판적 성찰에 근거하고 있다. 그러나 한편으로는 자율성을 자아에 대한 사회적 맥락을 무시하고 원자화된 개인주의적(Individualistic) 관점으로 접근하고 이해하는 협소한 시각이라는 비판이 존재한다(임미원, 2023; Gómez-Virseda et al., 2020).

개인은 어떻게 자율적으로 판단하고 의사결정을 내리는가? 개인의 자율적인 판단은 원자화된 개인이 단독으로 결정하는 것처럼 보이지만, 실은 사회적으로 구성(Construct)되고 만들어진 결과물이기도 하다. 모든 사람은 의사결정역량을 가지고 있다고 전제하는 것, 그리고 의사결정역량에 대한 판단을 하는 사람이 노인과 어떻게 상호작용하고 관계를 형성하는지가 매우 중요하다. 뿐만 아니라 노인의 적극적인 참여를 통해 의사결정역량을 파악할 수 있도록 환경을 조성해야 한다(O'Connor, 2010).

당사자의 서비스 거부 사유, 당사자가 바라는 바에 대한 파악 없이 서비스 거부라는 의사에만 초점을 맞출 경우, 위험할 권리를 존중한다는 미명하에 사회복지사가 행해야 할 선행의 의무를 저버리는 결과로 이어질 수 있다. 의사결정역량은 역동적으로 변화할 수 있는 개념이며, 단순히 이분법적으로 판단할 수 없는 연속성의 속성을 가진 개념이다(Gómez-Virseda et al., 2020).

서비스에 대해 거부하는 노인의 의사를 존중하여 아무런 개입을 하지 않는다면 사회적 방임을 행하는 것이 될 수 있다. 이는 충분한 정보제공에 대한 노력을 기울이지 않거나 사회적 맥락 등을 고려하지 않고 기계적으로 자율성을 존중하는 실천으로 평가할 수 있다. 한편, 노인의 의사에 반하여 강제로 시설에 입소시킨다면(자율적으로 시설입주를 결정하는 것과 달리), 자살과 같은 극단적 선택을 하는 사례도 존재한다는 점에서(이미진, 2018) 선한 의지로 행하는 개입이 '보호'라는 긍정적 결과로 이어지지 않을 수도 있다. 결론적으로, 자율성에 대한 존중과 보호(선행)의 의무는 양자택일의 문제가 아니라, 상황과 맥락에 맞게 어떻게 조화를 이루어 낼 것인지의 문제로 접근할 필요가 있다. 자율성과 보호의 의무를 상충되는 개념으로 보기보다는, 관계적 자율성을 지향하는 방향으로 공동작업을 진행한다면, 노인 당사자가 최적의 상태에 이를 수 있도록 함께 만들어 가는 과정으로 전환할 수 있다.

글상자 10-2 자율성(Autonomy)과 관계적 자율성(Relational Autonomy)

- 근대철학에 기초한 자율성은 '개별적이고 충분한 정보를 바탕으로 한 독립적인 의사결정을 내릴 수 있는 능력'으로 정의되었다. 이는 개인의 가치, 선호, 믿음을 무시한 간섭주의적이고 온정주의적인 개입의 위험성을 방지하기 위한 개념적 접근으로 고지된 동의와 당사자 이해를 최우선으로 하는 가치에 투영되어 있다. 그러나 이는 원자화된 개인을 전제로 하고 있으며, 의사결정의 '합리성'이라는 제한된 시각에 기초하고 있다는 점에서 비판을 받고 있다. 실제 의사결정은 감정, 가치, 사회적 관계 등 복합적 요인에 의해 이루어지기 때문이다.
- 관계적 자율성에 대한 합의된 개념은 아직 존재하지 않는다. 관계적 자율성(Relational Autonomy)은 자율성의 핵심 요소인 자기 삶에 대한 통제권을 유지하는 동시에, 자율성이 사회적으로 맥락화된 개념이라는 통찰이 반영된 것이다. 관계적 자율성을 주장하는 다수의 이론가들 사이에서도, 개인과 사회 간의 권리 균형은 대체로 개인 쪽으로 기울어져 있다. 다만, 여러 논문에서 타인의 영향력이 자율성을 반드시 저해하는 것이 아니라, 오히려 자율성을 증진시킬 수 있다는 점을 반복적으로 강조하고 있다.

출처: Gómez-Virseda et al. (2020).

2) 의사결정역량

의사결정역량은, ① 이해능력, ② 평가능력, ③ 추론능력, ④ 의사소통능력을 포함하는 개념으로 정의된다(우국희, 2013). 반면, 실제 실행할 수 있는 역량(Executive Capacity)이 있는가(예를 들면, 시장에 가서 물건을 사 올 수 있는가?)는 수차례 면담과 관찰을 통해 파악할 수 있다(Martineau et al., 2021: 26-27).

의사결정역량에 대한 판단은 다차원적인 판단이 필요하고 역동적으로 바뀌는 개념이며, 어떤 의사결정인가에 따라 역량이 달라진다는 점에서 사회복지사에게 도전적인 과제로 다가온다(Harbison et al., 2016). 그러나 보다 중요한 것은 의사결정역량에 대한 판단을 온전히 법률적인 또는 의료적인 측면에서만 파악해서는 안 된다는 점이다. 노인의 신경병리학적 특성뿐만 아니라 당사자를 둘러싼 관계 및 맥락을 통합적으로 사정해야 노인 개인의 의사결정역량을 보다 정확히 판단할 수 있다.

사회복지사는 자기방임 노인이 자율적인 판단을 할 수 있는 능력을 가지고 있다고 전제하고 접근해야 한다(능력과 역량의 차이는 [글상자 10-1]를 참조할 것). 특히 자기방임 노인은 치매로 인해 인지기능이 저하된 경우가 많은데, 인지기능의 저하가 의사결정역량의 부재를 뜻하는 것이 아님을 주지해야 한다. 최근 연구들은 치매가 최중증 상태에 이른 경우에도 어느 정도의 선택을 표현할 수 있는 능력이 여전히 있을 수 있으며, 특히 그 사람에 대한 과거의 지식을 활용하여 선호도를 파악한다면 개인의 선택 능력은 더욱 증진될 수 있다(O'Connor, 2010). 또한 개인의 의사결정은 인지적인 추론과정뿐만 아니라 정서, 직관, 삶의 질 등 다양한 요소를 고려하여 이루어진다는 점에서 인지기능과 의사결정역량을 등치시킬 수 없다(Gómez-Virseda et al., 2020; Harbison et al., 2016).

한편, 겉으로 보기에는 자율적인 판단인 것처럼 보이지만 주변 지인(학대 행위자 포함)이 행사하는 부당한 영향력(Undue Influence) 등으로 인해 잘못된 판단이나 위험한 판단을 할 수도 있다. 노인이 보이는 신경병리학적 특성(예: 인지기능 및 활동), 그리고 노인이 중요하게 생각하는 가치체계, 노인의 개인사(Personal Histories), 노인과 관계를 맺고 있는 사람들과의 상호작용 및 타인들의 관심 · 견해, 노인 당사자가 어떻게 인식되고 있는지에 대한 사회적 맥락, 물리적 환경의 친근함 등을 같이 이해하고 사정할 필요가 있다(Gómez-Virseda et al., 2020; O'Connor, 2010). 예를 들면, 치매노인은 낯선 환경에서는 배회하고 목적 없이 행동을 하지만 본인의 집에서는 차분히 손님을 접대하고 대화를 나눌 수 있다. 따라서 인지기능이 저하된 치매노인이라고 하더라도 적절한 정보 및 사회적 지지 제공, 법적인 보호 등의 지지적 환경을 조성한 후에 치매노인이 스스로 판단을 할 수 있도록 도울 필요가 있다 (Gómez-Virseda et al., 2020).

5. 사례개입 절차

본 절차는 호주 뉴사우스웨일스(New South Wales)의 불결사례 개입 흐름도(Snowdon et al., 2012)를 참고하여, 국내 상황에 맞춘 자기방임 사례개입 절차로 제안하는 것이다. 국내에서는 자기방임에 대한 체계적인 개입 절차 자료가 부족하다는 점에서 이 제안은 현장 실무자들에게 실질적인 지침이 될 수 있다.

① 사례 접수 및 초기 정보 파악

- **내용**: 의뢰 · 신고된 자기방임 사례 접수
- **점검 사항**:
  - 당사자의 신체적 · 정신적 안전 여부
  - 종사자의 안전 위협 요소 존재 여부
  - 가정방문의 응급성에 대한 판단 여부(12시간 이내 출동)

② 가정 방문 및 초기 사정

- **내용**: 대상자의 주거지를 방문하여 실제 생활환경과 위험 평가, 라포 형성
- **사정 항목**:
  - 불결 상태, 저장행위, 신체적 · 정신적 건강의 위해 요인
  - 의사결정역량 평가(개입에 대한 동의 등)
  - 가족관계, 사회적 관계 및 지지망 확인
  - 응급상황과 위험 수준 평가

③ 응급상황 대응

- 응급상황 발생 시 조치
  - 응급실 이송

- 단기보호쉼터 입주
- 동물 방치 시 동물보호단체 등 연락

④ 개입 거부 시 접근

- 의사결정역량 평가 결과에 따라
  - 후견인 지정
  - 재정관리자 임명
  - 집주인 · 관리사무소, 지방자치단체 등과의 협력을 통한 주거환경 정비 조치 등

⑤ 개입 계획 수립

- 다영역 사례관리 계획 수립
  - 신체적 건강(의료 및 보건서비스 연계)
  - 정신적 건강(정신건강 · 복지서비스 연계)
  - 자기돌봄 기능 회복
  - 재정관리 지원
  - 주거환경 정비 및 청소 서비스 제공
  - 사회적 연계망 복원
  - 필요시 수급자 신청, 사회서비스 제공 등
  - 주거 이동에 필요한 계획 수립

⑥ 개입 계획 실행

- 개입에 대한 당사자 동의
- 앞의 계획에 따라 각 기관 및 서비스 제공자의 협조 아래 실제 개입 실시

⑦ 사례 평가 및 종결

- 개입 효과 및 대상자의 변화 평가 후, 사례 종결 여부 결정
- 필요시 중 · 장기 사례관리로 전환

⑧ 사후 모니터링

- 정기적인 사후 방문 또는 전화 모니터링을 통해 자기방임의 재발 방지

• 재접수 방지를 위한 예방적 접근 강화
• 가족, 친구, 이웃 등 지역사회 모니터링 자원 확보를 통한 간접 모니터링 실시

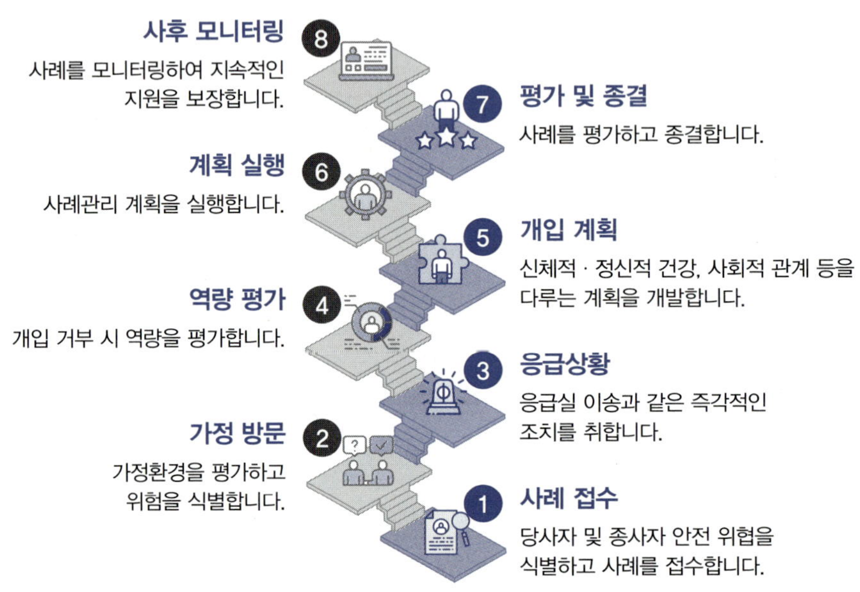

[그림 10-2] 자기방임 사례관리의 개입 절차

6. 사례개입 시나리오

이스라엘 반드-빈터슈타인 등(Band-Winterstein et al., 2018)의 연구를 토대로 자기방임 사례에 대한 시나리오를 유형화하면 다음과 같다. 응급성, 건강 위험 정도, 의사결정역량 수준에 따라 다른 시나리오를 선택할 수 있다.

1) 시나리오 A

생명에 즉각적인 위협이 존재하고, 즉각적인 의료 개입 또는 보호시설 입주가 요구되는 상황이다.

- 사례 예시
  - 심각한 영양결핍으로 인해 섬망 증상을 보이는 독거노인이 병원 치료를 거부하는 경우: 불결한 위생 상태, 감염 위험, 주거환경 붕괴 등의 사유로 신속한 외부 개입이 필요한 상황
- 개입 필요 조치
  - 응급실 이송 또는 단기쉼터 입소 조치
  - 대상자의 생명과 건강을 보호하기 위한 즉각적 · 비자의적 개입 필요
  - 의사결정역량 부족 시 대리 판단 체계 가동
  - 대상자가 의사결정역량을 일시적 또는 지속적으로 상실한 것으로 판단될 경우, 의사결정 지원자 또는 보호자의 법적 지정 필요
- 제도적 개선 제안
  - 현행 제도 미비점: 국내에서는 비자의적 개입을 가능하게 하는 법적 근거가 명확하지 않거나, 의사결정역량 평가 및 대리권 발동 기준이 불명확한 경우가 많음.
  - 제도 개선 방안(제철웅, 정민아, 2020): 성인이 의사결정 능력이 부족하다고 판단될 경우, 행정법상 근거에 따라 제한된 범위 내에서 보호조치를 할 수 있도록 제도화 필요함. 이를 위해 의사결정 지원자 제도 도입 및 법적 절차 마련, 사법심사 및 불복 절차 보장(행정처분에 대한 투명한 이의제기 절차 마련), 신속한 위기 개입과 인권 보호 간 균형 유지가 요구됨.

2) 시나리오 B

생명에 즉각적인 위험은 아니지만, 상황을 방치할 경우 건강과 생명에 중대한 위협으로 발전할 가능성이 높은 경우에 해당한다. 이는 예방적 개입이 반드시 요구되는 단계로, 사례관리자의 설득과 협상 중심의 전략이 필요하다.

- 사례 예시
  - 당뇨병을 앓고 있는 노인이 다리에 물집(궤양 초기 증상)이 있으나, 스스로 치료를 받지 않는 경우 → 현재는 응급상황은 아니지만, 방치 시 혈류 차단 및 세균 감염 → 조직 괴사 → 절단 등의 심각한 결과가 발생할 수 있음.
- 의사결정역량과 인지 저하 판단의 함정

  이러한 상황에서는 대상자가 인지기능 저하로 인해 의사결정역량이 부족해 보일 수

있으나, 이는 실제 인지장애가 아닌 정보 부족 또는 혼란에 의한 결과일 수도 있다. 따라서 단순히 판단능력이 결여되었다고 단정짓기보다는, 관계적 자율성을 존중하는 접근이 중요하다.

- 개입 전략

  사례관리자는 다음과 같은 방식으로 비자의적 개입이 아닌 협력 기반의 개입을 시도해야 한다.

  - 건강정보 제공
  - 당사자에게 현재 증상의 위험성과 예후를 구체적이고 이해하기 쉬운 방식으로 설명
  - 설득과 협상
  - 대상자가 스스로 치료를 수용하도록 유도
  - 가능한 선택지(병원 방문, 재택의료, 방문간호 등)를 함께 논의
  - 사회적 자원 활용
  - 가족, 친족, 신뢰관계에 있는 지인 등의 지지 확보
  - 재택의료 전문가(지역 보건의, 방문간호사 등) 협력
  - 정신의학적 진단을 통해 인지 · 정신 상태에 대한 객관적 평가
  - 통합사례회의를 통해 다양한 전문가 의견을 수렴하고 개입 방안을 조정

3) 시나리오 C

생명이나 건강에 대한 즉각적인 위협은 없어 협상 기반 접근이 필요한 경우이다.

- 대상자 특성
  - 비교적 독립적인 생활 가능
  - 도움 요청이나 서비스 이용을 거절
  - 하지만 지속적으로 자기방임적 행위를 반복(예: 불결한 주거환경 유지)
  - 자신의 생활 조건에 대한 문제 인식이 낮거나 없음.
- 전문가의 개입 전략(양호정 외, 2024)
  - **협상 기반 접근**: 강제 개입이 어려우므로, 지속적인 접촉을 통해 신뢰 형성
  - 당사자가 수용 가능한 방식으로 원조(지원서비스)를 제안(예를 들면, 세탁이 필요한 세탁물을 집 밖 바구니에 넣으면 정기적으로 세탁해 드리기)

- 점진적인 변화 유도(예를 들면, 1리터 쓰레기봉투 채우기에서 시작해서 10리터 쓰레기 봉투로 늘려 가기, 깨끗한 쓰레기 만들어 드리기)

4) 시나리오 D

노인의 건강이나 생명에는 직접적인 위협 없으나 이웃의 민원을 유발하는 근린(Neighborhood) 방해형 자기방임이다.

- 대상자 특성
  - 신체적으로 독립적이거나 일부 장애를 가진 상태
  - 자기방임 상태가 이웃, 공동체, 주변 환경에 피해나 불편을 유발(예: 악취, 쓰레기 방치, 해충 발생, 건물 손상 등)
- 전문가의 개입 전략
  - 공공기관과의 협력
  - 보건소, 지방자치단체 위생과, 환경관리 부서 등과 협력
  - 필요시 「위생법」, 「건축법」, 「노인복지법」 등 관련 법령을 근거로 개입
  - 대상자에게 직접적인 신체 · 정신적 위험이 없더라도, 공공의 이익 보호와 위생관리를 위해 제한적 개입 가능(예: 집 외부에 모아 둔 폐지 및 쓰레기 제거)

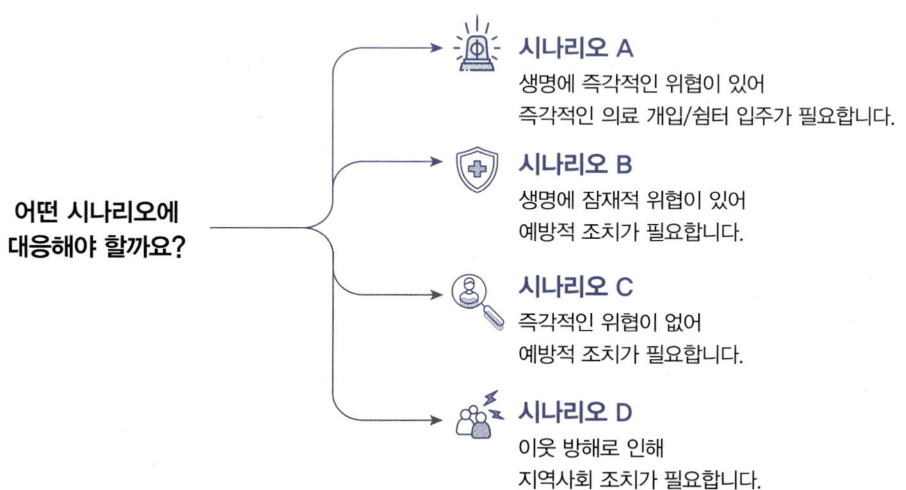

[그림 10-3] 자기방임에 대응하기 위한 시나리오 유형화

7. 방문조사 시 유의사항

자기방임은 다양한 요인이 얽혀 있기 때문에 단순한 정보 수집이나 단발성 지원으로 해결되기 어렵고, 정서적 신뢰관계 형성과 점진적 개입이 중요한 실천 원칙으로 강조된다.

1) 관찰 및 면접 시 유의사항

자기방임이 의심되는 노인에 대한 방문조사는 첫 만남부터 민감하고 신중한 접근이 필요하다. 노인의 사생활과 자율성을 존중하는 태도가 바탕이 되어야 하며, 판단하거나 지시하는 방식보다는 공감과 경청의 태도로 접근해야 한다(양호정 외, 2024). 낯선 이의 방문 자체가 불편하거나 두려움을 유발할 수 있기 때문에, 신뢰관계를 형성하는 데 충분한 시간이 소요될 수 있음을 인지해야 한다. 또한 노인의 말과 태도, 표정, 주거 환경 등을 종합적으로 관찰하여 의사결정 능력, 위험 정도, 외부 자원과의 연결 가능성 등을 평가해야 한다.

특히 자기방임 노인의 경우, 가족과의 관계가 복잡하거나 단절되어 있는 경우가 많다. 가족은 때로 자기방임의 원인이 되기도 하며, 동시에 심리적 고통의 대상이 되기도 한다. 따라서 가족에 대해 질문할 때는 노인의 감정을 자극하지 않도록 비판단적이고 중립적인 어조를 유지하는 것이 중요하다. 예를 들어, "자녀들과는 왜 연락을 안 하세요?"와 같은 직접적이고 평가적인 질문은 피하고, "요즘에 연락을 주고받는 분이 계신가요?" "최근에 뵌 가족이 있으셨나요?"처럼 노인의 현재 생활을 중심으로 자연스럽게 묻는 방식이 바람직하다.

또한 가족이 있다는 사실만으로 돌봄이 제공되고 있다고 가정해서는 안 된다. 가족과의 연락 빈도, 정서적 거리, 실질적인 지원 여부 등은 개별적으로 탐색되어야 하며, 지지망(Support network) 전체를 중심으로 관계망을 파악하는 접근이 필요하다. 이 과정에서 노인의 상실 경험이나 사별, 정서적 고립에 대한 민감성도 고려해야 하며, 회상 질문은 신중하게 다루어야 한다.

방문조사로 사회복지사는 노인에 대한 다양한 정보를 파악할 수 있다. 자기방임 노인의 삶의 양상을 이해하기 위해서는 가정 내 환경과 물품을 관찰하는 것이 매우 중요한 정보원이 되기 때문이다. 사회복지사는 노인의 생활 공간에서 보이는 사소한 물건과 배치 상태를 통해 심리상태, 관계망, 생활능력 등을 추론할 수 있다.

예를 들어, 가족사진이 전혀 없거나 오래된 사진만 남아 있다면 가족과의 관계 단절, 과거 회상 중심의 정서, 또는 상실감 등을 유추할 수 있다. 어린이 사진이나 손자 장난감 등이 그대로 있는 경우, 한때 돌봄 역할을 했으나 현재는 단절되었을 가능성이 있다. 편지나 선물 포장 등을 보관하고 있는 경우는 가족에 대한 애착이나 관계 유지에 대한 의지를 엿볼 수 있는 단서가 된다.

생활용품의 상태도 중요한 지표이다. 세면도구가 곰팡이로 덮여 있거나 정리되어 있지 않다면, 위생관리에 어려움을 겪고 있거나 무기력 상태일 수 있다. 집 안에 다수의 신발이 먼지가 쌓인 채 놓여 있다면, 외출하지 않고 집에만 머무는 폐쇄적 생활 양상이 나타나고 있을 가능성이 있다. 전등이 꺼져 있거나 전기기구가 모두 뽑혀 있다면, 전기료 체납, 경제적인 어려움 또는 우울감으로 인한 자극 회피의 일환일 수 있다.

냉장고나 부엌의 식품 상태도 확인이 필요하다. 유통기한이 지난 음식이 그대로 있는 경우, 인지기능 저하나 식생활 관리 능력 상실을 의미할 수 있으며, 복약지도 없이 방치된 약봉투는 질병 관리의 어려움을 암시한다. 화장실 사용 흔적이 없거나 문이 열려 있지 않다면, 이동의 어려움이나 낙상의 가능성도 고려할 수 있다.

특히 방문조사에서는 노인을 평가 대상으로만 보는 것이 아니라 그들의 삶의 맥락 속에서 의미 있는 단서를 파악하려는 태도가 중요하다. 따라서 단순히 외부적으로 드러나는 상태를 '비정상'으로 판단하기보다는 그 이면의 삶의 이야기와 연결시켜 해석하는 통합적 접근이 필요하다.

2) 주거공간에 대한 불결 측정

자기방임은 가시화된 외적 징후(예: 불결한 주거환경, 저장행위 등)를 통해 조기 발견될 수 있으며, 이에 따라 정량적이고 시각적인 평가도구의 필요성이 강조되고 있다. 영국을 포함한 일부 국외 기관들에서는 자기방임 또는 저장행위 관련 평가 도구로 Clutter Image Rating(CIR) 척도를 활용하고 있다.

(1) Clutter Image Rating(CIR) 척도

CIR 척도는 주거공간의 청결 상태를 시각적 이미지로 9단계(1~9)로 구분하여 평가하는 도구이다. 초기에는 프로스트 등(Frost et al., 2008)이 저장행동(Hoarding behavior)을 평가하기 위해 개발하였으며, 현재는 영국 지방정부 및 보호위원회(Local Safeguarding Adults Board) 등에서 자기방임 사례 사정 도구로도 폭넓게 사용되고 있다.

(2) CIR 평가 방식

주요 공간(예: 거실, 부엌, 침실)의 상태를 기준으로, 각 공간에 대한 시각적 사진 9단계 중 대상자의 주거상태와 가장 유사한 이미지를 선택한다. 점수가 높을수록 공간이 더 심하게 어지럽고 비위생적이며 접근이 어려운 상태를 의미한다. 일반적으로 4단계 이상부터는 개입이 필요한 상태로 간주된다.

(3) 점수 의미

- 1~3단계: 정상적인 생활환경 수준(정리정돈되어 있음)
- 4~6단계: 개입 고려 필요, 위생 · 안전상 위험 요소 발생 가능
- 7~9단계: 즉각적인 개입 필요, 저장장애 또는 심각한 자기방임 가능성 높음

[예: Cheshire West and Chester Local Safeguarding Adults Board(2020)에서도 4단계부터 사회복지 및 공중보건 서비스 개입을 권고하고 있음]

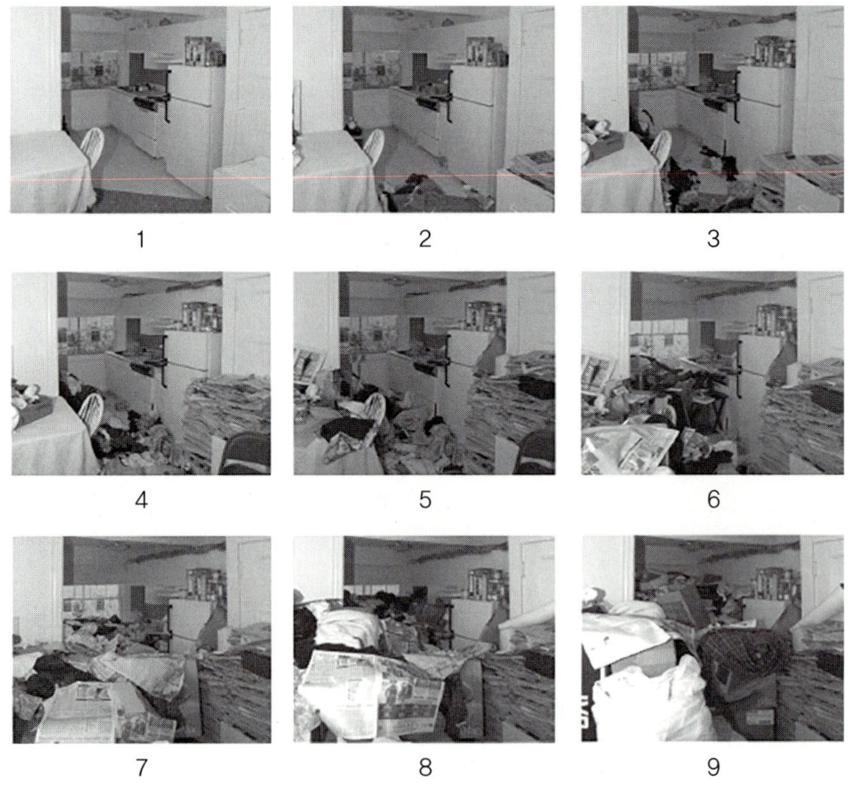

[그림 10-4] Clutter Image Rating

출처: Cheshire West and Chester Local Safeguarding Adults Board (2020).

(4) CIR 활용의 실무적 시사점

주관적 판단을 보완할 수 있는 시각 기반 평가 도구로, 사례관리자 간의 평가 신뢰도를 높이는 데 기여하며, 평가 결과를 가족, 클라이언트, 다른 기관과의 소통 자료로 활용이 가능하다. 또한 CIR 결과를 근거로 개입수준(예방, 적극, 응급 개입 등) 결정 시 기준으로 활용한다.

3) 자기방임 관찰평정척도

〈표 10-1〉은 이미진 등(2024)이 개발한 국내 노인보호전문기관에 적합한 자기방임 관찰평정척도이다. 저장행위, 개인 위생 및 건강 관리, 주거환경의 편의 및 안전성, 주거공간의 위생 상태 등 4개 영역에 대해 관찰을 통해 자기방임 수준을 평가한다(0~17점). 실무자와 전문가 면담을 통해 23개 항목의 초안을 작성하고, 두 차례의 전문가 자문과 내용타당도 검증을 통해 최종적으로 11개 항목으로 구성된 척도를 확정하였다. 이후 3개 기관에서 12명의 상담원이 52개 사례에 대해 척도를 적용하였고, 관찰자 간 신뢰도(ICC)는 .961로 매우 높게 나타났다. 자기방임 사례와 비자기방임 사례 간 평균 점수 차이도 통계적으로 유의하여, 본 척도의 타당성과 실용성을 입증하였다.

〈표 10-1〉 국내 자기방임 관찰평정척도

번호	문항	응답 범주
	저장행위	
1	물건(예: 신문, 잡지, 상자, 가방, 병 등)이 쌓여 있어 거주공간 사용과 접근이 어려움.	□ 0점
		□ 1점
2	동물이 많아 거주공간 접근 또는 사용이 어려움.	□ 0점
		□ 1점
	개인 위생 및 건강 관리	
3	피부, 손발톱, 얼굴, 머리 등이 손질/관리되지 않으며 깨끗하지 않음.	□ 0점
		□ 1점
4	(노인에게서) 좋지 않은 냄새가 남.	□ 0점
		□ 1점
5	약물복용을 제대로 하지 않거나 진료가 필요해 보이는데 진료받지 않음.	□ 0점
		□ 1점

번호	문항	응답 범주
6	집 안이 너무 덥거나 너무 추운데 냉난방을 하지 않음.	□ 0점 □ 1점
	주거환경의 편의 및 안전성	
7	집 내부와 외부(예: 유리창, 대문, 벽지, 장판, 천장, 문짝, 지붕 등)에 금이 가거나 구멍, 누수 등이 있어 안전하지 않음.	□ 0점 □ 1점
8	(고장 등 문제로) 화장실, 부엌을 사용할 수 없음	□ 0점 □ 1점
9	열원(예: 가스레인지, 난방기, 휴대용 버너) 주변에 가연성 물질이 있거나 전선노출 등 화재 위험이 있음.	□ 0점 □ 1점
	주거공간의 위생 상태	
10	쓰레기, 사람 또는 동물의 대소변, 구토물, 분비물, 상한 또는 썩은 음식, 동물사체, 곰팡이, 해충, 쥐, 해충이나 쥐의 잔해물 등으로 인해 집이 깨끗하지 않거나 어지러운 상태임.	□ 0점 □ 1점
11	집에서 악취나 불쾌한 냄새가 남.	□ 0점 □ 1점

8. 내러티브 인터뷰

1) 내러티브 인터뷰를 통한 노인의 의사결정역량 파악

자기방임은 인지기능 저하, 우울, 사회적 고립, 복합적인 건강 문제 등 다양한 요인과 복합적으로 연관되어 있으며, 단순한 무관심이나 태만으로 해석해서는 안 된다. 특히 자기방임에 개입하기 위해서는 노인이 자신의 삶과 관련된 결정들을 충분히 이해하고 판단하며 선택할 수 있는지를 확인하는 의사결정역량 평가가 핵심적으로 요구된다.

이때 내러티브 인터뷰는 노인의 의사결정역량을 파악하는 데 매우 유효한 방법으로 주목받고 있다. 내러티브 인터뷰는 대상자가 자신의 삶의 이야기와 경험을 중심으로 자유롭게 서술하도록 유도하는 질적 접근 방법으로, 노인의 사고방식, 가치관, 판단 기준, 문제 해결 방식 등을 그들의 언어로 자연스럽게 드러낼 수 있게 한다(Riessman, 2008). 특히 노인의 언어적 특성과 정서적 민감성을 고려할 때, 내러티브 인터뷰는 인간적이고 신뢰 기반의 평가 관계를 형성할 수 있다는 점에서 효과적인 도구로 평가된다.

한편, 기존의 표준화된 의사결정역량 검사 도구는 검사자와 피검사자 간에 권력 관계를 형성하여 노인이 위축되거나 방어적인 태도를 보이게 만들 수 있으며, 평가자 간 신뢰도 문제도 제기되고 있다(O'Connor, 2010). 무엇보다 이들 도구는 노인을 '평가 대상'으로 간주하여 수동적 위치에 놓이게 하는 반면, 내러티브 인터뷰는 노인을 자신의 삶의 전문가로서 인정하고 그들의 능동적 참여를 이끌어 내는 과정이라는 점에서 본질적인 차이가 있다.

따라서 자기방임 개입과정에서는 표준화된 도구보다는 내러티브 인터뷰를 중심에 두고, 표준화된 도구는 보조적인 수단으로 활용하는 것이 바람직하다. 이는 노인 개개인의 고유한 삶의 맥락과 판단 과정을 보다 정확하고 통찰력 있게 파악할 수 있도록 도와주며, 평가 결과의 신뢰성과 수용성을 동시에 높이는 데 기여할 수 있다.

내러티브 인터뷰에서 활용할 수 있는 질문과 질문을 통해 파악할 수 있는 의사결정역량의 주요 영역은 〈표 10-2〉와 〈표 10-3〉을 참조하기 바란다.

〈표 10-2〉 내러티브 인터뷰에서 활용할 수 있는 질문 목록

질문을 통해 파악하고자 하는 정보	질문 예시
• 기본적인 일상생활 수행능력(ADL) • 자기관리 여부 • 활동 수준	• 요즘 하루는 어떻게 보내고 계세요?
• 건강관리 인식 • 의료 접근성 • 자기 건강에 대한 판단능력	• 최근에 병원이나 보건소에 다녀오신 적이 있으세요? • 어떤 이유로 가셨나요?
• 영양섭취 상태 • 식생활에 대한 인식 및 실행능력	• 식사는 어떻게 챙겨 드시나요? • 요리나 장보기를 하세요?
• 주거환경의 안전성 • 위험 인식 및 대응능력	• 지금 살고 계신 집이나 방은 어떠신가요? 불편한 점은 없으세요?
• 사회적 지지체계 • 신뢰 대상, 위기 시 대처 전략	• 최근에 어려운 일이 생겼을 때, 누구에게 도움을 요청하셨나요? • 주위에 도움을 요청할 사람이 있을까요?
• 미래 계획 수립 능력 • 자기 결정력 • 삶에 대한 통합적 이해력 • 우울 정도(자살사고)	• 앞으로의 생활에 대해 걱정되시는 부분이 있으실까요? • 바라는 점이 있다면요?

〈표 10-3〉 질문을 통해 파악해야 할 의사결정역량의 주요 영역

역량	관찰 사항
정보 이해 능력	질문에 대한 적절한 반응과 상황 이해 수준을 통해 파악
논리적 추론 능력	선택의 장단점을 이야기할 수 있는지 확인
가치 반영 능력	자신의 선택이 어떤 가치나 목표에 기반하고 있는지 설명하는지 확인
의사 표현 및 일관성	자신의 생각을 명확히 말할 수 있는지, 시간이나 주제에 따라 일관성이 있는지를 관찰

출처: Ontario Seniors' Secretariat (2012).

2) 내러티브 인터뷰 시 주의사항

첫째, 비판단적 태도를 유지해야 한다. 자기방임은 외부인이 보기엔 위험한 상태일 수 있지만, 당사자에게는 익숙하고 의미 있는 선택일 수 있다. 판단이나 지적 없이 경청의 태도를 유지해야 한다.

둘째, 충분한 시간과 공간을 제공해야 한다. 노인은 말의 속도가 느릴 수 있으며, 맥락이 긴 이야기를 통해 표현하기 때문에 성급하게 끊지 말고 천천히 들을 수 있는 환경이 중요하다.

셋째, 문화적 · 세대적 차이를 존중해야 한다. 노인의 표현 방식, 세계관, 가치체계를 존중하며 질문을 조정해야 한다.

넷째, 인지기능 저하 여부를 고려해야 한다. 인터뷰 도중 질문에 반복적으로 응답하지 못하거나 시간, 장소, 인물에 대한 혼동이 지속된다면, 전문적인 인지평가로 연계가 필요할 수 있다.

마지막으로, 심리적 안전감을 조성해야 할 것이다. 자기방임 노인은 종종 불신, 두려움, 수치심을 가질 수 있다. 상담가의 신뢰성 있는 태도와 비밀보장은 인터뷰의 성패를 좌우한다(Dong, 2017).

내러티브 인터뷰는 단순히 정보 수집이 아니라, 노인의 자율성과 주체성을 존중하면서 의사결정역량을 평가하는 실천 방법이다. 의사결정역량을 직접적으로 묻기보다는, 삶의 이야기를 통해 간접적으로 확인하고, 개입이 필요한 경우 점진적이고 관계 기반의 접근이 필요하다. 사회복지사는 이러한 인터뷰 과정을 통해 노인의 자기 결정권을 보호하면서, 필요한 보호 조치를 함께 모색할 수 있어야 한다.

정리하면, 자기방임 노인을 단순한 '지원의 대상'이 아니라 삶의 주체로서 존중하고 함께 협력할 수 있는 파트너로 인식하는 접근 태도가 중요함을 보여 준다. 실천가들은 노인의 말 속에서 숨어 있는 욕구를 발견하고, 그 삶의 맥락을 이해하려는 '존중의 언어'를 사용함으로써, 자기방임이라는 복합적인 문제에 더 효과적으로 대응할 수 있다.

1. 자기방임으로 신고된 노인의 가정을 방문한 결과, 주택 외벽에 심한 균열이 있어 조만간 붕괴될 위험이 있는 것으로 보였다. 사회복지사는 안전상의 문제를 설명하며 이주를 권유하였으나, 노인은 이사 의사가 없다고 밝혔다. 만약 여러분이 노인보호전문기관의 사회복지사라면, 이 상황에서 어떻게 대응하겠는가?

제10장 • 요약

① 자기방임의 개념 및 실태

- 정의: 자기방임은 스스로 최소한의 자기보호를 하지 않아 생명·건강에 위험을 초래하는 행위. 음식·위생·의료 거부, 저장행위, 불결한 생활환경 포함
- 국내 실태
  - 자기방임 출현율은 연구마다 차이 있으나, 최대 50% 이상 보고된 바 있음.
  - 통계상 2024년 기준 노인보호전문기관 사례는 131건이나 실제는 은폐 가능성 높음.

② 자기방임 설명 이론 및 모델

모델 유형	주요 설명
의료모델	인지기능 저하, 정신질환, 실행기능 장애 등 신경학적 원인 중심
사회심리모델	자기 결정권, 자율성 강조, 자기방임을 생활양식의 표현으로 이해
사회모델	빈곤, 제도 미비, 복지 축소 등 사회 구조적 요인이 원인

③ 자기방임 사례관리 원칙

- 인간중심돌봄: 관계를 통해 능력을 증진시키는 접근 필요

- **자율성 존중**: 강제 개입보다 당사자의 선택권을 보장해야 함.
- **심리 · 정서적 지원, 실질지원의 병행**: 신뢰관계 속에서 정서와 물리적 지원 통합
- **다학제적 통합개입**: 의료, 주거, 지역사회 자원 연계
- **변화 단계에 따른 개입 조절**: 노인의 수용도에 따라 접근 방식 유연화

4 자율성과 의사결정역량

- 자율성은 사회적 관계 속에서 형성되는 개념(관계적 자율성)
- **의사결정역량의 구성요소**: 이해, 평가, 추론, 표현 능력
- **실무적 시사점**: 인지저하 = 역량 결여로 단정할 수 없으며, 맥락 기반의 파악 필요

5 자기방임 개입 절차

① 사례 접수
② 가정 방문 및 초기 사정(환경, 건강, 위험요소 파악)
③ 응급대응(의료기관, 쉼터 연계 등)
④ 개입 거부 대응(후견인 제도 활용 등)
⑤ 개입 계획 수립 및 실행
⑦ 사례 평가 및 종결
⑧ 사후 모니터링(재발 방지 및 지역 자원 연계)

6 자기방임 개입 시나리오 유형

시나리오 유형	특성 및 대응 전략
A형	생명 위협 → 응급조치 필요
B형	심각한 위험 가능성 → 예방 중심 개입
C형	위험 낮음 → 협상 기반 개입
D형	사회적 민원 유발 → 공공기관과 협력 대응

7 방문조사 시 유의사항

- 판단 대신 공감과 경청
- 생활환경, 위생, 냉장고, 세면도구 상태, 가족사진 유무 등을 관찰하여 간접정보 수집
- Clutter Image Rating(CIR) 활용하여 불결 상태를 시각적으로 측정
- 자기방임 관찰척도(11문항, 4영역, 0~11점) 개발 및 적용 실례 존재

8 내러티브 인터뷰 활용

- 정량도구보다 삶의 이야기 기반 평가 방식

- 판단력, 가치, 사회적 관계 등 맥락적 평가 가능
- 질문 예: "식사는 어떻게 챙기세요?" "도움을 요청하는 분이 있나요?"

〈정리〉

- 자기방임은 단순한 게으름이나 고집이 아닌, 심리 · 사회 · 의료적 복합문제이다.
- 개입과정에서는 인간중심돌봄 접근, 자율성과 보호의 균형, 관계적 평가와 신뢰 형성, 그리고 다차원적 개입 시스템이 중요하다.

참고문헌

강은나, 김혜수, 정찬우, 김세진, 이선희, 주보혜 외(2023). 2023년도 노인실태조사. 한국보건사회연구원.

김말영, 이재정(2016). 남성노인의 자기방임에 대한 위험요인 연구. **노인복지연구**, 71(3), 29-51.

남석인, 이예진, 김보미, 이은경(2016). 돌봄서비스 이용 독거노인의 우울이 자기방임에 미치는 영향: 사회적 지지 경험의 조절효과 검증. **정신보건과 사회사업**, 44(1), 161-187.

손영은, 이종화, 남석인(2016). 저소득 독거노인의 부정적 자아상이 자기방임에 미치는 영향과 우울의 매개효과 검증. **한국사회복지조사연구**, 50, 29-57.

양호정, 이미진, 이준엽(2024). 노인 자기방임사례 개입에 대한 탐색적 연구: 사례 개입의 특성과 영향요인을 중심으로. **사회복지정책과실천**, 10(3), 75-108.

우국희(2013). 자기방임 노인의 자기결정권과 의사결정능력에 대한 탐색적 연구: 영국 정신능력법의 의사결정능력 평가기준. **비판사회정책**, 38, 45-81.

우국희(2014). 자기방임을 이해하는 대안적 관점에 대한 고찰-노인학대에서 불결의 문제로. **비판사회정책**, 42, 177-211.

이미진(2018). 노인호전문기관 상담원의 학대사례 개입경험에 대한 탐색적 연구. **한국노인복지학회 학술대회자료집**, 378-406.

이미진, 김혜련, 장고운(2018). 자기방임은 방임 및 타학대유형과 어떤 차이가 있는가?: 노인보호전문기관 노인학대 사례 비교. **노인복지연구**, 73(1), 259-291.

이미진, 이준엽, 양호정(2024). 노인의 자기방임 사례개입에 대한 융합적 교육프로그램 개발 및 인력양성. 충북바이오헬스산업혁신센터.

이민홍, 박미은(2014). 한국 고령 독거노인의 자기방임에 관한 연구. **사회복지정책**, 41(1), 123-142.

이준엽, 이미진, 양호정(2024a). 노인 저장행위에 대한 메타리뷰: 개입과 영향요인. **한국케어매니지먼트연구**, 51, 27-60.

이준엽, 이미진, 양호정(2024b). 국내 자기방임 연구에 대한 스코핑 리뷰: 정의, 이론, 측정과 영향요인. **공공정책연구**, 41(3), 53-94.

임미원(2023). 관계적 자율성 개념의 일고찰. **법학논집**, 40(3), 1-24.

제철웅, 정민아(2020). 신상보호 영역에서의 지원의사결정 제도-영국 정신능력법상의 제도를 중심으로. **의생명과학과법**, 23, 5-36.

중앙노인보호전문기관(2025). 2025 노인학대 현황보고서.

Abrams, R. C., Lachs, M., McAvay, G., Keohane, D. J., & Bruce, M. L. (2002). Predictors of self-neglect in community-dwelling elders. *American Journal of Psychiatry, 159*(10), 1724-1730.

Boldy, D., Horner, B., Crouchley, K., Davey, M., & Boylen, S. (2005). Addressing elder abuse: Western Australian case study. *Australian Journal on Ageing, 24*(1), 3-8.

Bozinovski, S. (2000). Older self-neglecters: Interpersonal problems and the maintenance of self continuity. *Journal of Elder Abuse and Neglect, 12*(1), 37-56.

Bratiotis, C., Schmalisch, C. S., & Steketee, G. (2011). *The hoarding handbook: A guide for human service professionals*. Oxford University.

Burnett, J., Regev, T., Pickens, S., Prati II, L. L., Aung, K., Moore, J., & Dyer, B. C. (2006). Social networks: A profile of the elderly who self-neglect. *Journal of Elder Abuse and Neglect, 18*(4), 35-49.

Burnett, J., Achenbaum, A., Hayes, L., Flores, D. V., Hochschild, A. E., Kao, D., Halphen, J. M., & Dyer, C. B. (2012). Increasing surveillance and prevention efforts for elder self-neglect in clinical settings. *Aging Health, 8*(6), 647-655.

Cheshire West and Chester Local Safeguarding Adults Board. (2020). *Self-Neglect Policy, Procedure and Toolkit*.

Connolly, M. T. (2008). Elder self-neglect and the justice system: An essay from an interdisciplinary perspective. *Journal of the American Geriatrics Society, 56*, S244-S252.

Department of Health. (2014). *Care and Support Statutory Guidance: Issued under the Care Act 2014*. The Stationery Office.

Dong, X. (2017). Elder self-neglect: Research and practice. *Clinical Interventions in Aging, 12*, 949-954.

Dyer, C. B., Toronjo, C., Cunningham, M., Festa, N. A., Pavlik, V. N., Hyman, D. J., Pohthress, E. L., & Searle, N. S. (2005). The key elements of elder neglect: A survey of adult protective service workers. *Journal of Elder Abuse & Neglect, 17*(4), 1-10.

Frost, R. O., Steketee, G., Tolin, D. F., & Renaud, S. (2008). Development and validation of the Clutter Image Rating. *Journal of Psychopathology and Behavioral Assessment, 30*(3), 193-203.

Gómez-Vírseda, C., de Maeseneer, Y., & Gastmans, C. (2020). Relational autonomy in end-of-life care ethics: A contextualized approach to real-life complexities. *BMC Medical Ethics, 21*, Article 50. https://doi.org/10.1186/s12910-020-00488-5

Harbison, J. R., Coughlan, S., Karabanow, J., VanderPlaat, M., Wildeman, S., & Wexler, E. (2016). *Contesting elder abuse and neglect: Ageism, risk, and the rhetoric of rights in the mistreatment of older people*. Wilfrid Laurier University Press.

Lauder, W., Anderson, I., & Barclay, A. (2002). Sociological and psychological theories of self-neglect. *Journal of Advanced Nursing, 40*(3), 331-338.

Longres, J. F. (1995). Self-neglect among the elderly. *Journal of Elder Abuse and Neglect, 7*(1), 69-86.

Mao, Q., Huang, Z., & Zhang, L. (2025). The prevalence of self-neglect among older adults: A systematic review and meta-analysis. *International Journal of Nursing Knowledge. Advance online publication.* https://doi.org/10.1111/2047-3095.12503

O'Brien, J. G. (2011). Self-neglect in old age. *Aging Health, 7*(4), 573-581.

O'Connor, D. (2010). Personhood and dementia: Toward a relational framework for assessing decisional capacity. *The Journal of Mental Health Training, Education and Practice, 5*(3), 22-30. https://doi.org/10.5042/jmhtep.2010.0625

Ontario Seniors' Secretariat. (2012). *Toolkit for primary care: Capacity assessment*. Government of Ontario.

Paveza, G., Weerd, C. V., & Laumann, E. (2008). Elder self-neglect: A discussion of a social typology. *Journal of American Geriatrics Society, 56*, s271-s275.

Poythress, E. L., Burnett, J., Naik, A. D., Pickens, S., & Bitondo, C. (2006). Severe self-neglect: An epidemiological and historical perspective. *Journal of Elder Abuse and Neglect, 18*(4), 5-12.

Riessman, C. K. (1994). *Qualitative studies in social work research*. Sage Publication.

Scallan, E., De La Harpe, D., Johnson, H., & Hurley, M. (2000). Adult service refusers in the greater Dublin area. *Irish Medical Journal, 93*(7), 208-211.

Snowdon, J., & Halliday, G. (2018). Environmental neglect. In M. R. Day, G. McCarthy, & J. J. Fitzpatrick (eds.), *Self-neglect in older adults: A global, evidence-based resource for nurses and other healthcare providers* (pp. 81-100). Springer publishing company.

Snowdon, J., Halliday, G., & Banerjee, S. (2012). *Severe domestic squalor*. Cambridge University Press.

Snowdon, J., Pertusa, A., & Mataix-Cols, D. (2012). On hoarding and squalor: A few considerations for DSM-5. *Depression and Anxiety, 29*, 417-424.

White, W. (2014). Elder self-neglect and adult protective services: Ohio needs to do more. *JL & Health, 27*, 130.

Williams, B. (2018). Animal hoarding. In M. R. Day, G. McCarthy, & J. J. Fitzpatrick (eds.), *Self-neglect in older adults: A global, evidence-based resource for nurses and other healthcare providers* (pp. 57-68). Springer publishing company.

World Health Organization [WHO]. (2019). *WHO Consolidated Guideline on Self-care Interventions for Health: Sexual and Reproductive Health and Rights*. World Health Organization.

제11장

시설학대에 대한 이해와 대응

이 장에서는 시설학대의 개념과 유형을 비롯하여, 생태체계적 관점에서 분석한 발생 원인, 노인보호전문기관의 사례개입, 그리고 법적 대응으로서의 처벌 및 행정처분에 대해 다룬다.

1. 시설학대의 개념과 유형

1) 시설학대의 개념

시설학대는 시설이란 장소에서 발생한 학대를 지칭한다. 시설학대는 신체적 또는 정서적으로 위해를 가하는 것뿐만 아니라, 필요한 돌봄을 제공하지 않거나 잘못된 돌봄행위인 방임까지 포괄한다. 특히 시설에서 발생하는 학대의 다수는 방임인데, 그동안의 연구는 잘못된 돌봄행위에 초점을 맞춤으로써 필수 돌봄의 부재(Missed Care)는 간과되는 경향이 있었다(Kalisch et al., 2009). 시설학대는 장애인거주시설, 어린이집 등 시설에서 발생하는 학대를 총칭하지만, 이 장에서는 노인시설에 한정하여 논의를 전개한다.

시설학대에 대한 대표적인 개념 정의로는 권금주 등(2013)의 연구를 들 수 있다. 이 연구에서는 노인복지 생활시설 내에서 발생하는 노인학대를 다음과 같이 정의하고 있다. "노인복지 생활시설 내에서 돌봄과 보호를 실행하고 책임을 지는 자 및 그들의 감독하에 서비스를 제공하는 자가 입소 또는 이용하는 노인에 대하여 신체적 · 정서적 · 성적 폭력 및 경제적 착취 또는 방임, 유기하는 것이다(p. 43)."

이 정의는 개별 행위자 중심의 학대 개념에 기반하고 있다는 점에서 한계가 있다(이미진, 2022). 반면, 영국에서는 학대의 주체에 따라 학대를 조직적 학대(Organisational Abuse)와 개인이 행하는 학대(Individual Abuse)를 구분하고 있으며, 조직 단위에서 발생하는 체계적 · 반복적 학대를 독립된 범주로 다룬다(NICE, 2021). 미국의 범죄학자 페인(Payne, 2011) 또한 개별 종사자가 저지른 일탈적 행위를 개인이 행하는 학대로 명명하고, 전체 종사자가 학대에 가담하거나 조직적으로 학대를 은폐한 경우에는 시설학대(Institutional Abuse)로 구분할 것을 제안하였다.[1]

이처럼 행위자의 수, 행위주체, 조직의 개입 정도에 따라 학대 유형을 보다 세분화할 수 있으며, 이에 따라 본 글에서는 [부표 1]을 통해 보다 구체적인 범주화를 제시하였으니 참고하기 바란다. 또한 시설학대의 가해자는 종사자가 아닌 거주노인일 수 있는데, 이에 대해서는 양호정, 이미진(2022), 이미진 등(2023), 이준엽 등(2021)을 참고하기 바란다.

2) 시설학대의 유형과 현황

중앙노인보호전문기관(2025)에서는 학대 발생장소에 따라 가정 내 학대, 생활시설 학대(노인주거복지시설과 노인의료복지시설), 이용시설 학대(노인여가복지시설과 재가노인복지시설), 병원 학대(일반병원, 요양병원 등), 공공장소 학대로 구분하고 있다. 중앙노인보호전문기관에 따르면 시설학대는 생활시설 학대와 이용시설 학대를 포괄하는 개념이다. 이용시설 학대는 2019년 이후 약간 증가하는 추세를 보이고 있다([그림 11-1] 참조). 이에 반해 생활시설에서의 학대는 매우 빠른 속도로 증가하는 추세를 보이고 있다. 생활시설 학대는 2005년 46건에서 2024년 595건으로 증가하여 약 12.9배나 늘어났다.

시설학대의 하위 유형으로는 신체적 학대, 정서적 학대, 성적 학대, 경제적 학대, 방임, 유기가 포함되며, 가장 빈번하게 발생하는 학대 유형은 방임이며, 그다음으로 신체적 학대, 성적 학대, 정서적 학대, 경제적 학대의 순으로 나타났다([그림 11-2] 참조). 노인보호전문기

1) 가렛(Garrett, 2022)은 시설에서 발생한 행위를 세 가지 수준으로 구분하였다. 첫째, 부주의나 태만으로 인해 발생한 행위, 둘째, 위험을 인지하고도 신중하지 못하게(Reckless) 행한 행위, 예를 들어 인력을 감축하면 서비스의 질이 저하되고 노인의 건강에 위협이 될 것을 예상하고도 이를 강행하는 경우, 셋째, 의도적인 학대 행위이다. 법률적으로는 행위의 의도성이 중요한 판단 기준이 되기 때문에, 일반적인 인식에 따른 학대 판단과 사법적 판결 결과 사이에는 괴리가 생기는 경우가 많다(Garrett, 2022).

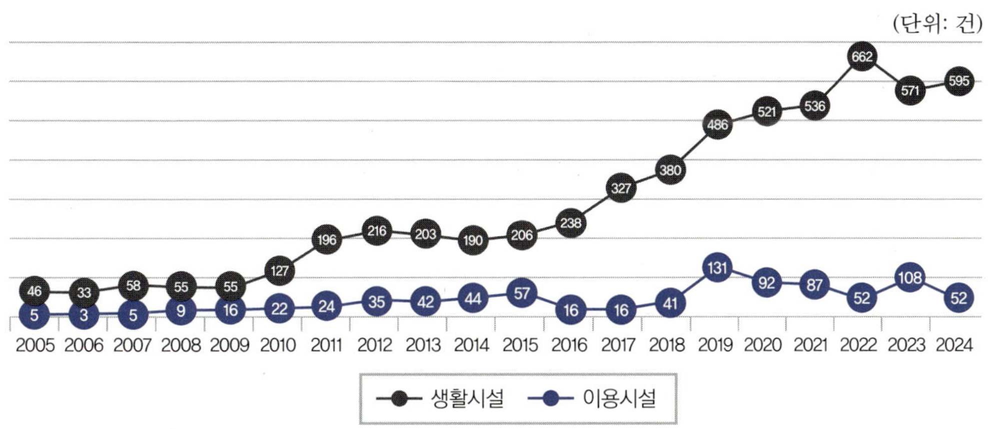

[그림 11-1] 노인보호전문기관이 판정한 시설학대 발생건수(2005~2024)

출처: 중앙노인보호전문기관(2025).

관에서 판정하는 신체적 학대에는 종사자의 직접적인 폭행, 물건을 던지거나 기물을 파손하는 위협 행위, 수급자 및 보호자 동의 없이 신체 억제를 하는 행위, 강제로 불필요한 약물 제공 또는 의료처리를 하는 행위가 포함된다. 정서적 학대에는 고함 및 폭언, 무시 및 기피 등이 포함되며, 경제적 학대에는 노인의 의사에 반하여 물건이나 소지품을 사용하도록 강요하거나, 과도한 서비스 요금 및 기부금 강요 등이 포함된다. 성적 학대에는 성추행 및 성폭행, 성적 신체 부위 촬영 후 공유, 성적 신체 부위를 드러내고 기저귀 교체 및 간호처치, 노인부부가 아님에도 남녀 혼숙시키는 행위 등이 포함된다. 성적 학대 중 특이한 점은 가림막 등을 사용하지 않고 기저귀를 교체하는 행위가 빈번하다는 점이다. 방임은 부적절한 환경 속 방치(음식, 기본 물품 등), 응급상황 발생 시 의료적 처치 소홀, 일상생활 관련 보호 및

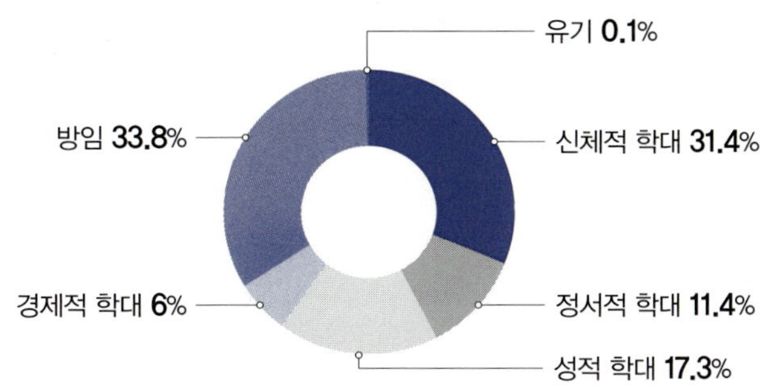

[그림 11-2] 노인보호전문기관의 시설학대 학대 유형별 분포(2024년)

출처: 중앙노인보호전문기관(2025).

서비스 소홀, 학대 사실을 알고도 방치 및 신고하지 않는 행위 등이다.

요양시설 방문경험자와 요양보호사를 대상으로 시설 내 노인 학대 목격 경험과 가해 경험을 조사한 연구에서도 방임과 관련된 항목에 대한 목격과 가해 경험율이 높게 나타났다(임정미 외, 2020). 항목의 목격 경험률 분포는 2~40%에 이르렀으며, 가해율의 분포는 5~11%에 이르렀다. 학대 유형별로 요양보호사의 목격 경험율이 높은 항목을 2개씩 선별하여(경제적 학대는 1개 항목만 조사) 본인이 가해했던 경험율과 비교하면 [그림 11-3]과 같다. 목격과 가해 경험율이 가장 높았던 항목은 '이용자의 요구를 무시한다'였으며, 그다음은 '이용자가 요구하는 위생 수준을 충족시켜 주지 못한다'였다.

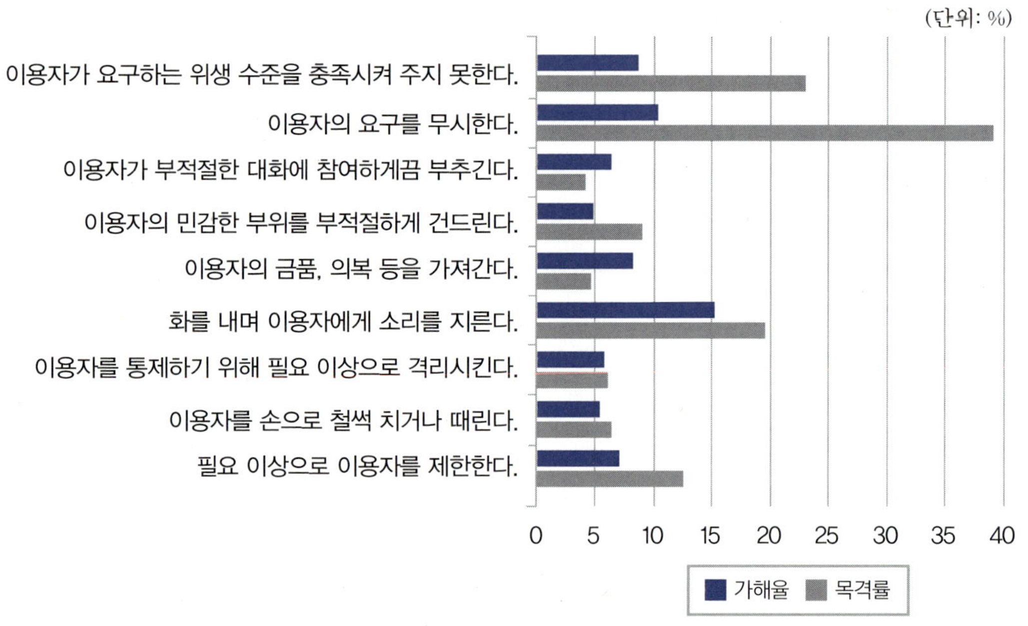

[그림 11-3] 요양보호사가 보고한 시설 내 학대 목격률 및 가해율

출처: 임정미 외(2020).

2. 시설학대의 발생 원인

대부분의 시설학대 관련 연구들은 노인 또는 종사자의 개인적 특성에 집중해 왔다. 그러나 시설학대는 피해노인 거주자와 돌봄 제공자인 종사자의 개별적 특성뿐만 아니라,

양자 간의 관계적 특성, 가족체계와 같은 중간 수준의 외부 체계 특성, 나아가 사회정책 및 문화적 가치와 같은 거시체계 요인들이 상호작용한 결과로 발생한다(이미진, 2019; 이미진 외, 2023; 홍송이, 박서영, 2023; Dixon et al., 2013; Garrett, 2022).

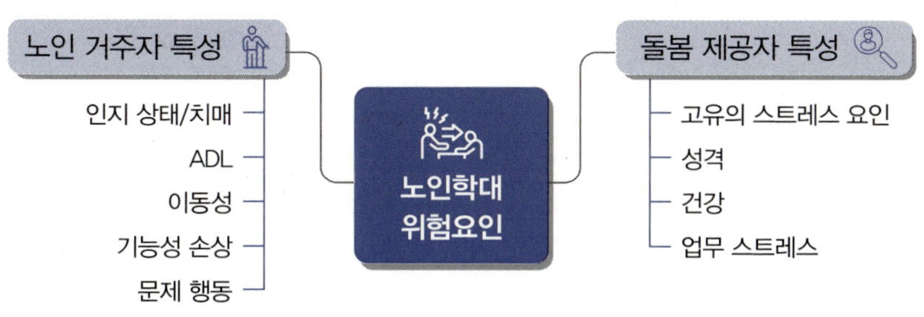

[그림 11-4] 시설학대의 위험요인: 노인 거주자 특성 및 돌봄 제공자 특성

우선, 노인 거주자의 특성([그림 11-4] 참조)으로는 문제 행동, 인지기능 저하 및 치매, 이동성 제한, 일상생활동작(ADL) 기능 저하 등 건강 상태와 관련된 요소들이 포함된다(임정미 외, 2020; Schiamberg et al., 2011). 노인의 성별이 학대 발생에 미치는 영향은 연구마다 상이하여 일관된 결론을 도출하기 어렵다(Fundinho et al., 2021; Schiamberg et al., 2011). 특히 공격성, 배회, 반복적 질문과 같은 문제 행동은 돌봄 제공자에게 스트레스를 유발하며, 이는 학대 발생 위험을 높이는 요인으로 작용한다. 또한 돌봄 제공자인 종사자([그림 11-4] 참조) 고유의 스트레스 요인(예: 가족 문제, 경제적 어려움), 성격 특성(예: 탄력성 및 인내심 부족), 건강 상태(예: 우울 증상), 업무 스트레스(소진, 직무만족도 등)도 학대 발생과 밀접한 관련이 있다(임정미 외, 2020; Fundinho et al., 2021; Manthorpe & Martineau, 2017; Schiamberg et al., 2011).

양자 간의 관계적 특성([그림 11-5] 참조) 역시 학대 발생 위험요인으로 주목을 받고 있는데, 돌봄 제공자의 노인 거주자에 대한 이해 부족, 양자 간 불균형적인 권력관계, 의사소통 문제, 밀접한 신체 접촉이 이루어는 돌봄 상황 등이 포함된다. 돌봄 제공자가 노인의 삶의 역사, 개인적 선호, 가치, 행동의 맥락 등을 충분히 이해하지 못할 경우, 긍정적인 상호작용을 형성하기 어렵고 노인을 존엄하게 대우하기도 어려워진다(Stevens et al., 2013). 특히 시설에 거주하는 노인의 상당수가 치매 증상을 보유하고 있으며, 이러한 치매 증상으로 인해 일부 종사자들은 해당 노인을 아무것도 할 수 없는 존재, 혹은 살아갈 가치가 없는 사람으로 인식하게 되는 경향이 있다. 이로 인해 노인을 하대하거나 어린아이처럼 대하는 등 비인

[그림 11-5] 시설학대의 위험요인: 노인거주자와 돌봄 제공자의 관계적 특성 및 가족체계 특성

격적인 태도가 나타날 수 있으며, 이는 곧 학대 발생의 위험을 높이는 요인이 된다(임정미 외, 2020; Biggs et al., 2009; Harbison et al., 2016). 뿐만 아니라 돌봄 제공자는 노인이 돌봄을 거부하거나 저항하는 행동을 공격적인 행위로 인식하여(Stevens et al., 2013), 부적절하게 대응하거나 강압적인 방식으로 서비스를 제공할 수 있다.

시설에서는 노인이 자신의 의사에 따라 선택하거나 결정을 내릴 수 있는 권한이 제한되는 경우가 많다. 돌봄 제공자가 노인의 의견을 충분히 반영하지 않고 일방적인 방식으로 서비스를 제공할 경우, 노인은 돌봄 제공자에게 의존할 수밖에 없게 되며, 이로 인해 돌봄 제공자는 노인에 비해 상대적으로 더 큰 권력을 행사하게 된다(Stevens et al., 2013). 이런 권력의 불균형은 학대 발생이 일어나게 되는 구조적 맥락을 제공한다.

노인 거주자의 청각기능 저하나 인지기능 저하로 인해 의사를 정확하게 표현하기 어려운 경우가 많으며(양호정, 이미진, 2022), 이는 종사자와의 역기능적 의사소통으로 이어질 수 있다. 이러한 비효율적인 의사소통은 오해와 불신, 갈등을 심화시키는 부정적인 결과를 초래하며, 나아가 정서적 학대의 원인이 될 수 있다(Biggs & Haapala, 2010).

기저귀 교체, 목욕과 같이 신체적 접촉이 수반되는 돌봄 상황은 학대 발생 가능성을 높이는 요인 중 하나로 지적되고 있다(Harris, 2005). 이러한 상황에서 학대가 발생하는 이유는, 노인의 신체 일부가 노출되고 돌봄이 밀접하게 이루어지는 과정에서 종사자가 적절하게 대응하지 못했기 때문일 수 있다. 다시 말해, 노인 거주자의 개별적인 욕구나 불편함을 민감하게 반응하지 못하고 일방적인 방식으로 서비스를 제공할 경우 갈등이 발생할 수 있으며, 이는 학대로 이어질 위험을 내포하고 있다(임정미 외, 2020). 시설학대 사례 분석 결과,

기저귀 교체 시 가림막 미사용이 빈번하게 나타났으며(한겨레, 2021), 이는 제공자 중심의 관행이 고착된 결과로 보인다.

가족체계의 특성 역시 학대 발생과 연관되어 있다([그림 11-5] 참조). 종사자와 가족 구성원 간 의사소통은 노인에 대한 이해를 증진시키고, 가족은 시설 내 부족한 돌봄을 보완하는 역할을 수행하기도 한다(Saga et al., 2021; Schiamberg et al., 2011). 따라서 가족과의 의사소통 및 협력 증진을 통해 돌봄의 질이 향상됨으로써 시설 내 학대 발생을 예방할 수 있다. 가족과 친척의 방문은 학대를 억제하는 요인으로 나타났다는 점에서(Schiamberg et al., 2011) 시설을 외부에 공개하고 가족 및 친척이 자유롭게 방문할 수 있는 환경 조성의 중요성이 부각될 필요가 있다.

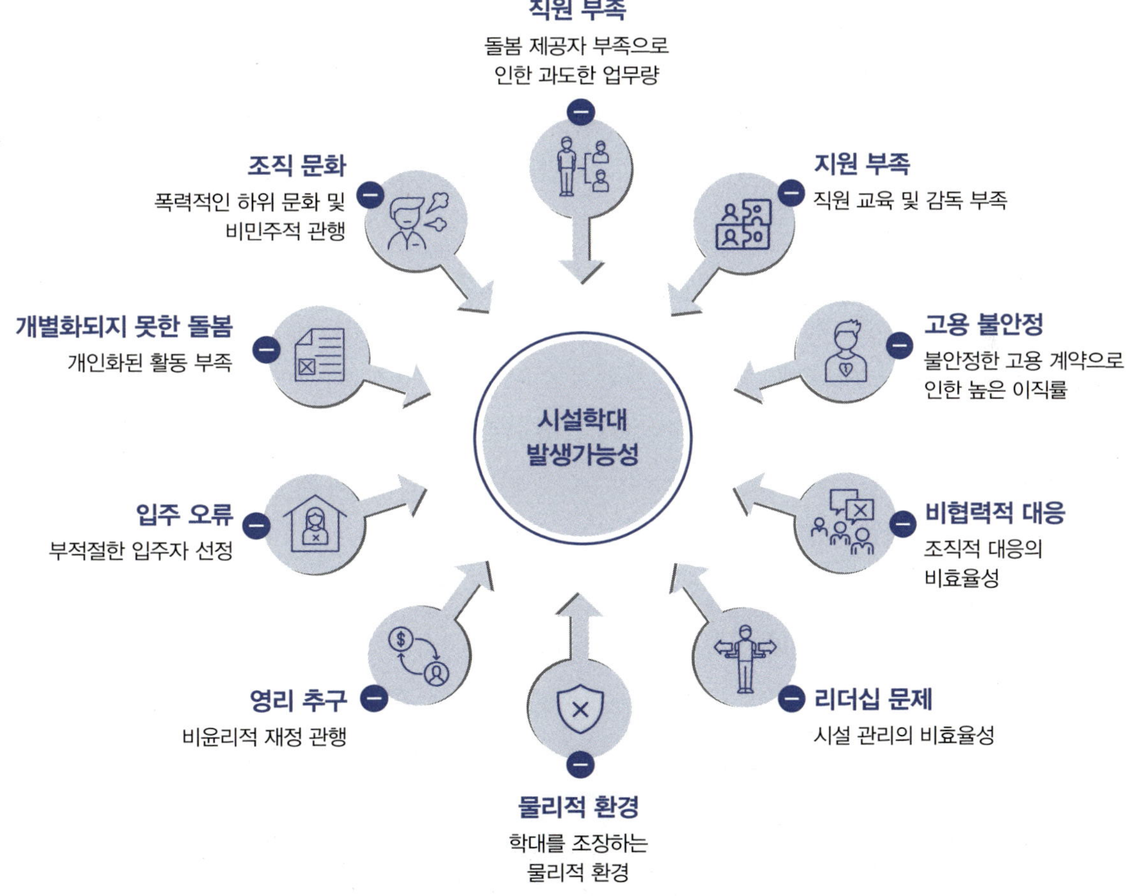

[그림 11-6] 시설학대의 위험요인: 조직 및 시설 환경의 특성

시설학대에 영향을 미치는 조직 및 시설 환경의 특성은 매우 다양하다. 직원 부족, 교육 및 감독의 미흡, 고용 불안정뿐만 아니라, 조직적 대응의 비효율성과 리더십의 문제(관리자의 방조 또는 은폐 시도) 역시 시설학대 발생과 밀접한 관련이 있다(임정미 외, 2020; Saga et al., 2021; Schiamberg et al., 2011). 폭력적인 하위 문화가 형성될 경우, 문제를 폭력적인 방식으로 해결하려는 경향이 생기며, 이는 노인학대 발생 가능성을 높일 수 있다(홍송이, 박서영, 2023; Accomazzo, 2012; Cavanaugh, 2012). 또한 돌봄에 대한 자유로운 의견 제시를 억제하는 비민주적인 조직 문화는 직원들이 실수나 잘못을 편하게 말하지 못하게 만든다(Saga et al., 2021). 때로는 동료에 대한 충성으로 인해 발견한 학대에 대해서도 내부 보고를 외면하거나 외부에 신고하지 않기도 한다. 즉, 억압적인 조직 문화나 조직에 대한 충성을 강요하는 조직 문화는 학대의 전조 증상 또는 학대 발생 그 자체를 발견하기 어렵게 할 수 있다.

개별화되지 않은 돌봄은 노인의 욕구를 전혀 충족시키지 못하거나 불충분한 돌봄으로 이어져, 방임의 가능성을 높일 수 있다(Saga et al., 2021). 특히 병원 입원이 필요한 환자를 요양시설에 입소시키는 오류는, 해당 시설에서 제공할 수 없는 의료서비스의 부재로 인해 방임으로 이어질 위험이 크다(Garrett, 2022). 이러한 입소자 선정의 오류는 뒤에서 논의할 정부 정책의 요양원 거주자 선정 기준 부재와도 관련이 있다. 불법·편법 운영 이력이 있거나 영리 목적의 시설은 학대 발생 가능성이 높다고 보고되고 있다(이미진, 주은선, 2020; GAO, 2019; Garrett, 2022). 또한 시설의 물리적 환경(위치, 크기, 환경디자인) 역시 노인의 욕구를 적시에 충족시키는 데 장애 요인으로 작용하거나, 결과적으로 방임으로 이어질 수 있다(Schiamberg et al., 2011). 예를 들어, 식사와 같이 제한된 시간 내에 소수의 인력이 돌봄 서비스를 제공해야 하는 상황에서, 식당 이동, 식사 전후 또는 식간의 화장실 이용과 같은 기본 욕구 충족이 물리적 환경의 제약으로 인해 어려워질 수 있다. 번즈 등의 연구(Burns et al., 2013)는 영국이 지향하는 인간중심돌봄 패러다임이 실제 현장에서 어떻게 실패하며 방임으로 연결될 수 있는지를 생생하게 보여 주고 있다.

[그림 11-7] 시설학대의 위험요인: 거시체계 특성

거시체계 요인 또한 시설학대 발생에 영향을 미치는 요인으로 작용한다. 사회정책과 문화적 가치의 두 가지 차원으로 구분하여 살펴볼 수 있다. 먼저 사회정책 차원을 보면, Aging in Place(살던 곳에서 나이 들어가기)를 지향하고 시설 입소대상자를 제한하는 정책(노인 중 일정 비율 또는 일정한 숫자로 제한)은 점차 강도 높은 돌봄이 필요한 노인이 시설로 입소하는 결과로 이어지게 된다(Henderson et al., 2017). 더불어, 인구고령화가 급속하게 진행되는 주요 선진국에서 의료비용의 절감을 위해 복합적이고 강도 높은 돌봄 욕구를 가진 노인을 병원보다는 요양시설로 이동시킴으로써 전문적인 간호인력의 필요성은 증대되는 반면, 실제 현장에서는 숙련된 간호사 부족 현상이 발생한다(Henderson et al., 2017). 이런 정책적 변화는 간호인력의 서비스 제공 시간의 부족 등으로 인해 필수적인 돌봄 부재로 이어질 수 있다. 이런 현상은 전 세계적으로 보편적으로 발생하고 있으며 노인 안전을 위협하는 요인이다(Kalisch et al., 2009). 필수적인 돌봄 부재에는 화장실 이용 보조, 응급벨 미응답, 재활을 위한 보행, 손톱케어, 구강케어 등이 포함된다(Knopp-Sihota et al., 2015; Henderson et al., 2017). 노인 거주자의 불안 해소를 위한 정서적 돌봄의 부재, 불충분한 돌봄 제공 등의 현상도 나타나고 있다(Simmons et al., 2013). 이러한 돌봄의 부재, 불충분한 돌봄은 노인의 안전을 위협함으로써 학대 위험을 증가시킬 수 있다(Burnes et al., 2021).

종사자 인력배치 기준과 같은 시설 운영 규정 역시 시설학대 발생 위험에 영향을 미친다. 현재 우리나라는 저녁과 주말에 간호인력(간호사, 간호조무사) 근무 규정을 두고 있지 않는데, 특히 주말에 발생한 응급상황에 대한 대처가 미흡하여 방임으로 이어지는 경우가 적지 않다. 응급상황 대처, 안전 확보를 위해 간호사의 배치 기준을 강화할 필요가 있음을 시사한다. 참고로 미국 요양시설 운영 규정을 보면 간호사(Registered Nurse)의 주 7일 근무, 24시간 근무가 명시되어 있다(CMS, 2024). 시설에 대한 지도 감독, 전문성을 갖춘 인력 양성 및 적절한 교육훈련 체계는 학대 예방을 위한 필수정책이다(임정미 외, 2020; Schiamberg et al., 2011).

노인을 무가치한 존재로 인식하는 돌봄 제공자의 노인차별주의가 학대 발생의 맥락적 요인이라는 점은 여러 연구에서 지적되고 있다(Biggs et al., 2010; Harbison et al., 2016; Stevens et al., 2013). 한편, 부유한 국가에서 돌봄 인력이 부족해짐에 따라, 저소득 국가의 돌봄 인력(주로 여성)을 '수입'하는 현상이 증가하고 있으며, 이는 돌봄 노동의 불평등한 세계적 이동이라는 점에서 돌봄제국주의(Care Imperialism)와도 깊은 관련이 있다.

이러한 이주 돌봄 노동의 맥락에서 발생하는 언어 장벽, 문화적 가치 및 돌봄에 대한 태도의 차이는 학대를 촉발할 수 있는 요인으로 작용할 수 있다(Schiamberg et al., 2011). 더불어, 부유한 국가의 노인들이 저소득 국가 출신 돌봄 제공자에게 보이는 인종차별적 태도 역시 돌봄 제공자의 학대 행위를 유발하는 요소로 작용할 수 있다(Schiamberg et al., 2011).

노인돌봄에 대한 사회적 인식은 시설학대의 범위를 규정하는 기준으로 작용할 뿐만 아니라, 돌봄 관련 자원의 배분, 예를 들어 재정 지원, 인력 양성, 인력 배치 기준 설정 등과도 긴밀하게 연결되어 있다. 특히 신체적 · 성적 학대에 비해 방임은 개념 정의가 명확하지 않으며, 일반적으로 합리적 또는 평균적 기대 수준을 충족하지 못할 경우 방임으로 간주된다(Dixon et al., 2013).

이러한 상황에서, 향후 경제적 생산에 기여할 가능성이 낮다고 여겨지는 노인에 대한 사회적 투자는 상대적으로 우선순위가 낮게 인식되고 있으며, 이는 한국 사회 전반에서 시설학대를 묵인하거나 암묵적으로 용인하는 분위기로 이어질 수 있다. 결과적으로, 노인에 대한 돌봄의 질은 개선되지 않고 학대와 방임의 구조가 지속될 위험이 있다.

3. 노인보호전문기관의 사례개입

우리나라에서 시설 내 노인학대를 전담하는 기관은 노인보호전문기관이다. 노인보호전문기관은 개입을 통해 학대가 의심되는 시설에 대해 사례판정을 실시하며, 이후 재학대 방지를 위한 예방교육을 수행한다.

특히 시설학대에 대한 사례판정은 해당 시설에 대한 행정처분과 학대 행위자인 종사자에 대한 처벌의 근거가 되므로, 객관적인 자료에 기반하여 신중하게 이루어져야 한다. 장기요양기관이 행정처분을 받는 경우 여러 가지 불이익이 발생한다. 예를 들어, 노인학대에 따른 행정처분 이력은 지정 및 갱신 심사 시 감점 요소로 작용하여, 심사 결과에 따라 갱신이 거부되어 시설 폐업으로 이어질 수 있다. 또한 장기요양기관 평가에서도 노인학대로 인해 행정처분을 받은 기관은 최하위 등급으로 조정되는 불이익을 받는다(국민건강보험공단, 2020).

그러나 시설학대 사례판정의 목적이 단지 법적 · 행정적 처벌에만 국한되어서는 안 된다. 궁극적으로는 재학대 예방을 통해 노인의 안전을 확보하고, 존엄한 돌봄이 제공될 수 있도록 복지적 개입을 지향하는 데 그 목적이 있다.

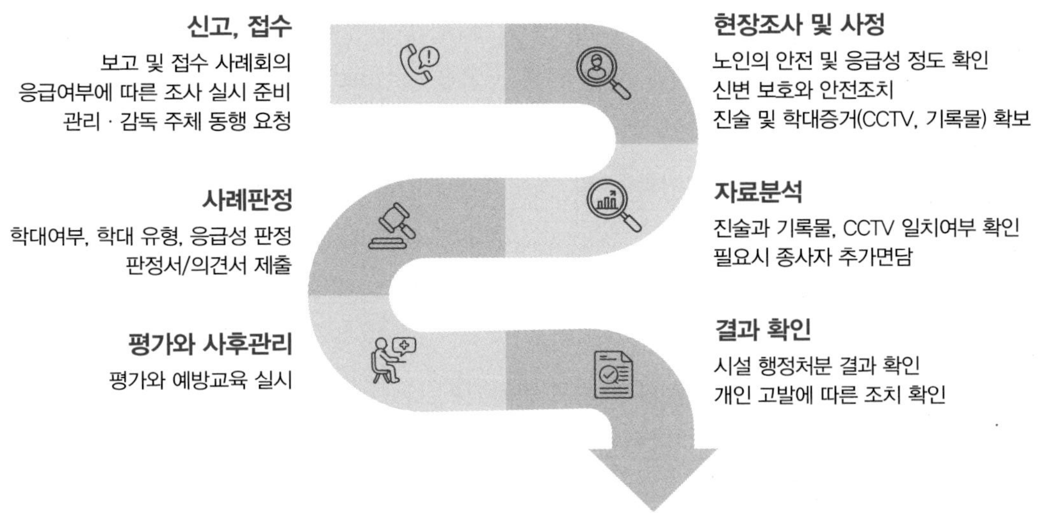

[그림 11-8] 노인보호전문기관의 시설학대 개입절차

중앙노인보호전문기관(2025)의 자료와 필자의 사례개입 경험 등을 토대로 시설 내 학대 개입절차를 정리하면 [그림 11-8]과 같다. 먼저, 신고, 의뢰, 이관 등의 방법으로 접수된 사례에 대해 접수 판정을 수행하며, 응급사례로 판정된 경우에는 12시간 이내, 비응급사례로 판정된 경우에는 72시간 이내에 현장조사를 실시한다. 현장조사에 앞서 해당 시설의 관리 · 감독 주체를 확인하고 동행을 요청한다. 노인주거복지시설 및 노인의료복지시설은 시 · 군 · 구청이, 요양병원 등의 의료시설은 보건소가 관리 · 감독 주체이다.

또한 CCTV 및 기록물 확보의 원활함과 수사 필요성 등을 고려하여 경찰과의 동행이 필요할 수 있다(이미진, 2022). 더 나아가, 시설 내 학대는 부적절한 돌봄에 의한 방임 가능성이 높기 때문에, 이에 대한 전문 지식을 보유한 간호사의 동행이 요구된다. 예를 들어, 영양상태, 탈수 여부, 간호기록 등은 간호 영역에 해당하므로, 건강보험공단 요양직 간호사, 보건소 간호사, 또는 치매안심센터 간호사 등이 조사에 동행하여 간호기록 확인 및 방임 여부를 보다 정확히 판단할 필요가 있다. 만약 간호사 동행이 어려운 경우, 사례판정위원회에 간호사 경력자나 간호학과 교수를 포함시키는 방안을 고려할 수 있다.

다음으로, 현장조사를 통해 학대가 발생한 것으로 의심되는 시설에 거주하는 노인학대 피해자의 안전 및 응급성 정도를 확인하고, 신변 보호 및 안전조치를 취한다. 긴급한 응급상황의 경우, 피해노인이 적절한 의료서비스를 받을 수 있도록 병원으로 이송하거나, 다른 시설로 전원 조치하는 등의 긴급 대응이 이루어진다. 현장조사 과정에서는 노인학대 피해자뿐만 아니라, 학대 행위자, 목격자, 가족 및 친척, 신고자 등의 진술을 확보하며, CCTV 영상 및 서비스 제공과 관련된 기록물 등을 통해 증거를 수집한다.

현장조사를 통해 수집된 자료를 분석하는 단계에서는, 현장조사 시 진술을 확보하지 못한 종사자를 추가 면담하거나, 기록물 및 CCTV를 확인하여 기존 진술과의 일치여부를 검토한다.

특히 신체구속이 발생한 경우, 다음과 같은 사항을 면밀히 확인한다.

- 신체구속 관련 동의서에 보호자 서명이 있는가?
- 신체구속과 관련된 수급자 상담일지가 작성되었는가?
- 신체구속 기록지(일시, 억제대 종류, 사용 사유, 특이사항 등)가 구체적으로 기재되어 있는가?

신체구속 이후 주기적인 관찰 및 보고에 대한 기록이 있는지 등을 확인한다.

아울러, 응급상황의 경우, 응급상황 대응 매뉴얼과 장기요양급여 제공 매뉴얼을 준수하여 서비스가 제공되었는지, 보호자에게 즉시 연락을 취하였는지 등을 확인하는 절차 또한 매우 중요하다.

시설학대에 대한 사례판정은 주로 사례판정위원회를 소집하여 진행한다. 사례의 성격에 따라 법률, 의료, 간호, 사회복지 등의 전문적인 지식이 요구되므로, 가능한 한 관련 전문가가 참여하는 대면회의를 실시한다.

다만, 시간 조정 등의 문제로 모든 전문가의 대면 참여가 어려운 경우에는, 개별 자문 등을 통해 상담원이 독자적으로 판단하기 어려운 쟁점에 대한 전문적인 의견을 사전에 확보한 뒤, 이를 사례판정위원회 회의에서 위원들과 공유한다.

사례판정위원회에서는 학대 여부, 학대 유형, 응급성 여부 등에 대해 판정을 내린다. 판정 결과를 바탕으로, 해당 시설의 관리·감독 주체에게 판정서 또는 의견서 형태로 공식적으로 전달한다.

평가 및 사후관리 단계에서는 학대 사례의 진행 경과, 개입 수준, 서비스 제공의 적절성 등 체계적인 조치에 대한 평가를 실시한다. 학대 사례 평가 결과를 바탕으로 사례 종결 여부를 판단하며, 이에 따라 종결 절차를 진행한다. 사례가 종결된 이후에는 사후관리 절차를 통해 학대의 재발 여부를 지속적으로 모니터링하고, 해당 시설을 대상으로 예방교육을 실시하여 재학대 발생을 방지하기 위한 조치를 취한다.

마지막 단계인 결과 확인 단계에서는, 해당 시설에 어떤 행정처분이 내려졌는지를 확인한다. 또한 종사자 개인에 대한 고발이 이루어진 경우, 고발에 따른 법적 · 행정적 조치가 어떻게 진행되었는지에 대해서도 파악한다.

4. 시설학대 행위에 대한 처벌 및 행정처분

시설학대에 대한 행정처분제도는 해당 시설의 사용자에 해당하는 법인이나 시설에 대해 행정법을 적용하는 것을 의미한다(최승원 외, 2019).

시설학대에 대해서는 「사회복지사업법」 또는 「노인장기요양보험법」을 적용할 수 있으나, 어느 법을 우선 적용해야 하는지가 명확하지 않아 실제 적용 과정에서 혼란이 발생하고 있으며, 이에 따라 소극적인 행정처분이 이루어지는 문제점이 제기되고 있다(이미진, 2022).

먼저, 「사회복지사업법」에 따르면, 학대 등 인권침해가 발생한 경우 〈표 11-1〉과 같이 단계별 행정처분을 내릴 수 있다. 또한 위반 행위로 인해 시설의 정상적인 운영이 불가능하다고 판단되는 경우에는 가중 처분이 가능하다. 반대로, 위반사항이 경미하거나 특별한 사정이 있는 경우에는 1회에 한하여 시설장 교체 대신 개선명령, 시설 폐쇄 대신 시설장 교체로 감경 처분을 할 수 있다(〈표 11-1〉 참조).

〈표 11-1〉 시설에 대한 행정처분(「사회복지사업법」 제40조 제1항 제4호)

행위	1차 위반	2차 위반	3차 위반
부당한 체벌 폭행, 학대 등 인권침해	개선명령	시설장 교체	시설 폐쇄

노인의료복지시설 및 재가노인복지시설이 「노인장기요양보험법」의 적용을 받게 될 경우, 학대 유형에 따라 행정처분의 기준이 다르게 적용된다. 즉, 성적 학대에 대해 가장 강력한 행정처분이 부과되며, 그다음으로 신체적 학대, 정서적 학대, 방임, 경제적 학대의 순으로 제재 수위가 결정된다(〈표 11-2〉 참조). 최근에는 시설학대에 대한 행정처분의 부담을 줄이기 위해, 비교적 제재 강도가 낮은 「사회복지사업법」을 적용하는 사례가 증가하고 있다(이미진, 2022).

한편, 「노인장기요양보험법」의 행정처분 기준은 학대 유형과 위반 횟수에 따라 제재 수준을 구분하고 있으나, 피해자 수, 피해의 정도, 사안의 구체적인 맥락 등을 충분히 반영하지 않아 그 기준이 합리적이지 못하다는 비판이 제기되고 있다(이미진, 2022; 최승원 외, 2019).

〈표 11-2〉 시설에 대한 행정처분(「노인장기요양보험법」 제 37조 제1항 제6호)

행위	1차 위반	2차 위반	3차 위반
신체 폭행, 상해	업무정지 6개월	지정 취소	
성폭행, 성희롱	지정 취소		
유기 및 방임	업무정지 3개월	업무정지 6개월	지정 취소
증여 및 금품 목적 외 용도 사용	업무정지 1개월	업무정지 3개월	지정 취소
폭언, 협박, 위협 등 정서적 학대행위	업무정지 6개월	지정 취소	

종사자가 노인학대 관련 범죄로 유죄 판결을 받을 경우, 경제적 학대에 대해서는 3년 이하의 징역 또는 3천만 원 이하의 벌금, 신체적 학대 중 상해를 입힌 경우에는 7년 이하의 징역 또는 7천만 원 이하의 벌금이 부과될 수 있다. 또한 「노인복지법」 제39조의17에 따라, 노인학대 관련 범죄로 형이나 치료감호를 선고받은 자는 형이 확정된 날부터 최대 10년간 노인 관련기관에 취업이 제한될 수 있다.

해당 법 조항은 노인학대를 행한 자가 다시 학대를 저지를 가능성이 높다는 점을 고려하여 마련된 제도이며, 법원은 판결과 동시에 일정 기간 동안의 취업제한 명령을 선고해야 한다. 다만, 재범의 위험성이 현저히 낮거나 취업제한이 부적절하다고 판단되는 특별한 사정이 있는 경우에는 예외를 둘 수 있다. 이때 취업제한 기간은 최대 10년을 초과할 수 없다.

그러나 문제는 노인학대 관련 범죄로 형이 확정되지 않은 경우에도 여전히 학대 행위자가 노인 관련기관에서 취업을 이어 갈 수 있다는 점이다. 실제로 일부 장기요양시설에서는 행정처분을 피하기 위해 학대 행위자에 대해 즉각적인 인사조치를 취하는 경우가 있으며, 이들이 다른 기관에 재취업해 학대를 반복할 위험성이 존재한다. 현재로서는 형이 확정되지 않은 이상 이들에 대한 취업제한이나 모니터링이 불가능하다.

〈표 11-3〉 종사자 개인에 대한 처벌(「노인복지법」 제55조의 제2항, 제3항, 제4항, 제57조 제5항)

행위	징역	벌금
신체에 상해를 입히는 행위	7년 이하	7천만 원 이하
신체에 폭행을 가하는 행위	5년 이하	5천만 원 이하
성적 수치심을 주는 성폭행, 성희롱 등의 행위		
유기나 방임행위		
구걸하게 하는 행위		
노인을 위하여 증여, 급여된 금품을 목적 외의 용도에 사용하는 행위	3년 이하	3천만 원 이하
신고인 신원노출 금지위반	1년 이하	1천만 원 이하

주: 현장조사 거부 및 업무방해 시 1천만 원 이하 과태료.

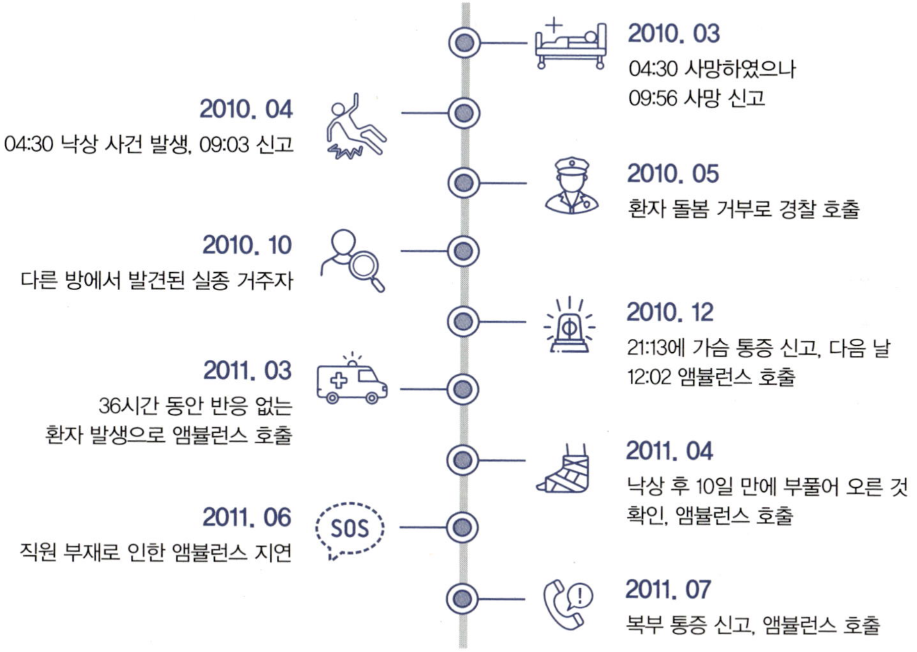

[그림 11-9] 해외 사례: 영국 Southern Cross가 운영했던 Orchid View 학대 및 사건 연대기

* 영국 Southern Cross는 사모펀드가 투자했던 노인요양시설로 Orchid View 시설에서는 2009년부터 2011년 약 2년 사이에 총 27명의 학대 피해자가 발생하였으며, 방임과 관련된 사망자는 5명으로 확인되었음.

출처: Care Quality Commision(2014), West Sussex Adults Safeguarding Board(2014)의 조사결과를 토대로 필자가 재구성함.

부표 1 • 행위자 구분에 따른 학대 유형 예시

행위자 구분	학대 유형	예시	고려사항
1인 행위자	가족학대	가족 1인이 노인을 학대	• 피해 정도 • 피해자의 수 • 행위의 합리성/의도성
	종사자학대	종사자 1인이 시설 또는 재가노인을 학대	
	거주자/이용자 학대	노인요양시설, 주간보호시설, 실버타운 등에서 발생하는 학대로 거주자/이용자 1인이 학대하는 행위	
	기타(후견인, 친척, 친구, 이웃, 지인, 낯선 타인 등) 학대	후견인 등 가족이 아닌 사람이 학대하는 행위(전화 사기, 약 장사 등 포함)	
2인 이상 행위자	중복학대(Poly-Victimization)	2인 이상의 가족 구성원이 노인 1인을 학대하는 경우	• 피해 정도 • 피해자의 수 • 행위의 합리성/의도성
	집단학대	• 2인 이상의 종사자가 학대 • 왕따(Bullying)와 같이 다수의 사람이 학대하는 행위 • 경로당, 노인복지관, 노인시설, 학교, 사이버공간 등에서 발생 가능	
조직/기관	조직 차원에서 이루어지는 학대 (Organisational Abuse)	개인의 일탈로 볼 수 없는 조직구성원 다수가 참여하고 묵인하는 형태의 학대, 장기요양시설에서 관습적으로 발생하는 불필요한 신체억제 등	• 피해 정도 • 피해자의 수 • 행위의 합리성/의도성 • 부적절한 돌봄과 방임의 경계
불특정 다수	노인차별	• 사이버 공간 내의 노인혐오 • 노인들이 일상적으로 경험하는 무시, 고립, 친밀한 관계 단절(우국희, 2002)	• 피해 정도 • 피해자의 수
국가/사회	사회적 방임	• 후견이 필요한 노인, 자기방임노인 등을 방치 • 조직 차원의 시설학대에 대한 부적절한 대응 • 도움이 필요한 노인에 대한 서비스 미제공(돌봄 부재)	• 피해 정도 • 피해자의 수 • 행위의 합리성/의도성

1. 생태체계적 관점을 바탕으로 시설 내 학대를 예방하기 위한 구체적인 방안에 대해 토론하시오.
2. 시설학대에 대한 법적 대응 중 행위자에 대한 처벌과 시설에 대한 행정처분이 지니는 문제점 및 그 개선 방향에 대해 토론하시오.

제11장 • 요약

1 시설학대의 개념과 유형

- 시설학대란 노인복지시설 등에서 발생하는 신체적 · 정서적 · 성적 · 경제적 학대, 방임, 유기를 포함한 모든 학대행위를 말함.
- 단순히 종사자의 일탈 행위만이 아니라, 조직적으로 반복되는 학대(Organizational Abuse)도 포함됨.
- 가해자는 종사자뿐만 아니라 다른 거주노인이나 외부인일 수도 있음.
- 최근에는 방임이 가장 빈번하며, 특히 가림막 없는 기저귀 교체 등 비인격적 돌봄이 대표적 사례로 지적됨.

2 시설학대의 발생 원인: 생태체계 관점에서 분석

- 개인 요인
  - 노인의 인지기능 저하, 문제 행동(배회, 반복질문 등)
  - 종사자의 스트레스, 감정 조절 부족, 직무 소진
- 관계 요인
  - 의사소통 부족, 권력 비대칭, 인격적 존중 결여
  - 치매 노인을 무가치하게 인식하는 비하 태도
- 가족체계 요인
  - 가족 방문 빈도, 가족과의 협력 수준이 학대 발생 억제에 영향
- 조직 · 시설 환경 요인
  - 인력 부족, 교육 부재, 관리자 묵인, 비민주적 조직문화
  - 돌봄 비효율, 서비스 질 저하, 돌봄 부재
  - 병원 입소 대상자의 요양시설 수용 등 입소 기준 부재
- 거시체계 요인
  - 고강도 돌봄 요구 증가, 숙련 인력 부족, 간호인력 배치 미흡
  - 인종 · 국적 차별, 저임금 외국인 여성 노동자 중심 구조
  - 노인에 대한 낮은 사회적 가치 인식 → 학대 용인 분위기

3 노인보호전문기관의 사례 개입 절차

- 접수 → 응급 여부 판단 → 현장조사 → 학대 여부 판정 → 사후관리 순
- 조사 시 간호사, 경찰 동행이 필요할 수 있으며, 신체구속 여부, 동의서 존재, 간호기록 등 확인 필요
- 사례판정위원회에서 법률, 간호, 사회복지 등 전문가가 참여하여 판단
- **사후관리**: 재학대 여부 모니터링, 예방교육, 행정처분 확인

4 처벌 및 행정처분

- **관련 법률**: 「사회복지사업법」, 「노인장기요양보험법」
- 행정처분 수위는 학대 유형과 횟수에 따라 달라지며, 성적 학대 → 신체 → 정서 → 방임 → 경제 순으로 강도 높음.
- **종사자 처벌**
  - **신체적 상해**: 7년 이하 징역 / 7천만 원 이하 벌금
  - **성폭력 · 방임 · 유기**: 3년 이하 징역 / 3천만 원 이하 벌금
  - **신원 노출 시**: 1년 이하 징역 / 1천만 원 이하 벌금
  - **취업제한**: 형 확정 시 최대 10년, 단 미확정 시 제한 불가 → 재취업 우려 있음.

〈정리〉

- 시설학대는 단순히 특정 종사자의 일탈이 아니라, 개인-관계-조직-사회 전체가 얽힌 구조적 문제로 발생함.
- 최근엔 돌봄 부재 또는 방임이 핵심 이슈
- 시설학대 예방을 위해서는 돌봄의 질 개선, 인력 배치 기준 강화, 노인 존중 문화 조성, 법적 처벌 강화가 필요함.

참고문헌

권금주, 임연옥, 이서영(2013). 노인복지 생활시설 노인학대 판정지표. 2013년 중앙노인보호전문기관 연구용역 보고서.

국민건강보험공단(2020). 2019년장기요양기관(시설급여) 수시평가결과분석.

양호정, 이미진(2022). 노인요양시설 거주자간 학대에 대한 탐색적 연구: 사회복지사 인식과 경험. **보건과 복지, 24**(3), 109-144.

이미진(2019). 시설 내 노인학대와 예방 대책. **복지동향, 249**, 23-31.

이미진(2022). 노인돌봄 수급자의 인권 실태와 정책 방안: 시설학대를 중심으로. **한국노년학회 학술대회논문집**, 14-32.

이미진, 양호정, 신유선(2023). 노인요양시설 거주자간 학대에 대한 탐색적 연구: 종사자 및 전문가가 인식하는 개념 중심으로. **사회복지정책과실천, 9**(1), 187-236.

이미진, 주은선(2020). 장기요양서비스 시장화가 서비스 질에 미치는 영향에 대한 국내외 경험적 연구 리뷰(review). **한국노년학, 40**(3), 485-509.

이준엽, 이미진, 양호정, 문은하(2021). 노인의료복지시설 내 거주자 간 학대: 서구 국가 문헌 리뷰. **노인복지연구, 76**(1), 71-115.

임정미, 김혜수, 임성은, 이미진, 박홍재, 손희숙, 장미야(2020). **시설 내 노인학대 발생과정 규명과 효과적 대응전략 모색**. 한국보건사회연구원.

중앙노인보호전문기관(2025). 2025 노인학대 현황보고서.

최승원, 윤석진, 양승미, 강지선, 하민정, 성윤희(2019). 시설내 노인학대조사 판정 및 처분절차 개선안 마련 연구.

한겨레(2021). [단독] 요양시설서 성적 학대 당하는 노인 4년새 4배 급증. https://www.hani.co.kr/arti/society/health/1014108.html(2025년 7월 7일 인출)

홍송이, 박서영(2023). 요양보호사에 의한 노인의 신체억제 경험에 영향을 미치는 요인: 주·야간 및 단기보호시설을 중심으로. **한국노년학, 43**(3), 355-373.

Accomazzo, S. (2012). Anthropology of violence: Historical and current theories, concepts, and debates in physical and socio-cultural anthropology. *Journal of Human Behavior in the Social Environment, 22*(5), 535-552.

Biggs, S., & Haapala, I. (2010). Theoretical development and elder mistreatment: Spreading awareness and conceptual complexity in examining the management of socio-emotional boundaries. *Ageing International, 35*, 171-184.

Biggs, S., Manthorpe, J., Tinker, A., Doyle, M., & Erens, B. (2009). Mistreatment of older people in the United Kingdom: Findings from the first national prevalence study. *Journal of Elder Abuse & Neglect, 21*(1), 1-14.

Burnes, D., Syed, M., & Hsieh, J. (2021). Process models to understand resident-to-resident aggression among residents with dementia in long-term care. *Journal of Applied Gerontology, 40*(10), 1236-1245.

Care Quality Commission. (2014). *Southern Cross, Orchid View: September 2009 - October 2011: An analysis of the Care Quality Commission's response to events at Orchid View identifying the key lessons for CQC and outlining its actions taken or planned*. https://www.cqc.org.uk/sites/default/files/Orchid%20View%20Investigation%20Report.pdf

Cavanaugh, M. M. (2012). Theories of violence: Social science perspectives. *Journal of Human Behavior in the Social Environment, 22*(5), 607-618.

Centers for Medicare & Medicaid Services. (2024, April 22). *Medicare and Medicaid programs: Minimum staffing standards for long-term care facilities and Medicaid institutional payment transparency reporting*. U.S. Department of Health & Human Services. https://www.cms.gov/newsroom/fact-sheets/medicare-and-medicaid-programs-minimum-staffing-standards-long-term-care-facilities-and-medicaid-0

Dixon, J., Biggs, S., Stevens, M., Manthorpe, J., & Tinker, A. (2013). Defining the "perpetrator": Abuse, neglect and dignity in care. *The Journal of Adult Protection, 15*(1), 5-15.

Fundinho, J. F., Pereira, D. C., & Ferreira-Alves, J. (2021). Theoretical approaches to elder abuse: A systematic review of the empirical evidence. *The Journal of Adult Protection, Advance online publication*. https://doi.org/10.1108/JAP-04-2021-0014

Garrett, M. D. (2022). Critical age theory: Institutional abuse of older people in health care. *European Journal of Medical and Health Sciences, 4*(6), 24-37.

Harbison, J. R., Coughlan, S., Karabanow, J., VanderPlaat, M., Wildeman, S., & Wexler, E. (2016). *Contesting elder abuse and neglect: Ageism, risk, and the rhetoric of rights in the mistreatment of older people*. Wilfrid Laurier University Press.

Harris, D. K. (2005). Abuse by elders in nursing homes. In E. B. Palmore, L. Branch, & D. K. Harris (eds.), *Encyclopedia of Ageism* (pp. 4-5). Haworth Pastoral Press.

Henderson, J., Willis, E., Xiao, L., & Blackman, I. (2017). Missed care in residential aged care in Australia: An exploratory study. *Collegian, 24*(5), 411-416.

Kalisch, B. J., Landstrom, G. L., & Hinshaw, A. S. (2009). Missed nursing care: A concept analysis. *Journal of Advanced Nursing, 65*(7), 1509-1517.

Knopp-Sihota, J. A., Niehaus, L., Squires, J. E., Norton, P. G., & Estabrooks, C. A. (2015). Factors associated with rushed and missed resident care in western Canadian nursing homes: A cross-sectional survey of health care aides. *Journal of Clinical Nursing, 24*(19-20), 2815-2825.

Manthorpe, J., & Martineau, S. (2017). Engaging with the new system of safeguarding adults reviews concerning care homes for older people. *British Journal of Social Work, 47*(7), 2086-2099.

National Institute for Health and Care Excellence. (2021). *Safeguarding adults in care homes* (NICE Guideline No. 189). https://www.nice.org.uk/guidance/ng189

Payne, B. K. (2011). *Crime and elder abuse: An integrated perspective* (3rd ed.). Charles C Thomas Publisher.

Saga, S., Blekken, L. E., Nakrem, S., & Sandmoe, A. (2021). Relatives' experiences with abuse and neglect in Norwegian nursing homes: A qualitative study. *BMC Health Services Research, 21*, 684.

Schiamberg, L. B., Barboza, G. G., Oehmke, J., Zhang, Z., Griffore, R. J., & Weatherill, R. P. (2011). Elder abuse in nursing homes: An ecological perspective. *Journal of Elder Abuse & Neglect, 23*(2), 190-211.

Simmons, S. F., Durkin, D. W., Rahman, A. N., Choi, L., Beuscher, L., & Schnelle, J. F. (2013). Resident characteristics related to the lack of morning care provision in long-term care. *The Gerontologist, 53*(1), 151-161.

Stevens, M., Biggs, S., Dixon, J., Tinker, A., & Manthorpe, J. (2013). Interactional perspectives on the mistreatment of older and vulnerable people in long-term care settings. *British Journal of Sociology, 64*(2), 267-286.

West Sussex Adults Safeguarding Board. (2014). *Orchid View serious case review*. https://www.westsussex.gov.uk/media/5168/orchid-view-scr-final-report.pdf

U.S. Government Accountability Office [GAO]. (2019). Improved oversight needed to better protect residents from abuse (GAO-19-433).

제12장

노인학대 피해자 및 행위자 개입 프로그램

제12장은 노인학대 문제에 대응하기 위한 실제적인 프로그램 구성과 적용 방안을 중심으로 한다.[1] 이 장의 목표는 노인의 인권과 삶의 질을 보호하기 위한 예방 중심의 접근과, 학대 발생 시 효과적인 개입 방안을 실천적으로 이해하는 데 있다. 학습자는 노인 당사자와 학대 행위자를 대상으로 한 프로그램의 목표, 내용, 구성 원리를 파악하고, 다양한 현장 사례를 통해 프로그램 설계의 실제를 익히게 된다. 프로그램의 효과성 평가와 적용 시 유의사항도 포함되어 있어 현장 실천에 유용한 지침이 될 수 있도록 구성하였다.

1. 노인학대 피해자 대상 프로그램

1) 프로그램의 목적 및 평가 도구

노인학대 피해자 대상 프로그램의 목적과 목표는 다음과 같다.

---

1) 노인학대 피해자 및 행위자 개입 프로그램은 양호정, 이미진(2024), 서울서부노인보호전문기관(2023)의 내용을 요약 정리한 것임.

목적

- 학대 피해로 인한 정서적 불안 및 외상 후 스트레스 완화
- 자기효능감과 자아존중감 향상, 심리적 회복력 강화
- 재학대 방지 및 대처능력 향상을 통한 자립적 대응 역량 확보

목표

- 정서적 안정 회복과 트라우마 대응능력 강화
- 자아존중감 및 자기효능감 향상
- 학대 상황에 대한 인식 변화 및 주체적 대응 태도 형성

노인학대 피해사 내상 프로그램 효과성 평가 도구는 자기효능감 척도, 자아존중감 척도, 우울수준 척도 그리고 프로그램 만족도 척도로 구성하였다.

(1) 자기효능감 척도

자기효능감 척도의 1, 2, 3번 문항은 한국판 정신건강자신감 척도(MHCS-K)의 옹호 영역 4문항 중 3문항을 활용하였다. 4번 문항은 코너-데이비드슨 탄력성 척도(The Connor-Davidson Resilience Scale) 단축형 10문항 중 1개 문항을 활용하였으며, 5번 문항은 대인관계 욕구 질문지(Interpersonal Needs Questionnaire)의 문항 표현을 수정하여 사용하였다. 6번 문항은 여성 임파워먼트 척도(The Personal Empowerment Scale for Women)의 유능감 영역 문항 중에서 발췌 · 구성하였다. 자기효능감 척도는 5점 리커트 척도로 '1=전혀 그렇지 않다, 2=별로 그렇지 않다, 3=그저 그렇다, 4=대체로 그렇다, 5=매우 그렇다'이다. 점수가 높을수록 자기효능감 수준이 높은 것으로 평가하며, 5번 문항은 역점수 문항이다.

2022년에 진행된 서울서부노인보호전문기관 행복시선 프로젝트 사업의 재학대 예방 및 심리 · 정서 프로그램 참여자(피해노인) 9명을 대상으로 한 자기효능감은 사전 평균이 20.00점(표준편차=3.67)이었는데 사후 평균은 25.78점(표준편차=2.64)으로 증가하여 자기효능감이 향상된 것으로 나타났다.

2023년 프로그램에 참여한 노인학대 피해자 12명을 대상으로 한 자기효능감은 사전 평균이 19.50점(표준편차=4.56)이었는데 사후 평균은 23.67점(표준편차=4.33)로 증가하여 자기효능감이 향상된 것으로 나타났다.

〈표 12-1〉 자기효능감 척도

번호	문항	전혀 그렇지 않다	별로 그렇지 않다	그저 그렇다	대체로 그렇다	매우 그렇다
1	나는 도움이 필요할 때 도움을 요청할 수 있다.					
2	나를 괴롭히는 사람에게 '안돼'라고 말할 수 있다.					
3	내가 필요한 것을 요구하고 주장할 수 있다.					
4	나는 무슨 일이 일어나도 잘 처리할 수 있다.					
5	요즈음 ○○○(행위자)은/는 내가 없어져 버렸으면 좋겠다고 생각하는 것 같다.					
6	내 의견이 ○○○(행위자)와/과 다르다 할지라도 거리낌 없이 말할 수 있다.					

(2) 자아존중감 척도

로젠버그(Rosengerg, 1965)의 척도를 전병재(1974)가 번안한 것을 사용하였다. 4점 리커트 척도로 '1=전혀 그렇지 않다, 2=별로 그렇지 않다, 3=그저 그렇다, 4=대체로 그렇다, 5=매우 그렇다'이다. 점수가 높을수록 자아존중감이 높은 것을 의미하며 3, 5, 8, 9, 10번 문항은 역점수 문항이다.

〈표 12-2〉 자아존중감 척도

번호	문항	전혀 그렇지 않다	별로 그렇지 않다	그저 그렇다	대체로 그렇다	매우 그렇다
1	나는 내가 다른 사람들처럼 가치 있는 사람이라고 생각한다.					
2	나는 좋은 성품을 가졌다고 생각한다.					
3	나는 대체적으로 실패한 사람이라는 느낌이 든다.					
4	나는 대부분의 다른 사람들만큼 일을 잘할 수 있다.					
5	나는 자랑할 것이 별로 없다.					
6	나는 내 자신에 대하여 긍정적인 태도를 가지고 있다.					
7	나는 내 자신에 대하여 대체로 만족한다.					
8	나는 내 자신을 좀 더 존경할 수 있으면 좋겠다.					
9	나는 가끔 내 자신이 쓸모없는 사람이라는 느낌이 든다.					
10	나는 때때로 내가 좋지 않은 사람이라고 생각한다.					

2022년에 진행된 서울서부노인보호전문기관 행복시선 프로젝트 사업의 재학대 예방 및 심리 · 정서 프로그램 참여자(피해노인) 9명을 대상으로 한 자아존중감은 프로그램 실시 이전과 이후에 사후 통계적으로 유의한 변화가 없었다. 다만, 사전 평균 26.89점(표준편차=3.86)에서 사후 평균 29.89점(표준편차=3.86)으로 증가하였다.

2023년 프로그램에 참여한 노인학대 피해자 12명을 대상으로 한 자아존중감의 경우, 통계적으로 유의한 변화가 없었으며 사전 평균 27.58점(표준편차=5.71), 사후 평균 28.92점(표준편차=2.84)에 달하였다.

(3) 우울수준 척도

우울수준 척도는 PHQ-9(Patient Health Questionnaire-9)로 각 문항에 대해 지난 2주 동안 얼마나 자주 경험하였는지를 묻는다. 4점 리커트 척도로 '0=전혀 없음, 1=며칠 동안, 2=일주일 이상, 3=거의 매일'이다. 총점이 높을수록 우울수준이 높은 것으로 10~19점의 경우 우울수준이 중간 정도이며, 20점 이상이면 우울증이 심각한 수준으로 즉각적인 위기개입이 필요하다. 또한 9번 문항에 일주일 이상 또는 거의 매일이라고 응답하는 경우에도 위기개입이 필요하다.

〈표 12-3〉 우울수준 척도

번호	문항	전혀 없음	며칠 동안	일주일 이상	거의 매일
1	매사에 흥미나 즐거움이 거의 없다.				
2	기분이 가라앉거나 우울하거나 희망이 없다고 느낀다.				
3	잠들기 어렵거나 자주 깬다. 혹은 잠을 너무 많이 잔다.				
4	피곤하다고 느끼거나 기운이 거의 없다.				
5	식욕이 줄었다. 혹은 너무 많이 먹는다.				
6	내 자신이 실패자로 여겨지거나 자신과 가족을 실망시켰다고 느낀다.				
7	신문을 읽거나 TV를 보는 것과 같은 일상적인 일에 집중하기가 어렵다.				
8	다른 사람들이 눈치를 챌 정도로 평소보다 말과 행동이 느리다. 혹은 너무 안절부절못해서 가만히 앉아 있을 수 없다.				
9	차라리 죽는 것이 낫겠다고 생각하거나 어떻게든 자해를 하려고 생각한다.				

2022년에 진행된 서울서부노인보호전문기관 행복시선 프로젝트 사업의 재학대 예방 및 심리 · 정서 프로그램 참여자(피해노인) 9명을 대상으로 한 우울감은 프로그램 실시 이후 감소하여 사전 평균이 10.81점(표준편차=4.06)이었는데 사후 평균은 4.78점(표준편차=2.64)으로 대폭 하락하였다. 우울점수가 10~19점이면 우울이 중간 수준임을 감안할 때, 사전에 중간 수준이었던 우울이 경미한 수준으로 변화하였음을 보여 준다.

2023년 프로그램에 참여한 노인학대 피해자 12명을 대상으로 한 우울감은 사전 평균이 11.27점(표준편차=6.05), 사후 평균은 8.93점(표준편차=7.16)으로 하락하였으나 통계적으로 유의하지 않았다.

(4) 프로그램 만족도 척도

프로그램 만족도 척도는 일반적으로 프로그램 만족도를 측정하기 위한 척도와 학대 예방 및 심리 · 정서 프로그램의 목적에 부합하는 효과가 있었는지를 알아보는 문항으로 구성되었다. 1, 2문항은 일반적인 프로그램 만족도를 묻는 문항이며 3번은 의사소통 개선 정도, 4번은 상호 이해 정도, 5번은 자기인식 정도, 6번은 부정적 감정인식 정도, 7번은 자기조절 능력 정도, 8번은 위기능력 함양 정도를 묻는 문항이다.

〈표 12-4〉 프로그램 만족도 척도

번호	문항	전혀 그렇지 않다	그렇지 않다	보통이다	그렇다	매우 그렇다
1	프로그램 운영(장소, 프로그램 내용)에 대해 만족한다.					
2	프로그램 시간은 적당했다.					
3	이번 프로그램을 통해 가족, 행위자와 대화하는 방법을 더 잘 알게 되었다.					
4	이번 프로그램을 통해 가족, 행위자에 대해 새롭게 생각할 수 있었다.					
5	이번 프로그램을 통해 내가 무엇을 힘들어하는지 알게 되었다.					
6	이번 프로그램을 통해 나의 부정적 감정에 대해 알게 되었다.					
7	이번 프로그램을 통해 자기조절을 위해 무엇을 노력해야 하는지 알게 되었다.					
8	이번 프로그램을 통해 어떻게 도움을 요청해야 하는지 알게 되었다.					

2022년에 진행된 서울서부노인보호전문기관 행복시선 프로젝트 사업의 재학대 예방 및 심리 · 정서 프로그램 참여자(피해노인) 9명을 대상으로 한 만족도 평균은 38.51점(표준편차=2.11)이었다. 2023년 프로그램에 참여한 노인학대 피해자 12명을 대상으로 한 만족도 평균은 35.11점(표준편차=2.22)이었다.

2) 프로그램

프로그램은 총 8회기로 구성되었으며 1:1 개별 방문형으로 설계되었다.

프로그램 진행자는 「사회복지사업법」에 따른 사회복지사 자격증 소지자로 노인보호전문기관 및 유관기관에서 노인학대 현장경험이 2년 이상 있는 자로 선정하였다. 진행자는 별도의 상담 관련 교육 이수 경력이 없었기 때문에 프로그램 진행 능력 함양을 도모하기 위해 프로그램 개발 연구진이 기관에 방문하여 진행자를 교육하고 슈퍼비전을 제공하였다.

프로그램 참여자는 2022~2023년에 실시된 '서울서부노인보호전문기관 행복시선 프로젝트' 사업 중 재학대 예방 및 심리 · 정서 프로그램 참여자로 프로그램 참여에 자발적으로 동의하며 8회기의 재학대 예방 및 심리 · 정서 프로그램에 참여하고 사전 · 사후 검사를 실시한 자이다. 재학대 예방 및 심리 · 정서 프로그램 참여자 선정기준은 서울서부노인보호전문기관에 신고 · 접수되어 종결 예정이거나 종결된 가정 중 재학대 발생 위험은 낮으나 지속적인 사후관리가 필요한 대상자(피해자)이다. 프로그램에 참여자는 총 21명으로 여성이 17명, 남성이 4명이었다. 이 중 배우자에 의한 학대 피해자는 10명, 자녀에 의한 학대 피해자는 11명이었다.

프로그램 내용 설계는 프로그램 진행자와 노인학대 피해자의 라포 형성 기간을 고려하여 초기 프로그램(1~3회기)을 구성하였으며 부정적 감정 환기, 감정 표현, 자아존중감 향상 순으로 미술심리치료 기법을 활용하여 회기를 구성하였다. 또한 노인학대를 사전에 완화하거나 예방하기 위해 노년기에 대한 이해 및 공적 서비스 체계에 대한 도움 요청과 외부 전문기관의 개입이 중요하다(고보선, 허준수, 2005; 양경미, 2004)는 선행연구를 참고하여 관련 내용으로 구성된 노인학대 예방 영상 시청 및 노년기 특성 이해에 관한 교육 프로그램을 제공하였다.

〈표 12-5〉 노인학대 피해자 대상 프로그램

회기	목표	주요 활동 및 내용
1	관계 형성	• 오리엔테이션 • 명패 만들기 및 자기소개
2	감정 탐색	• 웅덩이 검사 프로그램
3	감정 표현	• 분노캔들 만들기
4	노년기에 대한 이해	• 노인학대 예방 영상 시청 • 노년기의 특성 이해
5	정서 안정	• 반려식물(테라리움) 만들기
6	자아존중감 및 자기효능감 향상	• 인생곡선 그리기
7	자아존중감 및 자기효능감 향상	• 손가락 그림 꾸미기
8	종결 및 자아존중감 향상	• 종결 고지 • 상장 만들기

3) 프로그램 세부 활동

프로그램 세부 활동은 다음과 같다.

회기	1회기
목표	• 관계 형성
주요 활동 및 내용	• 오리엔테이션 • 명패 만들기 및 자기소개
도입 (5~10분)	• 편안한 분위기에서 인사와 안부 묻기 • 전체 프로그램 목적과 진행순서, 유의사항 등에 대해 자세히 설명하기 • 명패(이름표) 만들기 활동 목적 간단히 설명하기 – "명패(이름표)를 만들면서 내가 좋아하는 것, 나를 표현하는 것들을 천천히 담아 볼 거예요." • 언어적 설득보다는 어르신의 감정에 공감하며 천천히 참여를 유도하기 – "어떤 재료가 눈에 먼저 들어오시나요? 가장 먼저 손이 가는 걸로 시작해 볼까요?"
활동 (20~25분)	• 이름 또는 별칭을 씀. • 이름 혹은 별칭을 직접 꾸며도 되고 주위를 꾸며도 됨. • 내가 좋아하는 것, 나를 표현하는 색이나 단어 등 활용함. • 색연필, 스티커, 오려 낸 그림 등을 활용함.

마무리 (10분)	• 완성된 작품에 대해 간단한 이야기 나누기 – "이 부분이 인상 깊네요. 이걸 고르신 이유가 궁금해요." • 참여에 대한 긍정적 피드백과 존중 표현하기 – "어르신의 이야기가 이 그림 속에 잘 담긴 것 같아요." • 활동 마무리 • 작품은 어르신에게 소지하도록 권유하거나, 다음 회기까지 보관 가능 • 다음 시간 안내
준비물	• 도화지 or 명패용 종이(A5~A4) • 색연필, 사인펜, 감정스티커 등 • 잡지 이미지, 풀, 가위 등
유의사항	• 반응 속도나 표현 수준을 강요하지 않기 • 어르신의 감정 상태나 말투, 몸짓에 민감하게 반응하기 • 긍정 피드백은 행동보다 의미 중심으로 (예: "정성스럽게 하셨네요." → "이 색을 고르신 마음이 궁금해요.") • 진행자와의 신뢰감이 활동보다 우선이라는 인식으로 접근하기

회기	2회기
목표	• 감정 탐색
주요 활동 및 내용	• **웅덩이 검사**: 무의식 속 심리 상태(고립감, 두려움, 정체성, 회복 의지 등)를 탐색하고, 참여자의 감정과 상징을 안전하게 표현하도록 돕는 투사적 미술심리검사 기법
도입 (5분)	• 따뜻한 인사와 함께 오늘 활동의 목적 안내 – "오늘은 특별한 주제를 하나 그려 볼 거예요. 이건 잘 그리려고 하는 게 아니라, 마음 가는 대로 종이에 표현하는 시간이에요." • 활동 주제 소개 – "이번엔 '웅덩이'를 하나 그려 볼 거예요. 어떤 모양이든, 어떤 배경이든 괜찮아요. 그 웅덩이에 무엇이 있거나 없거나, 혼자 있어도 좋고, 주변에 누가 있어도 괜찮습니다." • 어르신에게 선택권 부여 – "생각나는 대로, 손 가는 대로 자유롭게 표현하시면 됩니다."
활동 (25분)	• 도화지와 색연필 또는 연필 제공 – "웅덩이를 떠올리며 그려 보세요. 주변에 다른 것들을 함께 그려도 좋아요." (예: 나무, 사람, 짐승, 바위, 물고기, 하늘 등 자유 표현) • 그리는 동안 말이 필요하면 간단히 응답하되, 해석은 자제 – "이 색을 선택하신 이유가 있으실까요?" – "이 근처에 다른 것을 그리고 싶으신가요?"

마무리 (20분)	• 치료적 질문 실행 – "이 웅덩이는 어떤 곳인가요?" – "이 웅덩이 근처에는 누가 있나요, 혹은 아무도 없나요?" – "웅덩이의 물은 맑나요, 흐리나요?" – "그 안에는 무엇이 들어 있나요? 혹시 빠질까 걱정되나요?" – "이 웅덩이와 가장 가까운 나의 감정은 무엇일까요?" 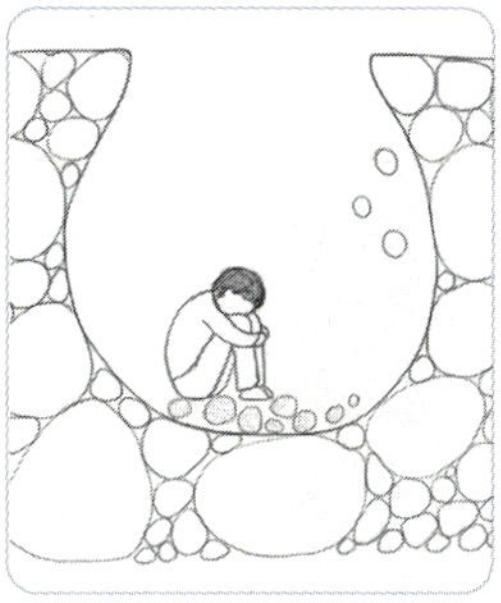 • 그림을 '이해'하기보다 '들어 주는' 방식 • 어르신의 정서적 표현과 상징을 존중하며 수용 • 연결 질문 – "이 그림이 어르신 삶의 한 부분을 닮아 있다면, 어떤 부분일까요?" – "웅덩이 옆에 더 그리고 싶은 것이 있나요?" • 활동내용 정리 • 소감 공유 • 긍정적 피드백과 지지 • 다음 시간 안내 **〈선택적 연계 활동〉** • **회복 상징화**: 그림에 '다리 놓기' '햇빛 비추기' '누군가 다가오게 하기' 등 덧그리기 활동 • 회복의 이야기 만들기 – "이 웅덩이가 점차 변한다면 어떻게 바뀌었으면 좋겠나요?"
준비물	• A4 또는 A3 도화지 • 색연필, 사인펜, 크레파스
유의사항	• 이 검사는 '해석'이 아닌 '대화'의 매개임. • 그림을 분석하거나 평가하지 않고, 그 사람의 상징적 언어로 존중 • 웅덩이에서 위험, 외로움, 고립감이 표현될 경우, 바로 정서 안정 질문으로 전환 – "이 그림 속에 따뜻한 것이 있다면, 무엇이 들어오면 좋을까요?" – "이 웅덩이 옆에 안전한 장소를 하나 만든다면 어떤 모습일까요?"

회기	3회기
목표	• 감정 표현
주요 활동 및 내용	• 분노캔들 만들기
도입 (5분)	• 따뜻한 인사와 함께 오늘 활동의 주제 안내 – "오늘은 '분노'라는 감정에 대해 이야기해 보고, 그 감정을 담은 나만의 캔들을 만들어 볼 거예요." • 감정 표현의 안전성 강조 – "화내는 것이 나쁘다는 뜻이 아니라, 그 감정을 어떻게 다루느냐가 더 중요해요. 지금 이 시간엔 그 감정을 안전하게 꺼내 보는 연습을 할 거예요." • 어르신 감정 상태 확인(필요시 감정카드 활용)

활동 (25~30분)	• 감정 쓰기 - 종이에 최근 느꼈던 화나는 일, 억울했던 감정을 간단히 적어 봄(또는 말로 이야기하며 진행자가 메모) "이걸 쓰는 이유는 내 안의 감정을 밖으로 꺼내기 위한 첫걸음이에요." • 색과 향 선택하기 - 분노를 표현하는 색(예: 빨강) - 위로하는 색(예: 노랑, 파랑 등) 선택 • 원하는 향(진정, 따뜻함, 시원함 등)을 골라 넣기 • 캔들 만들기 ① 왁스를 녹이거나 조합해 유리병에 붓고 심지 고정하기 ② 감정을 상징하는 색소를 소량 넣어 섞기 ③ 감정을 담은 말이나 키워드를 적은 조각지를 바닥에 넣거나, 외부에 붙이기 (예: '참았다' '터뜨리고 싶다' '외로움' '다시는 당하지 않겠다')
마무리 (15분)	• 치료적 대화 예시 - "이 캔들이 지금 선생님의 어떤 마음을 담고 있다고 생각하시나요?" - "만약 이 캔들이 말을 한다면, 뭐라고 말할 것 같나요?" - "이 분노가 앞으로 어떻게 다뤄지면 좋겠다고 생각하시나요?" • 활동내용 정리 • 소감 공유 • 긍정적 피드백과 지지 • 다음 시간 안내 **〈선택적 활동〉** • 캔들에 '나를 위한 문장' 써서 라벨 붙이기 (예: '내 감정은 소중하다.' '나는 상처받은 만큼 강해졌다.') • 잘 보이는 공간에 보관 → 감정의 자리 찾기, 자기 보호의 상징
준비물	• 젤 왁스 또는 소이 캔들 키트(소형), 유리용기 • 색소(빨강, 주황, 검정 등), 향 오일, 마감용 스티커 • 나무스틱, 캔들용 심지, 감정카드, 조각지
유의사항	• 어르신의 학대 경험과 연결된 감정 폭발 주의 → 감정 표현은 격려하되 비위협적 환경 유지 • 감정 언어가 부족한 경우 감정카드, 색깔 느낌표 사용 • 감정을 표현하지 않아도 무리하게 이끌지 않기 - "색만 선택하셔도 충분해요." • 참여자가 감정 표현 후 무력감에 빠질 경우, 작은 회복 언어 제시 필요 - "이 감정을 꺼내는 것만으로도 큰 용기입니다."

회기	4회기
목표	• 노년기에 대한 이해
주요 활동 및 내용	• 노인학대 예방 및 노년기 인권 향상에 관한 영상 시청 • 노년기의 특성 이해
도입 (5분)	• 오늘 활동의 목적 안내 – "오늘은 '노년기'에 대해 영상을 보는 시간을 가져 보려고 해요." • 건강, 기분 등 확인
활동 (30~35분)	• 개인용 태블릿 or 노트북으로 영상 시청 • 영상 종료 후 간단한 감상 나누기 – "이 영상 보시면서 어떤 장면이 마음에 남으셨나요?" – "혹시 비슷한 상황을 겪으신 적 있으신가요?" • 노년기의 일반적 특성에 대해 1:1 대화 중심으로 진행 • 다섯 가지 측면 중심으로 설명(예시 자료/카드 활용 가능) – **신체적 변화**: 자신의 몸을 이해하고, 건강을 스스로 관리하는 힘을 키워 가야 함. – **심리적 변화**: 감정의 폭이 커지고 섬세해지는 시기, 지혜로워지는 시기 – **사회적 변화**: 새로운 관계와 의미를 재구성하는 시기로 퇴직이나 자녀 독립으로 익숙한 역할은 줄지만, 새로운 사회적 의미를 다시 정의할 수 있는 기회, 사회적 관계망의 다양성 추구(자조모임, 독거노인친구 만들기) – **존엄과 경험**: 노년기는 회고와 통합의 시간, 내가 걸어온 길을 되돌아보고 삶의 의미를 정리하는 시기. 자신의 결정에 책임을 지고 존중받기를 바라는 '존엄의 주체'로서 존재
마무리 (10분)	• 영상 및 교육 내용 복습 • 소감 공유 • 긍정적 피드백과 지지 • 다음 시간 안내
준비물	• 노인학대 예방 공익영상 또는 교육영상 (예: 중앙노인보호전문기관 제작 콘텐츠)
유의사항	• 영상은 강한 자극보다 공감 중심 콘텐츠(노인보호 자기 결정에 대한 메시지 중심) • 노인 자신에 대한 부정적 인식 강화로 이어지지 않도록 중재 • 활동의 핵심은 '내가 왜 존중받아야 하는가?'에 대한 정서적 확신 제공

회기	5회기
목표	• 정서 안정
주요 활동 및 내용	• 반려식물(테라리움) 만들기

도입 (5분)	• 따뜻한 인사와 말 걸기 • 감정 및 건강상태 확인 • 프로그램 목적 및 활동내용 설명 – "오늘은 나만의 작은 정원을 만들어 보려고 해요."
활동 (25~30분)	• 기초 만들기 바닥에 자갈 → 흙 → 식물 심기 → 꾸밈 순으로 진행 • 식물을 고르는 과정에서 참여자의 선택을 존중 – "이 중에서 지금 가장 마음이 가는 식물을 골라 볼까요?" • 꾸미기 및 상징 부여 • 작은 조약돌, 소품 등을 함께 배치 • 테라리움에 이름 붙이기 → 감정 표현 단어 or 나만의 별명 (예: '마음의 쉼터' '희망이' '소중이') • 식물에게 하고 싶은 말을 메모하거나 말로 표현해 보기
마무리 (10~15분)	• 활동내용 정리 • 소감 공유 • 긍정적 피드백과 지지 • 다음 시간 안내
준비물	**〈테라리움 키트〉** • 작은 유리병 또는 아크릴 용기 • 다육식물 또는 이끼/수정토/소형모래/자갈 • 집게, 흙, 숟가락, 스톤/미니소품 • 감정카드, 색연필, 이름표 스티커
유의사항	• '예쁘게 만들기'보다 의미를 담는 과정을 격려 • 활동 후 식물을 '돌볼 수 있을지'에 대한 불안이 있다면 다음과 같이 말하기 – "식물은 매일 물을 주지 않아도 괜찮아요. 천천히, 그저 곁에 두는 것만으로도 충분해요."

회기	6회기
목표	• 자아존중감 및 자기효능감 향상
주요 활동 및 내용	• 인생곡선 그리기
도입 (5~10분)	• 따뜻한 인사와 말 걸기 • 감정 및 건강 상태 확인 • 프로그램 목적 및 활동내용 설명
활동 (20~25분)	• 도화지(혹은 화선지) 가로 방향으로 준비 • 좌측은 '출생', 우측은 '현재'를 표시 • 인생의 중요한 사건들을 떠올리며, 그 당시의 감정선을 한 선으로 그림 – 위로 올라갈수록 행복하고 힘찬 시기 – 아래로 내려갈수록 힘들고 지쳤던 시기

	• 각 지점에 간단한 단어, 기호, 색으로 표현 (예: '아버지 사망' '손주 출생' '암 진단' '은퇴 후 평화' 등) • 그중 중요하다고 생각되는 지점을 골라 메시지 작성 – "그땐 정말 힘들었지만…… 내가 이겨 낸 이유는……." – "지금 다시 보니…… 내 인생은……." • 되도록 강점을 찾는 방향으로 구성 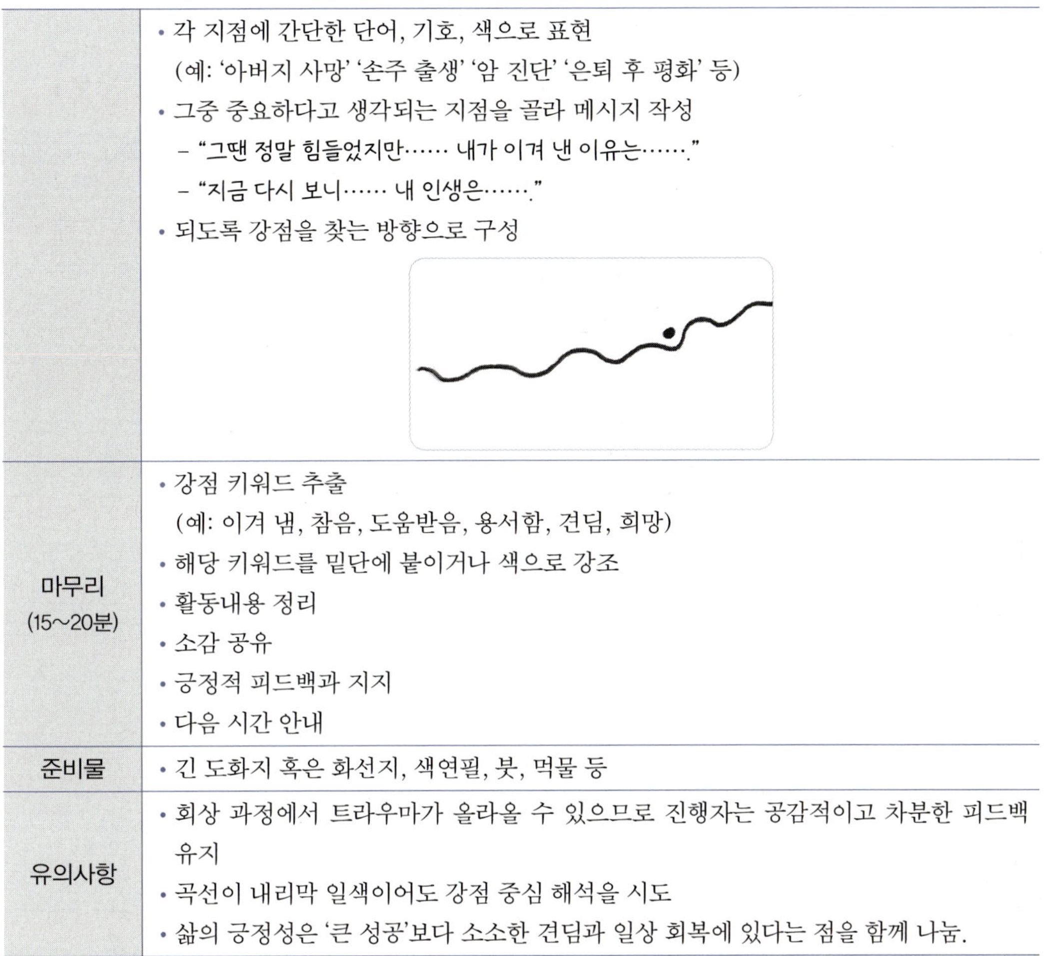
마무리 (15~20분)	• 강점 키워드 추출 (예: 이겨 냄, 참음, 도움받음, 용서함, 견딤, 희망) • 해당 키워드를 밑단에 붙이거나 색으로 강조 • 활동내용 정리 • 소감 공유 • 긍정적 피드백과 지지 • 다음 시간 안내
준비물	• 긴 도화지 혹은 화선지, 색연필, 붓, 먹물 등
유의사항	• 회상 과정에서 트라우마가 올라올 수 있으므로 진행자는 공감적이고 차분한 피드백 유지 • 곡선이 내리막 일색이어도 강점 중심 해석을 시도 • 삶의 긍정성은 '큰 성공'보다 소소한 견딤과 일상 회복에 있다는 점을 함께 나눔.

회기	7회기
목표	• 자아존중감 및 자기효능감 향상
주요 활동 및 내용	• 손가락 그림 꾸미기
도입 (5~10분)	• 따뜻한 인사와 말 걸기 • 감정 및 건강 상태 확인 • 프로그램 목적 및 활동내용 설명 – "오늘은 나의 손을 이용해서 하나의 그림을 만들 거예요. 이 손은 지금까지 참 많은 걸 해 오셨잖아요." – "이 손으로 가장 오래 하신 일은 어떤 걸까요?" – "이 손이 기억하는 가장 따뜻한 기억은요?" – "이 손 모양을 따라 그려서, 나를 표현하거나 나만의 세계를 꾸며 볼 거예요. 나의 손이 나를 표현하는 상징이 될 수 있어요."

활동 (20~25분)	• 자신의 손을 도화지 위에 올려 테두리를 그린다. • 가능하면 양손 모두 or 한 손만 선택 • 각 손가락에 자신을 상징하는 키워드나 기억, 감정 부여 (예: 엄지 = '잘 버틴 나' 검지 = '나를 지켜낸 힘' 중지 = '말하지 못한 슬픔' 약지 = '잊지 못할 사람' 새끼 = '작지만 소중한 희망') 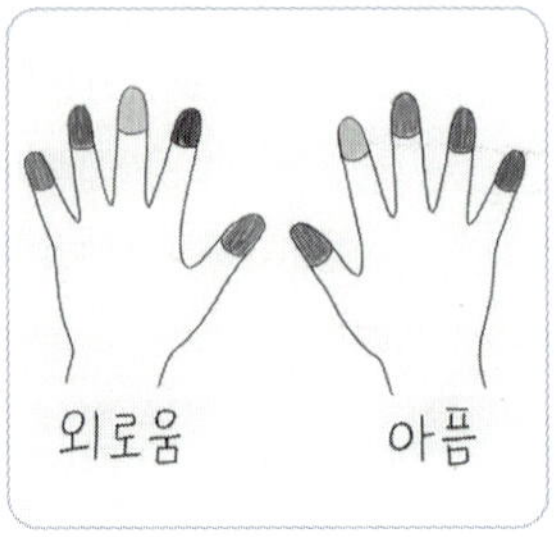 외로움 아픔 • 손바닥에는 자신의 '강점 한마디'를 적는다. – '나는 따뜻한 사람이다.' – '참고 살아왔기에 단단하다.' • 배경 꾸미기 및 이름 붙이기 • 꽃, 햇살, 나무 등 상징 이미지 추가 • 작품에 제목 붙이기 – '내 손이 걸어온 길' '상처 속에서 핀 나' '나를 안아 주는 손'
마무리 (10~15분)	• 활동내용 정리 • 소감 공유 • 긍정적 피드백과 지지 – '이 손가락들 중에 지금 가장 내 마음을 닮은 건 어떤 걸까요?' – '이 그림 속 손은 어떤 힘을 가진 사람 같나요?' – '어르신의 손이 담고 있는 이야기가 참 깊고 따뜻하네요.' – '이 손은 상처도 안고 있지만, 무너지지 않고 살아왔다는 걸 느끼게 해 주는 것 같아요.' • 다음 시간 안내
준비물	• 도화지, 색연필, 사인펜, 연필 등
유의사항	• 손 모양 그리기를 거부할 경우, 대체로 상징 그림 활용 (예: 꽃잎 5개, 나뭇가지 등으로 대체) • "손이 못생겨서……." 등의 표현에 대해 "이 손은 지금까지 어르신 인생을 견뎌 온 고마운 손이에요."라고 대응 • 손의 이야기가 과거의 고통과 연결될 수 있으므로, 견디고 이겨 낸 힘을 가진 손으로 전환하는 언어 제공 필요

회기	8회기
목표	• 종결 및 자아존중감 향상
주요 활동 및 내용	• 종결 고지 • 상장 만들기
도입 (5~10분)	• 따뜻한 인사와 말 걸기 • 마지막 회기임을 상기시킴. – "오늘은 우리 마지막 시간이에요. 지금까지 함께해 온 이 여정을 멋지게 마무리해 보려고 해요."

	• 감정 및 건강 상태 확인 • 프로그램 목적 및 활동내용 설명 – "지금까지 잘 견뎌 오고, 참여해 주신 어르신께 만들어 드리는 '상장'을 직접 만들어 보는 시간이에요."
활동 (20~25분)	• 상장 테두리 꾸미기 – 금빛 색연필, 장식 스티커 등으로 격식 있는 분위기 연출 • 진행자가 제공한 '상장 제목 카드' 중 선택 or 자율 작성 (예: 참고 견딘 상장, 회복의 길을 걸어온 상장, 빛나는 존재 상장) • 내용 작성 유도 • 다음 예시 문장을 구조로 제시하고, 참여자가 내용을 채워 넣음. 이 상장은 수많은 고통 속에서도 스스로를 버티고 지켜온 ○○ 님께 드리는 상장입니다. 당신은 충분히 강했고, 따뜻했고, 지금도 여전히 소중한 존재입니다. 빛나는 존재 상장 이 상장은 수많은 고통 속에서도 스스로를 버티고 지켜온 님께 드리는 상장입니다. 당신은 충분히 강했고, 따뜻했고, 지금도 여전히 소중한 존재입니다. 2025.7.13 • 참여자가 직접 문장을 추가해도 좋음. • 상장 발급 날짜, 이름, 진행자 이름 쓰기 • 진행자 서명(또는 도장)을 함께 넣거나 상장케이스, 액자 등을 활용하면 보다 의미 있게 전달할 수 있음.
마무리 (10분)	• 활동내용 정리 • 소감 공유 • 긍정적 피드백과 지지 • 종결 고지 – "지금까지 함께한 이 시간이 짧지 않았지요. 상처에 대해 말하기도 했고, 웃기도 했고, 가끔은 멍하니 그림만 그렸을 때도 있었어요. 저는 이 시간들을 통해 어르신이 어떤 삶을 살아오셨는지 조금이나마 이해하게 되었어요." – "오늘 만든 상장은 단지 종이 한 장이 아니라, 어르신이 살아오신 시간과 존재에 대한 증거예요. 어디에 두시든, 이 상장이 말해 주는 것을 잊지 않으셨으면 좋겠습니다."
준비물	• 상장지(A4), 색연필, 금색펜, 검정펜, 상장용 스티커, 리본 스티커, 별, 왕관 등
유의사항	• 종결에 대한 불안, 상실감을 감지하고 천천히 대화로 녹여 낼 것 • 상장을 진행자의 것이 아닌 '자기 자신(어르신)이 자기에게 주는 것'으로 강조 • 마지막에는 반드시 진행자의 진심 어린 한마디를 남길 것

2. 노인학대 행위자 대상 프로그램

1) 프로그램 목적 및 평가 도구

노인학대 행위자 대상 프로그램의 목적과 목표는 다음과 같다.

목적

- 학대 행위자의 정서조절 역량 강화 및 우울감 완화
- 자아존중감 향상과 부정적 인식 변화 유도
- 재학대 가능성 감소 및 학대 행위에 대한 자기 통찰 촉진

목표

- 감정조절 능력 향상 및 자기조절 기능 확보
- 우울감 감소 및 심리적 안정 도모
- 자아존중감 강화 및 자기이해 증진
- 노인 및 학대 예방에 대한 올바른 인식 형성

노인학대 행위자 대상 프로그램 효과성 평가 도구는 감정조절 척도, 자아존중감 척도, 우울수준 척도, 프로그램 만족도로 구성하였다. 자아존중감 척도, 우울수준 척도, 프로그램 만족도 척도는 노인학대 피해자 대상 평가 도구와 동일하다.

2022년에 진행된 서울서부노인보호전문기관 행복시선 프로젝트 사업의 재학대 예방 및 심리 · 정서 프로그램 참여자(학대 행위자) 6명을 대상으로 한 우울감 사전 평균이 9.33점(표준편차=4.08)이었는데 사후 평균은 5.83점(표준편차=2.64)으로 낮아졌다. 다만, 노인학대 피해자에 비해 학대 행위자의 우울감 감소 폭은 다소 낮게 나타났다. 만족도 평균은 32.45점(표준편차=5.08)이었다.

2023년 프로그램에 참여한 행위자 7명을 대상으로 한 자아존중감의 경우, 프로그램 사후에 자아존중감이 높아졌다(사전 평균 25.86점, 표준편차=5.76, 사후 평균 30.143점, 표준편차=4.14). 우울감은 변화가 없었다. 다만, 사전 평균이 13.43점(표준편차=7.28)이었는데 사후 평균은 8.71점(표준편차=6.58)으로 낮아졌다.

(1) 감정조절 척도

감정조절 척도(Difficulties in Emotional Regulation Scale: DERS)는 그라츠와 뢰머(Gratz & Roemer, 2004)의 척도 중 충동통제곤란 하위요인을 선별하여 구성하였다. 5점 리커트 척도로 '1=전혀 그렇지 않다, 2=별로 그렇지 않다, 3=그저 그렇다, 4=대체로 그렇다, 5=매우 그렇다'이다. 점수가 낮을수록 감정조절 능력이 좋음을 의미하며 1, 2, 3, 7, 8번 문항은 역점수 문항이다.

〈표 12-6〉 감정조절 척도

번호	문항	전혀 그렇지 않다	별로 그렇지 않다	그저 그렇다	대체로 그렇다	매우 그렇다
1	나는 내 감정들이 압도적이고 통제 불능이라고 생각한다.					
2	나는 화가 나면 나를 조절할 수 없다.					
3	나는 화가 나면 감정조절이 안 된다.					
4	나는 화가 나도 다른 일을 할 수 있다.					
5	나는 화가 나면 결국엔 화를 가라앉히는 방법을 찾을 거라는 것을 안다.					
6	나는 화가 나도 내 행동들을 조절할 수 있다.					
7	나는 화가 나면 내 행동들을 조절하기 힘들다					
8	나는 화가 나면 내 행동의 컨트롤을 잃는다.					

2022년에 진행된 서울서부노인보호전문기관 행복시선 프로젝트 사업의 재학대 예방 및 심리·정서 프로그램 참여자(학대 행위자) 6명을 대상으로 한 감정조절은 사전 평균 22.67점(표준편차=6.02)이었는데 사후 평균 17.67점(표준편차=5.24)으로 낮아져 감정조절을 더 잘하게 되었음을 보여 주었다.

2023년 프로그램에 참여한 행위자 7명을 대상으로 한 감정조절은 통계적으로 낮아졌는데, 사전 평균 27.14점(표준편차=6.644)이었는데 사후 평균 17.57점(표준편차=4.86)으로 낮아졌다.

2) 프로그램

프로그램은 총 8회기로 구성되었으며 1:1 개별 방문형으로 설계되었다.

학대 피해자 대상 프로그램과 마찬가지로 프로그램 진행자는 사회복지사 자격증 소지자로 노인보호전문기관 및 유관기관 근무경력 2년 이상 있는 자를 선정하고 프로그램 진행 능력 함양을 위해 프로그램 개발 연구진이 기관에 방문하여 진행자를 교육하고 슈퍼비전을 제공하였다.

프로그램 참여자는 서울서부노인보호전문기관에 신고·접수되어 종결 예정이거나 종결된 가정 중 재학대 발생 위험은 낮으나 지속적인 사후관리가 필요한 대상자(행위자) 중 2022~2023년에 실시된 '서울서부노인보호전문기관 행복시선 프로젝트' 사업 중 재학대 예방 및 심리·정서 프로그램 참여자로 프로그램 참여에 자발적으로 동의하며 8회기의 재학대 예방 및 심리·정서 프로그램에 참여하고 사전·사후 검사를 실시한 자이다. 프로그램에 참여자는 총 14명으로 여성이 3명, 남성이 11명이었다. 이 중 피해자와의 관계가 배우자인 경우는 9명, 자녀인 경우는 5명이었다.

프로그램 내용 설계는 프로그램 진행자와 노인학대 피해자의 라포 형성 기간을 고려하여 초기 프로그램을 구성하였으며 자아고찰, 자기조절 능력 함양을 목적으로 설계되었으며. 또한 노인학대를 사전에 완화하거나 예방하기 위해 노년기에 대한 이해 및 공적 서비스 체계에 대한 도움 요청과 외부 전문기관의 개입이 중요하다(고보선, 허준수, 2005; 양경미, 2004)는 선행연구를 참고하여 관련 내용으로 구성된 노인학대 예방 영상 시청 및 노년기 특성 이해에 관한 교육 프로그램을 제공하였다.

〈표 12-7〉 노인학대 행위자 대상 프로그램

회기	목표	주요 활동 및 내용
1	관계 형성	• 오리엔테이션 • 명패 만들기 및 자기소개
2	노년기에 대한 이해	• 노인학대 예방 영상 시청 • 노년기의 특성 이해
3	감정 표현	• 분노캔들 만들기
4	정서 조절	• 나의 쓰레기통
5	정서 안정	• 반려식물(테라리움) 만들기
6	자아존중감 및 자기효능감 향상	• 인생곡선 그리기
7	자아존중감 및 자기효능감 향상	• 소망나무 만들기
8	종결 및 자아존중감 향상	• 종결 고지 • 상장 만들기

3) 프로그램 세부 활동

프로그램 세부 활동은 다음과 같다.

회기	1회기
목표	• 관계 형성
주요 활동 및 내용	• 오리엔테이션 • 명패 만들기 및 자기소개
도입 (5~10분)	• 편안한 분위기에서 인사와 안부 묻기 • 전체 프로그램 목적과 진행순서, 유의사항 등에 대해 자세히 설명하기 • 명패(이름표) 만들기 활동 목적 간단히 설명하기 – "명패(이름표)를 만들면서 내가 좋아하는 것, 나를 표현하는 것 들을 천천히 담아 볼 거예요." • 언어적 설득보다는 행위자의 감정에 공감하며 천천히 참여를 유도하기 – "어떤 재료가 눈에 먼저 들어오시나요? 가장 먼저 손이 가는 걸로 시작해 볼까요?"
활동 (20~25분)	• 이름 또는 별칭을 씀. • 이름 혹은 별칭을 직접 꾸며도 되고 주위를 꾸며도 됨. • 내가 좋아하는 것, 나를 표현하는 색이나 단어 등 활용함. • 색연필, 스티커, 오려 낸 그림 등을 활용함.
마무리 (10분)	• 완성된 작품에 대해 간단한 이야기 나누기 – "이 부분이 인상 깊네요. 이걸 고르신 이유가 궁금해요." • 참여에 대한 긍정적 피드백과 존중 표현하기 – "○○ 님의 이야기가 이 그림 속에 잘 담긴 것 같아요." • 활동 마무리 • 작품은 당사자에게 소지하도록 권유하거나, 다음 회기까지 보관 가능 • 다음 시간 안내
준비물	• 도화지 or 명패용 종이(A5~A4) • 색연필, 사인펜, 감정스티커 등 • 잡지 이미지, 풀, 가위 등
유의사항	• 반응 속도나 표현 수준을 강요하지 않기 • 행위자의 감정 상태나 말투, 몸짓에 민감하게 반응하기 • 긍정 피드백은 행동보다 의미 중심으로 하기 (예: "정성스럽게 하셨네요." → "이 색을 고르신 마음이 궁금해요.") • 진행자와의 신뢰감이 활동보다 우선이라는 인식으로 접근하기

회기	2회기
목표	• 노년기에 대한 이해
주요 활동 및 내용	• 노인학대 예방 및 노년기 인권 향상에 관한 영상 시청 • 노년기의 특성 이해
도입 (5분)	• 따뜻한 인사와 말 걸기 • 감정 및 건강상태 확인 • 프로그램 목적 및 활동내용 설명 – "오늘은 '노인'이라는 존재에 대해 조금 더 깊이 들여다보는 시간을 갖고자 합니다."
활동 (25~30분)	• 노인학대 예방 영상 시청 – **시간:** 약 10분 – **목표:** 학대 상황에 대한 인식 개선, 반성의 기회 제공 – **자료:** 중앙노인보호전문기관 제작 노인학대 예방 공익 영상(노인의 관점에서 본 학대 상황, 돌봄자의 부담과 폭력 발생 연결 등) 영상 시청 후 대화 – "이 영상에서 가장 기억에 남는 장면이 있으셨나요?" – "이 노인의 표정을 보며 어떤 생각이 드셨나요?" – "이런 상황이 실제로 나에게도 있었던 적이 있나요?" ※ 진행자는 비난하지 않으면서 '이해'와 '다른 시선'을 제공 – "영상 속 노인이 말은 없었지만, 어떤 마음이었을까요?" • 노년의 특성 이해 교육 – **시간:** 약 15~20분 – **목표:** 노년기에 대한 공감적 인식 증진, 시각 전환 – **진행 방식:** 카드나 시각자료 활용한 대화 중심 교육 • **교육 내용:** 노년기의 다섯 가지 특성 – **신체적 변화:** 자신의 몸을 이해하고, 건강을 스스로 관리하는 힘을 키워 가야 함 – **심리적 변화:** 감정의 폭이 커지고 섬세해지는 시기, 지혜로워지는 시기 – **사회적 변화:** 새로운 관계와 의미를 재구성하는 시기로 퇴직이나 자녀 독립으로 익숙한 역할은 줄지만, 새로운 사회적 의미를 다시 정의할 수 있는 기회 – **존엄과 경험:** 노년기는 회고와 통합의 시간, 내가 걸어온 길을 되돌아보고 삶의 의미를 정리하는 시기. 자신의 결정에 책임을 지고 존중받기를 바라는 '존엄의 주체'로서 존재 • 질문 – "이 중에서 내가 지금까지 가장 몰랐던 점은 무엇인가요?" – "내가 돌보는 어르신도 이런 감정을 느끼고 있었을까요?"
마무리 (15분)	• 진행자 유도 대화 – "오늘 이야기를 나누며 달라진 생각이 있다면 무엇인가요?" – "이해가 되니, 앞으로 어떤 점을 내가 더 배려하고 싶어지셨나요?" • 긍정적 정리 멘트 – "오늘처럼 '다르게 바라보는 연습'만으로도 충분히 변화할 수 있어요."

준비물	• 노인학대 예방 공익 영상 또는 교육 영상(예: 중앙노인보호전문기관 제작 콘텐츠) • 노년기 특성 교육 자료
유의사항	• 비난이나 반성 강요 없이, 행위자 입장에서 이해하려는 접근으로 진행 • '이해가 안 된다'는 반응에도 강요보다 '질문과 탐색'으로 유도 • 노년기의 특성을 이야기할 때는 구체적 예시를 들어 공감을 돕는 것이 효과적

회기	3회기
목표	• 감정 표현
주요 활동 및 내용	• 분노캔들 만들기(분노조절)
도입 (5~10분)	• 따뜻한 인사와 함께 오늘 활동의 주제 안내 - "오늘은 '화남' '답답함' '억울함' 같은 감정을 꺼내 보고, 그 감정을 담아 볼 수 있는 나만의 '분노캔들'을 만들어 보려 합니다." • 분노에 대한 시선 정리 - "화내는 것 자체는 잘못이 아니에요. 중요한 건 그 감정을 어떻게 다루느냐입니다." • 행위자 감정 상태 확인(필요시 감정카드 활용)
활동 (25~30분)	• 감정 쓰기 - 종이에 최근 느꼈던 화나는 일, 화났을 때 몸이 어떻게 반응하는지 적어 봄. (또는 말로 이야기하며 진행자가 메모) "이걸 쓰는 이유는 내 안의 감정을 밖으로 꺼내기 위한 첫걸음이에요." • 색과 향 선택하기 - 분노를 표현하는 색(예: 붉은색) - 위로하는 색(예: 노랑, 파랑 등) 선택 • 원하는 향을 골라 넣기 • 캔들 만들기 - 왁스를 녹이거나 조합해 종이컵(유리병)에 붓고 심지 고정하기 - 감정을 상징하는 색소를 소량 넣어 섞기 - 감정을 담은 말이나 키워드를 적은 조각지를 바닥에 넣거나, 외부에 붙임 → 예: '참았다' '터뜨리고 싶다' '외로움' '억울하다!'
마무리 (15분)	• 치료적 대화 예시 - "이 캔들 안에 어떤 감정이 담겨 있다고 느껴지세요?" - "이 감정은 앞으로 어떻게 다루면 덜 상처 주고 덜 지칠 수 있을까요?" - "이 캔들을 볼 때마다 어떤 생각을 떠올리고 싶으신가요?" • 활동내용 정리 • 소감 공유

	• 긍정적 피드백과 지지 – "감정을 담아 두는 그릇이 생겼다는 건, 이제 그것을 안전하게 다룰 수 있다는 뜻이에요." • 다음 시간 안내
준비물	• 젤 왁스 또는 소이 캔들 키트(소형), 유리용기 • 색소(빨강, 주황, 검정 등), 향 오일, 마감용 스티커 • 나무스틱, 캔들용 심지, 감정카드, 조각지
유의사항	• 분노를 나쁘다고 규정하지 말고, 그 감정을 다루는 방식에 초점 맞추기 • 문제(분노)와 사람(행위자)를 분리시키는 목적으로 "문제가 문제다." 입장 이 방법은 문제의 '외현화'로 사람 자체를 문제 삼지 않고, 그 사람이 겪고 있는 '문제 행동'이나 '감정'을 '따로 떼어서 바라보는 것'이다. 분노가 많은 사람의 경우 "당신이 화를 잘 내는 사람이어서 문제가 아니라 우리가 함께 다뤄야 할 건 '분노'라는 문제"라고 접근할 수 있다. 이렇게 하면, 사람은 비난받지 않고, 문제에 대한 해결책을 찾는 협력자가 될 수 있다. • 감정 표현이 부족한 경우, 색/향/형태 선택을 중심으로 감정 유도 • 감정 언어가 부족한 경우 감정카드, 색깔 느낌표 사용 • 감정을 표현하지 않아도 무리하게 이끌지 않기 • 감정 표현 후 무기력 또는 자책 반응 있을 시, – "지금 이렇게 꺼내 보는 것 자체가 이미 조절을 시작하고 있다는 증거입니다."

회기	4회기
목표	• 정서 조절
주요 활동 및 내용	• 나의 쓰레기통
도입 (5분)	• 인사 후 활동 안내 – "오늘은 내 안에 쌓여 있던 감정, 실수, 후회, 분노 같은 것들을 한번 쓰레기통에 버려 보는 활동을 하려고 합니다." – "이 활동의 목적은 '내가 나쁜 사람이다'가 아니라, '내 안에 있는 문제를 밖으로 꺼내는 연습'을 해 보는 거예요." • 감정 상태 확인 – "요즘 마음이 복잡할 때, 어떤 감정이 가장 많으셨어요?"
활동 (30~35분)	• 감정 단어 카드 또는 빈 종이에 현재 떠오르는 내 안의 불편한 감정이나 내가 버리고 싶은 생각, 말, 행동을 적음 (예: '화를 참지 못한 순간' '나는 못난 사람이라는 생각' '자책' '억울함') • '문제 행동'을 분리해 보기

	• 감정을 쓴 종이 위에 이렇게 적게 유도 – "이건 감정일 뿐, 이 감정이 나를 결정하진 않는다." • 박스를 자유롭게 꾸며 '나만의 쓰레기통'으로 디자인 • 만든 후 종이를 한 장씩 구겨서 쓰레기통에 '버리기' • 이때 말로 감정을 외현화할 수 있도록 유도 – "이 감정은 나를 계속 괴롭혔어요. 이제 놓아줄게요." – "이 말은 더 이상 내 곁에 두지 않겠습니다."
마무리 (10분)	• 치료자 유도 질문 – "오늘 버린 감정 중에서 가장 후련했던 건 어떤 건가요?" – "버렸다고 해서 사라지진 않지만, 이렇게 말할 수 있는 게 어떤 의미가 있었나요?" – "지금 마음속에 새롭게 들어오고 싶은 감정이 있다면 무엇일까요?" **〈선택적 활동〉** • 쓰레기통 옆에 새롭게 붙이는 문구 작성 – "감정을 덜어 낸 나는 더 가벼워졌다." – "문제와 나는 다르다. 나는 여전히 변화 가능한 사람이다."
준비물	• 작은 상자, 색종이, 풀, 펜
유의사항	• 쓰레기통 만들기는 치유의 상징물로 전환 가능 • 감정 표현이 서툰 경우, 감정카드나 이미지 활용해 돕기

회기	5회기
목표	• 정서 안정
주요 활동 및 내용	• 반려식물(테라리움) 만들기
도입(5분)	• 따뜻한 인사와 말 걸기 • 감정 및 건강상태 확인 • 프로그램 목적 및 활동내용 설명 – "오늘은 작은 식물을 돌보는 나만의 정원을 만들어 보려 합니다. 이 식물은 앞으로 당신 곁에서 자라며 당신에게도 위로를 줄 수 있을 거예요."
활동 (25~30분)	• 기초 만들기 – 바닥에 자갈 → 흙 → 식물 심기 → 꾸밈 순으로 진행 • 식물을 고르는 과정에서 행위자의 선택을 존중 – "이 중에서 지금 가장 마음이 가는 식물을 골라 볼까요?" • 꾸미기 및 상징 부여 • 작은 조약돌, 소품 등을 함께 배치 • 테라리움에 이름 붙이기 • 식물에게 하고 싶은 말을 메모하거나 말로 표현해 보기

마무리 (10~15분)	• 활동내용 정리 • 소감 공유 • 긍정적 피드백과 지지 • 다음 시간 안내
준비물	〈테라리움 키트〉 • 작은 유리병 또는 아크릴 용기 • 다육식물 또는 이끼/수정토/소형모래/자갈 • 집게, 흙, 숟가락, 스톤/미니소품 • 감정카드, 색연필, 이름표 스티커
유의사항	• 돌봄을 외부에 투사하기보단 자기 자신과 연결되도록 유도 – "이 식물에게 다정할 수 있다면, 나 자신에게도 다정해질 수 있어요." • 불안이나 죄책감이 올라올 경우, 식물의 생장과 회복에 비유하여 언어 중재 – "이 식물도 처음부터 건강한 게 아니었어요. 지금부터 어떻게 자라느냐가 중요하죠." • 행동 변화 압박 없이 작은 돌봄의 행동 경험 자체를 강화

회기	6회기
목표	• 자아존중감 및 자기효능감 향상
주요 활동 및 내용	• 인생곡선 그리기
도입 (5~10분)	• 따뜻한 인사와 말 걸기 • 감정 및 건강 상태 확인 • 프로그램 목적 및 활동내용 설명 – "오늘은 지금까지 살아온 내 인생을 한 줄로 표현해 보는 시간입니다." – "어떤 일이 있었는지보다, 그걸 어떻게 견뎌 왔는지를 같이 들여다보려 합니다."
활동 (20~25분)	• 도화지(혹은 화선지) 가로 방향으로 준비 • 좌측은 '출생', 우측은 '현재'를 표시 • 인생의 중요한 사건들을 떠올리며, 그 당시의 감정선을 한 선으로 그림 – 위로 올라갈수록 행복하고 힘찬 시기 – 아래로 내려갈수록 힘들고 지쳤던 시기 • 각 지점에 간단한 감정으로 표현 (예: '첫 취업 – 기대' '부모님 사망 – 상실' '결혼 – 책임' '실직 – 분노') • 현재 시점 강조하기 – "지금은 힘들지만 다시 바꾸고 싶다." – "아직은 내가 나를 바꿀 수 있다고 믿고 싶다."

마무리 (15~20분)	• 활동내용 정리 • 소감 공유 • 긍정적 피드백과 지지 - "다시 힘든 시기가 온다면, 예전과 다르게 할 수 있는 점은 어떤 게 있을까요?" - "이 선에서 가장 빛났던 시기와 지금이 연결될 수 있다면요?" • 다음 시간 안내
준비물	• 긴 도화지 혹은 화선지, 색연필, 붓, 먹물 등
유의사항	• 회상 과정에서 트라우마가 올라올 수 있으므로 진행자는 공감적이고 차분한 피드백 유지 • 곡선이 내리막 일색이어도 강점 중심 해석을 시도 • 현재 지점에서 희망의 가능성 한 조각이라도 표현되도록 유도 - "이 선은 아직 끝나지 않았어요. 오늘부터 새로운 선이 시작되는 겁니다."

회기	7회기
목표	• 자아존중감 및 자기효능감 향상
주요 활동 및 내용	• 소망나무 만들기
도입 (5~10분)	• 따뜻한 인사와 말 걸기 • 감정 및 건강 상태 확인 • 프로그램 목적 및 활동내용 설명 - "오늘은 내 마음속 나무를 하나 만들고, 그 가지마다 내가 이루고 싶은 것들을 열매로 달아 보려 합니다." • 소망의 의미 나누기 - "소망은 지금 당장 못 하더라도 '그 방향으로 나아가겠다'는 약속이에요."
활동 (20~25분)	• 나무 그리기 또는 나무 꾸미기 - 줄기와 가지를 자유롭게 그리거나 붙이기 - 나무에 이름 붙이기(예: 회복나무, 두 번째 나무, 마음나무 등) • 열매 모양 종이에 자신의 '소망' 작성 • 말이 어렵다면, '느낌 단어' '바라는 장면' '행동 문장'으로 표현 • 열매를 가지에 붙이기

마무리 (10~15분)	• 활동내용 정리 • 소감 공유 • 긍정적 피드백과 지지 – "이 열매 중 하나만 실현된다면, 지금 내 삶에 어떤 변화가 생길까요?" • 다음 시간 안내
준비물	• A3 도화지 or 나무 틀, 색연필, 사인펜, 열매 모양 색종이, 스티커, 접착 도트 등
유의사항	• '소망'이라는 단어에 거부감이 있을 수 있으므로 '앞으로 바라는 모습' '조금 더 나아진 내 모습' 등으로 순화 가능 • 열매의 실현 가능성보다 그 바람을 표현했다는 사실을 강조

회기	8회기
목표	• 종결 및 자아존중감 향상
주요 활동 및 내용	• 종결 고지 • 상장 만들기
도입 (5~10분)	• 따뜻한 인사와 말 걸기 • 마지막 회기임을 상기시킴. – "오늘은 우리가 함께한 시간을 정리하고, 그동안의 변화를 나 자신에게 상으로 주는 시간을 가지려 합니다." • 감정 및 건강 상태 확인 • 프로그램 목적 및 활동내용 설명
활동 (20~25분)	• 상장 테두리 꾸미기 – 금빛 색연필, 장식 스티커 등으로 격식 있는 분위기 연출 • 진행자가 제공한 '상장 제목 카드' 중 선택 or 자율 작성 (예: 회복을 시작한 나에게 주는 상, 감정을 다룰 줄 아는 사람 상) • 내용 작성 유도 • 다음 예시 문장을 구조로 제시하고, 참여자가 내용을 채워 넣음. [감정을 다룰 줄 아는 사람 상 / 이 상장은 자신의 감정을 외면하지 않고 때로는 멈추고 돌아보며 조금씩 나아가고자 한 님께 드립니다. / 변화는 작지만 그 안의 용기는 결코 작지 않았습니다. / 2025. 7. 13 / 변화는 작지만 그 안의 용기는 결코 작지 않았습니다.] 이 상장은 자신의 감정을 외면하지 않고 때로는 멈추고 돌아보며 조금씩 나아가고자 한 ◯◯ 님께 드립니다. 변화는 작지만 그 안의 용기는 결코 작지 않았습니다. • 참여자가 직접 문장을 추가해도 좋음. • 상장 발급 날짜, 이름, 진행자 이름 쓰기 • 진행자 서명(또는 도장)을 함께 넣으면 더욱 의미 부여 가능

마무리(10분)	• 활동내용 정리 • 소감 공유 • 긍정적 피드백과 지지 • 종결 고지 – "이 상장은 제가 드리는 게 아니라, 스스로 만들어 내신 변화를 기념하며, ○○ 님이 스스로에게 주는 상이에요." – "그동안의 여정은 끝났지만, 변화의 시작은 지금부터입니다."
준비물	상장지(A4), 색연필, 금색펜, 검정펜, 상장용 스티커, 리본 스티커, 별, 왕관 등
유의사항	• 상장을 자기 고백이나 반성의 형식이 아닌, '변화 가능성의 상징'으로 사용 • 완벽한 변화가 아니라 노력한 흔적과 의지를 인정하는 구조로 설계

1. 교재에 제시된 프로그램 중 하나를 선정하여 참여자와 진행자로 역할을 나누어 실제 활동을 수행해 보자. 활동 후에는 각자의 역할에서 경험한 점과 느낀 점을 공유하고, 프로그램의 개선 방향에 대해 함께 토론해 보자.

제12장 • 요약

1 피해자 대상 프로그램

- 목적
  - 정서적 불안 및 외상 후 스트레스 감소
  - 자기효능감 및 자아존중감 향상
  - 재학대 방지 및 주체적 대응능력 강화
- 목표
  - 트라우마 대응능력 향상
  - 자기효능감 회복
  - 자립적이고 주체적인 삶의 태도 형성
- 효과성 평가 도구
  - 자기효능감 척도
  - 자아존중감 척도

- 우울수준 척도(PHQ-9)
- 프로그램 만족도 척도

• 회기별 구성(총 8회기)
- 1회기: 관계 형성 – 명패 만들기
- 2회기: 감정 탐색 – 웅덩이 검사
- 3회기: 감정 표현 – 분노캔들 만들기
- 4회기: 노년기 이해 교육
- 5회기: 정서 안정 – 테라리움 만들기
- 6회기: 인생곡선 그리기
- 7회기: 손가락 그림 꾸미기
- 8회기: 종결 – 수료 상장 제작 및 발표

2 행위자 대상 프로그램

• 목적
- 감정조절 능력 향상
- 자아존중감 회복 및 인식 개선
- 재학대 방지와 자기통찰 증진

• 목표
- 정서조절 능력 함양
- 부정적 감정의 인식과 표현 능력 강화
- 학대 행위에 대한 자각 및 재발 방지

• 효과성 평가 도구
- 감정조절 척도(Gratz & Roemer)
- 자아존중감 척도
- 우울수준 척도(PHQ-9)
- 프로그램 만족도 척도

• 회기별 구성(총 8회기)
- 1회기: 관계 형성 – 명패 만들기
- 2회기: 노년기 이해 – 예방교육 영상 시청
- 3회기: 감정 표현 – 분노캔들 만들기
- 4회기: 정서 조절 – '나의 쓰레기통' 활동
- 5회기: 정서 안정 – 테라리움 만들기
- 6회기: 인생곡선 그리기
- 7회기: 소망나무 만들기
- 8회기: 종결 – 수료 상장 제작 및 다짐 발표

참고문헌

고보선, 허준수(2005). 노인학대 유형별 대처전략에 관한 연구. **노인복지연구**, 23, 83-105.

서울서부노인보호전문기관(2023). 2023 학대 피해 어르신의 재학대 예방 및 심리정서 지지를 위한 사후관리 프로그램 연구보고서.

양경미(2004). 재가노인의 학대와 대처방인이 노인의 자아존중감, 우울, 신체화에 미치는 영향. **대한간호학회지**, 34(6), 1047-1056.

양호정, 이미진(2022). 재학대 예방을 위한 심리정서 프로그램 평가 보고서: 서울서부노인보호전문기관 2022 행복시선 프로젝트. 서울서부노인보호전문기관.

양호정, 이미진(2023). 재학대 예방을 위한 심리정서 프로그램 평가 보고서: 서울서부노인보호전문기관 행복시선 프로젝트. 서울서부노인보호전문기관.

양호정, 이미진(2024). 노인 재학대 예방 프로그램의 효과성에 대한 연구: 행위자 중심으로. **사회복지정책과 실천**, 10(1), 47-80.

전병재(1974). 자아개념 측정가능성에 관한 연구. **연세총론**, 11, 109-129.

Gratz, K. L., & Roemer, L. (2004). Multidimensional assessment of emotion regulation and dysregulation: Development, factor structure, and initial validation of the Difficulties in Emotion Regulation Scale. *Journal of Psychopathology and Behavioral Assessment, 26*, 41-54.

Rosenberg, M. (1965). *Society and the adolescent self-image*. Princeton University Press.

제13장

거주자 간 학대 예방을 위한 노인 및 종사자 프로그램

제13장에서는 노인요양시설 등 생활시설 내에서 발생하는 거주자 간 학대를 예방하기 위한 프로그램을 제시한다. 세부적으로는 인지기능 저하 노인을 위한 감각 자극 기법과, 거주자 간 학대에 대한 종사자 대응 역량 강화를 위한 교육 프로그램이 설명된다. 프로그램의 세부 목표, 구성 원리, 적용 시 유의점까지 실제 현장 적용을 고려하여 체계적으로 구성하여 학습자는 거주자 간 학대라는 상대적으로 간과되기 쉬운 영역에 대한 실천적 대응능력을 함양할 수 있다.

거주자 간 학대는 개념뿐 아니라 용어조차 합의되지 못한 실정이지만(양호정, 이미진, 2022), 가장 자주 인용되는 정의는 "거주자 간 학대는 지역사회에서 환영받지 못할, 피해자에게 신체적 또는 심리적 고통을 유발할 가능성이 높은 장기요양 거주자 간의 부정적이고 공격적인 신체적 · 성적 · 언어적 · 경제적 상호작용"이다(이준엽 외, 2021; McDonald et al., 2015).

보건복지부와 노인보호전문기관(2016)에서 조사한 노인인권실태에서는 노인요양시설 종사자의 11%가 거주자인 노인이 다른 노인을 때리는 등의 신체적 학대 행위를 목격한 것으로 조사되었다. 또한 거주자 간 언어 및 정서 학대 행위는 종사자의 약 30%가 목격한 경험이 있었다. 한편, 노인요양공동생활가정의 사회복지사는 거주자의 절반 이상이 학대 행위를 가하는 것을 목격한 것으로 조사되기도 했다(문은하, 2022). 거주자 간 학대에 대한 국외 논문을 리뷰한 연구(이준엽 외, 2021)에서는 종사자가 노인에게 행하는 학대보다 거주자 간 학대가 더 빈번히 발생하는 것으로 나타났다.

거주자 간 학대는 거주자인 노인의 생활만족도를 저하할 뿐만 아니라 우울, 불안을 가중시킬 수 있으며(Trompetter et al., 2013), 신체적인 상해 피해를 남기기도 하는데 때때로 밀치거나 낙상으로 인해 사망사건이 발생하기도 한다(Lachs et al., 2007; Murphy et al., 2017; Shinoda-Tagawa et al., 2004).

거주자 간 학대는 단일 요인에 의해 발생하기보다는 거주자의 개인적 특성, 종사자 및 조직의 역량, 그리고 시설 환경 등의 복합적인 요인이 상호작용한 결과로 나타나는 현상이다(DeBois et al., 2020; Gimm et al., 2018; Leonard et al., 2006; Shinoda-Tagawa et al., 2004; Sifford-Snellgrove et al., 2011).

이에 따라 이 장에서는 거주자 간 학대 예방을 위한 구체적 실천 방안으로 거주자 대상 다감각 프로그램과 종사자 대상 교육 프로그램을 중심으로 소개하고자 한다.

1. 거주자 간 학대 예방을 위한 거주자 대상 다감각 프로그램

다감각 프로그램은 시각, 청각, 촉각, 후각, 미각 등 다양한 감각 자극을 통합적으로 제공하여, 신체적 · 정서적 · 사회적 기능을 자극하고 활성화시키는 비약물적 중재 프로그램이다(정정희 외, 2015; van Weert et al., 2006). 이는 치매, 인지 저하, 우울, 공격행동 등으로 일상생활의 어려움을 겪는 고령자에게 긍정적인 자극 환경을 제공함으로써 행동 문제 감소와 심리적 안정을 도모하는 데 효과적이다(이혜정, 김현란, 2020).

이러한 다감각 자극은 거주자 간 학대 예방에 다음과 같은 효과가 있다.

첫째, 감각 자극은 신경계 안정화 및 감정 조절을 유도하여, 불안 · 분노 · 우울 감소에 효과적이다(Kverno et al., 2009).

둘째, 친숙한 향기, 음악, 음식 자극은 과거 긍정 경험의 회상을 유도해 정체성 유지 및 자존감 향상에 기여한다(van Weert et al., 2006).

셋째, 활동 기반의 감각 자극은 언어적 표현이 어려운 노인에게도 감정 표현의 대체 경로를 제공한다(정정희 외, 2015).

넷째, 공동 작업은 다른 거주자에 대한 적대감을 완화하고 협력관계 형성을 유도하며, 이는 거주자 간 공격행동 감소로 이어질 수 있다(문현정, 이유진, 2022).

1) 다감각 프로그램 목적 및 평가 도구

거주자 간 학대 예방을 위한 거주자 대상 다감각 프로그램의 목적과 목표는 다음과 같다.

목적

- 거주자 간 학대 예방
- 감각 자극을 통한 정서 안정
- 사회성 및 자아존중감 향상

목표

- 다양한 감각 자극으로 인지 · 정서 기능 강화
- 회상과 표현활동을 통한 자기이해 증진
- 소근육 · 대근육 자극으로 신체 활력 유지
- 상호작용 촉진으로 관계 개선 및 소통 강화

거주자 간 학대 예방을 위한 거주자 대상 다감각 프로그램의 효과성을 살펴보기 위해서는 문제 행동 감소여부, 정서 안정 여부 그리고 사회성 향상 여부 등을 확인해야 한다. 이에 따라 활용 가능한 측정 도구는 다음과 같다.

(1) 알츠하이머병 환자의 행동병리 평가 척도

알츠하이머병 환자의 행동병리 평가 척도(Behavioral Pathology in Alzheimer's Disease Rating Scale: BEHAVE-AD)는 알츠하이머병 환자의 행동병리(Behavioral Pathology)를 평가하기 위해 라이즈버그 등(Reisberg et al., 1987)이 개발한 도구로, 치매노인에게서 흔히 나타나는 비인지적 증상, 즉 행동 및 심리 증상(Behavioral and Psychological Symptoms of Dementia: BPSD)을 정량적으로 평가하는 데 목적이 있다.

이 척도는 인지기능 평가에 집중된 간이정신상태검사(Mini-Mental State Examination: MMSE) 등과 달리, 치매 환자의 정서 · 행동 · 인식 변화 등 일상생활에서 관찰 가능한 문제 행동을 평가하는 데 초점을 둔다. 따라서 관찰 및 면담 기반으로 간호사, 보호자, 치료사 등이 평가하고 총 7개 하위 영역(망상, 환각, 초조 및 공격행동, 우울, 불안, 과다행동 및 충동, 수면 및 식이장애)에 대해 문제 유무, 심각도(보통-심각)를 체크한다. 총점이 높을수록 행동 및 심리 증상의 심각성이 크다는 것을 의미하며 평가시간은 15~20분 정도 소요된다.

(2) 로젠버그 자아존중감 척도

로젠버그 자아존중감 척도(Rosenberg Self-Esteem Scale: RSES)는 미국 사회학자 모리스 로

젠버그(Morris Rosenberg)가 1965년에 개발한 도구로, 개인이 스스로를 얼마나 긍정적으로 평가하고 존중하는지를 측정하기 위한 자가보고식 척도이다. 이 척도는 간결하면서도 자기 개념의 핵심인 자존감을 정량화할 수 있다는 점에서 다양한 분야에서 널리 활용되고 있다.

총 10문항(긍정문항 5개+부정문항 5개)으로 구성되어 있으며 4점 리커트 척도로 부정문항을 역채점하여 총점이 높을수록 자존감이 높은 상태를 의미한다. 일반적으로 총점이 15점 이하일 때 낮은 자존감으로 해석한다.

단, 이 척도는 인지기능이 비교적 유지된 노인에게 적합하다. 65세 이상 치매노인을 대상으로 자아존중감을 실시한 최유임(2019)의 연구 대상자 선정기준은 신경과 또는 정신건강의학과 전문의에게 치매 진단을 받은 65세 이상인 자, 한국판 간이정신상태검사 23점 이하인 자, 시각 및 청각에 장애가 없고 의사소통이 가능한 자였다. 강유일 등(2012)의 연구에서는 H요양병원 치매환자 중 한국판 간이정신상태검사(MMSE-K) 19점 이상의 기본적인 의사소통이 가능한 치매환자 30명을 대상으로 RSES를 하였다. 검사 실시는 조용하고 안정된 환경에서 연구자의 질문에 치매노인이 답하는 형식으로 진행되었으며 평균 10~20분 정도 소요되었다.

(3) 사회적 상호작용: 중증 치매노인을 위한 삶의 질 척도

중증 치매노인을 위한 삶의 질 척도(Quality of Life in Late-Stage Dementia: QUALID)는 최근 7일간 환자와 밀접하게 접촉한 주 보호자 또는 간호사가 관찰 가능한 행동 11개 항목을 평가하게 되어 있다. 특히 중증 치매환자만을 위해 특별히 개발된 유일한 도구이며 타당성과 신뢰도 측면에서 가장 우수한 근거를 가진 도구 중 하나로 평가되고 있다(Bowling et al., 2015).

QUALID 척도는 11개 문항, 각 문항은 5점 리커트 척도로, 총점은 11(삶의 질이 가장 좋음)~55점(삶의 질이 가장 나쁨) 범위를 가진다. 각 문항은 지난 7일 동안 행동이 얼마나 자주 관찰되었는지를 바탕으로 평가하며, 평가 기준은 '전혀/거의 없음'부터 '하루 대부분의 시간 동안'까지로 구성되어 있다.

불편감, 사회적 상호작용 그리고 우울감의 하위 영역별 비언어적 행동을 평가하는 문항들이 포함되어 있는데, 사회적 상호작용 하위 요인은 '1. 미소 짓는다' '9. 접촉하거나 접촉받는 것을 즐긴다' '10. 타인과의 상호작용을 즐긴다'의 3문항으로 구성된다.

이 척도를 실행하기 위해 정 등(Jeong et al., 2021)의 연구에서 관찰자는 3년 이상 병원 근무한 간호사로 관찰·평가할 해당 환자와 정기적으로 접촉하며 기본 행동 양상을 파악하고, 최근 7일 중 최소 3일 이상 환자 상태를 관찰한 경험이 있는 간호사로 구성되었다. 이들은 도구 사용법 및 특성에 대해 60분 교육 받은 후 평가에 참여하였다.

2) 프로그램

노인요양시설 내 거주자 간 학대는 단순한 개인의 충동적 성향만으로 설명되지 않는다. 감각 자극의 부족, 정서 표현의 억제, 사회적 고립, 신체기능 저하 등 복합적 심리사회적 요인들이 상호작용하면서 학대 행동으로 나타나는 경우가 많다(문현정, 이유진, 2022).

이에 따라 본 프로그램은 초기 감각 자극 및 자기표현을 통한 라포 형성(1~2회기) → 정서 환기 및 정서 안정(3~6회기) → 역할 경험과 사회성 회복(7~9회기) → 감각 통합과 회상 정리(10회기)의 흐름으로 총 10회기로 구성되었으며 5~8명 내외의 소그룹 프로그램으로 설계되었다.

이 프로그램은 노인의 심리·정서 상태 및 대인 상호작용을 고려한 세심한 개입이 요구되므로, 진행자는 적합한 전문성과 경험을 갖추어야 한다. 예컨대, ① 사회복지사, 작업치료사, 예술치료사 등 관련 자격증 소지자이며 감정 표현에 서투르거나 인지기능이 저하된 노인과의 의사소통이 가능해야 하고 집단 내 갈등이나 정서 불안정 상황을 조절할 수 있는 역량이 있어야 하기 때문에, ② 노인 대상 집단상담 또는 프로그램 운영 경험이 1년 이상 있는 자가 적합할 것이다. 더불어, ③ 미술, 원예, 향기, 식감 등을 활용한 감각활동 구성 및 진행이 가능한 역량 역시 필요하다.

〈표 13-1〉 거주자 간 학대 예방을 위한 거주자 대상 다감각 프로그램

회기	목표	주요 활동 및 내용
1	집단 라포 형성, 자기표현 증진	집단 만다라
2	소근육 발달, 자기표현 증진	소리와 색 매칭
3	회상 촉진 및 자기표현 증진, 정서 안정	애착인형 만들기
4	소근육 발달, 정서 안정	풍경 만들기
5	소근육 발달, 자아존중감 향상	공기정화식물 꾸미기
6	회상 촉진, 불안감 감소	디퓨저 만들기
7	소근육·대근육 발달, 사회성, 자아존중감 함상	메시포테이토 만들어 먹기
8	정서 안정 및 소근육 발달, 사회성, 자아존중감 향상	편백나무 방향제 만들기
9	회상 촉진, 사회성, 자아존중감 향상	다식 만들기
10	시각 및 청각 자극, 사회성, 자아존중감 향상	동영상 감상

이 프로그램의 대상자는 노인시설에 거주하고 있는 노인으로, 기본적으로 ① MMSE 점수 기준 15점 이상이거나 기본적인 의사소통 및 간단한 지시 이행이 가능한 경도~중등도 인지기능을 유지한 노인이 적합하다. 또한 프로그램의 목적을 근거로, ② 감정 표현이 제한적이거나 정서적 위축을 보이는 노인, ③ 거주자 간 갈등이나 학대 피해(또는 가해) 경향이 있었던 노인, ④ 활동 참여에 동기가 있는 노인이 적합하다.

3) 프로그램 세부 활동

프로그램 세부 활동은 다음과 같다.

1회기		
주제	집단 만다라	
자극감각	시각	
목적	• 집단의 라포 형성을 도모한다. • 소근육과 대근육을 사용하고 근육의 활용 정도를 파악한다. • 작품을 소개하는 활동으로 자기표현력을 함양한다.	
재료	전지, 크레파스, 테이프, 이름표, 사인펜	
과정	**활동내용**	**비고**
도입 (10분)	• 자리 정하기 - 프로그램 참여자가 10회기 동안 앉아 활동할 의자와 자리를 정한다. • 팀 소개 - 프로그램 진행팀과 프로그램 참여자들이 자신을 소개한다. • 이름 정하기 - 10회기의 프로그램 진행 동안 불릴 이름을 정하고 참가자 자리와 이름표에 적어 붙인다. 진행자의 불릴 이름도 이름표에 적어 붙인다.	
활동 (30~40분)	• 활동 설명 - 전지에 그려진 집단 만다라를 제시하고 활동 진행에 대해 설명한다. • 만다라 자르고 색칠하기 - 만다라를 인원에 맞게 자르고 조각을 선택하여 색칠한다.	• 손 떨림, 시력 저하 등으로 색칠이나 오리기 활동이 어려운 참여자 지원필요 • 만다라 조각을 다시 붙이는 과정에서 자연스러운 협동과 상호작용이 생길 수 있도록 유도

	• 만다라 조각 이어 붙이기 - 색칠된 만다라 조작을 원래 모양대로 이어 붙인다.	• 실수에 대한 비난이 없도록 주의
마무리 (10~15분)	• 전시하기 - 프로그램 활동실 안에 적절한 공간을 선택하여 전시한다. • 느낌 나누기 - 활동과 작품에 대한 느낌 등에 대해 이야기 나눈다.	

2회기		
주제	색과 소리	
자극감각	시각, 청각	
목적	• 소근육과 대근육의 사용을 촉진한다. • 색과 소리의 매칭을 통해 집중력을 향상시킨다. • 과거 경험을 나누면서 회상기법의 치료적 효과를 꾀한다. • 작품을 소개하는 활동으로 자기표현력 증진을 꾀한다.	
재료	다양한 소리(예: 물 흐르는 소리, 풍경소리 등. 계절감을 느낄 수 있는 소리), 음향기기, 도화지, 크레파스, 색연필, 색도화지(색종이)	
과정	활동내용	비고
도입 (10분)	• 만다라 확인하기 - 전시된 지난 회기 작품을 확인하고 지난 회기 기억을 상기한다. • 인사 나누기 - 옆자리 참여자와 진행팀과 악수하며 인사를 나눈다.	
활동 (30~40분)	• 활동 소개하기 - 소리를 듣고 느낌이 비슷한 색을 고르는 활동에 대해 소개한다. • 재료 탐색 - 크레파스, 색도화지 등의 재료를 소개하고 탐색할 수 있도록 한다. • 소리와 색의 매칭 - 단순한 소리부터 시작하여 3~4개의 소리를 참여자에게 들려준 후 어떤 소리인지, 어떤 색을 매칭할지를 결정한다. - 색을 칠하는 활동이 부담스러울 경우, 준비한 색도화지, 색종이 등을 활용하여 매칭한다.	• 참여자 중 청각보조기기 착용자 또는 소리에 민감한 노인이 있을 수 있으므로, 활동 전 소리 크기를 조절하거나 음원 종류를 사전 고지 • 강한 효과음은 피하고, 잔잔하고 반복적인 음을 우선 사용 • 색칠이 어려운 참여자에게는 색도화지나 색종이 선택, 붙이기 활동을 대안으로 제시 '색을 고르는 것만으로도 충분한 표현'임을 안내

마무리 (10~15분)	• 느낌 나누기 - 완성된 작품을 소개하고 각 소리에 어떤 색이 매칭되었는지, 어떤 느낌이었는지, 그리고 소리를 통해 어떤 기억이 났는지 등에 대해 나눈다.	단순히 색을 고른 결과보다는 그 소리가 떠오르게 한 기억, 느낌, 감정에 대해 말할 수 있는 기회를 제공

3회기		
주제	애착인형 만들기	
자극감각	시각, 촉각	
목적	• 부드러운 솜과 천을 사용하여 정서 안정을 도모한다. • 천을 꿰매거나 이어 붙이는 활동으로 집중력 향상과 소근육 자극을 도모한다. • 과거 경험을 나누면서 회상기법의 치료적 효과를 꾀한다. • 작품을 소개하는 활동으로 자기표현력 증진을 꾀한다.	
재료	솜, 수면양말, 글루건, 실, 대바늘, 부자재(눈 등)	
과정	**활동내용**	**비고**
도입 (10분)	• 인사 나누기 - 프로그램 참가자와 진행팀 모두가 돌아가며 가볍게 포옹하며 인사를 나눈다.	
활동 (30~40분)	• 활동 소개하기 - 미리 제작된 애착인형을 소개하고 진행방법에 대해 소개한다. • 재료 탐색 - 부드러운 천과 솜 등의 재료를 만져 보고 느낌에 대해 이야기한다. • 애착인형 만들기 - 수면양말 안에 솜을 넣어 인형을 만든다.	• 재료 탐색에 시간적 비중을 더 둘 것 • 천을 이어 붙이거나 눈 등의 부자재를 붙이는 활동은 진행팀의 도움이 필요함.
마무리 (10~15분)	• 느낌 나누기 - 완성된 애착인형에 이름을 붙여 주고 어떤 느낌인지, 어떤 기억이 떠오르는지 등에 대해 이야기 나눈다.	

4회기		
주제	풍경 만들기	
자극감각	시각, 촉각, 청각	
목적	• 풍경을 만들어 청각을 자극한다. • 부드러운 깃털을 사용하여 정서 안정을 도모한다. • 과거 경험을 나누면서 회상기법의 치료적 효과를 꾀한다. • 작품을 소개하는 활동으로 자기표현력 증진을 꾀한다.	
재료	튜브, 벨, 부드러운 깃털, 실, 부자재(드림캐처, 스티커, 물감 등)	
과정	**활동내용**	**비고**
도입 (10분)	• 인사 나누기 - 프로그램 진행팀은 프로그램 참가자의 손에 아로마 향의 로션, 오일 등을 활용하여 간단한 마사지를 한다. - 이 과정을 통해 애착인형에 대해 질문하고 참가자의 안부를 묻는다.	시간적 여유를 두고 순차적으로 진행하되 대기시간을 고려하여 참여자와 진행팀 1:1로 배치
활동 (30~40분)	• 활동 소개하기 - 미리 제작된 풍경을 소개하고 프로그램 진행에 대해 소개한다. • 재료 탐색 - 튜브를 서로 부딪혀 나는 소리를 탐색한다. - 부드러운 깃털을 만져 본다. • 풍경 만들기 - 튜브와 벨 등을 실에 연결하고 드림캐처 틀에 달아 놓는다. - 깃털 등으로 풍경을 꾸민다.	• 드림캐처 틀은 필요에 따라 다른 틀로 구성할 수 있음. • 자칫 시끄러운 소리가 발생할 수 있으므로 튜브와 벨의 개수를 한정지어 제공함. • 부자재를 붙이는 활동은 진행팀의 도움이 필요함.
마무리 (10~15분)	• 풍경 설치하기 - 프로그램 진행공간 내 바람이 부는 곳 등에 풍경을 설치해 보고 소리를 감상한다. - 자신이 만든 풍경을 자택이나 시설 내 어디에 설치하면 좋을지 의견을 나눈다. • 느낌 나누기 - 풍경소리와 깃털 그리고 활동에 대한 느낌 등을 이야기 나눈다.	

5회기		
주제	화분 만들기	
자극감각	시각, 촉각, 후각	
목적	• 선호 사진이 전사된 사진을 사용하여 정서 안정을 도모한다. • 자연물을 사용한 화분 만들기로 정서 안정을 도모한다. • 흙을 만지는 과정을 통해 촉각을 자극한다. • 개피 및 식물의 향기를 통해 후각을 자극하고 정서 안정, 공기정화 등의 효과를 거둘 수 있다. • 과거 경험을 나누면서 회상기법의 치료적 효과를 꾀한다. • 작품을 소개하는 활동으로 자기표현력 증진을 꾀한다.	
재료	좋아하는 풍경, 물건 등이 전사된 플라스틱 화분, 공기정화식물, 화분 제작용 흙, 계피, 부자재	
과정	**활동내용**	**비고**
도입 (10분)	• 인사 나누기 - 프로그램 진행팀은 프로그램 참가자의 손에 아로마 향의 로션, 오일 등을 활용하여 간단한 마사지를 한다. - 이 과정을 통해 풍경을 어디에 설치했는지, 애착인형은 잘 지내고 있는지 물어보고 참가자의 안부를 묻는다.	시간적 여유를 두고 순차적으로 진행하되 대기시간을 고려하여 참여자와 진행팀 1:1로 배치
활동 (30~40분)	• 활동 소개 - 미리 제작된 화분을 소개하고 활동 과정을 소개한다. • 재료 탐색 - 미리 선정된 좋아하는 물건이나 풍경 등의 사진이 전사된 플라스틱 화분을 나누어 주고 확인 및 느낌을 이야기한다. - 화분 안에 들어갈 흙을 만져 보고 식재될 공기정화식물을 살펴본다. - 계피의 향을 맡아 보고 느낌을 나눈다. • 화분 만들기 - 각자 선호 이미지가 전사된 화분에 흙을 넣고 공기정화식물을 식재한다. - 계피와 이름표를 화분에 함께 꽂아 둔다.	
마무리 (10~15분)	• 느낌 나누기 - 공기정화식물 화분을 어디에 놓아 두면 좋을지 이야기를 나눈다. - 활동에 대한 느낌 등에 대해 이야기를 나눈다.	

6회기		
주제	디퓨저 만들기	
자극감각	시각, 후각, 촉각	
목적	• 아로마 오일을 활용한 마사지 활동을 통해 촉각, 후각을 자극한다. • 아로마 오일을 활용하여 정서 안정을 도모한다. • 자연물을 활용하여 시각을 자극하고 정서 안정을 도모한다. • 자연물 탐색을 통해 촉각을 자극한다. • 과거 경험을 나누면서 회상기법의 치료적 효과를 꾀한다. • 작품을 소개하는 활동으로 자기표현력 증진을 꾀한다.	
재료	아로마 오일, 디퓨저 재료, 자연물(마른 갈대, 강아지풀 등), 부자재	
과정	**활동내용**	**비고**
도입 (10분)	• 인사 나누기 - 프로그램 진행팀은 프로그램 참가자의 손에 아로마 향의 로션, 오일 등을 활용하여 간단한 마사지를 한다. - 이 과정을 통해 과거 프로그램 작품들을 회상하고 (화분, 풍경, 애착인형) 참가자의 안부를 묻는다.	시간적 여유를 두고 순차적으로 진행하되 대기시간을 고려하여 참여자와 진행팀 1:1로 배치
활동 (30~40분)	• 활동 소개 - 미리 제작된 디퓨저를 소개하고 만드는 활동에 대해 소개한다. • 재료 탐색 - 3~4가지의 아로마 오일의 향을 맡아 보고 디퓨저에 활용할 오일을 고르도록 한다. - 각 냄새가 무엇을 상기시키는지, 어떤 느낌인지 이야기 나눈다. - 디퓨저에 넣을 자연물 재료를 만져 보고 선택한다. • 디퓨저 만들기 - 디퓨저 용기에 선택한 아로마 오일을 넣는다. - 디퓨저에 선택한 자연물을 세워 넣는다. - 디퓨저 용기를 다양한 재료로 꾸민다.	
마무리 (10~15분)	• 느낌 나누기 - 향과 자연물에 대한 느낌과 관련 기억 등에 대해 이야기 나눈다. - 디퓨저를 어디에 놓아두면 좋을지에 대해 이야기 나눈다.	

7회기		
주제	메시포테이토 만들기	
자극감각	후각, 촉각, 시각, 미각	
목적	• 삶은 감자를 으깨는 활동으로 소근육, 대근육을 자극한다. • 매시포테이토를 만들고 섭취하는 활동으로 후각과 미각을 자극하고 정서적 안정감, 사회성을 함양한다. • 함께 나누며 섭취하고 대접하는 활동으로 자존감 향상을 도모한다. • 과거 경험을 나누면서 회상기법의 치료적 효과를 꾀한다. • 작품을 소개하는 활동으로 자기표현력 증진을 꾀한다.	
재료	삶은 감자, 볼, 으깨는 도구, 소금, 요거트 등	
과정	활동내용	비고
도입 (10분)	• 인사 나누기 - 프로그램 진행팀은 프로그램 참가자의 손에 물수건으로 닦아 주며 간단한 마사지를 한다. - 이 과정을 통해 과거 프로그램 작품들을 회상하고 (디퓨저, 화분, 풍경, 애착인형) 참가자의 안부를 묻는다.	• 음식을 만드는 활동으로 향이 강한 아로마 오일은 사용하지 않고 청결을 위해 손 세척을 함. • 계절에 따라 물수건의 온도 조절 필요
활동 (30~40분)	• 활동 소개 - 삶아 온 감자로 매시포테이토를 만드는 방법에 대해 소개한다. • 재료 탐색 - 삶은 감자의 껍질을 까면서 느낌을 나눈다. • 메시포테이토 만들기 - 볼에 감자를 넣어 으깨고 각종 자료를 넣어 메시포테이토를 만든다.	• 감자 껍질 까기, 감자 으깨기 등의 활동은 참여자 상황에 따라 도움이 필요할 수 있음. • 감자 으깨는 도구를 사용할지 안전에 대해 각별히 주의할 것
마무리 (10~15분)	• 나누어 먹기 - 만들어진 메시포테이토를 소분하여 함께 나누어 먹는다. - 활동과 감자에 대한 기억 등에 대해 이야기 나눈다.	

8회기		
주제	복주머니 만들기	
자극감각	시각, 촉각, 후각, 청각	
목적	• 편백나무 큐브를 활용하여 후각을 자극하고 정서 안정을 도모한다. • 편백나무 큐브를 집어넣는 활동으로 소근육과 대근육을 자극한다. • 복주머니를 꾸미는 활동으로 시각을 자극하고 자존감 향상을 꾀한다. • 의미 있는 타인에게 선물하는 활동으로 사회성 향상을 꾀한다. • 과거 경험을 나누면서 회상기법의 치료적 효과를 꾀한다. • 작품을 소개하는 활동으로 자기표현력 증진을 꾀한다.	
재료	편백나무 큐브, 복주머니, 부자재	
과정	**활동내용**	**비고**
도입 (10분)	• 인사 나누기 - 프로그램 진행팀은 프로그램 참가자의 손에 아로마 향의 로션, 오일 등을 활용하여 간단한 마사지를 한다. - 이 과정을 통해 지난 회기 작품들을 회상하고 참가자의 안부를 묻는다.	시간적 여유를 두고 순차적으로 진행하되 대기시간을 고려하여 참여자와 진행팀 1:1로 배치
활동 (30~40분)	• 활동 소개 - 미리 제작된 복주머니를 소개하고 활동 과정을 설명한다. • 재료 탐색 - 편백나무 큐브의 냄새를 맡아 보고 어떤 느낌인지 이야기한다. - 편백나무 큐브를 활용하여 주사위 놀이나 공기놀이 등을 회상할 수 있도록 한다. - 복주머니를 제시하고 관련 기억에 대해 이야기 나눈다. • 복주머니 만들기 - 복주머니 안에 편백나무 큐브를 하나씩 손가락으로 집어넣어 채운다. - 북주머니를 꾸미고 누구에게 선물할 것인지에 대해 이야기 나눈다.	
마무리 (10~15분)	• 느낌 나누기 - 각자의 복주머니를 소개하고 활동 느낌에 대해 이야기 나눈다.	

9회기		
주제	다식 만들기	
자극감각	후각, 촉각, 시각, 미각	
목적	• 찹쌀을 반죽하는 활동으로 소근육, 대근육을 자극한다. • 다양한 색을 내는 과정으로 시각을 자극한다. • 다식을 만들어 섭취하는 활동으로 후각과 미각을 자극한다. • 함께 나누어 섭취하는 과정을 통해 사회성 향상을 도모한다. • 과거 경험을 나누면서 회상기법의 치료적 효과를 꾀한다. • 작품을 소개하는 활동으로 자기표현력 증진을 꾀한다.	
재료	찹쌀가루, 볼, 색을 내는 재료(흑미, 강황, 오미자 등), 다식 틀, 꿀 등	
과정	**활동내용**	**비고**
도입 (10분)	• 인사 나누기 - 프로그램 진행팀은 프로그램 참가자의 손에 물수건으로 닦아 주며 간단한 마사지를 한다. - 이 과정을 통해 과거 프로그램 작품들을 회상하고 참가자의 안부를 묻는다.	• 음식을 만드는 활동으로 향이 강한 아로마 오일은 사용하지 않고 청결을 위해 손 세척을 함. • 계절에 따라 물수건의 온도 조절 필요
활동 (30~40분)	• 활동 소개 - 미리 제작된 다식을 제시하고 활동 과정에 대해 설명한다. • 재료 탐색 - 찹쌀가루, 강황가루, 흑미가루, 오미자 가루 등을 만져 본다. - 어떤 색으로 만들것인지 선택한다. • 다식 만들기 - 찹쌀가루와 색을 내는 가루에 꿀 등을 넣어 반죽한다. - 다식 틀을 사용하여 다식을 찍어 낸다.	• 반죽 과정에 참여팀의 도움이 필요할 수 있음. • 다식 틀 사용 시 안전에 각별히 주의
마무리 (10~15분)	• 느낌 나누기 - 소분된 다식을 함께 나누어 먹는다. - 활동 느낌에 대해 이야기 나눈다.	

10회기		
주제	동영상 감상 및 수료증	거주자간 학대 예방을 위한 다감각 프로그램 수료증 교 육 : OO 요양시설 성 명 : 홍길동 본 수료증은 OO요양시설 거주자 홍길동 님이 다감각 활동을 통해 자기표현과 정서안정을 경험하고 상호존중과 긍정적인 관계 형성을 목표로 한 『거주자간 학대 예방을 위한 다감각 프로그램』 총 10회기 전 과정을 성실히 이수하였음을 증명합니다. 2024년 5월 8일 OO 요양시설장 요양시설장
자극감각	시각, 청각	
목적	• 프로그램 활동 영상과 작품 영상을 편집한 동영상을 감상한다. 이 과정에서 시각과 청각을 자극하고 집중력 향상을 도모한다. • 그동안의 활동을 정리하는 활동으로 자존감과 최근 기억 상기의 효과를 꾀한다. • 작품에 대해 느낌을 나누는 활동으로 자기표현력 증진과 사회성 향상을 꾀한다.	
재료	편집된 영상, 수료증, 도장 등	
과정	**활동내용**	**비고**
도입 (10분)	• 인사 나누기 - 프로그램 진행팀은 프로그램 참가자의 손에 아로마 향의 로션, 오일 등을 활용하여 간단한 마사지를 한다. - 이 과정을 통해 지난 회기 작품들을 회상하고 참가자의 안부를 묻는다.	시간적 여유를 두고 순차적으로 진행하되 대기시간을 고려하여 참여자와 진행팀 1:1로 배치
활동 (30~40분)	• 활동 소개 - 미리 제작된 수료증을 제시하고 활동 과정에 대해 설명한다. • 재료 탐색 및 수료증 제작 - 도장을 별도 마련된 종이에 찍어 본다. - 수료증의 기술 내용을 소개하고 자신의 수료증에 직접 도장을 찍어 수료증을 완성한다. • 동영상 감상 - 제작된 동영상을 감상한다. • 수료증 전달 - 참가자 모두에게 수료증을 전달한다.	
마무리 (10~15분)	• 느낌 나누기 - 수료증을 받은 기분과 동영상 감상 느낌에 대해 이야기 나눈다. - 전체 프로그램에 대해 이야기 나눈다.	

2. 거주자 간 학대 예방을 위한 종사자 대상 교육 프로그램: 다정다감

거주자 간 학대 예방을 위한 종사자 대상 교육 프로그램은 3단계에 걸쳐 개발되었다.[1] 먼저, 개발할 프로그램에 대한 이해당사자의 요구도를 파악하기 위해 개별 심층면접 또는 초점집단면접(Focus Group Interview: FGI)를 실시하였으며, 면접 참여자는 시설종사자, 시설장, 학계 및 현장전문가(변호사, 간호사, 사회복지사, 요양보호사 등)를 포함한 총 16명 내외였다. 이후 교육 프로그램 개발과 관련하여 사회복지학, 간호학, 바이오의학과 등의 학계 전문가 및 현장 전문가(시설 관리자, 간호주무사, 사회복지사, 요양보호사) 약 15명으로부터 자문을 받았다. 마지막으로는 교수학습 체계의 개발 모형으로 적합한 ADDIE(Analysis, Design, Development, Implementation, Evaluation) 모형에 따라 개발하였다.

1) 프로그램 목적 및 목표

거주자 간 학대 예방을 위한 종사자 대상 교육 프로그램인 다정다감은 노인요양시설 내 모든 종사자(사회복지사, 간호사, 요양보호사 등)를 대상으로 하며 교육 프로그램의 목적과 목표는 다음과 같다.

목적

- 거주자 간 학대에 민감하고 전문적으로 대응할 수 있는 종사자 양성
- 돌봄 전문가로서의 자부심과 역할 인식 제고
- 인간 중심, 예방 중심의 돌봄 문화 정착

목표

- 거주자 간 학대의 개념, 유형, 위험요인 이해
- 학대 발생 시 적절한 대응과 사례관리 역량 향상

---

1) 다정다감 프로그램은 지자체-대학 협력기반 지역혁신사업 바이오헬스-타학문 연계 교육 연구사업의 노인요양시설 거주자 간 학대에 대한 예방 및 관리를 위한 융합적 교육 프로그램 개발 및 인력 양성(이미진 외, 2023)을 통해 개발되었음.

- 거주자 감정 이해 및 공감 능력 강화
- 질환, 약물, 환경 등 다양한 요인에 대한 다각적 접근 역량 확보
- 실천 중심 학습을 통한 예방적 돌봄 실현

2) 교육 프로그램

교육 프로그램은 총 4회기, 회기당 약 30분으로 구성되었으며 온라인 방식, 규모 제한 없이 설계되었다. 다만, 교육의 효과성을 위해서는 프로그램 진행자(사회복지사 또는 간호조무사)가 학습내용에 대해 리뷰하고 시설 내에서 학습내용을 어떻게 실천할 수 있을지를 소집단별로 토론을 진행하는 것이 바람직하다. 프로그램 효과성 측정을 위한 도구는 네이버 블로그에 게시되어 있다(https://blog.naver.com/icare2023/223071550144).

〈표 13-2〉 거주자 간 학대 예방을 위한 종사자 대상 교육 프로그램: 다정다감

회기	프로그램 주제	프로그램 내용
1회기	다정(多情): 거주자 간 학대와 관리 필요성 이해하기	• 거주자 간 학대의 개념 • 거주자 간 학대의 유형 • 거주자 간 학대와 시설학대와의 관계 • 거주자 간 학대의 발생과정 및 위험요인
2회기	다감(多感): 거주자 간 학대에 대해 민감하게 인식하고 대처하기	• 거주자 간 학대의 발생과정과 개입 • 거주자 간 학대에 대한 거주자의 감정 • 거주자 간 학대를 이해하는 인간중심돌봄 관점
3회기	다각(多角): 거주자 간 학대 원인과 예방방법을 다각도로 살펴보기	• 거주자 간 학대 예방을 위한 사후개입 • 거주자 간 학대 예방을 위한 다각도 접근 • 거주자 간 학대와 관련된 질환 및 약물관리에 대한 이해 • 거주자 간 학대에 대한 OX 퀴즈
4회기	상황극 보기	• 신체적 학대 상황극 • 성적 학대 상황극 • 정서적 학대 상황극

3) 교육 프로그램 세부 내용

교육 프로그램 세부 내용은 다음과 같다.

1회기 다정(多情)한 돌봄 전문가 되기

〈학습 목표〉

- 거주자 간 학대의 개념과 유형, 시설 학대와의 관계를 이해한다.
- 거주자 간 학대의 발생과정 및 위험요인을 이해한다.

〈거주자 간 학대, 왜 중요한가?〉

거주자 간 학대는 노인요양시설과 같이 여러 노인이 한 공간에서 생활하는 집단 거주시설에서 빈번하게 발생할 수 있는 문제이다. 이는 단순한 갈등이 아니라 심리적 · 신체적 손상을 동반할 수 있으며, 반복되거나 방치될 경우 사망에까지 이를 수 있다.

2022년 인천 강화도의 한 요양원에서는 90대 입소자가 동료 거주자로부터 반복적인 폭행을 당한 사례가 보도되었다. 피해자의 가족은 시설 측이 학대 사실을 알리지 않았고, 피해자와 가해자에 대한 분리 조치도 이루어지지 않았다고 주장하였다. 이와 같은 사례는 거주자 간 학대가 단순한 개인 간 문제를 넘어 시설 차원의 관리책임과 깊이 연결되어 있음을 보여 준다.

1. 거주자 간 학대의 개념

거주자 간 학대란, 노인요양시설 등 공동생활시설 내에서 거주자 간에 이루어지는 공격적이거나 부정적인 상호작용이다.

2. 거주자 간 학대의 유형

유형	개념
신체적 학대	물리적 힘 또는 도구를 이용하여 다른 거주자에게 신체적 혹은 정신적 손상, 고통, 장애를 유발시키는 행위
정서적 학대	반말, 고함, 비난, 모욕, 위협, 협박 등의 언어 및 비언어적 행위를 통하여 다른 거주자에게 정서적으로 고통을 주는 행위
성적 학대	성적 수치심 유발 행위나 성폭력(성희롱, 성추행, 강간) 등 상대노인의 동의 없이 행하는 모든 성적 언행
경제적 학대	다른 거주자의 물건을 허락 없이 사용하거나 물건, 재산, 경제적 권리를 빼앗는 행위

최근 조사에 따르면, 노인요양공동생활가정에서 지난 1년간 발생한 거주자 간 학대는 정서적 학대가 전체 사례의 약 절반(49.9%)을 차지하며 가장 높은 비율을 보인다(신체적 학대 32.3%, 기타 학대 26.5%).

3. 거주자 간 학대와 시설학대와의 관계

거주자 간 학대는 시설 또는 종사자의 방임 행위와 연결될 수 있다. 학대 사실을 알고도 피해자 보호나 가해자 분리 조치를 취하지 않은 경우, 이를 '적극적인 개입의 부재'로 판단할 수 있으며, 법적으로도 책임이 발생할 수 있다.

노인보호전문기관의 학대 판정 기준에 따르면, 다음과 같은 경우는 '방임'으로 간주된다.

- 노인의 일상생활 관련 보호 및 서비스를 방치한다.
- 노인을 부적절한 환경에서 생활하도록 방치한다. (세부) 노인을 위험한 주거환경에서 생활하게 한다.
- 노인에게 의료적 처치 및 보호를 소홀히 한다.
- 자기방임 노인을 방치한다.
- 학대사례를 방치하거나 신고하지 않는다. (세부) 학대로 의심되거나 학대당하는 노인을 보고도 은폐하거나 방치한다.

우리는 왜 거주자 간 학대에 관심을 가져야 할까요?

거주자 간 학대는 신체적인 상해뿐만 아니라
사회심리적으로 부정적인 영향을 미칠 수 있습니다.
더 나아가, 사망에도 이르게 할 수 있는 심각한 문제입니다.
기관과 돌봄 제공자가 거주자에게 충분한 관심과 주의를 기울인다면
거주자 간 학대 피해를 예방할 수 있습니다.

4. 거주자 간 학대의 발생과정 및 위험요인

거주자 간 학대는 다양한 요인의 상호작용에 따라 발생한다. 일반적으로 다음과 같은 흐름으로 나타난다.

A 거주자가 스트레스와 미충족된 욕구로 인해 문제 행동이 나타남.

▼

A 거주자의 문제 행동에 대해 B 거주자가 불안, 오해, 두려움 등의 부정적 감정이 생기며
A 거주자에 대한 오해와 인내심의 한계를 느끼게 되어 공격적인 대응을 하게 됨.

▼

A 거주자와 B 거주자 사이의 공격적인 상호작용이 강화되며 반복됨.

▼

제3의 거주자에게 전이되거나 시설 전체로 확산됨.

이러한 과정은 '사전 인지와 개입'을 통해 충분히 차단할 수 있다. 종사자는 행동 뒤에 숨겨진 원인을 파악하고, 상황을 중재할 수 있어야 한다.

5. 학대 발생의 위험요인

학대는 여러 요인들이 복합적으로 작용하여 발생한다. 그 요인은 다음과 같이 분류할 수 있다.

<table>
<tr><th colspan="2">분류</th><th>설명</th></tr>
<tr><td rowspan="4">스트레스</td><td>내적 요인</td><td>치매, 섬망, 수면장애, 배뇨장애, 불안, 우울, 초조감 등 개인의 신체적 · 정신적 상태와 관련된 요인</td></tr>
<tr><td>물리적 환경 요인</td><td>공간 혼잡, 감각 자극의 결핍, 조명, 소음, 냉난방 등의 환경 요소</td></tr>
<tr><td>사회적 환경 요인</td><td>돌봄 인력 부족, 보호자와의 관계 단절, 거주자 간 소통 부족, 활동 부재</td></tr>
<tr><td>사회적 관계 요인</td><td>원가족과의 관계, 돌봄 종사자와의 관계, 의사소통</td></tr>
<tr><td colspan="2">미충족된 욕구</td><td>통증, 불편, 피곤, 성욕, 외로움, 지루함, 움직임, 초조행동, 불안(Anxiety), 우울, 두려움, 덥거나 추움</td></tr>
<tr><td colspan="2">문제 행동</td><td>크게 소리 지름, 배회, 개인공간 침입, 휠체어로 충돌하기, 음식을 손으로 잡기</td></tr>
</table>

2회기 다감(多感)한 돌봄 전문가 되기

〈학습 목표〉

- 거주자 간 학대 발생에 대해 민감하게 인식한다.
- 거주자 간 학대 발생 시 대처방법에 대해 이해한다.
- 거주자 간 학대에 대한 거주자의 감정을 이해한다.
- 인간중심돌봄 관점을 이해한다.

1. 거주자 간 학대의 발생과정과 개입

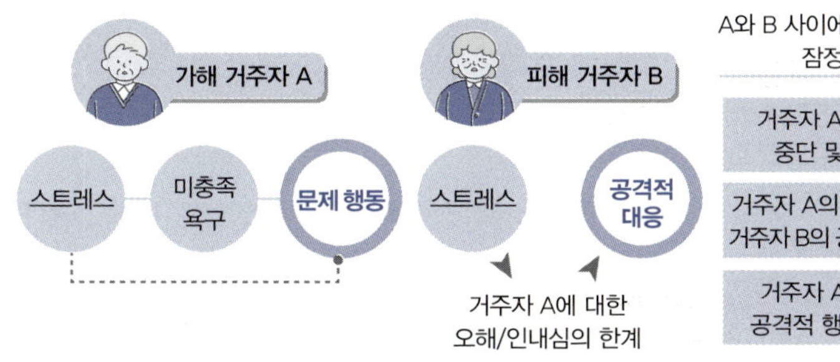

1) 스트레스 확인하기

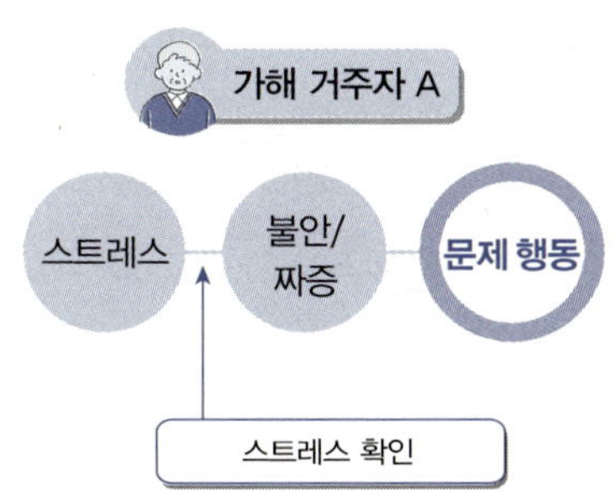

- 문제 행동을 발생시키는 스트레스를 확인해야 함.
- 거주자 개인에 대해 잘 알고 있어야 하며, 입소 초기 단계에서 가족 등을 통해 정보를 수집
- 거주자가 좋아하는 것/싫어하는 것에 대해 알기
- 의학적 · 사회적 · 심리적 · 물리적 환경 등 다각도에서 검토해야 함.
- 거주자의 입소 첫날 면밀한 관찰을 수행하기
- 거주자의 인생사에 대해 알아보기

2) 충족되지 않은 욕구 다루기

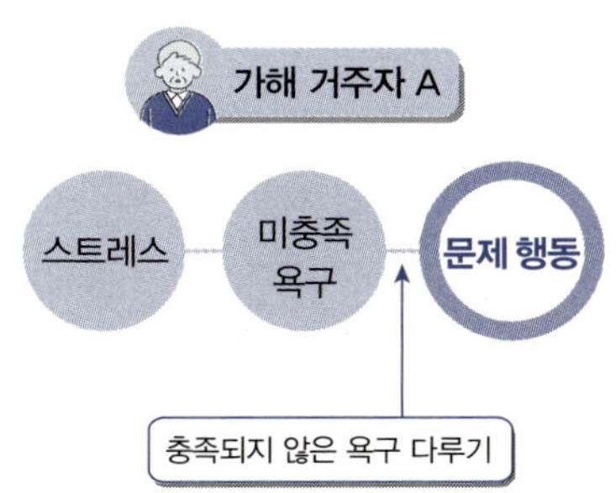

- 충족되지 않은 욕구를 확인한 후 원인을 제거하거나 욕구를 충족시키기
- 거주자는 본인 욕구를 잘 표현하지 못할 수 있음.
- 의료적인 처치가 필요한지 확인하거나 약물 투약이 필요한지 알아보기
- 기본 욕구 충족이 이루어졌는지 확인하기(예 수면)
- 물리적 환경 확인하기(예 휠체어 등 정리)
- 공감하고 거주자와 다양한 상호작용하기(예 눈 맞춤)

3) 문제 행동의 부정적 영향 최소화하기

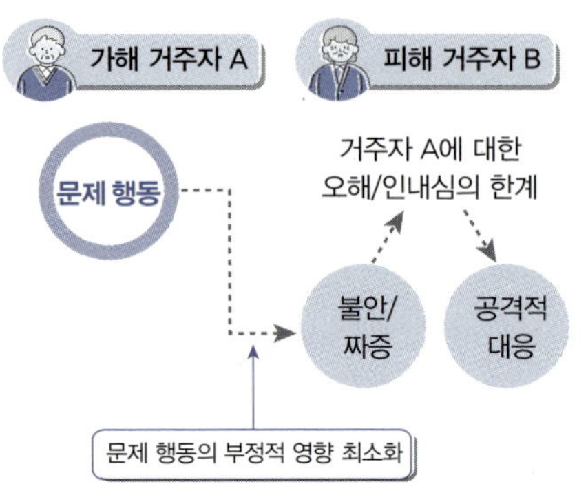

- 거주자는 의도적인 문제 행동, 실수, 비의도적인 문제 행동을 할 수 있으며 이로 인해 피해 거주자는 불안하거나 짜증이 날 수 있음.
- 돌봄 종사자는 거주자 A의 문제 행동을 중지시킴(예 반복 질문을 한다면 다른 곳으로 주의를 돌림).
- 거주자 B의 불안, 짜증을 최소화하여 공격적인 반응으로 이어지지 않도록 해야 함.
- 기분전환/환기 등 거주자의 특성 및 문제 행동의 성향에 따라 다른 기법이 적용되어야 함.

4) 공격적으로 반응하지 않도록 도와주기

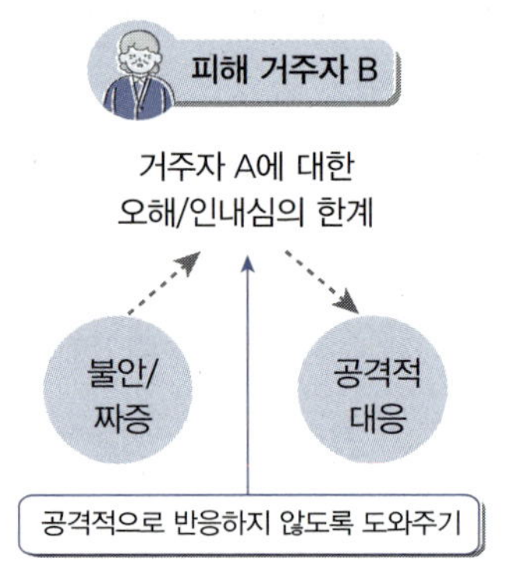

- 거주자 A(가해 거주자)의 문제 행동에 대해 거주자 B(피해 거주자)가 불안, 짜증을 느낄 수 있으므로 거주자 B의 행동에 주목해야 함.
- 거주자 A가 말을 걸었으나 거주자 B가 의도적이든 비의도적이든 아무런 반응을 보이지 않을 수 있는데, 이때 거주자 A가 화를 내고 공격적으로 돌변하지 않도록 종사자가 도와주어야 함.

5) 공격적인 행동 중지시키기

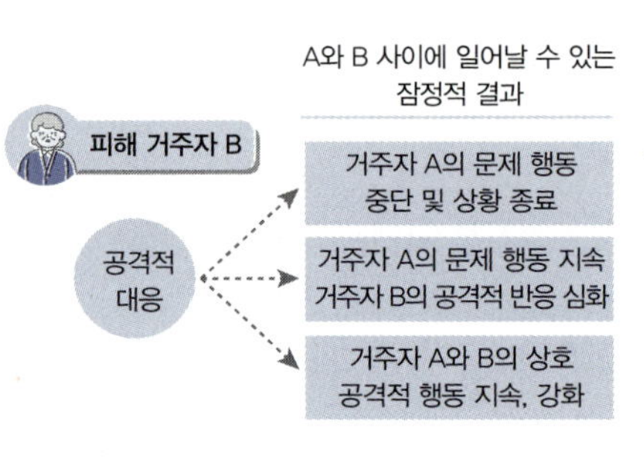

- 공격적인 행동이 시작되면 종사자는 공격적인 행동이 연속적으로 발생하거나 공격성의 강도가 높아지는 것을 막기 위해 즉시 대응하기
- 신체적 · 언어적 기법을 동시에 사용하며 분리와 재지시를 수행하기. 이때 침착하고 단호하게 말하고 필요시 다른 종사자의 도움을 요청하기(예 배회하는 거주자 A가 거주자 B의 방에 허락 없이 들어가자 거주자 B가 욕을 하면서 거주자 A를 밀어 버리는 경우 → 발견 즉시 거주자 B를 제지하며 A와 분리하기)

6) 거주자에 대해 지원하고 보고하기

2. 거주자 간 학대에 대한 거주자의 감정 이해하기

대상	감정 및 특성
가해자	입소 초기 부적응, 외로움, 지루함, 우울, 집단생활의 문제점(개별적 돌봄 제공의 어려움), 사회적 환경 및 사회적 관계(배우자 사별, 주된 돌봄 제공자의 변경, 방문객의 연락 및 방문 빈도 감소 등)에 대한 이해
피해자	우울, 불안, 사회적 고립감, 낮은 생활만족도
목격자	불안, 두려움, 공격적 행동에 대한 학습

A와 B 사이에 일어날 수 있는 잠정적 결과

거주자 A의 문제 행동 중단 및 상황 종료

거주자 A의 문제 행동 지속 거주자 B의 공격적 반응 심화

거주자 A와 B의 상호 공격적 행동 지속, 강화

잠재 집단 발생

A와 B 이외의 다른 거주자들 사이에서 공격적인 행동 발생

공격행동 중지, 거주자에 대한 지원 및 보고

- 거주자 간 학대의 가해자, 피해자, 목격자 등에 대해 개입하기
- 거주자 간 학대 발생 시 거주자 간 학대 유형과 결과에 따라 피해를 입은 거주자에 대한 지원이 달라져야 함.
- 거주자 간 학대 상황에 개입할 때, 피해자와 가해자 양쪽에 조치를 취하고 개입의 내용 및 방법은 다를 수 있음.
- 신체적 상해 발생 시 바로 의료적인 조치를 수행하기
- 사건이 미친 사회심리적 영향에 대해 평가하고 적절한 심리적 지원을 제공하기
- 사건에 대해 느끼는 본인(가해자, 피해자, 목격자 등) 감정에 대해 이야기하기
- 가족, 후견인 등의 보호자에게 거주자 간 학대 발생에 대해 알려야 하며, 특히 신체적 상해가 발생한 경우에는 반드시 보호자에게 24시간 이내에 통보하기
- 시설의 보고체계에 따라 거주자 간 학대 발생 및 개입에 대해 보고하기

3. 거주자 간 학대를 이해하는 인간중심돌봄 관점

인간중심돌봄이란 돌봄, 시설 운영과 가치의 우선순위를 거주 노인에게 두는 것이며 이에 입각한 총체적인 노력이다.

인간중심돌봄은 거주 노인의 감정 상태를 잘 이해하고 가치와 능력을 존중하며 자존감과 독립성, 자율성을 지켜나 갈 수 있도록 하는 인식과 실천을 의미한다.

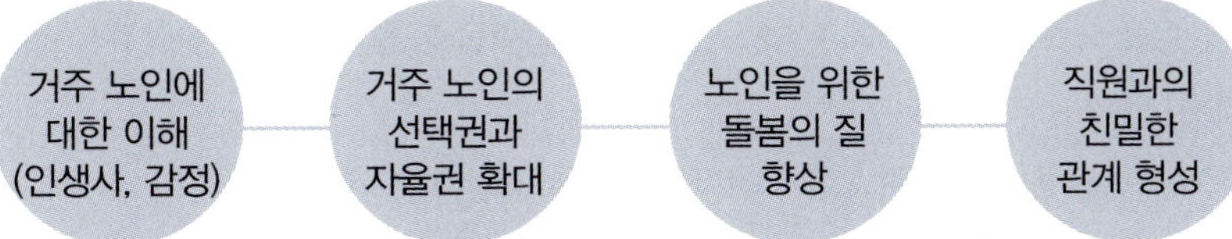

3회기 다각(多角)한 관점의 돌봄 전문가 되기

〈학습 목표〉

- 거주자 간 학대의 원인을 다각도로 분석한다.
- 다양한 분야 전문가가 협력하여 거주자 간 학대를 예방한다.
- 거주자 간 학대와 관련된 질환과 약물관리를 이해한다.

1. 거주자 간 학대 예방을 위한 사후개입

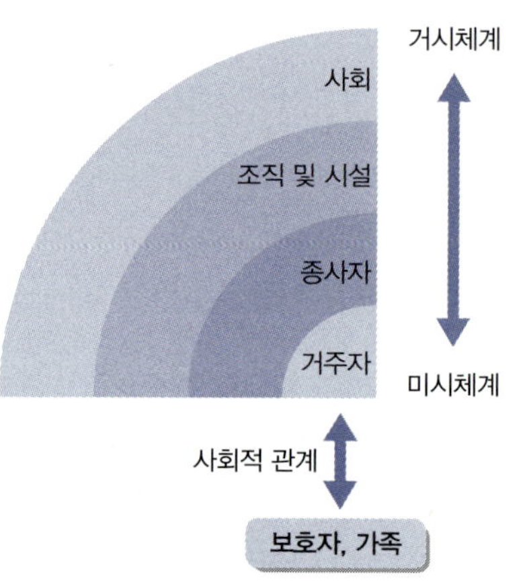

1) 개입에 대한 평가

- 개입을 통해 변경이 가능한 요인 파악하기
  (예 좌석배치 변경, 침실내 동거인 변경)
- 발생과정별 개입의 적절성 평가하기
- 매뉴얼 및 보고체계에 따라 보고가 이루어졌는지 확인하기
- 학대 유형 및 결과에 따라 효과적이고 적절한 개입이 이루어졌는지 확인하기
- 가해자와 피해자, 목격자(주변 노인)에게 개입이 이루어졌는지 확인하기
- 가족 및 보호자에게 적절한 시점에 중요 내용을 전달했는지 확인하기
- 노인의 약물 변동이 있었는지 확인하기(예 투약하는 약의 종류, 복용량, 복용 시점, 복용 방법 등)
- 노인의 감정, 사회적 관계의 변화 등에 대해 사정하기(예 사별, 가족 갈등, 가족 연락의 빈도 변화 등)
- 물리적 환경 및 사회적 환경의 적절성 사정하기(예 시설 내 온도, 조명, 소음, 인구밀집도, 휠체어 정리정돈, 요양보호사의 교체 등)

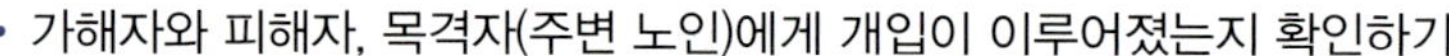

2) 재발 예방 계획 수립

- 다양한 분야 전문가(간호사, 사회복지사, 요양보호사, 물리/작업치료사, 영양사 등)가 참여하는 사례회의 개최하기
- 직접적으로 돌봄에 참여하는 요양보호사의 의견을 반드시 청취하기
- 동일한 노인들이 유사한 스트레스, 상황 등으로 거주자 간 학대에 반복적으로 관여(가해 또는 피해)될 수 있으므로 관여된 거주자의 인생사, 일상활동 등을 파악하고 미충족된 욕구 등을 검토하기
- 보호자와의 상담을 실시하여 거주자에 대해 보다 잘 이해하도록 노력하기
- 기존의 돌봄 계획이나 매뉴얼에는 문제가 없는지 점검하기

- 관여된 거주자(가해자, 피해자)의 욕구 재사정에 기반한 돌봄 계획을 수립하기
- 돌봄 계획에 종사자 직종별 역할 명시, 구체적인 행동 계획 수립하기(예 층별 이동)
- 개입에 대한 평가 및 보고 등 전 과정 문서화하기
- 돌봄 계획에는 재발 예방 계획을 구체적으로 기록하기
- 이후에 재발 예방 계획에 따라 개입하고 효과성 및 문제점을 평가하고 기록하기

2. 거주자 간 학대 예방을 위한 다각도 접근

1) 첫번째 각(角) '거주자': 인간중심돌봄 실천하기

- 어르신의 선호에 따라 업무 일정을 융통성 있게 조정하기
- 거주자 간 학대는 개인과 물리적 · 사회문화적 환경과의 상호작용의 결과물임.
- 시설 거주자의 행위는 그들과 관계를 맺고 있는 다양한 구성원들과 개인, 집단, 조직 및 시설, 사회와 같은 다차원 수준이 상호작용하여 나타나는 결과물임.
- 거주자 간 학대를 단순히 개인의 심리적 · 생물학적 · 신체적 특성의 결과로 보지 않고 다차원적 요인의 상호작용으로 보며 구체적으로는 개인과 물리적 · 사회적 환경의 부적합의 결과물로 봄.
- 매일 어르신의 욕구사정을 시행하기(예 아침회의 때마다 식사, 수면, 배변 등 확인)
- 개인적인 일상활동의 기회를 제공하기
- 어르신과 직원 간의 질 높은 상호작용이 이루어질 수 있도록 노력하기
- 돌봄 계획을 세울 때에 어르신의 인생사를 이해하고 이를 토대로 재발 방지계획 수립하기

2) 두번째 각(角) '종사자': 종사자 간 의사소통 및 협력체계 구축

- 종사자 간 의사소통을 통해 업무 애로사항을 함께 해결할 수 있도록 노력하기
- 직종 간 협력체계(간호사, 사회복지사, 요양보호사, 물리/작업치료사, 영양사 등) 구축하기
- 거주자 간 학대 예방 전략 수립 시 모든 직종의 종사자 역할이 포함되어야 함.
- 사례회의의 중요성
- 기관 종사자 모두가 참여하는 교육 및 학습의 중요성

3) 세번째 각(角) '시설의 물리적 환경': 시설의 물리적 환경 변화 도모하기

- 공간 재배치하기(예 좌석, 거주자 방)
- 유니트케어: 치매노인과 비치매노인을 분리하기
- 시설 내에서 길 찾기가 용이하도록 안내문, 표식 등 부착하기(예 노인의 방마다 사진을 붙이거나 이름을 써 놓기)
- 노인요양시설 내 온도, 조명, 소음, 밀집도에 대해 관리하기
- 다감각(시각, 청각, 촉각, 미각, 후각) 자극을 줄 수 있는 환경 조성하기

4) 네번째 각(角) '시설의 사회적 환경': 시설의 사회적 환경 변화 도모하기

- 거주자 중심의 돌봄을 제공하는 문화 조성하기
- 거주자, 종사자가 서로 존중하기(예 반말 쓰지 않기)
- 무폭력 시설을 지향하기(폭력 zero)
- '다정다감한 이웃 되기' 캠페인하기
- 거주자 간 학대 예방을 위한 종사자 인력 재배치(시간, 상황, 특정 공간 등) 검토하기

5) 다섯번째 각(角) '보호자': 보호자(원가족, 후견인 등)와 협력관계 구축하기

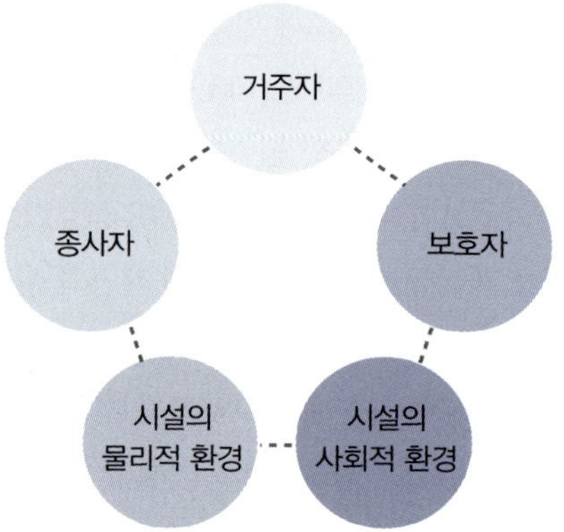

- 거주자 간 학대 발생에 대해 보호자에게 공유하기
- 어르신에 대한 정보를 수시로 공유하기
- 집단생활에 대한 기본적인 정보를 제공하기
- 보호자 상담 유의사항: 노인으로부터 맞았을 때 보호자에게 직접 이야기하지 말고 관리자에게 보고하기
- 거주자 간 학대의 원인을 다각도로 살펴보고 학대 예방을 위한 다양한 방법들을 고민하기
- 특히 시설 내에서 의사결정의 권한을 가진 종사자(중간관리자인 사무국장, 기관장)들의 관심과 적극적인 의지가 중요함.
- 작은 변화를 통해 큰 사고를 예방할 수 있음.

3. 거주자 간 학대와 관련된 질환 및 약물관리에 대한 이해

1) 섬망

- 섬망의 초기 증상은 대화에 집중을 하지 못하거나 잠을 자지 못함(초기에 알기 어려울 수 있음).
- 수 시간, 수 일 이내에 사람을 알아보지 못하거나 불안해하거나 환각(환시)이 있거나 정신없는 행동을 하며 밤새 잠을 이루지 못하고 치매가 생긴 것처럼 보임.
- 신체 건강이 안정적으로 치료되면 이전 상태로 회복이 됨.
- 일시적인 상태이지만 회복되지 못하고 치매로 진행되는 경우도 있음.
- 섬망이 발생하면 의사는 행동 문제를 조절하기 위해 약물을 처방할 수 있음.

섬망 유발 약물

삼환계 항우울제, 벤조디아제핀계 수면제, 히스타민-2-길항제, 디지탈리스(강심제), 비스테로이드성 소염진통제, 스테로이드, 리튬, 진통제, 항콜린제

2) 질환, 약물, 거주자 간 학대와의 관계

- 다약제 복용 → 약물 부작용 → 학대 위험 증가
- 치매약, 벤조디아제핀계 수면제 등 복용 → 약물 부작용 → 학대 위험 증가
- 전립샘 비대 남성 → 항콜린성 약물 복용 → 요정체 발생 → 소변 실수 → 학대 위험 증가
- 관절염, 뇌졸중, 치매 등의 질환자 → 이뇨제 복용 → 요실금 발생 → 소변 실수 → 학대 위험 증가
- 변비 → 불편과 통증 → 소리 지름 → 학대 위험 증가
- 파킨슨병 → 학대 위험 증가

3) 약물 복용 실태 및 부적절한 약물 사용

- 노인은 평균 2~4가지 이상의 질병 보유함.
- 복용 중인 처방약은 평균 6~7가지임.
- 치매 환자의 경우도 14~74%가 부적절한 약물 사용
- 주로 1, 2세대 항정신병제, 벤조디아제핀계 수면제, 항콜린성 약제가 부적절하게 사용되고 있음(윤상현 외, 2022).

韓 노인들 다제약물 복용 OECD 최고 … 85세 이상 15.75%

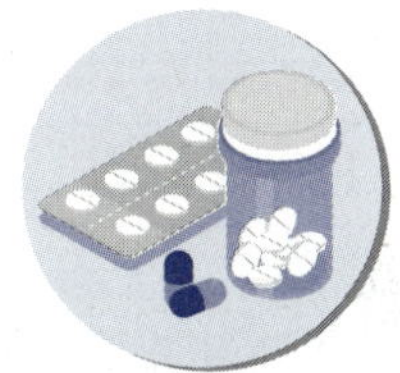

10개 이상 약물을 복용하는 '다제약물 복용자'가 113만 명으로, 전체 인구 대비 2.14%인 것으로 확인됐다.

4) 약물과 관련된 거주자 간 학대 예방 방법

- 인지기능 저하 시, 최근 약물 변동 확인 후 그로 인해 섬망 증상이 있는지 확인하기
- 복용 중인 약물이 섬망 유발 약물인지 확인하기
- 섬망 증상 의심 시 정신건강의학과 진료가 필요할 수 있음.
- 요정체 및 요실금 증상은 거주노인의 생활의 질 저하, 거주자 간 학대 위험을 증가시키는 요인임. 이에 대한 의료적 치료가 필요함.
- 종사자가 임의로 약의 용량을 줄이거나 복용을 중지하여서는 안 됨.
- 필요시 보호자에게 연락하여 병의원 방문 권고함.

4회기 다정(多情)-다감(多感)-다각(多角) 접근법 기억하고 적용하기

〈학습 목표〉

- 상황극을 보면서 교육 내용을 정리한다.
- 거주자 간 학대 대처 방식에 대해 알아본다.

〈동영상 링크〉

- https://blog.naver.com/icare2023

1. 소집단별로 학대 예방 프로그램이 노인시설의 조직 문화에 정착하기 위해 필요한 제도적 · 조직적 조건에 대해 브레인스토밍을 진행해 보자. 이후 각 모둠의 아이디어를 비교하고, 그 차이점과 공통점을 중심으로 토론해 보자.
2. 교재에 제시된 다감각 자극 프로그램이나 종사자 교육 프로그램 중 한 가지를 모둠별로 선택하여 간단히 활동해 보자. 이후 해당 프로그램이 실제 현장에서 어떤 효과와 한계를 가질 수 있을지 함께 토론해 보자.

제13장 • 요약

1 거주자 간 학대 예방 프로그램 개발 배경 및 목적

- 노인요양시설에서 증가하는 거주자 간 학대 문제 해결 필요
- '대응 중심'에서 '예방 중심'으로 전환 필요
- 비약물적 감각 자극 및 정서 지지 중심의 프로그램 설계

2 거주자 간 학대 예방 프로그램 기본 구성

- **대상**: 거주 노인 및 종사자
- **거주자 대상**: 다감각 자극 기반 비약물 중재 프로그램
- **종사자 대상**: 거주자 간 학대 민감성 향상 교육

1) 거주자 대상 프로그램: 다감각 프로그램

- 목적
  - 거주자 간 학대 예방
  - 감각 자극을 통한 정서 안정
  - 사회성 및 자아존중감 향상
- 목표
  - 다양한 감각 자극(시각, 청각, 촉각, 후각, 미각 등)으로 인지 · 정서 기능 강화
  - 회상과 표현활동을 통한 자기이해 증진
  - 소근육 · 대근육 자극으로 신체 활력 유지
  - 상호작용 촉진으로 관계 개선 및 소통 강화

• 프로그램

회기	목표	주요 활동 및 내용
1	집단 라포 형성, 자기표현 증진	집단 만다라
2	소근육 발달, 자기표현 증진	소리와 색 매칭
3	회상촉진 및 자기표현 증진, 정서안정	애착인형 만들기
4	소근육 발달, 정서안정	풍경만들기
5	소근육 발달, 자아존중감 향상	공기정화식물 꾸미기
6	회상촉진, 불안감 감소	디퓨져 만들기
7	소근육, 대근육 발달, 사회성, 자아존중감 함상	메쉬포테이토 만들어 먹기
8	정서안정 및 소근육 발달 , 사회성, 자아존중감 향상	편백나무 방향제 만들기
9	회상촉진, 사회성, 자아존중감 향상	다식 만들기
10	시각, 청각 자극, 사회성, 자아존중감 향상	동영상 감상

2) 종사자 대상 교육 프로그램: 다정다감(多情多感)

• 목적
- 거주자 간 학대에 민감하고 전문적으로 대응할 수 있는 종사자 양성
- 돌봄 전문가로서의 자부심과 역할 인식 제고
- 인간 중심 · 예방 중심의 돌봄 문화 정착

• 목표
- 거주자 간 학대의 개념, 유형, 위험요인 이해
- 학대 발생 시 적절한 대응과 사례관리 역량 향상
- 거주자 감정 이해 및 공감 능력 강화
- 질환 · 약물 · 환경 등 다양한 요인에 대한 다각적 접근 역량 확보
- 실천 중심 학습을 통한 예방적 돌봄 실현

• 프로그램

회기	프로그램 주제	프로그램 내용
1회기	다정(多情): 거주자간 학대와 관리 필요성 이해하기	• 거주자 간 학대의 개념 • 거주자 간 학대의 유형 • 거주자 간 학대와 시설학대와의 관계 • 거주자 간 학대의 발생과정 및 위험요인
2회기	다감(多感): 거주자간 학대에 대해 민감하게 인식하고 대처하기	• 거주자 간 학대의 발생과정과 개입 • 거주자 간 학대에 대한 거주자의 감정 • 거주자 간 학대를 이해하는 인간중심돌봄 관점
3회기	다각(多角): 거주자간 학대 원인과 예방방법을 다각도로 살펴보기	• 거주자 간 학대 예방을 위한 사후개입 • 거주자 간 학대 예방을 위한 다각도 접근 • 거주자 간 학대와 관련된 질환 및 약물관리에 대한 이해 • 거주자 간 학대에 대한 OX 퀴즈

회기	프로그램 주제	프로그램 내용
4회기	상황극 보기	• 신체적 학대 상황극 • 성적 학대 상황극 • 정서적 학대 상황극

3 거주자 간 학대 예방 프로그램 기대 효과 및 활용 방안

- 노인 간 긍정적 상호작용 증진
- 학대 위험 사전 인지 및 개입 능력 향상
- 요양시설 내 문화 개선 및 서비스 품질 제고

참고문헌

강유일, 김다혜, 윤진, 이경록, 정현애, 한기찬(2012). RSES(Rosenberg Self-Esteem Scale)를 이용한 요양프로그램 만족도: 나주시 요양병원 치매 환자를 대상으로. **한국고령친화건강정책학회지, 4**(1), 1-8.

문은하(2022). 노인요양공동생활가정 거주자 간 공격성에 영향을 미치는 요인에 관한 다층분석. 건국대학교 대학원 박사학위논문.

문현정, 이유진(2022). 요양시설 내 입소자 간 갈등 예방을 위한 실천방안 탐색: 종사자의 경험을 중심으로. **노인복지연구, 77**, 89-110.

보건복지부, 노인보호전문기관(2016). 노인인권실태조사.

양호정, 이미진(2022). 노인요양시설 거주자간 학대에 대한 탐색적 연구: 사회복지사 인식과 경험. **보건과 복지, 24**(3), 109-144.

양호정, 이미진(2023), 노인요양시설 거주자간 학대에 대한 질적연구. **한국노인복지학회 학술대회, 2023**(5), 129-143.

윤상현, 김동숙, 채정미, 최연미, 조호진(2022). 노인의 부적절한 다약제 사용 관리 기준 마련. 건강보험심사평가원.

이미진, 양호정, 신유선, 김예지, 한형주(2023). 노인요양시설 거주자간 학대 예방 및 관리를 위한 종사자 교육프로그램 개발 및 실행 경험. **한국노인복지학회 학술대회, 2023**(5), 144-157.

이미진 외(2023). 3차년도 지자체-대학 협력기반 지역혁신사업 바이오헬스-타학문 연계 교육 · 연구 사업 결과보고서: 노인요양시설 거주자간 학대에 대한 예방 및 관리를 위한 융합적 교육프로그램 개발 및 인력양성. 충북바이오헬스산업혁신센터.

이준엽, 이미진, 양호정, 문은하(2021). 노인의료복지시설 내 거주자간 학대: 서구 국가 문헌 리뷰. **노인복지연구, 76**(1), 71-115.

이혜정, 김현란(2020). 다감각 자극 프로그램이 요양시설 치매노인의 문제행동에 미치는 효과. **노인간호학회지,**

22(1), 20-31.

정정희, 송미령, 김순자(2015). 다감각 프로그램이 치매노인의 인지기능, 우울 및 신체기능에 미치는 효과. **대한간호학회지**, 45(4), 559-568.

최유임(2019). 작업회상치료가 치매 노인의 인지기능과 자아존중감에 미치는 효과. *Asia-pacific Journal of Multimedia Services Convergent with Art, Humanities, and Sociology, 9*(12), 781-789.

Bowling A, Rowe G, Adams S, Sands P, Samsi K, Crane M, et al. (2015). Quality of life in dementia: A systematically conducted narrative review of dementia-specific measurement scales. *Aging & Mental Health. 19*(1), 13-31.

DeBois, K. A., Evans, S. D., & Chatfield, S. L. (2020). Resident-to-resident aggression in long-term care: Analysis of structured and unstructured data from the National Violent Death Reporting System, 2003-2016. *Journal of Applied Gerontology, 39*(10), 1069-1077.

Gimm, G., Chowdhury, S., & Castle, N. (2018). Resident aggression and abuse in assisted living. *Journal of Applied Gerontology, 37*(8), 947-964.

Jeong Eunhye, Park Min Sun, Lee Ye-Na, & ChangSung Ok (2021). A Psychometric Evaluation of a Korean Version of the Quality of Life in Late-Stage Dementia Scale. *Journal of Korean Gerontological Nursing, 23*(1), 34-42.

Kverno, K. S., Black, B. S., Nolan, M. T., & Rabins, P. V. (2009). Research on treating neuropsychiatric symptoms of advanced dementia with non-pharmacological strategies, 1998-2008: A systematic literature review. *International Psychogeriatrics, 21*(5), 825-843.

Lachs, M. S., Teresi, J. A., Ramirez, M., Van Haitsma, K., Silver, S., Eimicke, J. P., Boratgis, G., Sukha, G., Kong, J., Besas, A. M., Luna, M. R., & Pillemer, K. A. (2016). The prevalence of resident-to-resident elder mistreatment in nursing homes. *Annals of Internal Medicine, 165*(4), 229-236.

McDonald, L., Sheppard, C., Hitzig, S. L., Spalter, T., Mathur, A., & Mukhi, J. S. (2015). Resident-to-resident abuse: A scoping review. *Canadian Journal on Aging/La Revue Canadienne du Vieillissement, 34*(2), 215-236.

Murphy, B., Bugeja, L., Pilgrim, J., & Ibrahim, J. E. (2017). Deaths from resident aggression in Australian nursing homes. *Journal of the American Geriatrics Society, 65*(12), 2603-2609.

Reisberg, B., Borenstein, J., Salob, S. P., Ferris, S. H., Franssen, E., & Georgotas, A. (1987). Behavioral symptoms in Alzheimer's disease: Phenomenology and treatment. *The Journal of Clinical Psychiatry, 48*(5), 9-15.

Rosenberg, M. (1965). *Society and the adolescent self-image*. Princeton University Press.

Shinoda-Tagawa, T., Leonard, R., Pontikas, J., McDonough, J. E., Allen, D., & Dreyer, P. I. (2004). Resident-to-resident violent incidents in nursing homes. *Journal of the American Medical Association, 291*(5), 591-598.

Sifford-Snellgrove, K. S., Beck, C., Green, A., & McSweeney, J. C. (2012). Victim or initiator? Certified nursing assistants' perceptions of resident characteristics that contribute to resident-to-resident violence in nursing homes. *Research in Gerontological Nursing, 5*(1), 55-63.

Tilden, V. P., Nelson, C. A., & May, B. A. (1990). The IRI: Development and psychometric characteristics of the Interpersonal Relationship Inventory. *Nursing Research, 39*(6), 337-342.

Trompetter, H., Scholte, R., & Westerhof, G. (2011). Resident-to-resident relational aggression and subjective well-being in assisted living facilities. *Aging and Mental Health, 15*(1), 59-67.

van Weert, J. C. M., Van Dulmen, A. M., Spreeuwenberg, P. M. M., Bensing, J. M., & Ribbe, M. W. (2006). Effects of snoezelen, integrated into 24-hour dementia care, on nurse-patient interaction in psychogeriatric nursing home wards. *International Psychogeriatrics, 17*(3), 1-19.

찾아보기

인명

용어

저|자|소|개

이미진(Lee, Mijin)

미국 Washington University in St. Louis 졸업(PhD in Social Work)

한국노인복지학회 회장(2025~2026)

현 건국대학교 사회복지학과 교수

〈주요 저서〉

노인복지론(개정판, 공저, 사회평론아카데미, 2025)

기본소득, 존엄과 자유를 향한 위대한 도전: 기본소득실험의 국제적 경험과 실현에 대한 전망(공저, 나눔의집, 2018)

노인을 위한 휴대전화 교육프로그램(공저, 시그마프레스, 2006)

양호정(Yang, Hojung)

건국대학교 사회복지학과 졸업(사회복지학 박사)

전 YAM 연구소 소장

현 건국대학교 사회복지학과 조교수

〈주요 저서〉

사회복지 현장 적용을 위한 미술심리검사기법(동문사, 2024)

학대와 폭력 예방을 위한 사회복지실천

Social Work Practice to Prevent Abuse and Violence

2026년 2월 5일 1판 1쇄 인쇄
2026년 2월 10일 1판 1쇄 발행

지은이 • 이미진 · 양호정
퍼낸이 • 김진환
퍼낸곳 • (주) 학지사

04031 서울특별시 마포구 양화로 15길 20 마인드월드빌딩
대표전화 • 02)330-5114 팩스 • 02)324-2345
등록번호 • 제313-2006-000265호

홈페이지 • http://www.hakjisa.co.kr
인스타그램 • https://www.instagram.com/hakjisabook

ISBN 978-89-997-3612-4 93330

정가 24,000원

저자와의 협약으로 인지는 생략합니다.
파본은 구입처에서 교환해 드립니다.